Kommunikative Kompetenzen		
Lerninhalte / Kommunikative Fertigkeiten	**Sprachliche Mittel**	
berühmte frankophone Persönlichkeiten kennen; sagen, woher man kommt und wohin man gehen möchte; Ländernamen und Präpositionen		**8**
		10
• einen Steckbrief zu Marseille erstellen		10
Volet 1 • Sehenswürdigkeiten einer Stadt/Region vorstellen • Vergleiche anstellen	• Komparativ und Superlativ des Adjektivs	12
Volet 2 • einen Tagesablauf beschreiben • einen Weg mit öffentlichen Verkehrsmitteln beschreiben	• reflexive Verben • Begleiter *tout* • *vivre*	18
Volet 3 • über Filme und Serien sprechen • Gefallen/Missfallen ausdrücken	• Relativsatz mit *ce qui / ce que* • *rire, suivre*	22
		27
Fakultativ: eine Infografik zu verschiedenen Stilrichtungen des französischen Raps lesen und verstehen		**30**
die Region PACA kennen; darüber erzählen, wie es früher war; Bildung und Gebrauch des *imparfait*		**32**
		34
• sich für ein Austauschprogramm bewerben und vorstellen		34
Volet 1 • Missverständnisse und Probleme ansprechen und ausräumen • über Ereignisse in der Vergangenheit erzählen (gelenkt)	• *imparfait* vs. *passé composé* • *rejoindre, se plaindre*	36
Volet 2 • über Vergangenes berichten • Gefühle ausdrücken und etwas bewerten	• *passe composé* der reflexiven Verben • Adverbien auf *-ment* • einige unregelmäßige Adverbien	42
Volet 3 • einen typisch deutschen bzw. französischen Gegenstand näher beschreiben (Beschaffenheit, Funktion, kulturelle Besonderheit, Vergleich) • Gewohnheiten beschreiben	• Ersatzformen für das deutsche Passiv • *quelques* • *sans + infinitif*	47
		53
Fakultativ: zwei Comics zu Missverständnissen beim Schüleraustausch lesen und verstehen		**56**

| Module 2 | À table! |

| Unité 3 | À la découverte du Québec |

A ein Plakat zu einem frankokanadischen Film erstellen
B Quebec mithilfe einer Pecha-Kucha-Präsentation vorstellen

Lesen

Methoden und Strategien: unbekannte Wörter erschließen; einem Text wichtige Informationen entnehmen

Texte und Medien: Geldschein, Fotos, Straßenschilder, Magazinartikel, Interviews, Statistiken, Gedicht, Blog, Schaubild, Brief

Hörtexte/Filme: Hymne, Interview, Spielbericht, Filmsequenz (Fußballspiel), Lied, Kurzfilm

- Quebec: geographische und geschichtliche Informationen
- regionale Spezialitäten
- Nationalsport Eishockey
- **Sprachvergleich:** lexikalische Unterschiede im kanadischen Französisch

Exercices supplémentaires: Übungen zur Vertiefung der Lerninhalte und zur individuellen Förderung

| Bilan des compétences 1 | Passer le DELF |

| Module 3 | Je veux qu'il vienne! |

| Unité 4 | La vie en famille |

A Alltagssituationen in einer Gastfamilie verstehen und davon berichten
B einen Konflikt zwischen Eltern und Kindern verstehen und auflösen

Hörverstehen und Hörsehverstehen

Methoden und Strategien: Hörverstehen: auf den Tonfall der Sprecher achten; einer Diskussion folgen und mitdiskutieren

Texte und Medien: Fotos, Wimmelbild, Zeitungsartikel, Leserbriefe

Hörtexte/Filme: Statements, Podcast, Radiosendung, Familiendiskussionen, Filmausschnitte

- französische Serien
- franz. Schulalltag und „gläserne" Schüler*innen
- **Sprachvergleich:** Hervorhebungen im Satz im Franz./Dt.; Fragebegleiter im Franz./Engl.; *français familier (parlé)* vs. *français standard*

Exercices supplémentaires: Übungen zur Vertiefung der Lerninhalte und zur individuellen Förderung

| Coin lecture 3 | Le monde à l'envers |

| Module 4 | Vacances en Belgique |

bei Tisch Wünsche und Bitten äußern; sagen, dass man satt ist bzw. Hunger/Durst hat; der Teilungsartikel und das Pronomen *en (partitif)*		**58**
		60
• sich der kanadischen Region Quebec über Fragen nähern		60
Volet 1 • Lebensberichte lesen und verstehen • Statistiken auswerten • einen Ort / eine Landschaft/Region vorstellen (geographisch, geschichtlich) • nach Personen und Sachen fragen	• Frage mit *Qu'est-ce qui? / Qui est-ce que? / Qui est-ce qui?* • Bruchzahlen und statistische Angaben • Mengenangaben mit *plus de, moins de, autant de*	62
Volet 2 • über vergangene Erlebnisse berichten • Informationen eines Zeitungsartikels zusammenfassen	• Infinitivsatz mit *avant de* • Indefinitpronomen *tout* und *tous/toutes* • *courir, conduire*	67
Volet 3 • über ein Sportereignis / ein Spiel berichten • Handlungsweisen vergleichen	• Komparativ und Superlativ der Adverbien	71
		76
Fakultativ: Lernstandsüberprüfung (Lese- und Hörverstehen, Sprechen, Schreiben und Sprachmittlung)		**78**
einen Wunsch / eine Notwendigkeit ausdrücken; der *subjonctif* und wenige frequente Auslöser *(il faut que / je veux que / je voudrais que)*		**80**
		82
• sich anhand von Bildimpulsen über das Thema Familie austauschen		82
Volet 1 • über die Familie und ihre Bedeutung sprechen • Diskussionen und Berichte über Arbeiten und Rollen im Haushalt verstehen und darüber diskutieren	• *mise en relief*	84
Volet 2 • ein Streitgespräch verstehen und selbst führen • Ratschläge geben • Gefühle ausdrücken	• Imperativ mit Pronomen • *recevoir* und *décevoir, craindre*	88
Volet 3 • über Serien sprechen • über Familiengewohnheiten und -besonderheiten sprechen • seine Meinung sagen und begründen	• Fragepronomen *lequel* • *ne … personne*	92
		96
Fakultativ: eine Kurzgeschichte (Ausschnitt) lesen und verstehen (Cathy Ytak)		**100**
über Zukünftiges sprechen und reale Bedingungen formulieren; das *futur simple*; der reale Bedingungssatz		**102**

Unité 5 — Visages de la Belgique

A eine Comic- oder Buchrezension verfassen
B eine thematische Ortsführung gestalten

Schreiben

Methoden und Strategien: Bildbeschreibung; ein *résumé* schreiben; den schriftlichen Ausdruck verbessern; mit einer Fehlerliste arbeiten

Texte und Medien: Fotos, Wegweiser, Stadtplan, Gemälde, Persönlichkeitstest, Comicrezension, Kurznachricht, Biographie(n)

Hörtexte/Filme: Interview, *parcours thématique*, Sprachnachricht

- Städte und Sehenswürdigkeiten in Belgien
- Brüssel als „Hauptstadt der BD"
- berühmte Belgier
- Sprachensituation

Sprachvergleich: die Bedeutung von *dont* im Franz./Dt.; die Vorvergangenheit im Vergleich (mehrere Sprachen)

Exercices supplémentaires: Übungen zur Vertiefung der Lerninhalte und zur individuellen Förderung

Coin lecture 4 — Le problème avec l'avenir

Module 5 — Le français en classe

Unité 6 — Demain n'est pas loin

A diskutieren, was jemand nach der 10. Klasse machen will
B ein Bewerbungsgespräch für ein Praktikum führen

Sprechen (dialogisch)

Methoden und Strategien: sich auf eine mündliche Prüfung vorbereiten; das freie und flüssige Sprechen trainieren; einen Modelltext nutzen

Texte und Medien: Fotos, Dialoge, Anzeigen und Annoncen, Psychologie-Test, Bewerbungsschreiben, Lebenslauf, Artikel

Hörtexte/Filme: Gespräch zwischen Muttersprachlern, Diskussion, Beratungsgespräch, Kurzfilm, Telefonate, Lied

- weitere Einblicke in das französische Schulsystem
- *le conseiller d'orientation*
- französische Konventionen im offiziellen Brief

- **Sprachvergleich:** Bedingungssatz im Franz./Dt./Engl.; zusammengesetzte Nomen im Franz./Dt./Engl.; *venir* (verschiedene Bedeutungen)

Exercices supplémentaires: Übungen zur Vertiefung der Lerninhalte und zur individuellen Förderung

Bilan des compétences 2 — Passer le DELF

Module 6 — Avec des «si» et des «mais»

Differenzierungsübungen	150	La conjugaison des verbes	178
Partnerübungen A/B	157	Méthodes	184
Texte	160	Petit dictionnaire de civilisation	198
Grammaire	161	Banque de mots	202

		104
• Sehenswürdigkeiten in Belgien kennen		104
Volet 1 • ein Bild und seine Wirkung beschreiben • einen Ort und seine Gebäude beschreiben	• Pronomen *y* und *en* (lokal) • *fuir, s'enfuir*	106
Volet 2 • wichtige Informationen eines Textes wiedergeben (*résumé*) • seine Meinung zu einem Text äußern	• Relativpronomen *dont* • Inversionsfrage • Angleichung des *participe passé* nach *avoir*	110
Volet 3 • über das Leben (berühmter) Personen erzählen • über Vergangenes (in seiner zeitlichen Reihenfolge) berichten	• *plus-que-parfait* • *peindre*	114
		119

Fakultativ: eine Kurzgeschichte (Beginn) lesen und verstehen; die Hauptfigur charakterisieren und die Beziehung zwischen den Figuren beschreiben; Vermutungen zum Fortgang der Geschichte äußern	**122**

ein Lied (Musik, Text, Aussage) vorstellen	**124**

		126
• sich anhand von Bildimpulsen über berufliche Zukunftspläne austauschen		126
Volet 1 • über Zukunftspläne sprechen • Wünsche äußern • Ratschläge geben	• *conditionnel présent* • *rien ne … / personne ne …* • *croire*	128
Volet 2 • über Schwierigkeiten/Unsicherheiten bei der Berufsfindung sprechen • Eigenschaften benennen	• irrealer Bedingungssatz (Gegenwart)	133
Volet 3 • einen Lebenslauf und ein Bewerbungsschreiben verfassen • ein Telefongespräch (zur Bewerbung) führen	• *être en train de faire qc* • *venir de faire qc* • Relativpronomen *lequel* mit Präposition	137
		143

Fakultativ: Lernstandsüberprüfung (Lese- und Hörverstehen, Sprechen, Schreiben und Sprachmittlung)	**146**

ein Lied und ein Gedicht verstehen; ein eigenes Gedicht nach einem Modell verfassen; irreale Bedingungen ausdrücken; das *conditionnel du passé* und der irreale Bedingungssatz in der Vergangenheit	**148**

Les nombres 204	Liste alphabétique allemand-français 274
L'alphabet 205	Glossaire – Indications pour les exercices 291
Liste des mots 206	Les mots pour le dire – expressions utiles par thème .. 292
Liste alphabétique français-allemand 255	

Ces stars qui parlent français

1 Dimitri Payet est un footballeur de l'équipe de France. Il a déjà joué dans plusieurs clubs en France et en Angleterre comme l'Olympique de Marseille ou West Ham United. Il est né à la Réunion. C'est une île française dans l'océan Indien. La ville de Saint-Philippe où il a grandi est à 9500 kilomètres de Paris!

2 L'actrice Paula Beer vient d'Allemagne. Elle est née en 1995 à Mayence. Très tôt, elle découvre sa passion pour le théâtre. À 15 ans, elle joue dans son premier film, *Poll*. Après le film *Diplomatie*, qu'elle tourne à Paris, elle reste plusieurs mois en France pour perfectionner son français. En 2016, elle joue dans le film franco-allemand *Frantz* où elle parle en français et en allemand.

1 a Lis les cinq mini-biographies et réponds: qu'est-ce que ces stars font dans la vie? Puis dis qui t'intéresse le plus* et pourquoi.

* **le plus** am meisten

b Réponds aux questions suivantes.
1. De quels pays viennent ces stars?
2. Dans quel(s) pays est-ce que ces stars habitent, ont habité ou travaillé?

venir être	de	Belgique France	habiter travailler aller être	en	Belgique France Espagne Angleterre
	d'	Allemagne		au	Québec Canada
	du	Mali		aux	États-Unis

c Maintenant, retrouve les endroits de **b** sur la carte du monde au début de ton livre.

3 Thomas Pesquet habite en France … ou dans les étoiles, parce que le jeune ingénieur est aussi astronaute. Pendant ses études, il a passé un an au Québec et il a commencé sa carrière en Espagne. Il parle cinq langues. Écolo, il poste sur les réseaux sociaux des photos et des commentaires pour nous montrer que notre planète est belle mais fragile.

4 Nantenin Keïta est une grande sportive. Née au Mali, elle a grandi en France et a la double nationalité. Comme son père, le célèbre musicien Salif Keïta, elle est albinos et malvoyante. Elle a été plusieurs fois championne d'Europe et championne du monde du 400 mètres malvoyant et a gagné en 2016 le 400 mètres paralympique. Elle lutte aussi pour les droits des personnes handicapées et des albinos africains.

5 Le chanteur Stromae est né à Bruxelles. Sa mère vient de Belgique et son père vient du Rwanda. En 2009, sa chanson «Alors on danse» est numéro un en France, en Allemagne, en Suisse et en Belgique. Quand son deuxième album sort en 2014, le succès est énorme. Stromae donne des concerts partout en Europe mais aussi au Canada et aux États-Unis. En 2014, il crée aussi une marque de vêtements avec sa femme.

2 Pose les questions suivantes à ton/ta partenaire, il/elle répond. Utilisez la carte du monde au début de votre livre. ▶ Grammaire, p. 161/1

Tu es déjà allé(e) dans un autre pays? Raconte.
D'où viennent tes parents?
Où habitent tes grands-parents?
Dans quel pays est-ce que tu voudrais aller pour tes études / après l'école?
Et pour les vacances?

3 a Trouve des expressions utiles pour parler de la biographie d'une personne dans les textes. Note-les sur une fiche et apprends-les. Tu peux compléter ta fiche pendant l'année scolaire. ▶ Mots pour le dire, p. 303

b Écris la mini-biographie d'une personne de ton choix. Tu peux prendre les textes 1–5 comme modèle.

Unité 1 — À la découverte de Marseille et de sa région

PF Tâches – au choix

Am Ende dieser Unité kannst du

A ein Programm für eine Klassenfahrt nach Marseille erstellen, deine Auswahl begründen und präsentieren.

B deinen Lieblingsfilm oder deine Lieblingsserie vorstellen.

Compétences communicatives

Du lernst
- Sehenswürdigkeiten vorzustellen. (▶ V1)
- Vergleiche anzustellen. (▶ V1)
- einen Tagesablauf zu beschreiben. (▶ V2)
- zu sagen, was dir gefällt / nicht gefällt. (▶ V3)
- über Filme und Fernsehserien zu sprechen. (▶ V3)

Dazu brauchst du z. B.
- den Komparativ und den Superlativ der Adjektive.
- die reflexiven Verben.
- den Begleiter *tout*.
- den Relativsatz mit *ce qui* / *ce que*.
- die Verben *vivre*, *rire* und *suivre*. ▶ Verbes, p. 178

Compétences interculturelles
- Du lernst Marseille und seine Umgebung kennen.
- Du erfährst etwas über den Alltag in Marseille.
- Du lernst französische Filme und Serien kennen, die in Marseille spielen.

Méthodes et stratégies

Du lernst,
- wie du Informationen für einen Vortrag ordnen und vorstrukturieren kannst.
- das freie Sprechen zu trainieren.

A le Vieux-Port et la basilique Notre-Dame de la Garde

B le stade Orange Vélodrome un soir de match

C les calanques près de Cassis

1 Regarde les photos et dis ce que tu apprends sur Marseille et sa région.

DELF 2 Regarde les photos, écoute le dialogue et retrouve où Arthur est allé. Puis, dis s'il a aimé ces endroits et pourquoi.

D le MuCEM: le Musée des Civilisations de l'Europe et de la Méditerranée

E la corniche Kennedy, une route sur les rochers près de la mer

G les Docks Village, un centre commercial de créateurs

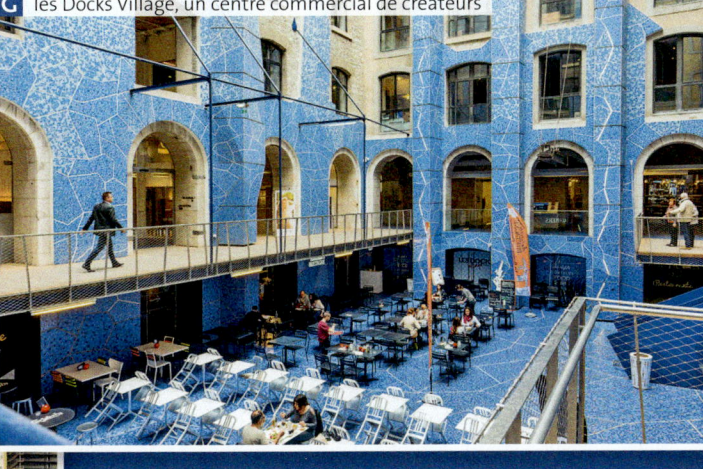

F les quartiers nord

H le château d'If et les îles du Frioul

3 Fais une recherche sur Marseille pour pouvoir remplir la fiche ci-contre.

nom:	*Marseille*
région:	?
nombre[1] d'habitants:	?
ville jumelée[2] allemande:	?
club de foot:	?
météo[3] d'aujourd'hui:	?
info en plus:	?

1 **le nombre** die Anzahl
2 **la ville jumelée** die Partnerstadt
3 **la météo** der Wetterbericht

onze 11

Préparer la lecture

1 Survole le texte et dis de quelle sorte de texte il s'agit. À ton avis, quel est le but du texte? Tu peux répondre en allemand.

Les bons plans pour un week-end à Marseille

Rendez-vous au Vieux-Port
Il y a deux ports à Marseille, le Vieux-Port, au centre de la ville, qui date de l'Antiquité et qui est assez petit, et le port commercial, qui est le plus grand port de France.
Le Vieux-Port est très joli avec ses petits bateaux, son marché aux poissons le matin, ses restaurants, et le grand miroir de Norman Foster. C'est un endroit idéal pour prendre des photos!
Notre conseil: Faites un tour en bateau et visitez les îles du Frioul et le château d'If! Les bateaux partent du Vieux-Port de sept heures jusqu'à dix-neuf heures.

Monter à Notre-Dame de la Garde
À 149 mètres au-dessus de la mer, la basilique Notre-Dame de la Garde est le symbole de Marseille. Elle offre les plus belles vues sur la mer, les îles du Frioul, le château d'If et le port mais aussi sur la ville et le stade Orange Vélodrome! Les sportifs peuvent monter à la basilique à pied. Les autres peuvent prendre un bus ou le petit train touristique qui part du Vieux-Port.
Notre conseil: Entrez dans la basilique, l'intérieur est très spécial!

Découvrir le MuCEM
Vous n'aimez pas les musées? Alors, vous n'avez pas encore visité le MuCEM, qui a ouvert ses portes en 2013 et qui est beaucoup plus original que les musées traditionnels. Ses expositions racontent l'histoire des civilisations de la Méditerranée et montrent beaucoup d'œuvres d'art. Il y a des salles d'expositions et de concerts mais aussi plusieurs endroits en plein air qui offrent des vues géniales sur la mer, le fort Saint-Jean et la vieille ville. Le MuCEM est noir le jour et bleu la nuit.
Notre conseil: Montez sur la terrasse du café et passez un moment calme loin du stress de la ville!

Faire une balade au Panier
Le Panier est le plus vieux quartier de la ville. Ses rues, ses places et ses escaliers sont vraiment très jolis. Faites une balade et découvrez l'ambiance qui a inspiré la série marseillaise la plus célèbre de France, *Plus belle la vie*.

Faire une randonnée dans les calanques
Pour vous, la ville est moins intéressante que la nature? À Marseille, ce n'est pas un problème. Faites une randonnée sur la côte et découvrez le magnifique paysage des calanques entre Marseille et Cassis.
Notre avis: C'est la meilleure balade 100 % nature qu'on peut faire près d'une grande ville!

| VOLET 1 | VOLET 2 | VOLET 3 | TÂCHES – AU CHOIX | EXERCICES SUPPLÉMENTAIRES | **1** |

Voir un match de l'OM
À Marseille, on ne rigole pas avec le foot! Le stade Orange Vélodrome avec ses 67 000 places est plus grand que le Parc des Princes où joue le PSG.
Pour découvrir l'ambiance, achetez des billets pour un match de l'OM. Vous pouvez aussi visiter le stade pendant la journée. C'est moins cher mais ce n'est pas aussi animé!

Faire un pique-nique sur la plage du Prado
La plage du Prado est l'endroit idéal pour faire un pique-nique le soir avec des amis!

Écouter un concert à la Friche de la Belle de mai
Entre mai et août, le vendredi et le samedi soir, il y a des concerts gratuits à La Friche de la Belle de mai, le centre culturel le plus branché de Marseille.

Prendre un verre, cours Belsunce
Le cours Belsunce date de Louis XIV. En 1666, le Roi-Soleil choisit Marseille pour être la porte de la France vers l'Orient. Il crée des nouveaux remparts et un beau boulevard: le cours Belsunce.
Notre conseil: Prenez un verre en face de l'Alcazar, un ancien théâtre qui est devenu la plus grande bibliothèque de Marseille.

Des clichés sur Marseille et les Marseillais

😉 Est-ce que les Marseillais sont les Français les moins stressés?
Ce n'est pas sûr, mais on dit qu'ils aiment prendre leur temps.

😉 À Marseille, le temps est meilleur que dans les autres villes de France …
Ce n'est peut-être pas vrai, mais ça montre que les Marseillais aiment bien exagérer!

😉 Pour les fans de l'OM, il y a deux trucs qui comptent: 1. l'OM doit gagner, 2. le PSG doit perdre.

Lire et comprendre

2 Maintenant, lis le texte et donne des conseils aux touristes ci-dessous qui veulent visiter Marseille. Il y a plusieurs possibilités.

1 J'aime bien la musique.
2 J'adore la nature!
3 Ma passion, c'est la photo.
4 J'aime la mer et les îles.
5 Je suis sportive, je suis fan de foot!
6 Je ne peux pas beaucoup marcher et je n'aime pas le stress.
7 Ma passion, c'est l'architecture.

Va/Allez à/au/à la ___.   Fais/Faites une balade/une randonnée ___.   Alors, il faut + *infinitif*.

treize 13

1 VOLET 1   VOLET 2   VOLET 3   TÂCHES – AU CHOIX   EXERCICES SUPPLÉMENTAIRES

Médiation

  3   Deine Großeltern haben den Prospekt, S. 12–13, bei dir entdeckt. Sie interessieren sich für Marseille, verstehen aber kein Französisch. Sie bitten dich, ihnen zu jeder Sehenswürdigkeit die wichtigsten Tipps zu geben. Lies die Texte noch einmal und notiere stichpunktartig die gewünschten Informationen auf einem Zettel. Dann antworte deinen Großeltern in einer E-Mail. ▶ Méthodes, p. 197 / 31.4

Parler

4   Qu'est-ce que tu aimerais faire à Marseille? Explique pourquoi. À deux, faites un petit dialogue.
▶ Mots pour le dire, p. 294

Exemple: – Je voudrais visiter le MuCEM parce qu'il est moderne. Et toi?
           – Moi, je préfère la nature. Alors, j'aimerais faire des randonnées dans les calanques.

Je voudrais ___ parce que j'aime bien / j'adore ___. J'aimerais ___ parce que je préfère ___. En plus, ___. ___, ça me plaît. À mon avis, c'est l'endroit idéal pour ___. Ce n'est pas mon truc. Je (ne) trouve (pas) ça ___. C'est (très/trop) ___. Ce n'est pas (assez) ___. Ma passion, c'est ___. Moi, je suis fan de ___, alors je ___.	célèbre sympa beau calme animé génial nouveau spécial vieux original touristique magnifique branché intéressant

Découvrir / Comparer les langues

5 a   Regarde les photos et traduis les phrases. | Wie bildet man den Komparativ des Adjektivs im Französischen? Formuliere eine Regel.

Orange Vélodrome, Marseille:
67 000 places

Parc des Princes, Paris:
49 000 places

Stade de France, Saint-Denis:
81 000 places

1. Le stade Orange Vélodrome est **plus grand que** le Parc des Princes.
2. Le stade Orange Vélodrome est **moins grand que** le Stade de France.
3. Pendant les matchs, il est **aussi animé que** le Parc des Princes ou le Stade de France.

b   Und wie bildet man den Superlativ? Suche im Text auf S. 12–13, wie man auf Französisch ausdrückt,
– dass der Marseiller Handelshafen der größte Frankreichs ist,
– dass die Marseiller die am wenigsten gestressten Franzosen sind.
Finde dann weitere Beispiele für den Superlativ im Text und schreibe sie auf.
Vergleiche mit dem Deutschen.

c   Trouve le comparatif et le superlatif de l'adjectif *bon* dans le texte et forme une phrase avec chaque forme.

VOLET 1

S'entraîner

6 a Compare Paris et Marseille. Utilise le comparatif de l'adjectif et pense à faire l'accord. ▶ Grammaire, p.161/3

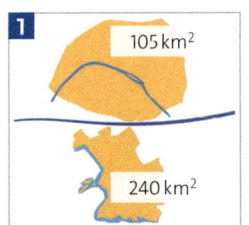
la ville de Paris
petit
la ville de Marseille

un billet pour un match de l'OM
cher
un billet pour un match du PSG

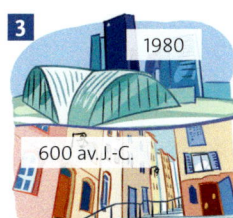
le quartier de la Défense
moderne
le quartier du Panier

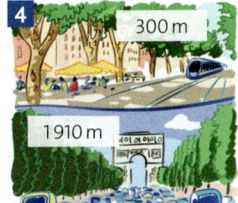
le cours Belsunce
long
les Champs-Élysées

les footballeurs de l'OM
= célèbre
les footballeurs du PSG

un match de l'OM
= animé
un match du PSG

b Compare une ville allemande à Marseille comme en **a**. Tu peux faire des recherches. ▶ Civilisation, p.199
Exemple: Hanovre est plus petit que Marseille. Le stade est ____.

7 Échangez vos avis. Utilisez le superlatif. ▶ Grammaire, p.162/4
Exemples : – Pour moi, le club de foot le plus sympa, c'est l'OM.
– Pour moi, les matières les moins intéressantes, ce sont ____.

le club de foot les matières *f. pl.* l'acteur *m.*/l'actrice *f.*		bon beau intéressant
la série le site Internet l'animal *m.* le magazine		grand célèbre sportif
le magasin la ville le pays la marque (de voiture)		pratique drôle sympa
les vêtements *m. pl.* les plats *m. pl.* les jours *m. pl.*		compliqué ennuyeux
les endroits *m. pl.* les quartiers *m. pl.* les livres *m. pl.* ____		petit touristique ____

Vocabulaire et expression

8 a Fais un associogramme avec les mots et les expressions du texte pour parler d'une ville.
Complète-le au cours de l'unité. Tu peux l'utiliser pour la tâche A, p. 26. ▶ Mots pour le dire, p. 294

b Pose des questions à ton/ta partenaire à l'aide d'un plan de Marseille. Utilise les mots de **a**. Il/Elle répond.
▶ Internet

Comment s'appelle (le stade / la place / ____) à Marseille?
Qu'est-ce qu'il y a à côté (de la place / du port / ____)?
Est-ce que la plage / le stade / ____ est près / loin de ____ ?   Comment aller de ____ à ____ ?

VOLET 1

VOLET 2 VOLET 3 TÂCHES – AU CHOIX EXERCICES SUPPLÉMENTAIRES

Médiation

9 Un copain marseillais, Victor, te demande de l'aider pour son devoir de géographie: *Marseille et Hambourg – deux villes jumelées qui se ressemblent**. **Lis l'article ci-dessous et relis le texte, p. 12–13. Puis, écris un mail à Victor et donne-lui au moins trois informations pour son devoir.** ▶ Civilisation, p. 199 ▶ p. 150

* **se ressembler** sich ähneln

Hamburg – das Tor zur Welt

Als zweitgrößte Stadt Deutschlands trägt Hamburg zu Recht den Beinamen „Tor zur Welt": Schließlich besitzt die Stadt mit ca. 1 861 000 Einwohnern den größten Hafen Deutschlands. Wer dort gewesen ist, ist beeindruckt von den
5 riesigen Containerschiffen und Hafenanlagen, die man bei einer Hafenrundfahrt sehen kann. „Leben am Wasser" beschreibt wohl sehr treffend das Lebensgefühl der Hamburger: Der Fischmarkt, den alle kennen, zu dem man sonntags morgens sehr früh aufbrechen muss, um mit dabei zu sein, das Treiben an Alster und Elbe in Cafés oder Parks, verschiedene lauschige Seen –
10 zahlreiche Plätze rund ums Wasser bieten sich an, wenn man die Atmosphäre Hamburgs spüren möchte.
Aber Hamburg hat noch viel mehr zu bieten: Ältestes Wahrzeichen der Stadt ist die Michaeliskirche – auch liebevoll „Michel" genannt. Mit ihrem 132 m hohen Turm überragt sie die Stadt und bietet von
15 ihrer 82 m hohen Plattform eine eindrucksvolle Aussicht auf die Stadt. Neuerdings gesellt sich ein zweites beeindruckendes Gebäude zu diesem Symbol Hamburgs: Die „Elphi", Spitzname der 2017 eröffneten modernen Elbphilharmonie, beherbergt verschiedene Konzertsäle und eine öffentlich zugängliche Aussichtsplattform, die einen tollen Blick auf den Hafen eröffnet. Noch nicht genug Kul-
20 tur? Dann ab in die vielen Museen! Besonders beliebt und originell: der „Dialog im Dunkeln" – wo Blinde die Besucher in ihre Alltagssituationen im Dunkeln entführen! Und nicht zu vergessen: In Hamburg gibt es Menschen vieler verschiedener Kulturen. Diese Weltoffenheit teilt Hamburg im Übrigen mit seiner Partnerstadt Marseille. Wer noch mehr Gemeinsamkeiten zwischen diesen bei-
25 den Städten finden möchte, sollte selbst auf Entdeckungsreise gehen!

Écouter et comprendre

10 a Que disent les jeunes? Écoute et note si tu entends **a** ou **b**.

1. **a** On fait un tour en bateau. **b** On a fait un tour en bateau.
2. **a** Attention, il y a plusieurs portes! **b** Attention, il y a plusieurs ports!
3. **a** On a acheté un gâteau, cours Belsunce. **b** On a acheté un cadeau, cours Belsunce.
4. **a** Nous prenons le métro en face du fort. **b** Nous prenons le métro en face du port.
5. **a** Il ne faut pas perdre les billets. **b** Il ne faut pas prendre les billets.
6. **a** C'est une ville branchée? **b** C'est une fille branchée?

b Écoute encore une fois les phrases et répète-les.

VOLET 1   VOLET 2   VOLET 3   TÂCHES – AU CHOIX   EXERCICES SUPPLÉMENTAIRES   1

DELF **11 a** Tu fais une visite guidée en petit train touristique à Marseille. Écoute le guide et trouve quelle photo correspond à quel nom. Attention, il y a une photo en trop!

| la Canebière | le musée La Licorne | le Pharo | le Four des Navettes | la basilique |

A

B

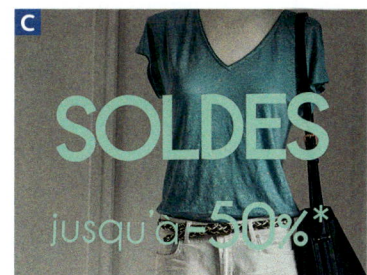
C

D

E

F

DELF **b** Écoute encore une fois la visite guidée et note de quand datent ces «curiosités». Attention, il y a une date en trop!

| 1666   1781   1852   1853   1972   2016 |

c Choisis un des endroits de la visite guidée, écoute encore une fois le commentaire et note les informations que tu comprends.   ▶ Méthodes, p. 186/11

Méthodes et stratégies: Informationen nach Stichpunkten ordnen   ▶ Méthodes, p. 194/26

12 a Einem Vortrag kann man als Zuhörer besser folgen, wenn er klar strukturiert ist. Lies die Ratschläge dafür im Methodenteil und wende sie in **b** an.

b Recherchiere Informationen zu einer Sehenswürdigkeit in Marseille (S. 12–13, S. 17/11). Ordne diese mithilfe eines Steckbriefs und stelle die Sehenswürdigkeit, die du dir ausgesucht hast, der Klasse vor.

Tu cherches des idées?

le palais Longchamp	le parc Borély	la cathédrale Sainte-Marie-Major
le fort Saint-Nicolas	la cité Radieuse Le Corbusier	l'abbaye Saint-Victor
le théâtre de la Criée	le tunnel sous le Vieux-Port	le jardin des Vestiges	la Vieille Charité

dix-sept 17

VOLET 2

Marseille, c'est d'abord les Marseillais

Préparer la lecture / l'écoute

1 Trouve des informations sur ces endroits de Marseille et retrouve-les sur un plan de la ville. ▶ Internet

Noailles   l'Estaque
Le Clos de la Rose   les Goudes

Ma famille vient de Paris, mais nous vivons à Marseille depuis trois ans. Je me sens très bien ici. En général, les Marseillais sont moins stressés que les Parisiens, qui se dépêchent tout le temps. Par contre en voiture, les Marseillais s'énervent beaucoup, c'est fou!
Nous habitons dans le quartier de Noailles, c'est un quartier très animé. Le samedi, avec ma mère, nous aimons bien nous promener au marché des Capucins. J'adore! On entend tous les accents de la Méditerranée et on trouve des produits de toutes les régions du monde! En plus, ce n'est vraiment pas cher.
L'été, avec les copains, nous nous baignons parfois dans les calanques. C'est génial! Je pense que je vais devenir une vraie Marseillaise. J'ai même déjà un peu l'accent du sud.

Pauline

Je vis avec ma femme dans le quartier de l'Estaque et je suis pêcheur. Alors je me lève tôt, vers quatre heures du matin, pour être le premier et pouvoir choisir l'endroit où je vais m'installer avec mon bateau.
Le week-end, quand je sors pour aller travailler, je rencontre souvent des gens qui ont fait la fête toute la nuit et qui vont se coucher. C'est comme ça, Marseille!
En général, je rentre vers midi. D'abord, j'appelle ma femme qui s'inquiète vite pour lui dire que je vais bien. La Méditerranée n'est pas super dangereuse, mais on ne sait jamais. Après, je vais vendre mon poisson dans les restaurants.
Je termine par le restaurant «Au bord de l'eau». Le cuisinier est mon copain. Il a toujours une assiette de bouillabaisse pour moi! Ensuite je rentre, je prends une douche, je me repose un peu. Le soir, avec ma femme, on va souvent prendre un verre avec des amis dans notre café préféré … Voilà, ma journée. Et puis bien sûr, je me couche tôt, parce que, le soir, je suis fatigué. Marseille *by night*, ce n'est pas pour moi!

Jean-Claude

Je suis né dans les quartiers nord de Marseille, à la cité du Clos de la Rose. Ce n'est pas un endroit où la vie est facile. Souvent, les gens qui vivent ici n'ont pas de travail, les jeunes s'ennuient, ils font des bêtises. Moi, j'ai eu beaucoup de chance, j'ai fait une carrière sportive comme boxeur. Aujourd'hui, je suis éducateur, je m'occupe des jeunes de mon quartier, je veux les aider, leur montrer qu'ils peuvent réussir. Avec mon équipe, nous organisons plein de projets comme par exemple des tournois sportifs contre d'autres cités. Parfois, avec les jeunes, on fait des vidéos et des raps qui parlent de notre quartier et on les met en ligne. Nous voulons montrer que notre quartier vit et qu'il se développe.

Ben

Sarah et Yacine

| VOLET 1 | **VOLET 2** | VOLET 3 | TÂCHES – AU CHOIX | EXERCICES SUPPLÉMENTAIRES | **1** |

Lire, écouter et comprendre

DELF 2 a Lis le texte et corrige les résumés. Justifie tes réponses à l'aide du texte.

1. Pauline est marseillaise. Elle n'aime pas trop la ville parce que les gens sont trop stressés. En plus, elle habite dans un quartier qu'elle trouve trop calme. Au marché, elle achète des produits de la région mais elle trouve qu'ils sont trop chers. Le week-end, elle fait parfois des randonnées dans les calanques. Son rêve: Vivre à Paris!

2. En général, Jean-Claude se lève assez tard, alors il ne peut jamais choisir l'endroit où il va avec son bateau. Jean-Claude finit ses journées tard parce qu'après son travail sur son bateau, il vend son poisson dans le magasin d'un ami. Le week-end, il fait souvent la fête toute la nuit avec sa femme.

3. Ben est nouveau à Marseille. Il n'a pas eu de chance car après sa carrière de boxeur, il n'a pas trouvé de travail. Alors, il s'ennuie et il fait des bêtises avec des jeunes du quartier. Ensemble, ils regardent aussi des vidéos en ligne ou regardent des matchs à la télé.

🎧 12 **b** Écoute le témoignage de Sarah et note les informations sur les points suivants.

1. les avantages du quartier des Goudes
2. les inconvénients* du quartier
3. le travail de Yacine
4. le travail de Sarah
5. le hobby de Yacine et de Sarah

* l'inconvénient *m.* der Nachteil

c Aimerais-tu vivre à Marseille? Donne au moins trois arguments pour ou contre et discute avec ton/ta partenaire. ▶ Mots pour le dire, p. 296

Parler

DELF 3 a Faites une promenade en classe, posez les questions ci-dessous et répondez.

1. Quand est-ce que tu te lèves le lundi / le samedi?
2. Quand est-ce que tu te couches le lundi / le samedi?
3. Quand est-ce que tu t'ennuies?
4. Quand est-ce que tu t'énerves?
5. Quand est-ce que tu te dépêches?
6. Où est-ce que tu te reposes?

Je	me lève / me couche	à ____.
	m'ennuie / m'énerve / me dépêche	quand ____.
	me repose	devant/sur/dans ____.

b Puis présentez vos résultats en classe.

> Jakob se repose dans sa chambre.
> Il s'énerve quand sa sœur joue de la flûte.

Découvrir / Comparer les langues

4 a Traduis les phrases et compare avec l'allemand.

1. Ils se dépêchent **tout le temps**.
2. Ils ont fait la fête **toute la nuit**.
3. Ils regardent **tous les matchs**.
4. On trouve des produits de **toutes les régions** du monde.

b Complète les phrases par les expressions correspondantes en français.

1. Je suis *(das ganze Wochenende)* à Marseille.
2. *(Alle Restaurants)* du centre-ville sont chers.
3. Je voudrais passer *(den ganzen Tag)* sur la plage du Prado.
4. *(Alle Straßen)* du quartier Noailles sont animées.

Koop c Compare aussi avec d'autres langues que tu connais.

1

VOLET 1 | VOLET 2 | VOLET 3 | TÂCHES – AU CHOIX | EXERCICES SUPPLÉMENTAIRES

5 a Fais une fiche pour un verbe pronominal, par exemple *se sentir*. ▶ Grammaire, p. 162/5

b Il a plu sur la carte postale de Lyam! Qu'est-ce qu'il a écrit? Complète.
Utilise les verbes pronominaux ci-dessous au présent. ▶ Grammaire, p. 162/5 ▶ p. 150

Salut papa, salut maman!

Nous sommes bien arrivés à la colo! Les Alpes sont vraiment idéales pour faire du VTT! ☺ Maman, c'était vraiment une super idée! Voilà ma journée: Le matin, nous _____ à 7 heures (l'horreur!). Il faut _____ parce qu'un quart d'heure plus tard, nous _____ dans la salle à manger de l'auberge de jeunesse pour le petit déjeuner. Nos animateurs sont sympa. Ils _____ Christian et Greg et ils _____ bien de nous.
Vers midi, on _____ pour faire notre pique-nique. Après, nous _____ pendant environ une demi-heure. On peut aussi _____ à pied si on veut. Vers deux heures, nous repartons en VTT.
Le soir avant le repas, nous _____ pour notre tournoi de basket, la semaine prochaine. Je _____ vers dix heures. Vous voyez, je _____ super bien, ici. Et vous, vous ne _____ pas trop sans moi?
À bientôt! Grosses bises à vous deux!
Lyam

P.S.: Papa, tu _____ bien de mes poissons?

s'appeler
se coucher
se dépêcher
s'ennuyer
s'entraîner
s'installer
se lever
s'occuper (2x)
se promener
se reposer
se retrouver
se sentir

Vocabulaire et expression

6 Retrouve ce qui va ensemble. Quelquefois, il y a plusieurs possibilités.
Ces expressions sont utiles pour parler de la vie ou de la journée de quelqu'un.

	une vraie Marseillaise / un vrai Parisien / ____
	l'accent du sud/allemand/ ____
aller	tôt/tard
avoir	vers quatre heures du matin / six heures du soir
être	à Marseille depuis trois ans
devenir	par quelque chose / par le restaurant d'un copain / ____
prendre	un verre
vivre	une douche
se lever	des jeunes du quartier
travailler	des bêtises / une carrière comme ____
faire	en ligne
se coucher	boxeur/chanteuse/ ____
terminer	comme serveuse/animateur/ ____
mettre qc	beaucoup de chance
s'occuper	champion de France/de la région
	en vacances
	jusqu'à minuit / dix heures

20 vingt

| VOLET 1 | **VOLET 2** | VOLET 3 | TÂCHES – AU CHOIX | EXERCICES SUPPLÉMENTAIRES | **1** |

7 Samedi soir, Ben veut aller au théâtre de la Joliette avec son collègue, Fred.
Fred, qui est nouveau dans la région de Marseille, habite à Aubagne*, avenue Marcel Pagnol.
Ben lui explique par mail comment aller au théâtre. Regarde le plan et écris le mail de Ben. ▶ p. 150

* **Aubagne** petite ville près de Marseille

19:03	avenue Marcel Pagnol, 13400 Aubagne
🚶	
19:09	gare d'Aubagne TER 881638
🚆	
19:27	gare de Marseille Saint-Charles
🚶	
19:38	station de métro de Marseille Saint-Charles M2 en direction de Bougainville
Ⓜ	
19:41	station de métro Joliette
🚶	
19:48	théâtre Joliette-Minoterie 2, place Henri Verneuil, 13002 Marseille

aller à / jusqu'à / en ____
prendre le ____
descendre à ____
arriver à ____

Écrire – au choix

DELF

8 a Décris une journée de ta semaine et une journée de ton week-end. Quand est-ce que tu te lèves? Qu'est-ce que tu fais? Tu vas où et comment? Quand? Pourquoi? Quelles sont les différences entre ces deux jours? N'oublie pas les indications de temps! Tu peux utiliser des expressions de l'exercice 6. ▶ Mots pour le dire, p. 295

se lever *prendre* une douche *se préparer* *aller* à l'école
manger à la cantine *faire* ses devoirs *garder* ses frères et sœurs
faire du canoë-kayak *jouer* à / *jouer* de ____ *rentrer* *faire* une randonnée
aller au cinéma *se reposer* *se coucher* ____

le lundi / ____   à ❓ heures   puis   après   ensuite   plus tard   vers ❓ heures   le matin
l'après-midi   le soir   souvent   d'habitude   toujours   parfois   en général   d'abord

b Choisis une des personnes ci-dessous et imagine une de ses journées pendant la semaine et pendant le week-end. Utilise le présent. Tu peux utiliser des expressions de l'exercice 6. ▶ Mots pour le dire, p. 295

vingt-et-un **21**

1

VOLET 1   VOLET 2   **VOLET 3**   TÂCHES – AU CHOIX   EXERCICES SUPPLÉMENTAIRES

🎧 Quand Marseille a le premier rôle

___

Préparer la lecture

1 À ton avis, de quoi est-ce qu'il est question dans ce blog? Justifie ta réponse.   ▶ Méthodes, p. 192/22

https://www.blog-romane.xy

Salut, je m'appelle Romane, je suis marseillaise et fan de cinéma. Dans ce blog, je voudrais vous présenter des films et séries qui parlent de Marseille, parce que les réalisateurs adorent notre ville et tournent de plus en plus souvent des films ici!

Je commence par *Plus belle la vie* qui est LA série marseillaise!
5 Je trouve qu'elle montre bien la diversité des Marseillais. Il y a des riches, des pauvres, des jeunes, des vieux, des couples homosexuels et des couples hétéros, des gens honnêtes et des gangsters …
Ce qui me plaît dans cette série, c'est la mixité! Et on voit que tous ces gens arrivent à vivre ensemble.
10 Par exemple, j'aime bien l'histoire de Jean-Paul Boher et de Samia Nassri, deux policiers de Marseille. Au début, Jean-Paul est raciste mais il change quand il tombe amoureux de Samia, qui est originaire d'Algérie et qui a grandi dans une cité.
Cette série donne une bonne idée de la vie à Marseille et tout le monde
15 peut s'identifier à un personnage!

> Avec ma famille, on suit la série depuis le début,
> j'ai vu tous les épisodes!
> 1vraifan

> Il ne faut pas exagérer!
> La vie à Marseille est beaucoup plus difficile que dans PBLV!
20
> KrtiÉ_Nord

> J'ai bien aimé les trois premières saisons, mais après, j'ai trouvé ça moins intéressant. Je crois que 13 saisons, c'est trop pour une série!
> Planète_Mars

Aujourd'hui, j'ai choisi *Marseille*, une comédie avec Kad Merad et Patrick
25 Bosso.
Sur l'affiche, on les voit qui rient et qui nous invitent à rire avec eux.
Voilà l'histoire: Paolo, qui est originaire de Marseille, vit depuis des années au Québec. Un jour, son frère Joseph l'appelle parce que leur père va mal. Paolo revient à Marseille avec son fils de douze ans qui, lui, a grandi au
30 Québec. J'aime bien quand le film compare les habitudes du jeune québécois et de son cousin marseillais.
Et la scène des voitures devant la gare Saint-Charles est assez drôle, surtout quand on connaît Marseille!
Par contre, je trouve que le scénario n'est pas génial. Ce que le réalisateur
35 a surtout voulu montrer, c'est la vie à Marseille … et il a très bien réussi!

| VOLET 1 | VOLET 2 | **VOLET 3** | TÂCHES – AU CHOIX | EXERCICES SUPPLÉMENTAIRES | **1** |

> Moi, j'aime bien Kad Merad. Avec lui, on rit, on pleure …
> c'est un super acteur!
>
> Le_roi_de_la_blague

> 40 Je suis marseillais et je trouve qu'il y a trop de clichés!
> Je ne comprends pas ce que vous aimez dans ce film!
>
> LePhocéen

> L'histoire n'est pas très réaliste mais il y a des scènes très touchantes.
> annabonpublic

> **Aujourd'hui, je voudrais vous parler de *Corniche Kennedy*. C'est un drame
> 45 qui raconte l'histoire de jeunes des quartiers nord qui sautent de la
> corniche Kennedy dans la mer, ce qui est bien sûr très dangereux.
> Suzanne, qui vit avec sa mère dans une maison de luxe sur la corniche, les
> observe et veut faire comme eux. Deux jeunes garçons vont l'aider … et ils
> vont tomber amoureux d'elle tous les deux.
> 50 J'ai beaucoup aimé l'ambiance de ce film, il est à la fois romantique et
> plein de suspense. Suivez mon conseil, regardez *Corniche Kennedy*!**

> L'histoire de ces jeunes qui prennent des risques ne m'intéresse pas!
> Je trouve ça bête et vraiment pas romantique!
>
> @Bofbof

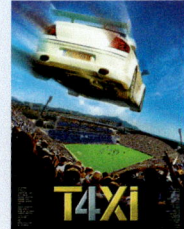

> 55 Il y a du suspense, mais il n'y a pas assez d'action!
> Moi, comme film qui se passe à Marseille, je préfère
> un film d'action comme *Taxi*! Ce n'est jamais triste!
>
> Wraoum04

Lire et comprendre

DELF

2 a Lis ce que Romane écrit dans son blog, choisis pour chaque film/série un des sous-titres ci-dessous et justifie ta réponse. Discute avec ton/ta partenaire. Tu peux proposer aussi d'autres sous-titres.

| Histoire de famille | Le retour | Des bons et des mauvais moments |
| Un nouveau monde | Loin de chez moi |

b Lis les commentaires du blog et note, pour chaque film/série, ce que les gens aiment et critiquent.

titre du film / de la série	aspects positifs	aspects négatifs

c Quel film ou quelle série est-ce que tu voudrais voir? Dis pourquoi.

1 VOLET 1 VOLET 2 **VOLET 3** TÂCHES – AU CHOIX EXERCICES SUPPLÉMENTAIRES

Parler

3 Le cinéma et vous: faites des groupes et parlez de vos habitudes.
Posez-vous ces questions et répondez. ▶ Banque de mots, p. 202
1. Est-ce que tu regardes beaucoup de films? Où? Quand? Avec qui?
2. Est-ce que tu suis une ou plusieurs séries?
3. Quel genre de films est-ce que tu préfères?

Pour les réponses, vous pouvez utiliser:

beaucoup / (assez) souvent / parfois / jamais / tous les jours / un / deux / ____ épisode(s) par jour / par semaine / par mois / Ça dépend. ____
Je les regarde dans ma chambre / au cinéma / sur mon lit / le soir / après l'école / dans le bus / avec ma famille / avec mes amis / ____.
Je suis la série ____. / Toute la famille suit ____. / Nous suivons ____.
les séries / les films d'action / d'amour / d'horreur / d'aventure / drôles / réalistes / tristes / ____

Découvrir

4 a Übersetze folgende Sätze. Wann verwendest du *ce qui* und wann *ce que*?
1. C'est un film **qui** est intéressant.
2. Dites **ce qui** est intéressant.
3. C'est un film **que** vous avez aimé?
4. Dites **ce que** vous avez aimé.

b Ergänze die Regel.
Auf *ce qui* folgt ein ❓.
Auf *ce que* folgt das ❓ des Relativsatzes.

c Complète par *ce qui* ou *ce que/qu'*.
1. Ma sœur veut toujours savoir ❓ je lis.
2. Mes parents ne savent pas ❓ est cool.
3. Je n'ai pas compris ❓ le prof a dit.
4. Je ne sais jamais ❓ mon copain pense.
5. Est-ce que tu sais ❓ se passe?
6. Les enfants font ❓ ils veulent.

S'entraîner

5 Parlez de vos professeurs, de vos parents et de vos copains. Utilisez *ce qui* et *ce que*. ▶ Grammaire, p. 163/7

Mes profs Mes parents Mes copains	demandent souvent veulent toujours savoir savent ne savent pas ne comprennent pas aiment bien expliquent souvent trouvent bien/intéressant/nul	ce qui ce que/qu'	je fais. me plaît / m'intéresse. est dangereux. je déteste. est cool/branché/drôle. je regarde. se passe à l'école. je trouve bien/ennuyeux/triste. j'aime / je n'aime pas. il faut faire. ____.

| VOLET 1 | VOLET 2 | **VOLET 3** | TÂCHES – AU CHOIX | EXERCICES SUPPLÉMENTAIRES | **1** |

Vocabulaire et expression

6 a Relis le blog de Romane et note les mots et expressions utiles pour parler d'un film ou d'une série. Classe-les dans un tableau. Tu peux compléter ton tableau au cours de l'année scolaire. ▶ Méthodes, p. 185/4

décrire l'histoire	*genre/style*	*donner son avis*	*vocabulaire du film*
c'est un film qui raconte	*une comédie*	*ce qui me plaît, c'est* ___	*le réalisateur* *l'affiche f.*

b Jouez. Chacun choisit un film à tour de rôle sans dire son titre. Puis posez des questions à votre partenaire, qui répond par *oui* ou par *non*. Trouvez le titre des films/séries. Utilisez des expressions de **a**.
Exemples: Est-ce que le film raconte l'histoire de ___ ?
Est-ce que le film se passe à ___ / en ___ ?
Est-ce que c'est un film / une série drôle, triste ___ ?
Est-ce que ___ joue (le rôle de ___) dans ce film / cette série?
Est-ce qu'il y a une scène où ___ ?
Est-ce que le réalisateur s'appelle ___ ?

Méthodes et stratégies: das freie Sprechen trainieren ▶ Méthodes, p. 186/12

7 Damit deine Zuhörer dich gut verstehen, ist es wichtig, dass deine Aussprache deutlich, flüssig und natürlich ist. Dies solltest du besonders in der Fremdsprache üben. Lies dazu die Hinweise im Methodenteil und wende sie in Aufgabe **8** an.

Médiation/Parler

8 Emma cherche un cadeau d'anniversaire pour sa sœur, Chloé, ta correspondante française. La passion de Chloé est l'allemand. Et elle adore le cinéma. Elle aime les films réalistes mais plutôt drôles. Emma, qui ne parle pas allemand, te demande de choisir un film allemand pour Chloé. Tu as lu une critique du film *Blind Date mit dem Leben*. Envoie un message vocal à Emma pour lui expliquer le sujet, l'histoire du film et pourquoi c'est un cadeau idéal pour Chloé. ▶ Méthodes, p. 197/31

> **Blind Date mit dem Leben** Saliya, ein junger Mann, der gerade das Abitur geschafft hat, hat einen Traum: Eine Ausbildung im Luxushotel Bayerischer Hof zu machen. Sein Problem: Er hat eine starke Sehschwäche. Alles, was er sehen kann, sind schemenhafte Umrisse und Farben. Saliya hat einen starken Willen und möchte vor allem ein normales Leben führen. Also bewirbt er sich und trainiert, wie er erkennen kann, was andere mit ihrer Körpersprache von ihm erwarten. So übt er beispielsweise, auf welcher Höhe er die Hand zum Händeschütteln ausstrecken muss. Und tatsächlich schafft er es, den Job zu bekommen, ohne dass jemand seine Besonderheit bemerkt. Jedoch erkennt sein Kollege Max bald Saliyas Schwierigkeiten, beispielsweise, wenn Saliya putzen muss. Eine enge Freundschaft zwischen den beiden Männern beginnt, die sich auch darin ausdrückt, dass Max mit Saliya bestimmte Situationen im Hotel übt, was beiden viel Spaß macht. Dann kommt die Liebe mit ins Spiel, denn Saliya verliebt sich in Laura, was ihn vor weitere Herausforderungen stellt ... Auch wenn die Geschichte überwiegend humorvoll erzählt wird und die Zuschauer viel lachen, ist sie auch tragisch und zeigt traurige Momente. In jedem Fall regt sie zum Nachdenken an: Wie gehen wir in der Gesellschaft mit Menschen mit Behinderungen um? Und dies umso mehr, wenn man weiß, dass der Film auf einer wahren Geschichte beruht.

1   VOLET 1   VOLET 2   VOLET 3    TÂCHES – AU CHOIX   EXERCICES SUPPLÉMENTAIRES

 A   Vous allez passer trois jours à Marseille. Vous allez dormir à l'auberge de jeunesse, près de la station «La Fourragère» (ligne 1). Préparez un programme pour votre séjour.

> Travaillez en groupes: Chaque groupe fait des recherches et prépare un programme pour une journée.
> – Qu'est-ce que vous voulez faire? Quels endroits est-ce que vous voulez visiter? Dites pourquoi et quand vous voulez visiter ces endroits.
> – Comment est-ce que vous voulez aller à ces endroits? Expliquez le chemin.
> – Dites aussi combien le programme va coûter pour votre journée.
> Puis, présentez votre programme à la classe.
> Ensemble, mettez-vous d'accord sur le programme des trois jours.

Tu cherches des expressions utiles? ▶ Textes, p. 12–13, p. 18   ▶ Exercice, p. 15/8   ▶ Mots pour le dire, p. 294, p. 301

  B   Présente ta série préférée ou ton film préféré à ta classe.   ▶ Méthodes, p. 190/16.4

> 1. Écris le texte de ta présentation.
> – Nomme le titre et le réalisateur du film ou de la série. Tu peux donner d'autres informations sur le film ou la série, sur les acteurs ou le réalisateur.
> – Raconte brièvement* l'histoire. Réponds aux questions *qui?, où?, quand?, quoi?*
> – Présente les personnages principaux.
> – Explique ce qui te plaît dans ce film / cette série. Tu peux aussi ajouter des informations sur un personnage, un épisode ou une scène.
> 2. Cherche les mots inconnus dans un dictionnaire et explique-les aux autres élèves avant/pendant ta présentation.   ▶ Méthodes, p. 184/2
> 3. Apprends le texte de ta présentation.   ▶ Méthodes, p. 186/12.1–2
> 4. Fais ta présentation devant ta classe / ton groupe.
>
>   * **brièvement** kurz und knapp

Tu cherches des expressions utiles? ▶ Texte, p. 22–23   ▶ Exercice, p. 25/6   ▶ Mots pour le dire, p. 305

26   vingt-six

| VOLET 1 | VOLET 2 | VOLET 3 | TÂCHES – AU CHOIX | **EXERCICES SUPPLÉMENTAIRES** | **1** |

Volet 1

1 a Philippe a comparé plusieurs choses à Marseille. Il a pris des notes. Écris les commentaires qu'il va poster sur Internet. Utilise le comparatif de *bon*. Pense à faire l'accord! ▶ Grammaire, p. 161/3

Exemple: 1. Le poisson au marché est meilleur qu'au supermarché.

1. le poisson: au marché + / au supermarché –
2. l'ambiance *f.*: à l'OM + / à l'A. S. Mazargues –
3. les kebabs *m.*: au Prado – / à Belsunce +
4. les crêpes *f.*: au Prado + / à Belsunce –
5. le pain: chez *Dame Farine* = / chez *Les mains libres*
6. les restaurants *m.*: au Panier + / à Aubagne –

b Compare deux sports/films/séries/acteurs/chanteurs/matières/villes/quartiers/personnes/langues. Discute avec ton/ta partenaire.

Exemple: Pour moi, l'allemand est plus compliqué que l'anglais.

| animé | bon | beau | célèbre | calme | branché | intéressant | drôle |
| sympa | stressé | compliqué | ennuyeux | original | touristique | ___ | |

2 a Les records de France, d'Europe et du monde! Répartissez-vous* les questions, faites des recherches et présentez vos résultats aux autres.

* *se répartir qc* sich etw. aufteilen

1. Quel est le village le plus petit de France?
2. Quel est l'endroit touristique le plus visité de France?
3. Quel est l'aquarium le plus grand du monde?
4. Quelle est la rue la plus courte du monde?
5. Quel est le cinéma le plus ancien de France?
6. Quel est l'homme le plus vieux d'Europe?
7. Quelle est la femme la plus vieille du monde?
8. Quel est le pays le plus petit du monde?

b Trouve une autre question comme en **a** et pose-la à ton/ta partenaire. Il/Elle répond.

3 **Grammaire mixte:** Les records de Marseille! Formule des slogans publicitaires. Utilise l'impératif et le superlatif. Fais attention à la place et à l'accord de l'adjectif. ▶ Grammaire, p. 162/4

Exemple: 1. Découvrez les calanques, le paysage le plus intéressant de la région.

1. découvrir les calanques / le paysage / ++ intéressant / la région
2. acheter chez nous / les souvenirs / ++ original / Marseille
3. observer / les oiseaux / ++ joli / les calanques
4. visiter l'Alcazar / la bibliothèque / ++ beau / Marseille
5. visiter le MuCEM / le musée / ++ célèbre / la ville
6. faire / la randonnée / ++ agréable / la région
7. découvrir *Le Massilia* / le restaurant / -- cher / avec les plats / ++ bon / le quartier

4 a Trouve le contraire de ces verbes.

demander qc à qn – ❓   gagner qc – ❓   descendre – ❓   commencer qc – ❓
fermer qc – ❓   acheter qc – ❓   arriver – ❓   entrer – ❓

b Forme des phrases d'exemple avec tous les verbes de **a**.
Exemple: Demande la clé à tes parents.

Solutions ▶ www.cornelsen.de/webcodes: niseta

1

VOLET 1 VOLET 2 VOLET 3 TÂCHES – AU CHOIX

EXERCICES SUPPLÉMENTAIRES

▶ Volet 2 **5 a** **Révision:** Complète le quiz sur Marseille par les pronoms relatifs *qui*, *que/qu'* et *où*. Ensuite, trouve les réponses. ▶ Civilisation, p.199 / Internet
1. C'est le nom ❓ les Marseillais ont donné à la basilique Notre-Dame de la Garde.
2. C'est le nom d'une grande rue ❓ date de Louis XIV et ❓ va jusqu'au Vieux-Port.
3. C'est un quartier ❓ il y a des jolies petites rues et des vieux escaliers.
4. C'est un endroit ❓ on peut voir des matchs de foot.
5. C'est le paysage ❓ on découvre entre Cassis et Marseille.
6. C'est le nom de l'équipe ❓ joue à Marseille.
7. C'est un château sur une île près de Marseille ❓ beaucoup de touristes visitent.

b À vous! Formez deux groupes et préparez un quiz comme en **a** sur votre ville/village/région.

6 Complète l'histoire. Utilise *tout le*, *toute la*, *tous les*, *toutes les*. ▶ Grammaire, p.163/6
À Marseille, *(alle Jugendlichen)* adorent le foot et sont fans de l'OM. Au Clos de la Rose, *(alle Jungen)* jouent au foot. Youssouf et ses copains, par exemple, jouent *(jeden Mittwoch)*. Aujourd'hui, Ben, leur animateur, organise un tournoi avec des jeunes d'autres cités. Les jeunes jouent *(den ganzen Tag)*. *(Alle Mannschaften)* sont très fortes. Mais *(während des ganzen ersten Spiels)*, l'équipe de Castellane a été meilleure et elle a gagné 3 à 1. Alors, avant le deuxième match, Ben parle *(zur ganzen Mannschaft)* du Clos de la Rose pour lui donner des conseils. L'équipe du Clos de la Rose ne peut pas gagner *(alle Spiele)* mais elle peut encore gagner le tournoi!

7 **Grammaire mixte:** Complétez l'article par la bonne forme des verbes et les prépositions qui manquent.

Une alternative touristique: Les greeters
Vous voulez ❓ *(découvrir)* Marseille? Mais vous n'aimez pas les balades ❓ petit train touristique? Alors, ❓ *(choisir)* une balade ❓ un de nos greeters. Un greeter est une personne qui ❓ *(vivre)* ici et qui veut ❓ *(créer)* un contact ❓ les gens qui ❓ *(vivre)* Marseille et les touristes. Nous avons interviewé Alicia. – Alicia, vous êtes greeter – vous ❓ *(vivre)* Marseille ❓ toujours? – Oui, j'❓ *(grandir, passé composé)* ❓ le quartier ❓ Saint-Marcel, et ❓ trois ans, je ❓ *(vivre)* Sainte-Marguerite. J'ai toujours aimé le street-art au Panier. C'est pourquoi je fais des balades à thème ❓ ce quartier. Comme ça, les gens peuvent visiter la ville ❓ un guide qui leur ❓ *(montrer)* la vie ❓ tous les jours et ils ❓ *(découvrir)* les plus jolis endroits. Alors, vous aussi, ❓ *(découvrir)* notre site, ❓ *(choisir)* une ❓ nos balades et ❓ *(vivre)* une aventure originale!

à (x3)
avec (x2)
dans (x2)
de (x3)
depuis (x2)
en
entre

8 Écoute le témoignage de Mativet. Qu'est-ce que tu remarques dans son accent?

Bonjour, je m'appelle Mativet et je vis à Marseille depuis toujours. Je suis ingénieur. Le matin, je me lève vers sept heures. Puis, je fais une promenade sur la corniche avec mon chien. J'aime ça parce que je peux voir la mer. Je vais à la boulangerie où j'achète le pain et je rentre. Après un petit café, je vais à mon bureau à pied. Je travaille avec un copain – c'est vraiment quelqu'un de bien. À midi, on mange souvent ensemble. Vers 20 heures, je rentre, puis je regarde la télé et je sors avec le chien. Marseille la nuit, c'est magnifique!

Solutions et texte audio ▶ www.cornelsen.de/webcodes: niseta

| VOLET 1 | VOLET 2 | VOLET 3 | TÂCHES – AU CHOIX | EXERCICES SUPPLÉMENTAIRES | 1 |

▶ Volet 3 **9 a** Lis la présentation du film ci-dessous.
Puis, regarde la bande-annonce sur Internet et décris-la.
Dis aussi de quel genre de film il s'agit, à ton avis.

> Fatah, un homme qui vit en Algérie, adore sa vache[1] Jacqueline et il veut la présenter au salon de l'Agriculture[2] à Paris.
> Il traverse la Méditerranée en bateau avec elle et arrive à Marseille.
> Est-ce que son projet va réussir?

1 la vache die Kuh
2 le salon de l'Agriculture die Landwirtschaftsmesse

b À l'aide de la bande-annonce, imagine en quelques phrases ce qui va se passer dans ce film.

10 Grammaire mixte: Complète le commentaire de Magali par un **pronom relatif** (*qui / que / ce qui / ce que*), une **comparaison** et la **bonne forme du verbe** indiqué.

> Je suis fan de séries! J'[?] *(suivre, passé composé)* les premiers épisodes de la série «Plus belle la vie», [?] se passe à Marseille, mais [?] je ne [?] *(suivre)* plus parce que c'est trop ennuyeux. Maintenant, ma famille et moi, nous [?] *(suivre)* «Baron Noir» [?] parle de politique et [?] est, à mon avis, la [?] (++ bon) série française, en ce moment. Elle est [?] (= bon) que les séries américaines. [?] me plaît, c'est le scénario, [?] je trouve réaliste. En plus, les acteurs jouent bien. D'habitude, on [?] *(rire)* beaucoup avec Kad Merad, mais là, il a un rôle sérieux. Et puis, on peut s'identifier à tous les personnages, [?] j'aime beaucoup.
>
> Magali

11 a Comment traduire «was» en français? Traduis les phrases ci-dessous.
Qu'est-ce que tu remarques?   ▶ p. 151

1. Was machst du heute?
2. Was mir gefällt, ist die Stimmung des Films.
3. Was? Du kennst ihn nicht?
4. Ich weiß nicht, was wir machen können.

b Imaginez encore deux ou trois phrases comme en **a** pour votre partenaire. Il/Elle traduit les phrases.

12 Révision: Posez-vous des questions et répondez. Utilisez les pronoms d'objets *le, la, les, lui* et *leur*.
Exemple: 1. – Tu connais le film ____?   – Oui, je le connais. / Non, je ne le connais pas.

1. Tu connais le film ____?
2. Tu suis la série ____?
3. Comment est-ce que tu trouves l'acteur / l'actrice ____?
4. Est-ce que tu aimes les séries américaines? / les films d'action? / les histoires d'amour? / ____
5. Est-ce que tu accompagnes tes frères et sœurs au cinéma?
6. Est-ce que tu as déjà écrit à ton acteur/actrice préféré/e?
7. Est-ce que tu suis ton acteur/actrice préféré/e sur les réseaux sociaux?
8. Qu'est-ce que tu offres à tes parents, qui sont fans de cinéma?
9. Qu'est-ce que tu dis à ta copine, qui veut aller au cinéma?

Solutions ▶ www.cornelsen.de/webcodes: niseta

COIN LECTURE 1

Les stars du rap français

Gaël Faye
Origines: Son père est français et sa mère rwandaise, il a grandi au Burundi.
Début de carrière: en 2011
Thèmes préférés: l'Afrique, la colonisation, les différences culturelles
Particularités[1]: Il est aussi l'auteur du roman «Petit pays» qui a gagné des prix en France.
Titres célèbres: «Tôt le matin», «Fils du hip-hop»

Rap littéraire

IAM
Origines: Les membres du groupe ont différentes origines mais ils vivent tous[2] à Marseille.
Début de carrière: Leur tube[3] «Je danse le Mia» cartonne[4] en 1993.
Thèmes préférés: les inégalités sociales[5], la vie à Marseille que les membres du groupe appellent «la planète Mars»
Particularités: Style engagé et littéraire[6], ils parlent souvent des films Star Wars qu'ils adorent.
Titres célèbres: «Petit frère», «Né sous la même étoile»

Keny Arkana
Origines: Ses parents viennent d'Argentine. Elle a grandi à Marseille.
Début de carrière: en 2006
Thèmes préférés: la critique du capitalisme, la pollution[7] de la planète
Particularités: Elle a commencé le rap à onze ans. Dans ses chansons, elle parle de son enfance[8] dans des foyers[9] et de ses fugues[10]. Engagée pour la planète, elle a tourné un reportage qui s'appelle «Un autre monde est possible».
Titres célèbres: «La rage[11]», «J'me barre[12]»

Rap engagé

Suprême NTM
Origines: Ils viennent de la banlieue[13] nord de Paris qu'on appelle aussi le 9-3[14].
Début de carrière: dans les années 90
Thèmes préférés: le racisme, la pauvreté[15], la vie dans les banlieues
Particularités: Le groupe aime provoquer avec des textes engagés mais aussi violents. En 1997, ils ont un procès à cause de leurs paroles[16] très violentes contre la police pendant un concert.
Titres célèbres: «Ma Benz», «J'appuie sur la gâchette[17]»

1 **la particularité** die Besonderheit, das besondere Merkmal 2 **tous/toutes** alle 3 **le tube** der Hit
4 **cartonner** fam. einen Riesenerfolg haben 5 **les inégalités sociales** f. pl. die soziale Ungleichheit 6 **littéraire** m./f. adj. literarisch
7 **la pollution** die Umweltverschmutzung 8 **l'enfance** f. → l'enfant m. 9 **le foyer** das Heim 10 **la fugue** das Ausreißen 11 **la rage**
die Wut 12 **se barrer** fam. abhauen 13 **la banlieue** der Vorort, die Vorstadt 14 **le 9-3** das Departement 93 (Seine-Saint-Denis)
15 **la pauvreté** → **pauvre** adj. 16 **les paroles** f. pl. hier: der (Lied-)Text 17 **appuyer sur la gâchette** abdrücken

COIN LECTURE 1

MC Solaar
Origines: Né au Sénégal, il a grandi dans la banlieue sud de Paris.
Début de carrière: «Bouge[18] de là» est son premier tube en 1991.
Thèmes préférés: les thèmes du quotidien[19] mais aussi des thèmes politiques comme la colonisation ou l'esclavage[20]
Particularités: Dans ses chansons, il utilise un vocabulaire très riche: on a compté environ 7 700 mots! (Dans la langue parlée, on utilise seulement 500 mots.) Ses paroles sont très poétiques.
Titres célèbres: «Victime de la mode», «Caroline»

MHD
Origines: Son père vient de Guinée et sa mère est originaire du Sénégal. Il a grandi à Paris.
Début de carrière: en 2015
Thèmes préférés: l'amitié, le foot, la vie du quartier, l'Afrique
Particularités: Il a inventé l'Afrotrap, un mélange de rythmes africains et de rythmes qui viennent du rap américain.
Titres célèbres: «Bravo», «Maman, j'ai mal[21]»

Rap dansant

Black M
Origines: Sa famille est originaire de Guinée, il a grandi à Paris.
Début de carrière: Il a d'abord chanté avec Maître Gim's dans le groupe Sexion d'Assault, puis il a commencé sa carrière solo en 2014.
Thèmes préférés: l'argent[22], les filles, le succès, mais aussi des thèmes plus personnels comme ses expériences à l'école ou avec la nationalité française
Particularités: On voit dans ses clips vidéo qu'il est aussi un très bon acteur.
Titres célèbres: «Mme Pavoshko», «Je suis chez moi»

Bigflo & Oli
Origines: Les deux frères viennent de Toulouse. Leur père vient d'Argentine et leur mère d'Algérie.
Début de carrière: Leur premier album sort[23] en 2015 et devient vite disque d'or[24] et disque platine.
Thèmes préférés: le rap, la vie des jeunes, les choses que la vie nous apprend[25]
Particularités: Leurs messages sont sérieux mais leurs textes sont faciles à comprendre. Ils aiment aussi raconter des histoires touchantes.
Titres célèbres: «Dommage», «Personne[26]»

---

18 **bouger** sich bewegen 19 **le quotidien** der Alltag 20 **l'esclavage** *m.* die Sklaverei 21 **avoir mal** Schmerzen haben
22 **l'argent** *m.* das Geld 23 **sortir (album)** herauskommen 24 **le disque d'or** die goldene Schallplatte
25 **apprendre qc à qn** jdn etw. lehren 26 **personne** niemand

MODULE 1

La région Provence-Alpes-Côte d'Azur hier et aujourd'hui

La région qui se trouve autour de Marseille et qu'on appelle aussi PACA a une longue histoire.

1. À l'époque des Romains, dans les arènes d'Arles, on regardait des combats de gladiateurs. Aujourd'hui, dans les arènes, on peut voir des corridas ou écouter des concerts.

2. Au Moyen-Âge, le Palais des papes servait de forteresse et de château aux papes qui habitaient à Avignon. Aujourd'hui, c'est un musée et sa grande cour sert de scène principale pendant le festival d'Avignon. C'est le festival de théâtre le plus célèbre de France.

3. Au 19ème siècle, entre Marseille et l'Estaque, il y avait des forêts, des champs et la mer. Aujourd'hui, entre Marseille et l'Estaque, il y a le port commercial de Marseille et ses bateaux immenses.

4. Autrefois, Saint-Tropez était un petit village de pêcheurs. Aujourd'hui, c'est le rendez-vous des bateaux de luxe et des stars. Avec 4 300 habitants et 30 000 touristes pendant l'été, Saint-Tropez est «le plus grand petit village du monde».

1 a Trouve dans le texte ci-dessus les phrases qui correspondent aux dessins.

b Dans l'interview à la page 33, Monsieur Ligier parle de Saint-Tropez aujourd'hui et autrefois. Lis l'interview et trouve des phrases d'exemple pour ces deux époques dans ses réponses.

2 a Fais un tableau dans ton cahier et note les formes de l'imparfait que tu trouves dans les textes (p. 32–33).

b Complète ton tableau par les formes qui manquent.
▶ Grammaire, p. 163/9

	regarder / habiter	servir	avoir	
je				
tu				
il/elle/on	regardait	servait	avait	
nous				

**Philippe Ligier habite à Saint-Tropez depuis 75 ans.
Fanny et Karim, deux jeunes Parisiens en vacances, l'interviewent.**

C'était comment Saint-Tropez quand vous aviez 15 ans?
C'était un joli petit village. Mes parents et moi, nous habitions dans le centre, je voyais la mer depuis ma chambre. Maintenant avec tous les bateaux de luxe dans le port, on ne peut plus vraiment voir la mer.

Qu'est-ce que vous faisiez pendant votre temps libre?
Nous faisions des balades sur le sentier du littoral pour retrouver des copines qui venaient à pied de Ramatuelle. On avait un coin secret près du Rocher des Portes. C'était un peu loin, mais ça ne nous dérangeait pas, parce que là-bas, on pouvait faire ce qu'on voulait. On se baignait, on écoutait de la musique, on s'embrassait …

Vous préfériez le Saint-Tropez de votre jeunesse?
Ah, c'était très différent! C'était moins touristique! Il y avait déjà des stars, mais elles venaient au marché, elles jouaient aux boules avec les gens du village.

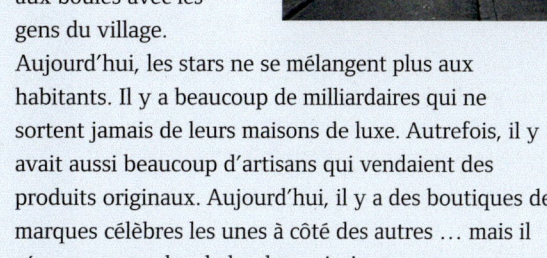

Aujourd'hui, les stars ne se mélangent plus aux habitants. Il y a beaucoup de milliardaires qui ne sortent jamais de leurs maisons de luxe. Autrefois, il y avait aussi beaucoup d'artisans qui vendaient des produits originaux. Aujourd'hui, il y a des boutiques de marques célèbres les unes à côté des autres … mais il n'y a presque plus de boulangeries!

Pourtant vous restez à Saint-Tropez. Pourquoi?
À cause de la lumière! C'est magnifique! Vous savez, je suis né ici, je ne voudrais pas vivre ailleurs! En plus, les touristes, c'est surtout l'été: Entre octobre et mai, c'est assez calme. On a le plus bel endroit de la Côte d'Azur pour nous!

3 Madame Renaud parle de sa vie autrefois et aujourd'hui. Écoute et lève le doigt quand elle parle d'autrefois.
▶ Grammaire, p. 163/9

4 a Parle de la vie de Karim quand il avait six ans. Imagine. Utilise l'imparfait. ▶ Grammaire, p. 163/9

> *rigoler* bien avec sa sœur   *avoir* peur du noir   *être* gourmand
> *suivre* la série *Barbapapa*   ne pas *aimer* les épinards
> *faire* du vélo avec ses copains   *découvrir* ses premières bédés
> *partir* chez son grand-père pour les vacances
> *apprendre* l'arabe avec son grand-père   ___

b À toi, parle de ta vie quand tu avais six ans. Raconte ou imagine. Utilise l'imparfait et des expressions de temps.
▶ Grammaire, p. 163/9

> le week-end   le lundi/mardi/___   le matin   l'après-midi
> le soir   la nuit   toujours   souvent   tous les jours

Unité 2 — Des deux côtés du Rhin

PF Tâches – au choix

Am Ende dieser Unité kannst du

A einem Franzosen / einer Französin deutsche Weihnachtstraditionen vorstellen.

B in einem Rollenspiel ein Missverständnis zwischen Deutschen und Franzosen darstellen und klären.

Compétences communicatives

Du lernst
- eine Geschichte in der Vergangenheit zu erzählen. (▶V1)
- von deinem Wochenende zu erzählen. (▶V2)
- Gefühle auszudrücken und etwas zu bewerten. (▶V1, V2)
- Gewohnheiten und Gegenstände zu beschreiben. (▶V1, V3)
- Probleme und Missverständnisse zur Sprache zu bringen und sie zu klären. (▶V1, V3)

Dazu brauchst du z. B.
- das *imparfait* und das *passé composé*.
- die Verben auf *-indre (rejoindre)*. ▶Verbes, p. 178
- Adverbien auf *-ment*.
- das *passé composé* der reflexiven Verben.

Compétences interculturelles

- Du lernst französisch-deutsche Austauschprogramme und Institutionen kennen.
- Du erfährst etwas über den Blick von französischen Jugendlichen auf das Alltagsleben in Deutschland und umgekehrt.
- Du lernst mögliche Ursachen für Missverständnisse zwischen Deutschen und Franzosen kennen.

Méthodes et stratégies

Du lernst,
- wie du deinen schriftlichen Ausdruck verbesserst.
- wie du beim Sprachmitteln die Zieltextsorte beachtest und wie du mit kulturellen Besonderheiten umgehst.

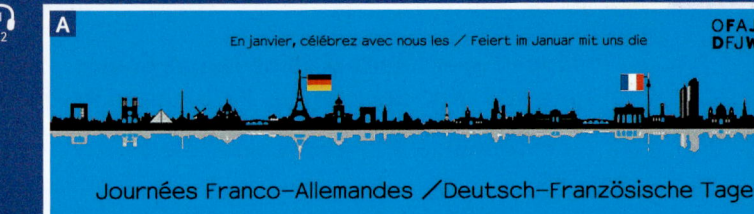

A — Publicité pour la journée franco-allemande

Potsdam et …

… Versailles, villes jumelées

1
a Regarde les photos et lis les documents. De quoi est-il question?

b Qu'est-ce que c'est, la journée franco-allemande? Pourquoi est-ce qu'on la fête le 22 janvier? Fais des recherches.
▶ Civilisation, p. 200–201

Publicité pour participer à un échange en France ou en Allemagne

D Charles de Gaulle et Konrad Adenauer sur une pièce de deux euros

F La passerelle Mimram entre Strasbourg et Kehl

Affiche pour la Fête de la Musique

Koop 2 a L'OFAJ organise les programmes d'échange «Voltaire» et «Brigitte Sauzay». Fais des recherches sur ces programmes et explique aussi pourquoi ils portent ces noms. ▶ Civilisation, p. 200

b Tu voudrais participer à un échange? Pour trouver un/e correspondant/e, présente-toi et poste ton message sur le site de l'OFAJ.

2 VOLET 1   VOLET 2   VOLET 3   TÂCHES – AU CHOIX   EXERCICES SUPPLÉMENTAIRES

Voltaire, Sauzay et compagnie – Le coin des échanges

Préparer la lecture

1 a Explique le malentendu entre ce jeune français et son correspondant allemand dans la situation ci-contre.

b Explique les faux amis ci-dessous.
Puis, trouve d'autres exemples.
Pense aussi à l'anglais ou à d'autres langues que tu connais.

| le clavier | to become 🇬🇧 | el mantel |

https://www.lecoindesechanges.xy

Écrivez-nous!

Tranquilou

En allemand, il y a deux mots différents pour dire «heure»: «Uhr» et «Stunde» et je les confonds toujours! Quand j'étais chez mon corres à Heidelberg, il y a eu un malentendu à cause de cela. Un samedi matin, il pleuvait, je chattais avec mes copains et j'avais envie de rester encore un peu au lit. Tout à coup, mon corres a
5 frappé à la porte et il a demandé «Wann gehen wir shoppen?». J'ai voulu dire «dans une heure» mais j'ai dit «Ein Uhr!» au lieu de «In einer Stunde!» et du coup mon corres a compris «um ein Uhr» c'est-à-dire, «à 13 heures». Comme il était 10 heures du matin, ça faisait une grosse différence, et mon corres, qui sait que j'adore faire du shopping, était très étonné!

Alice de Nice

10 Le premier soir, il faisait un peu froid et ma corres allemande a dit: «Je vais chercher mon pull, il est dans le coffre.» J'étais étonnée, mais j'ai pris la clé de la voiture de ma mère et j'ai mis mes chaussures pour aller au parking qui se trouve à cinq minutes de la maison. J'étais prête quand ma corres est sortie de sa chambre avec son pull. Elle était aussi étonnée que moi. «Tu vas où?» «Ben, à la
15 voiture! Ton pull n'est pas dans le coffre?» Dans sa chambre, elle m'a montré sa valise. J'ai compris le malentendu: «Koffer» en allemand, ça ne veut pas dire «coffre» mais «valise»! Elle ne le savait pas et moi, non plus. Elle m'a expliqué que pour le coffre de la voiture, les Allemands disent «Kofferraum». Comme dit toujours mon prof: «Attention aux faux amis!». Je crois que pour aller en
20 Allemagne, je vais prendre un sac à dos et le train!

VOLET 1   VOLET 2   VOLET 3   TÂCHES – AU CHOIX   EXERCICES SUPPLÉMENTAIRES   **2**

Mec Chill

J'ai passé une semaine dans une famille à Berlin. Le matin, c'était le super stress (sauf le week-end bien sûr). Les cours commençaient à 8 heures et l'école était très loin de la maison. On devait se lever à 6 heures 30, on faisait un tour rapide à la salle de bains (il y avait une salle de bains pour six personnes!) et on se dépêchait pour avoir notre bus à
25 7 h 15! Moi, d'habitude, à Paris, je me lève à 7 h 30, alors c'était un peu dur! Le soir, on mangeait vers 19 heures. Pour eux, c'était normal, mais pour moi, c'était tôt et je n'avais pas toujours faim.
Mon moment préféré, c'était l'après-midi. En général, on rentrait à 15 heures, on mangeait, on faisait nos devoirs et ensuite on avait encore un peu de temps pour se reposer et pour
30 chatter. Après, j'accompagnais mon corres à son entraînement de foot ou on rejoignait des copains dans un parc. En Allemagne, ce n'est pas comme en France, on a le droit d'aller sur les pelouses dans les parcs! Et j'ai appris un mot super important: «chillen». C'est une façon très agréable de ne rien faire. Je crois qu'il n'y a pas de mot pour dire ça en français. Quand je pense qu'en France, je ne rentre jamais avant 18 heures et que j'ai encore des devoirs!

CasSandra

35 À Mayence, où j'ai passé trois mois, je n'ai pas seulement découvert la vieille ville et le musée Gutenberg, mais aussi l'hôpital. Voilà l'histoire: C'était au début du mois de juillet. Il y avait encore trois semaines de classe, mais comme il faisait très chaud, on avait souvent «hitzefrei» (cela veut dire que les cours finissent plus tôt parce qu'il fait trop chaud dans les salles de classe). Alors, on allait souvent au bord d'un lac qui n'est pas très loin de notre
40 école. Un jour, je suis arrivée quand les autres étaient déjà dans l'eau, j'ai voulu les rejoindre, mais j'ai glissé et je suis tombée. J'ai tout de suite eu très mal au pied. On a appelé la mère de mon corres qui est venue me chercher en voiture. Ma jambe était cassée et on a dû aller à l'hôpital! J'étais malheureuse parce que je ne pouvais plus me baigner dans le lac. Mais je ne me plains pas de mon séjour parce que ma famille d'accueil allemande était super
45 gentille.

Léo_007

Lire, écouter et comprendre

2 a Lis les quatre anecdotes, p. 36–37, et donne un titre pour chacune d'elles.

  b Discutez à deux et mettez-vous d'accord sur un titre par anecdote. Justifiez votre choix.

  c Réponds aux questions.
  1. Explique pourquoi les corres de «Tranquilou» et «Alice de Nice» étaient très étonnés.
  2. Qui dit souvent: «Attention aux faux amis!»? Qu'est-ce que cela veut dire?
  3. Explique la fonction de la dernière phrase d'«Alice de Nice»? (Est-elle sérieuse?)
  4. D'après «Mec Chill», quelles sont les différences entre sa vie à Paris et la vie de son correspondant à Berlin?
  5. Pourquoi est-ce que «CasSandra» est allée à l'hôpital?
  6. Pourquoi est-ce qu'elle a quand même aimé son séjour en Allemagne?

 3 Écoute l'anecdote de «Léo_007» et explique le malentendu en une ou deux phrases.   ▶ p. 151

| le buffet | salé/e | sucré/e | le gâteau au fromage | la surprise |

2 VOLET 1   VOLET 2   VOLET 3   TÂCHES – AU CHOIX   EXERCICES SUPPLÉMENTAIRES

Parler

4 Tu vas bientôt participer à un échange en France. Quel(s) cadeau(x) est-ce que tu pourrais apporter à ta famille d'accueil? Discutez. ▶ Mots pour le dire, p. 296

> un paquet de pain noir / un pot de moutarde[1] / un «Stollen» / un «Frühstücksbrett» / ____
> le DVD / le dernier album de ____ / un livre sur ____
> un tee-shirt avec ____ / le maillot[2] de l'équipe ____
> ____

[1] **le pot de moutarde** das Glas Senf
[2] **le maillot** das Trikot

> parce que/qu'
> c'est une spécialité allemande / de notre région.
> ils ne connaissent peut-être pas ça en France.
> c'est super/bon/original/drôle/pratique/____.
> ____.

> Ah oui, génial!
> Super, mais il faut leur expliquer ce que c'est.
> Bonne idée, mais comment tu vas le/la/les transporter?
> Bof, c'est nul!
> ____.

Vocabulaire et expression

5 Sammle alle Ausdrücke in den Berichten S. 36–37, die
1. die Texte zeitlich strukturieren und gliedern (z. B. *Quand j'étais …, Un samedi, …*),
2. eine Gewohnheit ausdrücken (z. B. *Le matin, …*),
3. einen Vergleich beinhalten (z. B. *ça faisait une grosse différence*),
4. sich um das Thema Missverständnis drehen (z. B. *j'ai voulu dire … au lieu de …*).

Tu peux utiliser ces expressions pour la tâche B, p. 52.

6 Élise participe à un échange en Allemagne. Complète le mail qu'elle écrit à ses amis à l'aide du texte, p. 36–37.

> Klara, ma corres, a deux chats noirs: ils s'appellent Pat et Patachon mais, *(ich verwechsle sie immer)*!
> Le soir, je suis souvent sur Internet. Chatter avec vous est *(eine sehr angenehme Art und Weise)* de passer le temps.
> J'aimerais vous expliquer le mot «gemütlich» mais *(ich glaube, es gibt kein Wort, um das auf Französisch zu sagen)*.
> Hier soir, nous ne sommes pas rentrées à l'heure. Klara n'a pas appelé ses parents *(und ich auch nicht)*. Alors, ils n'étaient pas contents.

Méthodes et stratégies: Wie du beim Sprachmitteln mit kulturellen Besonderheiten umgehst

7 Wenn du beim Sprachmitteln daran denkst, auch kulturelle Besonderheiten zu erläutern, kannst du verhindern, dass dich dein Gegenüber nicht versteht oder missversteht. Lies die Ratschläge im Methodenteil und wende sie in Aufgabe **8** an. ▶ Méthodes, p. 197/31

| VOLET 1 | VOLET 2 | VOLET 3 | TÂCHES – AU CHOIX | EXERCICES SUPPLÉMENTAIRES | **2** |

Médiation

8 Chaque année, le 22 janvier, à l'occasion de la journée franco-allemande, on organise des «journées découverte» en France et en Allemagne. Lis le texte d'information et explique aux parents de ton/ta correspondant/e français/e de quoi il s'agit. Écris-leur un mail. ▶ Méthodes, p. 197/31

Attention:
- ils ne connaissent pas la journée franco-allemande,
- ils ne savent pas qu'en Allemagne on compte les classes autrement (7. Klasse ≠ 7ᵉ classe).

Auch dieses Jahr öffnen deutsche und französische Unternehmen und Institutionen zahlreichen Schülerinnen und Schülern ihre Tür. Sie laden ein, das Nachbarland im Berufsalltag zu entdecken.

Bei diesem Projekt können Schüler/innen ab der 7. Klasse in Deutschland
5 und ab der 6ᵉ in Frankreich ein Unternehmen in ihrer Region besuchen, das eng mit dem Partnerland zusammenarbeitet.

Der deutsch-französische Entdeckungstag in Unternehmen fördert das Interesse an Arbeit und Beruf und möchte Schülerinnen und Schüler auf Sprache und Kultur des Nachbarlandes neugierig machen.
10 Das Projekt steht unter der Schirmherrschaft des Auswärtigen Amts und des *Ministère des Affaires étrangères* (französisches Außenministerium).

Découvrir / Comparer les langues

9 a Welche Handlung zeigt eine bestehende Situation? Welche setzt gerade ein?

b Retrouve dans le texte, p. 36, l. 1–9, les deux phrases qui décrivent
 1. la situation dans la chambre,
 2. l'action du correspondant.

c Compare tes résultats de **b** avec l'anglais.
 I was chatting with my friends, when my exchange partner knocked on the door.

d Folgende Sätze sind beide korrekt. Ordne ihnen die passende Ergänzung zu und übersetze sie anschließend ins Deutsche. Erkläre, in welchem Zusammenhang welcher Satz verwendet wird.
 1. On mangeait vers 19 heures. **Samedi dernier,**   **D'habitude,**
 2. On a mangé vers 19 heures.

2 VOLET 1   VOLET 2   VOLET 3   TÂCHES – AU CHOIX   EXERCICES SUPPLÉMENTAIRES

10 a Pour raconter une histoire au passé tu as besoin du passé composé et de l'imparfait. Lis les règles de l'emploi des deux temps, p. 164/11.

b Choisissez un des textes, p. 36–37 et justifiez l'emploi du passé composé et de l'imparfait dans chaque phrase.

| Beschreibung einer bestehenden Situation in der Vergangenheit | Beschreibung einer einsetzenden Handlung in der Vergangenheit | Nacheinander einsetzende Handlungen in der Vergangenheit | Gleichzeitig verlaufende Handlungen in der Vergangenheit | Wiederholung von Handlungen in der Vergangenheit |

S'entraîner

11 Regarde les dessins et raconte. Utilise l'imparfait et le passé composé. ▶ Grammaire, p. 164/11

Alice / *être* au skatepark

quand / sa corres / *appeler*

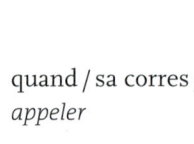

Noah / *être* dans sa chambre; il / *s'ennuyer*

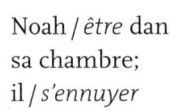

puis / il / *avoir* une idée géniale

la famille / *être* à table; ils / *attendre* le plat

tout à coup / le père / *glisser*; la saucisse / *tomber*

les corres allemands et français / *faire* la fête; la musique / *être* très forte

quand / le voisin / *crier* et *frapper* à la porte

Philipp / *attendre* devant la porte; il / ne pas *avoir* la clé

quand / son corres / *arriver*; il / *ouvrir* la porte

| VOLET 1 | VOLET 2 | VOLET 3 | TÂCHES – AU CHOIX | EXERCICES SUPPLÉMENTAIRES | **2** |

12 a Laura, qui vient de Dortmund, a passé trois jours à Strasbourg avec sa classe. Elle raconte son séjour à sa corres française. Complète son mail. Utilise l'imparfait et le passé composé. ▶ p. 151

Chère Sarah,
je te raconte mes trois derniers jours:
lundi matin, nous *(partir)* très tôt. Il *(pleuvoir)* très fort et nous *(ne pas avoir)* très envie de partir. Mais quand nous *(arriver)* à Strasbourg, il *(faire)* très beau. Nous *(prendre)* le tram pour aller à l'auberge de jeunesse qui *(être)* vraiment très sympa. Avec la prof d'histoire qui *(accompagner)* notre groupe, on *(visiter)* la cathédrale. On *(monter)* sur la tour. Comme la vue sur la ville *(être)* géniale, mes copines et moi, nous *(faire)* plein de selfies. Mardi, nos profs *(organiser)* une balade en bateau sur l'Ill. C'est le fleuve[1] qui traverse[2] Strasbourg. Ensuite, nous *(faire)* un pique-nique dans le parc de l'Orangerie. Mercredi, nous *(visiter)* le Parlement européen, mais on *(ne pas avoir)* le droit de visiter l'intérieur ce qui *(être)* vraiment dommage. Notre séjour à Strasbourg *(être)* très intéressant et j'ai envie de montrer cette ville à mes parents et ma sœur!

Bisous, Laura

1 le fleuve der Fluss   **2 traverser qc** *hier:* durch etw. fließen

b Sarah lit le mail de Laura. Écoute ce qu'elle dit et corrige tes résultats de **a** si nécessaire. ▶ Grammaire, p. 164/11

Écrire

13 a Imagine et écris une mini-histoire. Utilise l'imparfait, le passé composé et les phrases ci-dessous. Remplace „X" par le nom de ton/ta/tes protagoniste(s).

Il faisait beau/froid/chaud.
X était seul(e).
X était fatigué(e) / heureux(-euse) / stressé(e).

Tout à coup, X a entendu ____.
X est arrivé(e).
X a eu peur.

b Relis ton texte. Est-ce que tu as
– utilisé les six phrases?
– écrit une mini-histoire compréhensible?
– vérifié l'emploi et les formes du passé composé et de l'imparfait?   ▶ Méthodes, p. 196/29

c Maintenant, échangez vos textes et corrigez-les selon les critères de **b**.

VOLET 2

Préparer la lecture

1 Tu vas participer à un échange en France. Qu'est-ce que tu aimerais et pourquoi? Discutez à deux.
1. Vivre dans une (petite/grande) ville ou à la campagne?
2. Avoir un correspondant ou une correspondante?
3. Avoir une famille d'accueil avec ou sans animaux? Quels animaux?
4. Être dans une famille qui aime le sport / l'art / la nature ou ____?

> J'aimerais ____ parce que ____.
> Je voudrais ____.
> C'est important pour moi car ____.
> Je préfère ____ parce que ____.

https://www.lecoindesechanges.xy

Trois mois en Allemagne!

J'ai participé au programme d'échange Brigitte Sauzay dans le nord de l'Allemagne, à Oldenbourg. Il y a deux ans, un copain de mon frère a fait cet échange, qui dure trois mois. Quand il est
5 revenu, il était super content, il parlait couramment allemand et il avait même une copine allemande qui est venue le voir ici à Compiègne! Ça m'a donné envie de faire pareil.

Mais avec ma corres, nous ne sommes pas devenues copines tout de suite. Pia et moi, nous sommes très différentes. Par exemple, elle est beaucoup plus sportive que moi, elle aime rire et sortir, mais elle
10 ne joue pas d'instrument et n'aime pas trop la lecture. Pourtant, elle s'est très bien occupée de moi. Elle s'est installée dans la chambre de sa petite sœur et m'a gentiment laissé sa chambre pour toute la durée du séjour. J'ai trouvé ça très sympa! C'était important pour moi d'avoir des moments où je pouvais être seule, parce que partager la vie d'une famille qu'on ne connaît pas, ce n'est pas toujours facile.

Pia et ses parents m'ont proposé plein de trucs intéressants. Quand ils ont compris que j'étais fan de
15 musique classique par exemple, ils ont acheté des billets pour un concert de flûte dans la Lamberti-Kirche, la plus grande église de la ville. Et pourtant ce n'est pas la musique qu'ils écoutent normalement!

Moi aussi, j'ai fait beaucoup de choses que je ne fais pas normalement. Par exemple, j'ai fait beaucoup
20 de vélo et j'ai appris à utiliser un système de freins très spécial qui n'existe pas en France. À Oldenbourg, on prenait tout le temps le vélo: pour aller à l'école, pour faire les courses, pour sortir le soir, pour découvrir la région le week-end, même quand
25 il pleuvait! C'était nouveau pour moi, parce que chez nous, on prend toujours la voiture, même pour aller à la boulangerie qui est à 300 mètres! Quand je pense que pour nous l'Allemagne est le pays des voitures!

Une fois, on est allés à Hooksiel et on a fait une «Wattwan-
30 derung» avec un guide. Ça veut dire qu'on s'est promenés pendant trois heures dans la boue et qu'on a appris beaucoup de trucs sur les animaux qui vivent là. Au début, je trouvais ça un peu dégoûtant, mais finalement nous nous sommes drôlement bien amusés!

35 Un autre cliché que j'ai dû corriger: En France, on dit que l'Allemagne est le pays des saucisses, mais dans ma famille d'accueil, ils étaient végétariens! Heureusement, j'ai pu goûter un plat typique de la
40 région chez la grand-mère de Pia: le «Grünkohl mit Pinkel». C'est une spécialité à base de chou frisé, de viande et de saucisses qu'on ne connaît pas du tout en France. C'est délicieux!

45 Je suis partie de fin août à fin novembre, c'était bien, parce que, comme ça, j'ai pu voir le marché de Noël qui est vraiment très joli là-bas. Et j'ai eu encore huit mois pour préparer mon brevet, ce qui était très important pour mes parents. 😉

J'allais en cours avec Pia, qui est en 9e, ce qui correspond à la troisième en France. Les premières semai-
50 nes en Allemagne, j'étais perdue en cours. Les profs parlaient vite, avec plein de mots que je ne connaissais pas, et les élèves parlaient encore plus vite que les profs. Mais j'ai rapidement commencé à reconnaître des trucs, surtout en maths et en physique où je suis assez bonne.

À l'école, les Français et les Allemands travaillent différemment. Souvent, les Allemands travaillent de manière plus autonome. D'ailleurs, ils ne disent pas qu'ils «travaillent» pour l'école, ils disent qu'ils «apprennent» et moi aussi maintenant, je peux dire que j'ai énormément «appris». J'ai appris qu'on peut
55 travailler sérieusement en groupe. J'ai appris que l'anglais de France n'est pas le même que l'anglais d'Allemagne. J'ai appris à me débrouiller seule, sans ma famille et mes copains. J'ai appris que «ich mag dich» ne veut pas dire «je t'aime», mais «je t'aime bien»!

Finalement, je me suis vraiment bien entendue avec Pia et je me suis sentie très bien dans sa famille. Maintenant, je me demande comment ça va être quand Pia va venir en France. Qu'est-ce qu'elle va
60 penser de notre façon d'«apprendre»? En plus, mes parents sont malheureusement plus sévères que ses parents et je ne sais pas comment elle va réagir, par exemple si on n'a pas le droit de sortir le samedi soir. J'imagine qu'elle ne va pas trop aimer! Il faudrait peut-être aussi organiser des programmes d'échange pour les parents? 😉

Charlotte, élève de troisième
Lycée Charles de Gaulle, Compiègne

Lire et comprendre

Koop 2 Lisez le texte de Charlotte. Qu'est-ce que Charlotte dit à propos des sujets ci-contre? Travaillez en groupe et présentez vos résultats en classe.

| la vie quotidienne* | les habitudes *f.* | les repas *m.* |
| l'école *f.* | les activités *f.* | sa famille d'accueil *f.* |

* **la vie quotidienne** der Alltag

3 Réponds aux questions.
1. Pourquoi est-ce que Charlotte participe à cet échange?
2. Qu'est-ce que tu apprends sur la relation entre Pia et Charlotte? Prépare un schéma de lecture et explique-le. ▶ Méthodes, p. 194/26.3
3. Qu'est-ce que Charlotte propose à la fin du texte? Qu'est-ce que tu penses de son idée?

Découvrir / Comparer les langues

4 a Lies die Sätze im Französischen und im Englischen. Um welche Wortart handelt es sich bei *rapide* bzw. *rapidement*?

🇫🇷 L'Eurostar est un train **rapide**. 🇬🇧 The Eurostar is a **quick** train.
🇫🇷 Mon correspondant comprend **rapidement**. 🇬🇧 My exchange partner understands **quickly**.

b Traduis les phrases de **a**. Quelle est la différence entre le français, l'anglais et l'allemand?

c Lis les phrases. Avec quelle forme de l'adjectif est-ce qu'on forme les adverbes en *-ment*?
1. Ce n'est pas la musique qu'ils écoutent <u>normalement</u>.
2. <u>Heureusement</u>, j'ai pu goûter un plat typique de la région.
3. On peut travailler <u>sérieusement</u> en groupe.
4. Mes parents sont <u>malheureusement</u> plus sévères.
5. Nous nous sommes <u>drôlement</u> bien amusés!

> ✓ Manche Adverbien haben eine andere Bedeutung als ihr Adjektiv. So bedeutet z. B. *drôle* „lustig", aber *drôlement* „ziemlich", „ganz schön".

5 a Forme les adverbes qui vont avec les adjectifs ci-dessous. Puis, forme une phrase avec l'adjectif et une autre avec l'adverbe correspondant.

> calme pratique long/ue seul/e facile direct/e final/e

b Retrouve dans le texte, p. 42–43, les adverbes qui vont avec les adjectifs ci-dessous. Attention: ce sont des adverbes irréguliers. Apprends-les par cœur.

> vrai/e gentil/le énorme différent/e courant/e bon/ne

S'entraîner

6 Le journal de ton collège présente vos correspondants français. Complète par un adjectif ou un adverbe. Il y a parfois plusieurs possibilités. Fais attention à l'accord de l'adjectif.
▶ Grammaire, p. 165/12   ▶ p. 152

> gentil/le différent/e rapide bon/ne vrai/e drôle
> heureux/-euse long/ue énorme seul/e sérieux/-euse

1 Ma corres Djamilia aime la musique. Elle joue de la guitare et chante. Avec moi, elle a [?] perfectionné son allemand. **Rosa, 9C**

2 Joseph est très [?]. Il court* les 400 mètres en 1 minute 20. **Rico, 9A**

3 Ma corres Léa est une fille très [?] qui rit beaucoup. Léa trouve qu'à l'école en Allemagne, on travaille [?]. **Antonia, 9B**

4 Avec Hugo, je me suis [?] bien amusé. Il a aussi [?] joué avec ma petite sœur qui a [?] deux ans. Elle l'adore [?]. **Anton, 9A**

5 [?], j'ai rencontré Morgane pendant cet échange. Elle est [?] et fait plein de blagues … et on peut tout lui dire. La nuit, on a [?] discuté ensemble. **Friederike, 9B**

6 Pour moi, Arthur est devenu un [?] copain. On rigole [?] ensemble. **Maxim, 9D**

* **courir** rennen, laufen

| VOLET 1 | VOLET 2 | VOLET 3 | TÂCHES – AU CHOIX | EXERCICES SUPPLÉMENTAIRES | **2** |

7 a Odile raconte un rendez-vous avec ses copines. Complète par les verbes pronominaux au passé composé.
▶ Grammaire, p. 165/13

> se coucher   se reposer   s'occuper   se calmer   ne pas se lever   se dépêcher
> se retrouver   ne pas s'ennuyer   se perdre   s'énerver   se baigner

Aujourd'hui, dimanche, j'avais rendez-vous avec mes copines Emma et Aurélie. On voulait se retrouver à dix heures et demie à la plage, mais cela n'a pas marché. Hier, je ❓ tard parce que je ❓ de mon aquarium. Du coup, ce matin, j'étais fatiguée et je ❓ à l'heure. Il était dix heures et quart! Je ❓ mais j'ai quand même raté le bus. Alors, j'ai téléphoné à Emma. Elle n'était pas encore prête non plus. Quarante minutes plus tard, Emma et moi, nous ❓ chez moi. Mon père m'a proposé de nous emmener* en voiture. Dans la voiture, j'ai reçu un message d'Aurélie: «Vous ❓?» Je ne pouvais pas répondre parce que je n'avais plus de batterie. Quand Emma et moi sommes arrivées à la plage, Aurélie était avec Gustave et Karim, qui sont dans la même classe que nous. Aurélie ❓ parce qu'on avait presque deux heures de retard! Aurélie ❓ et on ❓. L'eau était géniale! Puis on ❓ sur la plage. Je ❓! Tout est bien qui finit bien!

* **emmener qn** jdn mitnehmen

b Réécris l'anecdote d'Odile et précise-la à l'aide des adverbes ci-dessous. ▶ Méthodes, p. 195/28.2

> vraiment (2x)   très   déjà   malheureusement   finalement (2x)   énormément

Vocabulaire et expression

8 a Quels adverbes vont avec quels verbes? Fais une liste.
Il y a parfois plusieurs possibilités.

> vite   toujours
> rapidement   souvent
> beaucoup   bien   couramment
> différemment   longtemps   partout
> bientôt   mal   loin
> difficilement   sérieusement
> tard   ensemble

> réagir   parler
> chercher   travailler
> manger   comprendre
> habiter   durer

Die Adverbien *vite* und *rapidement* sind Synonyme.

b Comment est-ce que tu peux exprimer les sentiments suivants? Trouve plusieurs expressions pour chaque sentiment dans les textes, p. 36–37 et p. 42–43. Tu peux les utiliser pour l'exercice 11.

A Du bist erstaunt / etwas ist neu für dich.

B Du findest etwas angenehm/gut.

C Du fühlst dich nicht wohl / du findest etwas unangenehm.

c Imagine trois situations avec les expressions de a et b. Écris au moins deux phrases pour chaque situation.

2

VOLET 1 **VOLET 2** VOLET 3 TÂCHES – AU CHOIX EXERCICES SUPPLÉMENTAIRES

____ Écouter et comprendre

DELF

9 a Julie, Gabriel et Sohane ont participé à un échange en Allemagne. Dans une émission de radio, ils parlent de leurs expériences. Écoute l'interview et dis comment les trois jeunes ont trouvé leur séjour.

| très positif | positif et négatif | plutôt négatif |

b Écoute l'interview encore une fois. Qu'est-ce que les trois jeunes ont aimé, qu'est-ce qu'ils n'ont pas aimé? Fais un tableau et prends des notes. Puis, compare avec **a**. ▶ Méthodes, p. 186/11

____ Méthodes et stratégies: Den schriftlichen Ausdruck verbessern ▶ Méthodes, p. 196/29

10 a Wenn du einen Text schreibst, denke daran, auch Adjektive und Adverbien zu verwenden, denn damit kannst du deinen Text abwechslungsreicher und lebendiger gestalten. Lies die Hinweise im Methodenteil und wende sie in **b** an.

> ✓ Wenn du ein Adverb nicht kennst oder bilden kannst, verwende **de manière** f. + **adjectif**.
> *Il s'habille différemment.*
> *Il s'habille de manière différente.*

b Améliore le style des phrases ci-dessous. Ajoute des adjectifs et des adverbes aux mots soulignés. Utilise aussi les adverbes *heureusement* ou *malheureusement* en début de phrase. ▶ Liste des mots, p. 255
Exemple: 1. J'aime bien mes camarades de classe. Dans ma classe, on travaille sérieusement en groupe.
1. J'aime mes camarades de classe. Dans ma classe, on travaille en groupe.
2. Nous sommes allés dans un café. Là, nous nous sommes installés près d'une fenêtre d'où on avait une vue sur la mer.
3. Mon frère n'aime pas la musique. Il préfère le sport.
4. Il faisait froid et, je n'avais pas de pull. Victor m'a donné sa veste.
5. À Noël, on a un sapin qu'on décore avec des bougies.
6. Pour l'anniversaire de Gwenn, on a mangé un gâteau et des spécialités.
7. Chez nous, on prépare un «Käsekuchen» pour les anniversaires.

____ Écrire

11 a Raconte ton week-end dernier. Qu'est-ce que tu as fait vendredi, samedi et dimanche (matin, après-midi, soir)?
DELF Utilise le passé composé et l'imparfait. ▶ Grammaire, p. 164/11 ▶ Mots pour le dire, p. 295
Dis aussi
– comment c'était,
– comment tu te sentais,
– quel temps il faisait.

> faire un tour à vélo
> faire une randonnée
> rejoindre les copains à/dans ____
> aller au cinéma / à la piscine / ____
> prendre le petit-déjeuner
> se lever (à ____ heures / tôt / tard)
> aller voir ____
> se promener   se reposer
> aller chez ____   jouer à/de ____
> ____

b Lies deinen Text und überprüfe Folgendes:
1. Hast du die Zeitformen richtig verwendet?
2. Hast du Adjektive und Adverbien eingesetzt?
3. Hast du Wiederholungen vermieden?
4. Hast du zeitliche Angaben und Konjunktionen verwendet?

Préparer la lecture

1 L'émission «Karambolage» passe sur la chaîne de télévision franco-allemande Arte. Fais une recherche: Qu'est-ce que cette émission présente? Dans quel but? Nomme deux ou trois exemples.

VASISTAS
Collège Jules Verne

Vous connaissez l'émission «Karambolage» qui passe sur Arte? C'est génial! Alors, avec nos correspondants allemands, nous avons fait pareil. Voici quelques habitudes de la vie quotidienne en Allemagne et en France.

L'objet qui n'existe pas en Allemagne

Le petit Suisse est une spécialité française qu'on trouve dans tous les supermarchés et qui se vend dans des petits pots. Il ressemble à un yaourt, mais ce n'est pas un yaourt et il est plus crémeux qu'un fromage blanc. Il est souvent au menu dans les cantines et il manque rarement dans les frigos des familles. Il se mange en général en dessert, avec un peu de sucre ou de confiture mais on peut aussi l'utiliser pour préparer des plats salés.

Attention, il ne faut pas se tromper! On ne mange pas le petit Suisse dans le pot. Non, on le retourne sur une assiette et on enlève le papier qui se trouve autour du fromage. Le petit Suisse est en forme de cylindre.

Les enfants aiment bien utiliser les pots de petits Suisses pour faire des objets comme des animaux ou des instruments de musique originaux. Ces objets peuvent même servir à décorer le sapin de Noël! C'est joli, non?

Qui a inventé le petit Suisse? Eh bien, un Suisse bien sûr! Il travaillait en France dans une petite entreprise de fromage. Un jour, il a proposé d'ajouter un peu de crème dans un fromage blanc qu'il ne trouvait pas très bon. Et voilà! Le petit Suisse, mot à mot «kleiner Schweizer», était né!

L'objet qui n'existe pas en France

En France, à la rentrée, les élèves français achètent des feuilles de papier qui ont des trous. Ensuite, ils les rangent dans un classeur. L'avantage du classeur: on peut ranger facilement une nouvelle feuille à différents endroits. L'inconvénient: il est gros et prend beaucoup de place!

Les Allemands ont trouvé une autre solution: «le Schnellhefter». Il s'agit d'une sorte de classeur en carton ou en plastique où on peut aussi ranger des feuilles qui ont des trous. «Schnellhefter» veut dire «classeur rapide». Est-ce qu'il porte bien son nom? Oui et non. Quand on veut ranger une feuille au milieu par exemple, il faut enlever et remettre la moitié des autres feuilles, ce qui n'est pas idéal! Mais quand on veut quitter rapidement la salle après les cours, il est très pratique: la feuille se met dans le «Schnellhefter» sans utiliser les trous et le «Schnellhefter», qui est très fin, se range dans le sac sans prendre trop de place. Voilà, on est en récré!

Vos commentaires:

Soline: Moi, je suis franco-suisse et je peux vous dire un truc: Le petit Suisse n'existe pas en Suisse! C'est bizarre, non?

Imran: Les jours où je dois porter trois classeurs, mon sac ne ferme plus. Le «Schnellhefter» est une bonne idée! On devrait pouvoir l'acheter en France aussi!

2

VOLET 1   VOLET 2   **VOLET 3**   TÂCHES – AU CHOIX   EXERCICES SUPPLÉMENTAIRES

Lire et comprendre

2 a Vrai ou faux? Lis le texte, p. 47, l. 4–18. Justifie tes réponses à l'aide du texte et corrige les phrases fausses.
1. En France, on mange rarement des petits Suisses.
2. «Petit Suisse» est un autre mot pour «yaourt».
3. D'habitude, les petits Suisses se mangent au petit-déjeuner.
4. Les enfants aiment les pots de petits Suisses.
5. Le petit Suisse est né en Suisse.
6. Les petits Suisses se vendent aussi en Suisse.

b Dein Freund, der kein Französisch versteht, hat im Internet die Seite des *Collège Jules Verne* entdeckt. Er möchte wissen, was ein „Petit Suisse" ist, wo man ihn bekommt und was das Besondere an ihm ist. Erkläre es ihm mündlich auf Deutsch.

c Lis le texte sur le «Schnellhefter». Est-ce que les élèves français le présentent comme tu le connais? Écris un commentaire pour le site du collège *Jules Verne*.

Parler

3 Choisissez un des objets et faites des devinettes, puis échangez les rôles. Vous pouvez aussi choisir d'autres objets qui se trouvent dans votre salle de classe.
Exemple:
– C'est un objet en métal?   – Oui.
– C'est quelque chose qu'on utilise pour couper une pomme?   – Oui, par exemple.
– C'est un couteau?   – Oui, c'est ça!

en métal	qu'on utilise pour ___
en plastique	qu'il faut pour ___
en papier	qu'on achète au / à la ___
en carton	qu'on trouve ___

1 le porte-revue   2 la perforeuse   3 le couteau   4 le marque-page   5 la chemise   6 l'enveloppe *f.*

Découvrir / Comparer les langues

4 a Trouve dans le texte, p. 47, les phrases qui correspondent aux phrases allemandes suivantes.
Comment est-ce qu'on peut exprimer «un passif allemand» en français?
1. Im Allgemeinen **wird** der „Petit Suisse" als Dessert **gegessen**.
2. Er **wird kopfüber** auf einen Teller **gestellt** und das Papier **wird entfernt**.
3. Das Blatt **wird** in den Schnellhefter **gelegt**.

b Comment ça se dit en français?
1. In der Schweiz werden vier Sprachen gesprochen.
2. „Ressembler" wird mit zwei „s" geschrieben.
3. Hier wird Französisch gesprochen.
4. Der deutsch-französische Tag wird am 22. Januar gefeiert.

S'entraîner

5 Trouve dans le texte, p. 47, toutes les expressions pour décrire un objet. Fais une liste.
Tu peux l'utiliser pour la tâche A, p. 51.

| VOLET 1 | VOLET 2 | **VOLET 3** | TÂCHES – AU CHOIX | EXERCICES SUPPLÉMENTAIRES | **2** |

Comparer les langues

6 Traduis ces expressions mot à mot. Puis trouve dans un dictionnaire quelles expressions allemandes leur correspondent.

Exemple: «Casser les oreilles à quelqu'un», ça veut dire mot à mot «jemandem die Ohren kaputt machen», et ça correspond à l'expression allemande «jemandem in den Ohren liegen».

1. casser les oreilles à quelqu'un
2. mettre les pieds dans le plat
3. avoir un chat dans la gorge
4. prendre son courage à deux mains
5. faire la tête
6. prendre ses jambes à son cou

7 Avant de faire l'exercice 8, trouve à quels mots allemands ces faux amis ressemblent. Puis, cherche les mots français dans un dictionnaire (▶ Méthodes, p. 184/2) et explique le malentendu possible.

Exemple: 1. la glace → Ça ressemble au mot allemand «Glas», mais ça veut dire «Eis».

1. la glace
2. le régal
3. la canne
4. l'infusion *f.*
5. le baiser
6. la démonstration
7. le tricot
8. la dose

Regarder et comprendre

8 a Regarde les scènes d'un échange entre jeunes Français et jeunes Allemands. Résume ce qui se passe. Les mots suivants peuvent t'aider.

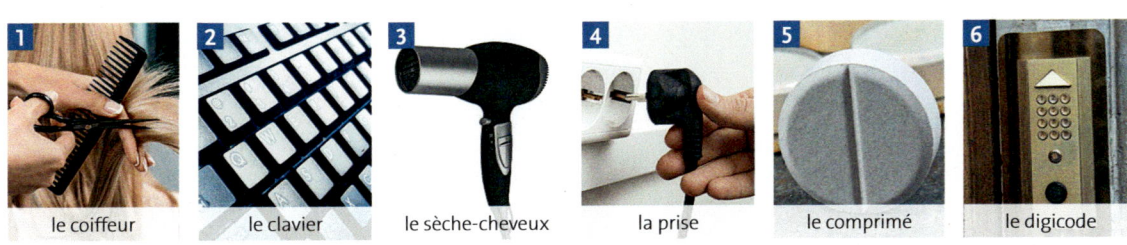

1. le coiffeur
2. le clavier
3. le sèche-cheveux
4. la prise
5. le comprimé
6. le digicode

b Qu'est-ce que les jeunes disent pour parler des problèmes qu'ils rencontrent? Regarde encore une fois et note les expressions dans un tableau.

S. O. S. échange – les expressions qui sauvent!				
J'ai compris quelque chose	*Quelque chose ne va pas*	*Je ne sais pas comment on utilise quelque chose*	*Je veux parler d'un malentendu*	*Je ne sais pas comment on dit quelque chose en français*
Ah bon!				

VOLET 3

Méthodes et stratégies: Beim Sprachmitteln auf die Zieltextsorte achten ▶ Méthodes, p.197/31.4

9 Bei einer Sprachmittlung musst du auf die Unterschiede zwischen Ausgangstext (= der Text, den du sprachmittelst) und Zieltext (= der Text, den du verfasst) achten. Lies die Ratschläge im Methodenteil und wende sie in Aufgabe 10 an.

Médiation

10 Dein Opa, der gerade Urlaub in Frankreich macht, sucht nach einem Mitbringsel für dich. Er schreibt:

Du hast vor kurzem diesen Artikel über den „Carambar" gelesen. Antworte deinem Opa. Berichte ihm in einer Textnachricht von den drei Besonderheiten dieser Süßigkeit, die der Artikel erwähnt.

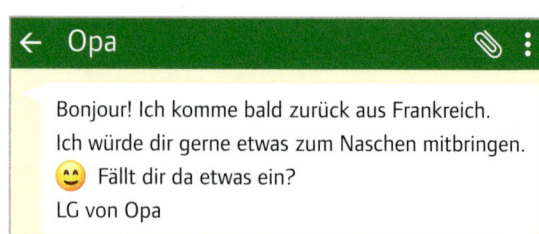

← Opa

Bonjour! Ich komme bald zurück aus Frankreich. Ich würde dir gerne etwas zum Naschen mitbringen. 😊 Fällt dir da etwas ein?
LG von Opa

Nos objets cultes

Ah … le Carambar! Ce bonbon que tous les enfants français connaissent et adorent! On l'appelle Carambar parce qu'il s'agit d'une «barre» de «caramel» dure et longue de 8 centimètres.
5 Quand a-t-on inventé le Carambar? Eh bien justement, on ne l'a pas inventé! Il est né en 1954 quand une machine à fabriquer les bonbons n'a pas marché correctement et a fait des bonbons beaucoup trop longs. Depuis, ce bonbon, qui existe uniquement en France, fait plaisir aux enfants: on le mange à la récré, au
10 goûter, à la maison et on peut acheter des Carambars presque partout! Mais si vous avez la chance d'en manger un, faites attention: il est dur! C'est pourquoi il vaut mieux le garder un peu dans la main avant de le manger. Mais où est passé le papier d'emballage du Carambar? Ne me dites pas que vous l'avez mis à la poubelle! Il ne faut pas, surtout pas! En effet, quand on sort le Carambar de son papier d'emballage, surprise: il y a des blagues sur le papier! Ce sont les célèbres «blagues Carambar». Un exemple?

15 Dans la rue, un homme demande à une vieille dame:
– Vous n'auriez pas vu un policier?
– Non.
– Alors donnez-moi votre sac à main!

Allez, encore une:

20 – Maman, maman, l'armoire est tombée!
– Mon dieu, il faut prévenir ton père!
– Il le sait déjà, il est dessous.

Vous n'êtes pas morts de rire? Bon, c'est vrai que les blagues ne sont pas toujours très originales, mais on les adore justement pour ça! L'expression «blague Carambar» est même passée dans le langage de tous les jours.
25 Le 21 mars 2013, dans une campagne de publicité qu'ils appellent «C'est du sérieux», les producteurs de Carambar expliquent qu'ils vont arrêter les blagues et proposer des questions de grammaire à la place. Tous les journaux en parlent et crient que c'est une catastrophe et que les blagues Carambar manqueraient trop aux Français! Eh bien justement, quatre jours plus tard, les Français apprennent que «la fin des blagues» était une blague, «la plus grande blague de l'année»!
30 Ah, sacré Carambar!

| VOLET 1 | VOLET 2 | VOLET 3 | TÂCHES – AU CHOIX | EXERCICES SUPPLÉMENTAIRES | **2** |

A Les traditions de Noël en Allemagne

a Lis le mail de ton corres français. Puis, fais la médiation de l'article «Weihnachtstraditionen in Deutschland» et écris un texte sur les traditions de Noël en Allemagne pour le site de son école. N'oublie pas d'expliquer les objets et les traditions que ton corres n'a pas compris. ▶ Méthodes, p. 197/31.3

> Coucou!
>
> Attention, message super urgent, j'ai besoin de ton aide. Sur le site de notre école, nous voulons présenter différentes traditions de Noël en Europe et moi, je dois écrire un texte sur les traditions qui existent en Allemagne. Mon prof m'a donné un article, mais il est super compliqué pour moi. Plätzchen? Christbaumkugeln? Bescherung? C'est quoi tout ça? Tu peux m'aider à écrire cet article? S'il te plaît? 😳 😳 😳

Weihnachtstraditionen in Deutschland

In vielen Städten werden am Ersten Advent, das ist der vierte Sonntag vor Heiligabend, die Weihnachtsmärkte eröffnet, die dann die folgenden vier Wochen geöffnet sind, mit Bratwurst und Glühwein, Lebkuchen, Plätzchen und Stollen, Weihnachtsliedern und Geschenkebuden. Christbaumkugeln, Strohsterne, Engel, Kerzenständer, Keramik und viele andere Handwerkswaren werden zum Kauf angeboten.

Unter den zahllosen Weihnachtsmärkten in deutschen Städten sind einige über die Grenzen hinaus bekannt. Die Weihnachtsmärkte in Augsburg und Stuttgart gelten als besonders stimmungsvoll. Sehr traditionsreich sind der Leipziger Weihnachtsmarkt und der „Striezelmarkt" in Dresden als einer der ältesten. Und dann gibt es natürlich noch den berühmten Nürnberger „Christkindlesmarkt", der jedes Jahr zigtausende Touristen anlockt.

Zu Weihnachten stellt sich fast jede Familie eine Tanne oder Fichte als Weihnachtsbaum in der Wohnung auf. Während Weihnachtsbäume an öffentlichen Plätzen schon Anfang Dezember zu sehen sind, holen die Familien ihren Baum meist erst kurz vor Heiligabend in die Wohnung. Dann schmücken sie ihn prächtig mit Kerzen, Kugeln und anderem Baumschmuck.

Ein schöner Weihnachtsbrauch, vor allem für Kinder, ist der Adventskalender. Er beginnt am 1. Dezember und endet am 24. Dezember zum Weihnachtsabend. An jedem dieser Tage dürfen die Kinder ein Türchen des Kalenders öffnen, wobei sie ein Bild, ein Gedicht, ein Stückchen Schokolade oder eine andere kleine Aufmerksamkeit finden. Das Türchen für den 24. Dezember ist traditionell am größten.

Ein weiterer Weihnachtsbrauch ist der Adventskranz: In vielen Haushalten findet man ab dem vierten Sonntag vor Heiligabend – das kann in einigen Jahren auch der letzte Sonntag im November sein – einen mit Bändern, Früchten, Beeren und vor allem vier Kerzen geschmückten Kranz, meist aus Tannenzweigen. An jedem Adventssonntag wird eine Kerze mehr entzündet, bis am Vierten Advent alle vier brennen.

Heiligabend, der Abend des 24. Dezember, ist in Deutschland der wichtigste Tag des Weihnachtsfestes. Am Vormittag wird noch gearbeitet, am Nachmittag beginnt das Fest. Man feiert in der Familie oder auch mit Freunden. Manche Leute gehen in die Kirche, entweder am frühen Abend oder zur Mitternachtsmesse. Weihnachten ist aber ein Fest, das auch von Menschen gefeiert wird, die nicht religiös sind.

2 VOLET 1 VOLET 2 VOLET 3 TÂCHES – AU CHOIX EXERCICES SUPPLÉMENTAIRES

> 30 Für die Kinder ist das Wichtigste an Weihnachten sicher die Bescherung, die am Nachmittag oder Abend stattfindet. Die Geschenke liegen unter dem Weihnachtsbaum. Manche Leute singen traditionelle Weihnachtslieder und musizieren dazu. Zum Essen gibt es am Heiligabend meist nur etwas Einfaches. Das große Festessen, zu dem traditionell eine Gans auf den Tisch kommt, findet erst am Ersten Weihnachtsfeiertag, dem 25. Dezember statt. Am Zweiten Weihnachtsfeiertag klingt das Weihnachts-
> 35 fest allmählich aus.

b Maintenant écris à ton corres comment vous fêtez Noël chez vous. Si vous ne fêtez pas Noël, présente une autre fête importante que vous fêtez en famille. Décris-lui vos coutumes et vos traditions.

Vous cherchez des expressions utiles? ▶ Texte, p. 47 ▶ Exercice, p. 48/5 ▶ Mots pour le dire, p. 292

B Présentez un malentendu amusant entre Français et Allemands dans un jeu de rôle. ▶ Méthodes, p. 187/13

> 1. Quel problème ou quel malentendu voulez-vous montrer? Vous pouvez vous inspirer des textes et des exercices de l'unité, et du coin lecture 2, p. 56–57, mais vous pouvez choisir aussi quelque chose qui vous est arrivé pendant un échange ou qu'on vous a raconté.
> Notez vos idées, puis mettez-vous d'accord sur le thème de votre scène. Il pourrait s'agir d'une histoire autour:
> – d'un objet ou d'une habitude inconnue (comme le coffre, le «Käsekuchen», «Hitzefrei», le petit Suisse, …).
> – d'un faux ami comme «la glace» – «das Glas».
> – d'un malentendu comme dans les films, p. 49/8.
> 2. Répartissez-vous les rôles.
> 3. Écrivez votre scène. N'oubliez pas de trouver une solution au malentendu que vous avez choisi.
> 4. Entraînez-vous.
> 5. Jouez la scène. (Vous pouvez aussi la filmer.)

Vous cherchez des idées? Le tableau des faux amis ci-dessous peut vous aider.
Vous cherchez des expressions utiles? ▶ Texte, p. 36–37 ▶ Mots pour le dire, p. 298

FAUX AMIS			
traduction allemande	mot français	mot allemand	traduction française
das Schlagzeug	la batterie	die Batterie	la pile
der Zirkel	le compas	der Kompass	la boussole
die Sporthalle	le gymnase	das Gymnasium	le lycée
der Schläger	la raquette	die Rakete	la fusée
tapfer	brave	brav	sage
der Kofferraum	le coffre	der Koffer	la valise
der Streuzucker	le sucre en poudre	der Puderzucker	le sucre glace

| VOLET 1 | VOLET 2 | VOLET 3 | TÂCHES – AU CHOIX | EXERCICES SUPPLÉMENTAIRES **2** |

▶ Volet 1

1 a Fais une fiche pour les verbes *se plaindre* et *rejoindre*. Pense à noter tous les temps que tu connais déjà.
▶ Méthodes, p. 184/1   ▶ Verbes, p. 178

b Complète les phrases par les bonnes formes de *se plaindre* ou *rejoindre*. Attention aux temps.
1. – Je voulais vous ? mais vous ne m'avez pas attendu.
   – Arrête de ?!
   – Mais je ne ? pas!
2. – Tu t'entends bien avec ta corres?
   – Oui, elle est très sympa mais elle ? tout le temps des repas à la cantine.
   – Elle nous ? cet après-midi pour faire du shopping? – Oui, bien sûr.
3. – Tu vas où, Raphaël?
   – Je vais chercher mon sac à dos et je vous ? à la gare dans 20 minutes.
4. Le petit frère de mon corres m'énerve. Hier, il ? tout le temps parce qu'il ne pouvait pas nous accompagner au cinéma.
5. Quand j'étais en Allemagne l'après-midi, nous ? souvent les copains de mon corres Max pour aller ensemble à l'entraînement de foot. C'était génial!
6. – Alexane est venue avec vous à Nice?
   – Non, pas tout de suite, elle est restée encore deux jours à Marseille, puis elle ? notre groupe à Nice.
7. – Je veux encore une glace, mamie.
   – Il ne faut pas ?, Emma. Tu as eu une glace à midi.
8. – L'auberge de jeunesse est à deux kilomètres d'ici. Nous vous ? là-bas, d'accord?

2 Où est ce qu'ils ont mal? Réponds.   ▶ Banque de mots, p. 202
Exemple: Le garçon a mal au ventre.

3 a Qu'est-ce qu'ils disent? Présent ou imparfait? Écoute et note si tu entends **a** ou **b**.
1. **a** Je fais du sport.   **b** Je faisais du sport.
2. **a** Mes copines rient beaucoup. **b** Mes copines riaient beaucoup.
3. **a** Nous regardons la télé.   **b** Nous regardions la télé.
4. **a** Vous allez au collège?   **b** Vous alliez au collège?
5. **a** J'ai envie de rester là.   **b** J'avais envie de rester là.
6. **a** Elle cherche son pull.   **b** Elle cherchait son pull.
7. **a** Il pleut.   **b** Il pleuvait.

b Présent, passé composé ou imparfait? Prépare un tableau.
Écoute et note pour chaque phrase de quel temps il s'agit.

phrase	présent	passé composé	imparfait
1.		X	
2.			

Solutions et textes audio ▶ www.cornelsen.de/webcodes: niseta

2

VOLET 1 VOLET 2 VOLET 3 TÂCHES – AU CHOIX

EXERCICES SUPPLÉMENTAIRES

▶ Volet 2 **4** Forme des phrases. Il y a plusieurs possibilités.

| Je
Tu
Il/Elle/On
Nous/Vous
Ils/Elles | *avoir* envie de qc
s'occuper de qc/qn
participer à qc
répondre à qc/qn
penser à qc/qn
détester qc/qn
adorer qc/qn
inviter qn à qc
laisser qc à qn | la glace
l'échange *m.*
la sœur / le frère
le/la correspondant/e
le chien
la fête
les trucs salés *m.*
le chou frisé
la mer
_____ |

5 Qu'est-ce que Lena et son corres Bilal ont fait hier ? Imagine. Utilise les verbes pronominaux au passé composé. Tu peux aussi utiliser la négation *ne … pas*. ▶ Grammaire, p. 165/13

le matin
à midi
l'après-midi
le soir

se lever tard/tôt
se préparer
se dépêcher   *s'amuser*
s'ennuyer   *se baigner*
se reposer   *se coucher*
se promener   *s'énerver*
s'occuper de _____

Lena … / Bilal … / Ils / Les deux jeunes …

▶ Volet 3 **6** **Grammaire mixte :** Complète par le bon verbe. Fais attention aux temps du verbe. ▶ Liste des mots, p. 255
▶ Verbes, p. 178

1. L'année dernière, Ben ❓ à un échange. Maintenant il veut ❓ ses expériences* avec d'autres jeunes.
2. En France, les petits Suisses se ❓ dans beaucoup de familles. Ils ❓ rarement dans les frigos.
3. – Tu ❓ cette confiture ?
   – Oui, elle est très bonne mais elle ❓ cher.
4. – Tu ❓ Jade ? Je trouve qu'elle ❓ beaucoup à sa sœur.
5. – Mais pourquoi tu ❓, Emma ?
   – Parce que j'ai une mauvaise note en allemand. Et en plus, il ❓. C'est vraiment triste.
6. Mohamed ❓ tous ses copains pour son anniversaire. Il est très créatif et il ❓ plusieurs jeux originaux pour sa fête.
7. En cours, quand je dois ❓ l'anglais avec le français, je ❓ parfois les deux langues.
8. Quand Manon ❓, il faisait froid. Alors, elle a mis un foulard. L'après-midi, il faisait beau et elle a pu l' ❓.

1. (partager/participer)
2. (manger/manquer)
3. (coûter/goûter)
4. (reconnaître/ressembler)
5. (pleuvoir/pleurer)
6. (inviter/inventer)
7. (confondre/comparer)
8. (se lever / enlever)

* l'expérience *f.* die Erfahrung

| VOLET 1 | VOLET 2 | VOLET 3 | TÂCHES – AU CHOIX | EXERCICES SUPPLÉMENTAIRES | 2 |

7 Forme des phrases. Puis, fais une liste avec les différentes significations de *passer* et *se passer*.

Mon film préféré		souvent à la boulangerie.
L'action de ce film		deux semaines en Bretagne.
Vincent lit une histoire qui		au cinéma cette semaine.
Après les cours, je	*passer*	à Marseille.
Cet été, Linda va	*se passer*	l'aspirateur.
J'ai rangé ma chambre et j'ai		en 1939.
Les vacances		beaucoup trop vite.

8 Fais une recherche et trouve des informations sur la chaîne de télévision franco-allemande Arte.
1. Depuis quand est-ce que la chaîne Arte existe?
2. Dans quelle ville se trouvent les bureaux d'Arte?
3. Quelles émissions passent aujourd'hui sur Arte? Donne des exemples. Quelle émission t'intéresse?
4. Note au moins une information supplémentaire sur Arte que tu trouves importante.

9 Des jeunes de Potsdam participent à un échange. Ils visitent le château de Versailles avec leurs correspondants. Écoute ce que dit le guide. Prends des notes et réponds aux questions.
1. Depuis quand est-ce que les villes de Potsdam et de Versailles sont jumelées?
2. Quels sont les points communs entre Versailles et Potsdam?
3. Qu'est-ce que tu apprends sur Louis XIV: sa vie, sa politique et ses intérêts?
4. Pourquoi est-ce que la galerie des Glaces est la salle la plus célèbre du château de Versailles?

1 le château de Versailles

2 les jardins

3 le Roi-Soleil

4 la galerie des Glaces

Solutions et texte audio ▶ www.cornelsen.de/webcodes: niseta

COIN LECTURE 2

tu crois du glaubst   **y** dort   **serrer la main à qn** jdm die Hand geben   **se faire la bise** sich mit Küsschen begrüßen
se marrer → s'amuser

ClairiKine, On va chez nos corres berlinois!, 2015

COIN LECTURE 2

Hans, présente-toi s'il te plaît.

Bien sûr!

Je m'...

Excusez-moi. J'ai une grenouille dans la gorge.

On ne mange pas pendant le cours!

présente-toi stell dich vor **Excusez-moi.** Entschuldigen Sie bitte. **la grenouille** der Frosch **la gorge** der Hals

MODULE 2

À table!

1 du lait de soja — des céréales — du thé noir — de la charcuterie — de l'eau — du fromage

2 du riz — du jus de fruit

3 du café — du sirop d'érable — du grilled cheese

4 de la confiture — des croissants — des tartines — du chocolat chaud — du miel

1 a Sur *Radio Jeunes*, **Savannah, Élise, Éric et Raphaël** parlent du petit-déjeuner dans leur pays. Écoute et note d'abord d'où ils viennent. Puis, écoute encore une fois et trouve quelle table correspond à quel jeune.

b Et toi, qu'est-ce que tu manges au petit-déjeuner? Raconte et utilise l'article partitif *du / de la / de l' / des*.
▶ Grammaire, p. 167/15

Chez les Martin

C'est le premier repas de Lukas, le correspondant allemand de Raphaël, chez les Martin.
La famille Martin a préparé des spécialités françaises.

5 **Raphaël:** Mmh, ça sent bon! Je meurs de faim!
M. Martin: J'ai fait une salade de chèvre chaud. Tu en veux, Lukas?
Lukas: Euh, je ne sais pas … Il y a de la viande de chèvre dans la salade?
10 **Carla:** Mais non, pas LA chèvre, LE chèvre, ça veut dire le fromage de chèvre. On le met au four sur du pain et on le mange avec de la salade. C'est très bon! Je peux en avoir deux morceaux, papa?

58 cinquante-huit

M. Martin: Bon appétit!
Lukas: Merci! C'est délicieux!
15 **Mme Martin:** Vous mangez aussi du fromage en Allemagne?
Lukas: Oui, mais dans ma famille, on en prend le soir et aussi au petit-déjeuner.
Carla: Maman, qu'est-ce qu'il y a après?
Mme Martin: J'ai préparé des steaks et un gratin dauphinois.

Un peu plus tard …

20 **Mme Martin:** Il reste encore du gratin. Qui en veut?
Lukas: Oui, merci, j'en reprends encore un peu!
Carla: Non merci, je n'ai plus faim! Est-ce que je peux sortir de table?
M. Martin: Non, on n'a pas fini.
Raphaël: J'ai soif! Papa, tu peux me passer la carafe d'eau, s'il te
25   plaît? Merci. Et comme dessert, on peut avoir des petits Suisses?
Mme Martin: Il n'y en a plus! On va en racheter demain.
   Mais il y a des glaces si vous voulez un dessert!
Carla: Des glaces? Maman, j'ai quand même encore un peu faim … Je peux aussi en avoir une?

2 Lis le texte et note le menu du repas chez les Martin: l'entrée, le plat et le dessert.

3 Retrouve dans le dialogue de quoi les Martin et Lukas parlent. ▶ Texte, p. 58–59
Exemple: 1. **M. Martin:** «Tu en veux, Lukas?» → M. Martin parle de la salade de chèvre chaud.

1. **M. Martin:** «Tu en veux, Lukas?»
2. **Lukas:** «On en prend le soir et aussi au petit-déjeuner.»
3. **Lukas:** «Oui, merci, j'en reprends encore un peu!»
4. **Mme Martin:** «Il n'y en a plus. On va en racheter demain.»
5. **Carla:** «Je peux aussi en avoir une?»

4 a Lis le texte encore une fois et note toutes les expressions utiles quand on est à table.
   b Écoute et répète les phrases pour t'entraîner à la prononciation.

5 Posez des questions à vos camarades. Faites des mini-dialogues. ▶ Grammaire, p. 167/16
   Exemples: – Est-ce que tu as des bons copains?
      – Oui, j'en ai un. Il s'appelle Ben. / Non, je n'en ai pas.
      – Tu veux du chocolat?
      – Oui, j'en veux. / Non merci, je n'en veux pas. Je préfère les bonbons.

Pour les questions, utilise:			Pour les réponses, utilise:		
avoir *vouloir*	des bons copains / bonnes copines des frères et sœurs un/e chanteur/-euse préféré/e un/e corres français/e des animaux du chocolat		Oui,	j'en ai j'en veux j'en fais	un/une/deux/____. beaucoup/____. (trois) fois par semaine.
			Non,	je n'en ai je n'en veux je n'en fais	pas. plus.
faire du sport / de la guitare / ____					

Unité 3 — À la découverte du Québec

P F Tâches – au choix

Am Ende dieser Unité kannst du

A ein Filmplakat erstellen.

B in einer Präsentation Quebec vorstellen.

Compétences communicatives

Du lernst
- über geografische und geschichtliche Aspekte eines Ortes/Landes zu sprechen. (▶V1)
- nach Personen und Sachen zu fragen. (▶V1)
- über vergangene Erlebnisse zu berichten. (▶V2)
- über ein Sportereignis zu berichten. (▶V3)
- Handlungsweisen zu vergleichen. (▶V3)

Dazu brauchst du z. B.
- die Frage mit *qui est-ce qui*, *qui est-ce que*, *qu'est-ce qui*.
- den Infinitivsatz mit *avant de*.
- die Indefinitpronomen *tout* und *tous/toutes*.
- die Steigerung des Adverbs.
- Mengenangaben mit *plus de*, *moins de* und *autant de*.
- Bruchzahlen und statistische Angaben.
- die Verben *courir* und *conduire*.   ▶Verbes, p. 178

Compétences interculturelles

- Du lernst die kanadische Provinz Quebec kennen.
- Du lernst das kanadische Französisch kennen.
- Du erfährst etwas über den kanadischen Nationalsport Eishockey.

Méthodes et stratégies

Du lernst,
- wie du unbekannte Wörter aus dem Textzusammenhang erschließen kannst.
- wie du einem Text die wichtigsten Informationen entnimmst.

A un billet de cinq dollars canadiens

B une baleine

C Montréal

DELF 1 a Regarde les photos du Québec ci-dessus. Note le plus de questions possibles à l'aide de ces photos.

> Où?   Quand?   Qui?   Pourquoi?
> Que?   Comment?   Quel/Quelle?
> Quels/Quelles?   Combien de?

D un panneau bilingue
F un mur peint à Montréal
G le drapeau du Québec et le drapeau du Canada
E des bonbons de sirop d'érable
H l'été indien

b Mettez vos questions en commun et notez-les sur une affiche. Trouvez des réponses au cours de l'unité.

2 Écoute le document sonore. De quoi s'agit-il? Fais des hypothèses.
(Petite info: il y en a aussi une version anglaise.)

3

VOLET 1 VOLET 2 VOLET 3 TÂCHES – AU CHOIX EXERCICES SUPPLÉMENTAIRES

Préparer la lecture

1 a Dans l'article ci-dessous il est question de trois jeunes qui habitent à Montréal, Tadoussac et Kipawa. Trouve ces endroits sur une carte du Québec. ▶ Carte du Québec, p. 312

b Qu'est-ce qu'on peut faire à ces endroits? Imagine.

Être ado à Montréal, Kipawa ou Tadoussac

Le Québec est à la mode chez les jeunes Français … Mais comment vivent les jeunes Québécois? *Magajeunes* a interviewé des jeunes qui parlent français sur le continent américain.

Magajeunes

Valentine, Française de Montréal
Depuis quand est-ce que tu vis au Québec?

5 Nous nous sommes installés à Montréal il y a un an avec ma famille. Au début, je n'étais pas très contente de quitter mes copains de Toulouse pour une ville où c'est l'hiver pendant la moitié de l'année. Mais maintenant j'adore. Je vais dans une école internationale où il y a des jeunes de tous les pays du monde et j'ai vite trouvé des nouveaux amis. Du coup, j'ai autant d'amis ici qu'à Toulouse.

10 *Qu'est-ce qui était nouveau pour toi quand tu es arrivée au Québec?*

Beaucoup de choses! La nourriture, le climat … et puis bien sûr la langue! Parfois, les Québécois utilisent des mots d'origine anglaise, par exemple quand ils disent «avoir du fun» pour «s'amuser», mais parfois ils utilisent aussi des mots français comme «magasiner» là où les Français disent «faire du shopping». Au Québec, on
15 dit même «chien chaud» pour «hot-dog»! C'est drôle, non?

Qu'est-ce que tu fais à Montréal pendant ton temps libre?

Ça dépend! En été, j'aime bien écouter les musiciens le dimanche au Mont-Royal. En hiver, j'ai commencé à jouer au hockey sur glace. Ici, c'est le sport national et «on a du fun»! Et puis bien sûr, il y a la ville souterraine avec ses magasins et ses
20 cinémas … Quand il fait moins quarante degrés dehors, c'est pratique! On peut «sortir» sans avoir froid.

Kimi, Algonquine de Kipawa
Dans quelle région du Québec est-ce que tu habites?

J'habite à Kipawa, un village dans l'ouest du Québec. Chez nous, on parle français et
25 algonquin. Mon nom Kimi, par exemple, est un nom algonquin qui veut dire «secret».

Quel est ton moment préféré dans l'année?

Tous les ans en juin, je vais avec ma famille à la fête nationale des peuples premiers. Ces fêtes nous aident à retrouver notre culture. C'est un moment de l'année très important pour nous!

30 *Est-ce que tu as un modèle dans la vie? Qui est-ce que tu admires?*

J'aime bien Samian, un chanteur de rap célèbre dans tout le Canada. Ses textes (en québécois et en algonquin!) parlent de notre culture. Il dit aussi qu'il faut protéger la nature, ce qui est
35 très important chez nous. Plus tard, j'aimerais faire des études et m'engager pour mon pays comme Sheila Watt-Cloutier, qui a eu le prix Nobel alternatif pour son travail.

VOLET 1   VOLET 2   VOLET 3   TÂCHES – AU CHOIX   EXERCICES SUPPLÉMENTAIRES   **3**

William, Québécois de Tadoussac

Salut!

40 Je m'appelle William et j'habite à Tadoussac. Il y a moins d'habitants qu'à Montréal ou qu'à Québec, et à mon avis, c'est l'endroit le plus beau du Québec!

Je ne peux pas imaginer vivre dans une autre région. D'abord, il y a le fleuve Saint-Laurent et ses baleines. Même si j'ai l'habitude, c'est toujours magique quand on voit passer le plus grand animal du monde près de la côte!

45 Ensuite, j'adore aller à la pêche à toutes les époques de l'année: en hiver, quand on doit faire un trou dans la glace pour trouver des poissons ... (ici, on appelle ça «la pêche blanche»), au printemps, quand la nature redevient enfin verte, pendant l'été indien quand la forêt prend des couleurs magnifiques!

Plus tard, je veux être guide pour les touristes et leur montrer ma région.

50 Alors on va peut-être faire connaissance ... à Tadoussac!
À bientôt, ou plutôt «à tantôt» comme on dit chez nous!
William

Vous le saviez?

Qui est-ce qui parle français au Canada?

55 Il y a dix millions de francophones au Canada pour 36 millions de Canadiens, c'est-à-dire 27% de la population. Deux tiers des francophones vivent au Québec.

Les Canadiens
- Anglophones
- Francophones au Québec
- Francophones hors du Québec

Pourquoi est-ce qu'on parle français au Québec?

Parce qu'au 16e siècle, les Français ont colonisé cet endroit
60 et ses habitants. Deux siècles plus tard, les Anglais, qui s'intéressaient aussi beaucoup à cette région (qu'on appelait à cette époque la Nouvelle-France), sont entrés en guerre avec les Français. Les Français ont perdu, le Canada est devenu anglais, mais les Français sont restés au Québec.

65 *Qui est-ce qui a découvert le Québec?*

C'est le navigateur français Jacques Cartier. Il est parti de Saint-Malo et est arrivé au Québec par le fleuve Saint-Laurent en 1534. En 1535, il a découvert le
70 village indien d'Hochelaga où il a fondé la ville de Montréal.

Qui est-ce qu'on appelle les peuples premiers?

75 C'est la population autochtone qui vivait au Canada avant l'arrivée de Jacques Cartier. Longtemps, les peuples premiers n'ont pas eu le droit de parler leur langue et de vivre selon leurs traditions. Aujourd'hui, les choses changent mais il y a encore des problèmes: le nombre de
80 personnes qui sont au chômage par exemple est de 43%.

Lire et comprendre

Koop **2** a Survole l'article, p. 62–63. Choisis un/une des trois jeunes et relis le texte correspondant. Puis, présente-le/présente-la à des élèves qui ont choisi un/une autre jeune.

b Qu'est-ce qu'on apprend sur le Québec? Mettez en commun les informations des trois témoignages.

DELF c Lis la rubrique «Vous le saviez?». Retrouve pour chaque dessin les informations correspondantes dans le texte et décris les dessins à l'aide de ces informations.

d Explique pourquoi on parle français au Québec.

3 VOLET 1   VOLET 2   VOLET 3   TÂCHES – AU CHOIX   EXERCICES SUPPLÉMENTAIRES

Parler

3 Lequel des trois jeunes est-ce que tu aimerais avoir comme correspondant? Pourquoi? Explique.
▶ Mots pour le dire, p. 297

> Je voudrais avoir Valentine/Kimi/William comme correspondant/e parce que ____.

trouver sympa
aimer/détester les grandes villes
partager les mêmes hobbys
préférer quelqu'un qui (n')est (pas) comme moi
avoir envie de découvrir ____
vouloir apprendre des choses sur ____

Vocabulaire et expression

4 a Trouve des mots et des expressions dans le texte p. 62–63 pour parler des thèmes ci-dessous et fais un tableau dans ton cahier. Complète-le au cours de l'unité et ajoute aussi des mots que tu connais déjà. Tu peux te servir de ces mots pour les tâches A et B, p. 75.

la géographie	l'histoire f.	la population	la langue	le climat	la nature	la culture

b Complète cette présentation de Québec-ville.   ▶ p. 152

Sur le ❓ américain on ne parle pas seulement anglais, mais aussi français – au Québec! Le Québec, c'est le Canada ❓. Mais ne confondez pas *le Québec* et *Québec*. Québec est une ville au Québec. Avec ses 515 000 ❓, Québec est la deuxième grande ❓ du Québec après Montréal et c'est la ❓ du Québec.

En 1543, Jacques Cartier a voulu ❓ les ❓ qui vivaient dans la région mais il n'a pas réussi et il a ❓ cet endroit. En 1608, Samuel de Champlain a ❓ la ville qui est devenue Québec.
Il faut visiter le château Frontenac et la vieille ville avec ses remparts. D'ici, on a une belle ❓ sur la ville et on peut admirer le ❓ Saint-Laurent.
Vous voulez savoir comment est le ❓: en été, il fait assez chaud, mais en ❓, il peut faire moins 25 ❓.

S'entraîner

5 a Écoute. De quels aspects du Québec est-ce qu'on parle dans ce reportage radiophonique? Attention: Il y a deux aspects en trop!
DELF

la superficie[1] du pays	la distance[2] de la France	le nombre de langues	l'âge de la population
le nombre d'habitants	les forêts et les lacs	les peuples premiers	
les sports aquatiques[3]	la production de sirop d'érable		

[1] **la superficie** die Fläche
[2] **la distance** die Entfernung
[3] **le sport aquatique** der Wassersport

b Écoute le reportage encore une fois et note pour chaque aspect les chiffres correspondants (les nombres, les pourcentages et les fractions*).   ▶ p. 152
▶ Nombres, p. 204

* **les fractions** f. pl. die Bruchzahlen

c Écoute encore une fois et résume ce que tu as compris.

VOLET 1   VOLET 2   VOLET 3   TÂCHES – AU CHOIX   EXERCICES SUPPLÉMENTAIRES   **3**

6 Explique les activités d'été au club de sport «Énergie» à Montréal. Utilise des pourcentages et des fractions. ▶ Nombres, p. 204 ▶ Méthodes, p. 191/19

____ % des membres fait du / de la ____.
Un tiers / ____ des membres fait du / de la ____.

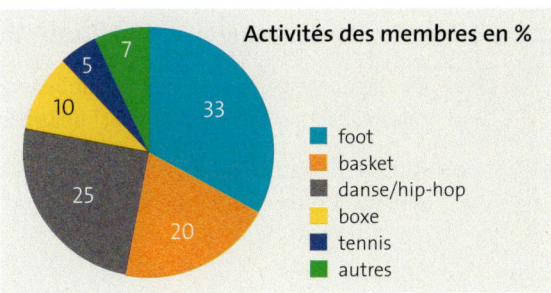

Activités des membres en %
- foot : 33
- basket : 20
- danse/hip-hop : 25
- boxe : 10
- tennis : 5
- autres : 7

7 La motoneige[1] et le combiné de téléphone[2] sont des objets «nés» au Québec. Pose des questions à ton/ta partenaire. Il/Elle répond. A commence. ▶ B, p. 157

Tes questions à B

Qu'est-ce qu'il y a sur ta photo?
Qui est-ce qui a construit[3] le premier ____?
Qui est-ce que cet objet aide?
Qu'est-ce que les gens ont dit?
Qu'est-ce qui est arrivé ensuite?

1 **la motoneige** der Motorschlitten
2 **le combiné de téléphone** der Telefonhörer
3 **construire qc** etw. konstruieren, etw. bauen
4 **la suite** die Folge

Tes informations pour B

Nom de l'objet: la motoneige
Objet né en: 1959 (Joseph-Armand Bombardier)
Pour aider: les malades qui doivent aller à l'hôpital en hiver
Réactions: «Les Huskys sont au chômage!», «C'est un nouveau sport!»
La suite[4]: L'entreprise de Bombardier est devenue très importante et a construit beaucoup de trains et d'avions dans le monde.

A

8 a Lis le poème des questions et complète-le. Utilise *qu'est-ce que*, *qu'est-ce qui*, *qui est-ce que* et *qui est-ce qui*. Puis, écoute le poème et vérifie tes résultats. ▶ Grammaire, p. 168/18

— Tu aimes quelqu'un?   — Oui, mais …
— ❓ tu aimes?   — C'est mon secret!
— Tu aimes quelque chose? — Quelle question!
— ❓ tu aimes?   — Les chansons de Céline Dion.
— Quelqu'un te plaît?   — Bien sûr que oui!
— ❓ te plaît?   — Mon meilleur ami.
— Quelque chose te plaît? — Ici, à Montréal?
— ❓ te plaît?   — Le soleil sur le Mont-Royal.

b Complète les questions par *qu'est-ce que/qui* ou *qui est-ce que/qui*. Puis, fais des recherches pour trouver les réponses. ▶ Grammaire, p. 168/18

1. ❓ a fondé la ville de Québec?
2. ❓ on appelle les peuples premiers?
3. ❓ ça veut dire «chauffer»?
4. ❓ est plus long au Québec, l'hiver ou l'été?
5. ❓ on appelle un «chum»: un touriste, un journaliste ou un ami?
6. ❓ représente le drapeau québécois?
7. ❓ on peut faire à la Vallée Secrète?
8. ❓ dort au château Frontenac?

3 VOLET 1   VOLET 2   VOLET 3   TÂCHES – AU CHOIX   EXERCICES SUPPLÉMENTAIRES

Méthodes et stratégies: Unbekannte Wörter erschließen ▶ Méthodes, p. 193/25.1–3

9 a Du hast bereits gelernt, dass du unbekannte Wörter mithilfe von verwandten Wörtern aus dem Französischen oder aus anderen Sprachen erschließen kannst. Was bedeuten z. B. *le short*, *le système de tunnels*, *la curiosité*?

b Auch der Kontext kann dir helfen, unbekannte Wörter zu erschließen. Lies dazu die Hinweise im Methodenteil und wende sie in Aufgabe 10 an.

Médiation

10 Du hast eine Sprachnachricht von deiner Freundin Romy erhalten. Höre sie dir an und antworte Romy ebenfalls in einer Sprachnachricht. Lies dazu den untenstehenden Artikel. Berichte Romy, wie die Kanadier ihr Problem für sich gelöst haben. Erzähle Romy auch, wie man zu diesem speziellen Zentrum gelangt, was es dort alles gibt und wie die Kanadier dazu stehen.

La vie souterraine à Montréal

C'est l'hiver à Montréal. Il fait moins dix degrés et vous voyez des photos de gens qui font du shopping en tee-shirt et en shorts. Ils sont fous, ces Québécois? Non, ils font du shopping dans la ville souterraine à Montréal! La ville souterraine existe depuis 1962 et elle offre tout ce qu'une vraie ville peut offrir: On y trouve tout ce qu'on veut. Pour arriver à la ville souterraine, il suffit de prendre le métro. Plusieurs lignes de métro font partie de ce réseau, ainsi que les deux gares. Ce système de tunnels de plus de 32 kilomètres qu'on appelle RÉSO (du mot «réseau») permet aux gens de «sortir» sans … sortir. En effet, on y trouve plus de 1 800 magasins mais aussi des cinémas, des restaurants, des théâtres, des banques, des hôtels et même une patinoire où on peut faire du hockey sur glace.

Avec ses 12 km², le RÉSO est la plus grande ville souterraine du monde. Et elle grandit encore! Un grand avantage: 80 % des bureaux de Montréal et deux universités sont reliés à la ville souterraine ce qui permet aux gens de se rendre sur leur lieu de travail sans avoir froid en hiver. En moyenne, plus de 500 000 personnes par jour utilisent le réseau souterrain.

De plus, le réseau de la ville souterraine attire aussi les touristes car on y trouve beaucoup de curiosités: par exemple un segment du mur de Berlin, une installation qui raconte l'histoire de la musique à Montréal et des centaines d'autres œuvres d'art. Tous les ans, pendant les mois d'hiver, une course de cinq kilomètres a lieu dans les couloirs. Certains voudraient même organiser un marathon souterrain, il faudrait donc ajouter encore environ dix kilomètres à ce réseau … Allez-y, vous allez être étonnés!

Pour les Montréalais par contre, la ville souterraine n'a rien de spécial, c'est seulement un système utile et agréable pour se déplacer en hiver en ville sans avoir froid.

| VOLET 1 | **VOLET 2** | VOLET 3 | TÂCHES – AU CHOIX | EXERCICES SUPPLÉMENTAIRES | **3** |

🎧 Le blog de Nathan au Nouveau Monde

Préparer la lecture

1 À l'aide des photos, p. 67–68, et du titre, fais des hypothèses sur la journée de Nathan.

Lisez aussi mes autres articles sur le Québec!
<u>Arrivée au Québec</u>   <u>Ma cousine Valentine et ses chums</u>   <u>Noël et Nouvel An à Montréal</u>   <u>Deux jours à Québec</u>

Une journée avec des chiens de traîneau

Jeudi 3 janvier

5   Nous sommes déjà depuis dix jours chez mon oncle et ma tante au Québec et il nous reste seulement trois jours avant de reprendre l'avion pour Toulouse! Mais une dernière aventure nous attend encore: nous allons passer une journée et une nuit avec toute la famille dans la vallée de la Jacques-Cartier au nord de Québec (la ville, pas la province!) et NOUS ALLONS FAIRE DU TRAÎNEAU À CHIENS! Je suis trop content!

Vendredi 4 janvier

10   Ce matin, nous sommes partis tôt pour être à l'heure au point de départ. À l'arrivée, nous avons tout de suite entendu les chiens. Ils faisaient beaucoup de bruit parce qu'ils attendaient le départ avec impatience. Il faisait très froid (j'ai appris qu'ici, on dit «il fait frette»!). Heureusement, nous sommes entrés
15   dans une petite maison en bois, où Mireille, notre guide, nous a expliqué le programme. Mireille avait une bonne et une mauvaise nouvelle. La bonne nouvelle: Les chiens adorent courir. La mauvaise nouvelle: Quand le chemin monte, il faut descendre du traîneau et courir à côté des chiens. Ouf! Ça va être sportif!

20   Il y avait trois traîneaux, un pour mon oncle et ma tante, un pour mes parents et ma petite sœur et un pour Valentine et moi. Mireille nous a présenté les chiens. Il y en a quatre par traîneau. Un de nos chiens s'appelle Big Boss. On voit tout de suite que c'est le chef! Avec Mica, il court toujours devant les autres. Derrière lui, il y a Blanche-Neige qui est blanche comme la neige 😉 et Zac (je crois qu'il s'appelle comme ça parce qu'il a les yeux aussi bleus que Zac Efron, un acteur que ma cousine adore …).

25   Évidemment, Valentine a voulu conduire la première. Au début, cela s'est bien passé. Les traîneaux glissaient sans bruit sur la neige, le soleil dessinait des étoiles sur la glace autour de nous, le paysage était absolument magnifique. Mais tout à coup, il y a eu un problème, le rythme des chiens a changé et Valentine a dit: «Zut, ça monte! Nathan, tu ne peux pas descendre du traîneau, s'il te plaît?». Et voilà. Je le savais. Bon. J'ai voulu être sympa et j'ai couru à côté des chiens, mais ils étaient plus rapides que moi. Malgré les moins 25 degrés, j'ai vite eu trop chaud! Valentine rigolait.
30   Quand nous sommes arrivés en haut, j'ai dit: «Maintenant, c'est mon tour, je conduis!». Malheureusement, le chemin descendait! J'ai voulu utiliser mon pied comme frein. Mais il y avait beaucoup de neige et elle est entrée dans ma chaussure. J'ai râlé. Valentine a continué à rigoler. 😒
Les chiens couraient maintenant très vite. Tout à coup, la route a tourné et en même temps, nous sommes arrivés très près d'une rivière. Valentine a crié. Ce n'était pas le moment de tomber! Heureusement, les chiens ont bien fait leur
35   travail et tout s'est bien passé. Ouf!
Vers midi, nous avons fait une petite pause et nous avons construit une petite table en neige pour manger nos sandwichs et boire un thé. Cela nous a fait du bien! Avant de continuer, Valentine a voulu aller seule dans la forêt. Pour me moquer d'elle, je lui ai dit: «Fais attention aux ours noirs! Ils n'aiment pas les gens qui font pipi dans leur forêt!». Valentine a répondu: «Ne t'inquiète pas! En hiver, ils dorment!». Mais elle a quand même couru pour revenir! 😄

soixante-sept **67**

40 L'après-midi s'est bien passé. Nous avons conduit à tour de rôle. À trois heures, nous sommes arrivés au gîte où nous passons la nuit. Nous nous sommes d'abord occupés des chiens. Comme il était tôt, mon oncle a proposé de faire encore une petite balade jusqu'à un lac qui se trouve à un
45 quart d'heure du gîte. Ma mère et ma tante étaient fatiguées et Valentine préférait jouer encore avec Zac, son husky aux yeux bleus préféré! Alors toutes les femmes sont restées au gîte, et moi, je suis allé au lac avec mon oncle et mon père.

50 Tout était blanc. On n'entendait rien. C'était génial. Et puis, il y a eu un bruit dans les arbres à côté du chemin. J'ai repensé aux ours noirs. Est-ce qu'ils dorment vraiment tous? 😳
Mais un autre animal est sorti de la forêt, très grand, très
55 beau, pour aller boire à un endroit du lac où il n'y avait pas de glace. C'était un orignal. Nous n'avons pas bougé. C'était un moment incroyable! J'ai même réussi à faire une photo. J'ai voulu montrer à Valentine ce qu'elle a raté!

60 Ce soir, on a mangé des spécialités québécoises: de la soupe aux pois, de la tourtière (c'est un gâteau salé avec de la viande) et de la salade. Valentine qui est végétarienne a eu une poutine. Ce sont des frites avec une sauce spéciale et du fromage. Tout le monde en a repris deux fois: Être dehors
65 toute la journée nous a donné faim!
Maintenant, nous allons tous dormir dans la même chambre … ou essayer! Les autres se plaignent déjà, parce que j'écris encore. Bonne nuit! 😊

Samedi 5 janvier
70 Et voilà, c'est déjà la fin. Ce matin, nous sommes retournés à la voiture … en motoneige! Les chiens vont rentrer avec d'autres touristes. Valentine a dû dire au revoir à son cher Zac, c'était terrible! Je me demande si moi aussi je vais lui manquer quand je vais rentrer en France demain?
75 En tout cas, je suis un peu triste de quitter le Québec … mais aussi heureux de vous retrouver tous et toutes bientôt! 😳

Lire et comprendre

2 a Maintenant, lis le blog et compare tes idées de 1 à ce que Nathan écrit.

b Fais un schéma de lecture avec des mots-clés et des symboles. ▶ Méthodes, p. 194/26.3

c Résume l'histoire à l'aide de ton schéma de lecture.

| VOLET 1 | VOLET 2 | VOLET 3 | TÂCHES – AU CHOIX | EXERCICES SUPPLÉMENTAIRES | 3 |

Parler

3 Qu'est-ce que tu fais avant de …? À tour de rôle, posez des questions à votre partenaire qui répond.

Exemple : – Qu'est-ce que tu fais avant de partir au Québec?
– Avant de partir au Québec, je fais ma valise.

| Qu'est-ce que tu fais
Qu'est-ce qu'il faut faire | avant de/d' | partir au Québec?
quitter le Québec?
aller à l'école?
dormir?
____ ? |

Découvrir

4 a Übersetze die folgenden Sätze aus dem Text, S. 67–68. Wofür steht *tout*?
Wofür stehen *tous/toutes*?
1. <u>Tout</u> était blanc.
2. Nous allons <u>tous</u> dormir dans la même chambre.
3. Je suis heureux de vous retrouver <u>tous</u> et <u>toutes</u> bientôt!

b Complète ces commentaires sur le blog de Nathan par *tout* et *tous/toutes*.

1. Merci pour tes articles, Nathan! Ils sont ❓ intéressants. Ils me plaisent ❓.   *Rachida*
2. C'est vrai que ❓ est grand là-bas ? Les forêts, les lacs, les voitures, les frigos?   *Augustin*
3. Moi aussi, j'ai vu un orignal quand j'étais au Canada l'an dernier avec ma mère et ma grand-mère. Nous étions ❓ super contentes!   *Louise*
4. Très belle aventure. ❓ est bien qui finit bien.   *Célia*

c Vergleiche die folgenden Sätze mit denen aus **a**. Erkläre den Unterschied.
1. <u>Toutes les femmes</u> sont restées au gîte.
2. Être dehors <u>toute la journée</u> nous a donné faim.
3. <u>Tous les chiens</u> ont couru vite.

Vocabulaire et expression / Comparer les langues

5 a Écoute et retrouve les mots et expressions français qui correspondent aux mots et expressions québécois.

au Québec		
la postecarte	être en amour	le chum
le trip	booker	le break
le bicycle	le char	bon matin
la fin de semaine	ça clique	être speedé

en France		
le copain	la carte postale	le vélo
bonjour	le voyage	la pause
le week-end	être énervé	réserver
être amoureux	la voiture	ça marche

b Quelles expressions américaines correspondent aux expressions québécoises?
Qu'est-ce que tu remarques?

c Trouve dans les textes p. 62–63 et p. 67–68 d'autres paires d'expressions françaises et québécoises.

3

VOLET 1   VOLET 2   VOLET 3   TÂCHES – AU CHOIX   EXERCICES SUPPLÉMENTAIRES

6 Qu'est-ce qui va ensemble? Il y a plusieurs possibilités. Note les paires, puis trouve pour chaque verbe encore au moins un autre complément dans le texte p. 67–68.

attendre faire		une motoneige longtemps du bruit dans la neige

attendre   faire
conduire   réussir
devoir   descendre
courir   arriver

une motoneige   longtemps   du bruit   dans la neige
à comprendre le québécois   un traîneau à chiens   un test
l'escalier   vite   se dépêcher   au point de départ
très froid   son travail   au gîte   s'occuper des chiens

7 a Relis le texte, p. 67–68 et complète ton tableau (▶ p. 64/4).

b Ton/Ta partenaire choisit six mots de son tableau. Écris un texte sur un endroit de ton choix et utilise ces mots. Écris au présent.

Écouter et comprendre

8 a Marie-Claire a répondu à des questions d'une journaliste. Écoute ses réponses et trouve de quels sujets elle parle. (CD 2/13: version originale, CD 2/14: version en français standard)

b Écoute encore une fois et formule les questions de la journaliste. ▶ p. 153

c Écoute l'interview complète et compare avec tes résultats de **b**. (CD 2/15: version originale, CD 2/16: version en français standard)

DELF

d Réponds aux questions suivantes.
1. Le Québec fait combien de fois la superficie de l'Allemagne?
   a deux fois   **b** trois fois   **c** quatre fois   **d** six fois
2. Quel(s) plat(s) typique(s) est-ce que Marie-Claire nomme?
   a la poutine   **b** la soupe aux pois   **c** la bouillabaisse   **d** la tourtière
3. D'après Marie-Claire, de quoi est-ce qu'un touriste européen ne doit pas se moquer au Québec?
   a de l'accent   **b** du carnaval   **c** du climat   **d** de la nourriture

Recherche

Koop 9 Dans quelles spécialités québécoises est-ce qu'on utilise du sirop d'érable? Fais des recherches et présente ta recette préférée.   ▶ Méthodes, p. 189/16.2

Méthodes et stratégies: Einem Text die wichtigsten Informationen entnehmen   ▶ Méthodes, p. 194/26.1

10 Wenn du den Inhalt eines Textes zusammenfassend wiedergeben sollst, ist es sinnvoll, die wichtigsten Informationen im Text zu markieren. Lies die Ratschläge im Methodenteil und wende sie in Aufgabe **11** an.

Écrire

Koop 11 Lies den Artikel über die Eisstraßen in Quebec und markiere darin die wichtigsten Informationen. Vergleicht und besprecht dann, was jede/r von euch markiert hat. Was ist davon wirklich wichtig? Einigt euch auf ein gemeinsames Markierungsergebnis. Dann fasst den Inhalt des Artikels zusammen.
▶ cornelsen.de/webcodes: niseta

| VOLET 1 | VOLET 2 | **VOLET 3** | TÂCHES – AU CHOIX | EXERCICES SUPPLÉMENTAIRES | **3** |

Une journée au Centre Bell

Préparer la lecture / Comparer les langues

1 a Quels mots autour du thème «le sport» est-ce que tu connais déjà? Note-les dans un associogramme.

b Trouve à l'aide du dessin comment on dit cela en français.

der Spieler   einen Helm tragen   ein Tor schießen   der Puck   foulen   der Schiedsrichter
der Hockeyschläger   der Torwart   Es steht 5 zu 2.   auf der Strafbank sitzen

le gardien de but
la rondelle 🏴/ le palet 🇫🇷
l'arbitre *m./f.*
être en prison
faire une faute
le joueur
marquer un but
porter un casque
le bâton 🏴/ la crosse 🇫🇷
Le score est de 5 à 2.

Cher Nathan!
J'espère que vous êtes bien rentrés à Toulouse et que le début d'année n'a pas été trop dur!
De mon côté, je continue ma collection d'évènements typiquement québécois. Hier, j'ai pu aller avec un copain fan de hockey (je t'ai déjà parlé de lui, il s'appelle Émile) à un match des *Canadiens de Montréal*. C'est LE club de Montréal! 😊
5   Le père d'Émile, qui est journaliste, a eu des billets gratuits pour ce match: les *Canadiens* jouaient contre leur équipe rivale préférée, les *Bruins de Boston*. J'ai adoré! L'ambiance était vraiment géniale.
Nous sommes partis pour le Centre Bell au début de l'après-midi pour ne rien manquer. Il y avait déjà des fans des *Canadiens* partout dans les couloirs du métro. Bien sûr, nous portions tous le chandail des *Canadiens* (c'est
10   comme ça qu'ils appellent le maillot ici). On entendait tout le temps le slogan qui sert à encourager les joueurs des *Canadiens* «Go habs go!». Autrefois, on appelait les joueurs de hockey francophones des «habs». Cela vient du mot «habitant». Aujourd'hui, les joueurs des *Canadiens* sont fiers d'être des habs et le site le plus intéressant sur les *Canadiens* s'appelle … HABSolumentfan!

Quand nous sommes entrés dans le stade, c'était impressionnant! Il y a 21 000 places et hier soir, tout était complet! J'ai bien aimé le spectacle avant le match. Il y avait des musiciens, des chanteurs et, sur la glace, le C bleu, blanc et rouge, symbole des *Canadiens*! Puis, les joueurs sont entrés. Malheureusement, on les voyait moins bien qu'à la télé, mais par contre l'ambiance était fantastique! Tout à coup, on a vu la feuille d'érable du drapeau canadien sur la glace et on a entendu l'hymne national. Les joueurs ont enlevé leurs casques. C'était un moment touchant.

Maurice Richard est une légende du hockey sur glace québécois. Il y a même des livres et des films qui parlent de lui!

Ensuite, le match a commencé. Au début, l'équipe des *Bruins* a moins bien joué que l'équipe des *Canadiens* et, à la 17e minute, notre équipe a pu marquer un premier but le plus facilement du monde! C'était génial!

Malheureusement, pendant la deuxième période, les *Bruins* ont mieux joué, la défense des *Canadiens* a mal réagi et les *Bruins* ont réussi à marquer deux buts! C'était l'horreur pour les *Canadiens* et leurs fans! Mais juste avant la fin de la période, l'arbitre a donné deux minutes de prison à un joueur de Boston (au hockey, il n'y a pas de cartons jaunes, mais quand un joueur fait une faute, il n'a plus le droit de jouer pendant quelques minutes et on dit qu'il va «en prison»). Ça a permis aux *Canadiens* de marquer! Le score à la fin de la deuxième période était de 2 à 2!

Pendant la pause, avec Émile et son père, nous sommes allés boire une liqueur. Mais non, ce n'est pas ce que tu penses! Une liqueur, au Québec, c'est une limonade!

Quel suspense au début de la troisième période! Les deux équipes ont joué de manière plus agressive. Et puis tout à coup, un joueur des *Canadiens* a réussi à marquer! Nous étions super contents et nous nous sommes tous levés pour faire une vague. C'était un grand moment!

Ensuite, tout est allé très vite. Je comprends pourquoi on dit que le hockey est «le sport d'équipe le plus rapide du monde»! Le gardien de but des *Bruins* est sorti de son but pour aider l'attaque, mais les *Canadiens* ont encore marqué deux buts à la 16e et à la 20e minute! Nous avons gagné 5 à 2! Je n'ai jamais applaudi et crié aussi fort que hier soir! Mes mains étaient rouges! Et j'ai toujours mal à la gorge … C'était vraiment une super journée. Je crois que toute la ville a fait la fête hier soir!

Maintenant, j'ai envie de m'entraîner plus sérieusement qu'avant. Je vais essayer de trouver un club le plus vite possible!

Voilà les nouvelles de mon côté de l'océan. Et toi, le rugby à Toulouse, ça va? Toujours fan du ballon ovale? Tu as déjà gagné des matchs cette année?

Plein de bisous à toute la famille et à plus!

Valentine

Lire et comprendre

2 a Lis le texte et réponds brièvement aux questions ci-dessous.
1. Quel match est-ce que Valentine a vu?
2. Comment est-ce qu'elle a obtenu son billet?
3. Qu'est-ce qu'elle raconte sur le stade où le match a eu lieu?
4. Qu'est-ce qui s'est passé avant le match?
5. Quel était le score
   a après la première période?
   b après la deuxième période?
   c à la fin du match?
6. Qui est-ce qui a gagné?

b Explique le nom du site «HABSolumentfan».

VOLET 1   VOLET 2   **VOLET 3**   TÂCHES – AU CHOIX   EXERCICES SUPPLÉMENTAIRES   **3**

Parler

3 A et B ont regardé des matchs différents. Posez-vous des questions et répondez. A commence. ▶ B, p. 157

1. Quel match est-ce que tu as vu?
2. Qui est-ce qui a gagné?
3. Quel était le score à la fin du match?
4. Qui a marqué les buts et quand?
5. Est-ce qu'il y a eu des cartons jaunes/rouges?

Football féminin
(Stade Olympique, Montréal)
Canada – Pays-Bas
1 : 1
Buts:
Lawrence (10e minute)   van de Ven (87e minute)
Cartons jaunes:
van der Gragt   Belanger

S'entraîner

4 Compare ces trois jeunes et utilise le comparatif (+/–) et le superlatif (+ +/– –) des adverbes. ▶ Grammaire, p. 169/21

1. Ella s'entraîne (+ sérieusement) au foot que Jacob et Lily.
2. Ella garde (+ bien) le but que ses amis.
3. Lily marque (– facilement) des buts que Jacob et Ella.
4. Des trois jeunes, Jacob court (+ + vite).
5. Jacob encourage (– – peu) son équipe; Lily l'encourage (+ + beaucoup).

! Attention aux comparatif et superlatif des adverbes irréguliers:
beaucoup → plus → le plus
bien → mieux → le mieux
peu → moins → le moins

Écouter et comprendre

5 a Écoute les trois résumés de matchs. Puis, indique de quels matchs le journaliste parle.

| Marseille – Nice | Bordeaux – Nantes | Paris – Bordeaux |
| Monaco – Nantes | Nice – Monaco | Paris – Marseille |

b Écoute une deuxième fois et note pour chaque match le score final.

c Écoute encore une fois et trouve un titre pour chaque match.   ▶ p. 153

Vocabulaire et expression

6 a Complète ton associogramme (▶ p. 71/1) autour du thème «le sport» par les mots que tu as appris dans le texte, p. 71–72. Tu peux l'utiliser pour les exercices 7 et 9.

b Trouve le mot français pour ces objets dans un dictionnaire bilingue. ▶ Méthodes, p. 184/2

c Ajoute à ton associogramme d'autres mots et expressions d'un sport qui t'intéresse. Utilise un dictionnaire bilingue. ▶ Méthodes, p. 184/6

soixante-treize 73

3 VOLET 3

Médiation

7 Ta correspondante Inaya qui s'intéresse au handball n'a pas pu regarder le championnat du monde féminin de handball. Raconte-lui par mail à l'aide de l'article ci-dessous qui a joué contre qui, comment le match s'est déroulé et quel était le score à la fin du match. ▶ Méthodes, p. 197/31

Französinnen feiern ausgelassen in Hamburg

Die Handball-Frauen aus Frankreich haben allen Grund zur Freude. Am Sonntag gewannen sie gegen den Europameister aus Norwegen und dürfen sich nun zum zweiten Mal nach 2003 Weltmeisterinnen nennen.

Das Spiel, in das die Norwegerinnen als Favoriten gegangen waren, entwickelte sich als so hochspannend, wie man es sich für ein Finalspiel nur wünschen kann. Zwar legten die Skandinavierinnen von Beginn an ein anspruchsvolles Tempo vor, doch ebenso hartnäckig hielten die Französinnen dagegen. Bis zum Ende der ersten Halbzeit konnte keines der beiden Teams einen entscheidenden Vorteil für sich verbuchen und so gingen die Französinnen mit 11:10 in die Halbzeitpause und Analyse mit Trainer Olivier Krumbholz. Auch in der zweiten Halbzeit ließen weder Tempo noch Präzision der Würfe nach und die starke französische Torfrau Amandine Leynaud hatte besonders wegen des norwegischen Superstars Nora Mork alle Hände voll zu tun. Die Spannung in der Schlussphase war nicht zu übertreffen. Sekunden vor Abpfiff gelang Alexandra Lacrabère der letzte Treffer dieser dramatischen Partie, die mit 23:21 endete. WM-Gold für die französischen Handball-Damen, nur Monate, nachdem den Herren um Nikola Karabatic ebenfalls gegen Norwegen derselbe Coup gelungen ist! Was für ein Fest!

Als Austragungsort war Hamburg für dieses Finalspiel übrigens ideal gewählt: Die Weltstadt an der Elbe ist von Frankreich ungefähr so weit entfernt wie von Norwegen. Und obwohl das deutsche Team bereits im Achtelfinale ausgeschieden war, fanden neben (vielen) norwegischen und (wenigen) französischen auch etliche deutsche Handballfans den Weg in die mit 11 261 Zuschauern ausverkaufte Barclaycard-Arena und wurden mit einem grandiosen Spiel belohnt.

Regarder et comprendre / Parler

8 a Regarde le match du collège et écoute le commentaire. Qu'est-ce que tu comprends?

b Regarde encore une fois et note des expressions utiles. Puis regarde le film sans le son et commente le match toi-même.

Écrire et parler

9 Commente un match de ton choix (de foot, de handball, de volleyball, de hockey, ...). Écris d'abord ton commentaire au présent, puis lis-le comme un journaliste de sport à la radio et enregistre ton texte.
▶ Banque de mots, p. 202   ▶ Mots pour le dire, p. 304

le joueur n° X les équipes l'arbitre la défense l'attaque les fans ____	*garder* le ballon *marquer* ____ but(s) / point(s) *perdre / gagner* le match *donner* un carton à ____		avant de pour (ne pas) sans	+ *inf.*
	(ne pas) *réagir* *lutter* *jouer*	bien / mal / de manière ____		
le score (à la fin de la première période / du match) *être* de ____ à ____ pour ____				

| VOLET 1 | VOLET 2 | VOLET 3 | TÂCHES – AU CHOIX | EXERCICES SUPPLÉMENTAIRES | **3** |

A Pour la journée des portes ouvertes, ta classe va présenter le court métrage *Le chandail*. Prépare une affiche pour annoncer le film et attirer le plus de publique* possible.

* **attirer le plus de publique** die meisten Zuschauer anziehen

1. Fais des recherches et trouve des informations sur la star de hockey sur glace, Maurice Richard, et son équipe, les *Canadiens de Montréal*. ▶ Méthodes, p. 189/16.2
2. Ensuite, regarde le court métrage *Le chandail* avec les sous-titres et réponds aux questions suivantes:
   1. Où et quand est-ce que l'histoire se passe?
   2. Quel est le problème du garçon qui raconte l'histoire?
   3. Fais des recherches sur l'histoire «Le chandail de hockey» et son succès au Québec.
      (→ Regarde le billet de cinq dollars canadiens, p. 60: qu'est-ce que tu remarques?)
      ▶ Méthodes, p. 189/16.2
   4. Pour préparer ton affiche de cinéma, choisis ou dessine des images et écris des petits textes en français qui donnent envie de regarder ce film. Quelle couleur est-ce que tu choisis pour ton affiche? Quel lettrage* pour le titre et les informations?
   5. En groupe, présentez et expliquez vos affiches aux autres.
   6. Quelles sont les trois meilleures affiches? Votez en classe.   * **le lettrage** die Schriftgestaltung

B Une présentation du Québec
Pour la journée internationale de la francophonie, toutes les classes de français de votre école présentent un pays francophone. Votre classe va présenter le Québec. Travaillez à quatre. ▶ Méthodes, p. 189/16–190/17

1. Relisez les textes de l'unité et notez les informations importantes.
2. Faites un plan pour votre présentation: qu'est-ce que vous voulez présenter?
3. Vous pouvez faire une présentation «Pecha Kucha». ▶ Méthodes, p. 190/16.5
   Choisissez des aspects pour les 20 diapositives*. Chacun d'entre vous va en présenter cinq.
4. Choisissez des photos. Vous pouvez aussi travailler avec des chiffres ou des dessins que vous allez expliquer aux autres. Attention aux droits d'auteur! ▶ Méthodes, p. 190/16.4
5. Puis, notez ce que vous voulez dire et apprenez votre texte par cœur pour pouvoir parler librement devant votre public.
6. Préparez votre présentation sur l'ordinateur.   * **la diapositive** die PowerPoint-Folie

le château Frontenac

la pêche blanche

le Cirque du Soleil

3 EXERCICES SUPPLÉMENTAIRES

VOLET 1   VOLET 2   VOLET 3   TÂCHES – AU CHOIX

Volet 1

1 a **Révision:** Est-ce que tu sais depuis quand ces objets existent?
Demande à ton/ta partenaire.
Il/Elle devine. ▶ Nombres, p. 204

— À ton avis, le jean existe depuis quand?
— Je pense qu'il existe depuis ____.

| la valise à roulettes | le jean | le stylo à bille | la fermeture Éclair | les lunettes de soleil *f. pl.* |

| l'appareil photo *m.* | le hand spinner | le bikini | le cube de Rubik | le skate |

1850
1878
1913
1919
1929
1946
1957
1972
1974
1993

b Écoute et compare avec tes résultats de a.

Volet 2

2 a Fais une fiche pour les verbes *conduire* et *courir*. ▶ Verbes, p. 178

b Complète les dialogues par les bonnes formes des verbes *conduire* et *courir*. Attention aux temps.
1. — Est-ce que tu sais si on ❓ à gauche ou à droite au Québec?
   — Non, mais je sais que les gens ❓ des grosses voitures qu'ils appellent des «chars».
2. — Ils ❓ vite, les chiens de traîneau, non?
   — Oh, oui, surtout quand tu ❓ à côté d'eux.
3. — Quand vous étiez au Québec, l'année dernière, est-ce que vous ❓ une motoneige?
   — Non, mais on ❓ un traîneau à chiens, c'était génial!

3 a Qu'est-ce qu'on peut faire au Québec? Nomme ces activités.

b **Révision:** Quelle activité est-ce que vous aimeriez faire au Québec? Discutez à deux et essayez de convaincre* votre partenaire. Utilisez le comparatif de l'adjectif. ▶ Grammaire, p. 161/3   * **convaincre qn** jdn überzeugen
Exemple: — Moi, je voudrais absolument faire du canoë-kayak.
— Ah non! Je préfère faire du traîneau à chiens. C'est plus original que le canoë-kayak.

| plus
moins
aussi | agréable/branché/drôle/écolo/original/sympa
cher/compliqué/dangereux/ennuyeux/froid/touristique
calme/facile/romantique/sportif/typique | que |

| | | VOLET 1 | VOLET 2 | VOLET 3 | TÂCHES – AU CHOIX | EXERCICES SUPPLÉMENTAIRES | **3** |

▶ Volet 3

4 a Dis comment ces personnes se sentent. Utilise ces expressions: *être content/contente de, être heureux/heureuse de, être triste de, être fier/fière de*.

b Choisis une des situations en a et imagine la journée d'une des personnes.

5 Forme des phrases. Fais attention à la bonne préposition. ▶ Verbes, p. 179
Exemple: La pause permet de se reposer.

La pause permet		marquer un but.
Les chiens de traîneau adorent		construire une table?
Tu m'aides		rester au gîte?
Jules a proposé à Jeanne	à	venir avec lui.
Les joueurs réussissent	de/d'	encourager notre équipe.
Brrr, je commence	⊠	courir dans la neige.
Vous préférez		se reposer.
On continue		avoir froid!

6 **Grammaire mixte:** Emilia veut écrire un petit article sur les différences entre le foot et le hockey sur glace. Regarde ses notes. Écris son texte et utilise **le comparatif des adjectifs et adverbes**, et aussi **les comparaisons avec** *plus/moins de* **+ nom**. ▶ Grammaire, p. 169/21   ▶ Liste des mots, p. 226

Exemples: 1. Au foot, le match est moins rapide qu'au hockey, en général.
2. Au hockey, il y a plus de buts qu'au foot.

		foot	hockey
1.	match en général	– rapide	+ rapide
2.	buts en moyenne par match	2,9	5,5
3.	les joueurs attaquent	de manière + calme	de manière – calme
4.	la défense réagit	– vite	+ vite
5.	pauses par match	1	2
6.	les joueurs font des fautes	= souvent	= souvent
7.	joueurs par équipe	11	6
8.	clubs	+ célèbre	– célèbre

Solutions ▶ www.cornelsen.de/webcodes: niseta

BILAN DES COMPÉTENCES 1

Hier kannst du überprüfen, was du in den *Unités* 1–3 gelernt hast.

Compréhension écrite

1 a La 3ᵉ B a passé une semaine en Allemagne. Après leur retour en France, les élèves racontent leur voyage dans un journal d'échange. Chacun/Chacune* a choisi un thème. Lis l'article de Julien sur la nourriture.

* **chacun/chacune** jeder/jede

La glace spaghettis et autres découvertes

Du 5 au 12 mai, nous, la 3ᵉ B, sommes partis en Allemagne chez nos correspondants. Pendant une semaine, nous avons découvert la ville d'Hanovre et la vie de famille en Allemagne.

Après la fête de bienvenue à l'école, chacun de nous est parti dans «sa famille allemande». Moi, j'étais chez les Weinert. Les Weinert, ce sont Nick (mon corres, 15 ans), son frère Anton (13 ans) et leurs parents. J'ai vraiment eu de la chance: ils sont super sympa. Mais il y a des choses bizarres chez eux.

Leur repas du soir, par exemple, est très étrange*. D'abord parce qu'ils mangent quasiment l'après-midi, à six heures et demie (dans ma famille, on mange vers huit heures …), et puis parce que chez eux, il n'y a pas de repas chaud, mais le «Abendbrot». Il y a du pain, du beurre, du fromage et de la charcuterie. Au début, ce n'était pas mon truc, mais je me suis vite habitué … Et j'ai découvert une boisson super bonne: la «Apfelschorle» (ils disent: apfeule-chaureleu). C'est du jus de pommes avec de l'eau gazeuse. Mmm, comme c'est bon!

Chez nous, mes parents veulent que le soir, on soit ensemble pour parler de la journée pendant

qu'on mange. Chez Nick, on ne reste pas très longtemps à table: on commence à six heures et demie et un quart d'heure plus tard, on a déjà fini! C'est chouette, comme ça, on a plus de temps pour faire ce qu'on veut!

Pour le petit-déjeuner, c'est le contraire – les Weinert prennent leur temps! Ils mettent la table comme pour un vrai repas. Il y a du pain, de la confiture, du fromage et de la charcuterie (!), des œufs, des céréales, du yaourt, … Moi, je ne mangeais pratiquement rien, comme d'habitude. Mais à midi, j'avais terriblement faim parce que les Allemands mangent beaucoup plus tard que nous: vers une heure et demie seulement!

Un après-midi, on est allés manger une glace dans une «Eisdiele». J'y ai découvert la coupe spaghettis. C'est de la glace à la vanille en forme de spaghettis, et sur les «spaghettis», il y a une sauce à la fraise (= sauce tomate) avec du chocolat blanc (= fromage râpé). D'abord, je ne voulais pas goûter ces spaghettis froids, mais après, j'ai adoré! Bref, c'était un voyage fantastique pendant lequel j'ai fait un tas de découvertes!

☺ Julien, 14 ans

* **étrange** *adj. m./f.* merkwürdig

BILAN DES COMPÉTENCES 1

b Lis les phrases suivantes et dis si c'est vrai ou faux.
Justifie ta réponse et note les lignes correspondantes dans ton cahier.
1. Julien a bien aimé sa famille d'accueil, les Weinert.
2. Julien était étonné parce que le dîner chez les Weinert est un repas froid.
3. Chez les Weinert, le repas du soir dure aussi longtemps que dans la famille de Julien.
4. Le matin, les Weinert mangent sucré et salé.
5. Julien explique qu'en France, on prend le repas de midi plus tôt qu'en Allemagne.
6. Julien déteste la coupe spaghettis.

Compréhension orale

2 Écoute l'interview et réponds aux questions ci-dessous.
1. Qui est Chloé?
2. Qu'est-ce que tu apprends sur les différences entre la France et le Québec?
3. Est-ce que Chloé aime le Québec? Justifie ta réponse.

Production écrite

3 *Magajeunes* fait une enquête sur les films préférés des jeunes.
Écris une lettre au courrier des lecteurs (60–80 mots) et parle des points ci-dessous.
– Quel est ton film préféré en ce moment?
– Quel/Quelle est le réalisateur/la réalisatrice de ce film?
– Qui sont les acteurs principaux/actrices principales?
– Quel est le genre du film, quel est son sujet?
– Décris les personnages principaux.
– Explique pourquoi c'est ton film préféré.

Production orale

4 Cette année, votre classe peut faire un voyage de classe. Votre professeur de français vous propose deux destinations au choix: *Montréal et le Québec* ou *Marseille et la région PACA*. Discutez à deux, pesez le pour et le contre et mettez-vous d'accord sur une destination. Vous pouvez parler des points suivants.

Wetter

Jahreszeit

Preis

Entfernung

mögliche Unternehmungen und Sehenswürdigkeiten

Unterkunftsmöglichkeiten

Médiation

5 Ta copine française, Zoé, voudrait faire un séjour en Allemagne, mais elle hésite encore. Sur le site de ton école, tu as découvert le témoignage en allemand de Lilly, une jeune Française qui a participé au programme Voltaire. Écris un mail à Zoé pour lui donner envie de faire pareil. Dis pourquoi Lilly a choisi ce programme. Parle aussi de ses problèmes et comment elle a trouvé des solutions. ▶ cornelsen.de/webcodes: niseta

MODULE 3

Je veux qu'il vienne!

1 Chez Antoine …

1 Avec les copains, on voudrait faire une fête, samedi. Est-ce qu'on peut la faire ici?

2 Écoute, Antoine, je ne sais pas … Je ne voudrais pas que vous dérangiez les voisins comme la dernière fois.

3 Ta mère a raison. Je ne veux pas avoir de problèmes avec eux. Alors, trouvez un autre endroit!

2
4 Romain, mes parents ne veulent pas qu'on fasse la fête chez moi.

5 Hum … Je demande à mes parents si on peut la faire chez moi et je te rappelle.

3 Une demi-heure après …

6 Écoute, ils ne sont pas d'accord non plus. Et ils ne veulent pas que je sorte ce week-end. Ils veulent que je travaille pour l'interro de maths. Demande à Marie, ses parents sont cool.

4 Chez Marie …

7 C'est d'accord, mais il faut que tu descendes chez les voisins pour les prévenir. Il ne faut pas que vous fassiez trop de bruit. Et après la fête, je veux que vous rangiez l'appartement.

5 Le lendemain …

8 Bon, alors, on invite Enzo, Charef … On invite aussi Sarah?

9 Ah non, je ne veux pas qu'elle vienne! Elle n'est pas sympa, en ce moment … Mais je voudrais que Romain soit là!

10 On peut toujours espérer! Bon, il faut que j'y aille, mon bus arrive.

6 Samedi, chez Marie …

11 Je voudrais que ce moment ne finisse jamais!

12 ASSEZ!

80 quatre-vingts

1 Lis le roman-photo et raconte l'histoire.

2 a Lies die folgenden Sätze aus dem Text. Was wird mit ihnen jeweils ausgedrückt?
   1. Je ne voudrais pas que vous dérangiez les voisins.
   2. Je veux que vous rangiez l'appartement.
   3. Il faut que j'y aille.

   Notwendigkeit

   Wunsch/Wille

   b Finde weitere Sätze im Text, die einen Wunsch/Willen oder eine Notwendigkeit ausdrücken.

   c Vergleiche die folgenden Sätze. Warum muss man im zweiten Satz den *subjonctif* verwenden? Erkläre.
   1. Je veux venir chez toi.
   2. Je veux qu'elle vienne chez toi.

Koop **d** Kennst du weitere Sprachen, die einen Modus wie den *subjonctif* haben? Tauscht euch aus.

 3 Écoute les parents de Romain. Qu'est-ce que Romain doit faire?
Qu'est-ce qu'il ne doit pas faire? Prends des notes.

 ▶ p. 153

4 a Lis le paragraphe 23 à la page 170 et apprends les formes du subjonctif.

 b Écoute la chanson «Faux-amis».
Tu trouves les paroles sous webcode. ▶ cornelsen.de/webcodes: niseta

Pour mieux retenir* les formes du subjonctif, chante la chanson.

* **mieux retenir qc** etw. besser behalten

 5 Et toi? Qu'est-ce que tu voudrais? Et qu'est-ce que tu ne veux pas (du tout)?
Forme au minimum cinq phrases avec le subjonctif. ▶ Grammaire, p. 170/23

	mes copains	*être* moins sévère.
Je voudrais que	ma mère / mon père	*avoir* plus de temps pour moi.
Je ne voudrais pas que	mes frères et sœurs	*faire* du bruit.
Il faut que	les profs	*ranger* ma chambre.

 6 A (toi) veut aller au cinéma avec son amie Flora, mais son père / sa mère (B) n'est pas d'accord.
DELF   Préparez d'abord votre rôle et utilisez le subjonctif, puis jouez le dialogue. A commence.
▶ B, p. 158   ▶ Grammaire, p. 170/23

1. Du möchtest am Mittwoch mit Flora ins Kino gehen.
3. Du fragst **B**, warum er/sie dagegen ist, dass du ins Kino gehst.
5. Du sagst **B**, dass du unbedingt den neuen Film mit Paula Beer sehen musst.
7. Du fragst, um wieviel Uhr du zu Hause sein sollst.

Unité 4 — La vie en famille

P F Tâches – au choix

Am Ende dieser Unité kannst du

A Alltagssituationen in deiner Gastfamilie verstehen und davon berichten.

B einen Konflikt zwischen Eltern und Kindern verstehen und ihn in einem Rollenspiel lösen.

Compétences communicatives

Du lernst
- über Familie und ihre Bedeutung für dich zu sprechen. (▶ V1)
- über Arbeiten im Haushalt zu sprechen. (▶ V1)
- Ratschläge zu erteilen. (▶ V2)
- über Serien und ihren (positiven) Einfluss auf das Familienleben zu sprechen. (▶ V3)

Dazu brauchst du z. B.
- die Hervorhebung von Satzteilen (*mise en relief*).
- den Imperativ mit Pronomen.
- die Verben *recevoir* und *décevoir*. ▶ Verbes, p. 178
- das Fragepronomen *lequel*.
- die Verneinung mit *ne … personne*.

Compétences interculturelles
- Du lernst verschiedene französische Serien kennen.
- Du lernst zwischen geschriebener und gesprochener Sprache zu unterscheiden.

Méthodes et stratégies

Du lernst,
- wie du dein Hörverstehen verbessern kannst.
- ein Streitgespräch zu führen.

A

B

C

1 Décris brièvement les photos. Puis, trouve dans le document une ou deux expressions qu'on peut associer avec elles.

H La vie de famille, c'est …?
- passer de bons moments ensemble
- se faire confiance
- organiser des repas de famille
- se partager les tâches ménagères
- s'occuper des autres membres de la famille
- se disputer
- avoir des conflits
- vivre les mêmes aventures
- vivre dans une famille recomposée (avec un beau-père ou une belle-mère et avec des demi-frères et des demi-sœurs)

2 a Écoute Alexandra, Kenza, Malik, Léonard et Hugo. Pour eux, qu'est-ce que c'est, la famille? Justifie ta réponse.

DELF b Et pour toi, qu'est-ce que c'est, la famille? Raconte.

4 VOLET 1   VOLET 2   VOLET 3   TÂCHES – AU CHOIX   EXERCICES SUPPLÉMENTAIRES

Kifékoi à la maison

Radio Jeunes Podcast
La vie comme elle vient: Le meilleur de l'émission
« Qui fait quoi chez toi? » 28 février Écouter/Réécouter l'émission

VOLET 1   VOLET 2   VOLET 3   TÂCHES – AU CHOIX   EXERCICES SUPPLÉMENTAIRES   4

Préparer la lecture

1 Fais une liste des pièces d'une maison / d'un appartement et des tâches ménagères que tu connais en français.

Lire et comprendre

2 a Décris le dessin (▶ p. 84). Utilise aussi des expressions de 1.

DELF **b** Compare les phrases avec le texte et corrige, s'il le faut.
1. Chez les Dumontel, les enfants n'aident pas leurs parents.
2. Mila n'a pas rangé ses feuilles de maths dans son classeur.
3. Les Fernandez se disputent à cause des tâches ménagères.
4. Les enfants de la famille Fernandez sortent souvent le chien.
5. Il y a des jours où la fille des Roset prépare le petit-déjeuner pour ses parents.
6. Louis Ibo aime les plats que Clément prépare pour lui.

c Présente l'immeuble 23, boulevard Bessières et ses habitants, p. 84. Résume qui fait quoi dans chaque famille.

3 Trouve deux exemples du français parlé dans le texte. Note-les et classe-les.   ▶ Liste des mots, p. 236

Écouter et comprendre

DELF **4 a** Dans une émission de radio, quatre jeunes parlent des tâches ménagères dans leur famille. Pour quels jeunes est-ce que les tâches ménagères posent un problème? Pour qui est-ce que cela se passe bien?

| Luc | Noah | Anaïs | Jade |

Koop **b** Choisis un des jeunes et écoute le texte une deuxième fois. Note le plus d'informations possibles. Puis, mettez vos résultats en commun.

5 a Lis la bédé et raconte-la.

DELF **b** Maintenant, écoute les trois réactions. Qui est la mère d'Elza? Justifie ta réponse.

quatre-vingt-cinq 85

4

VOLET 1   VOLET 2   VOLET 3   TÂCHES – AU CHOIX   EXERCICES SUPPLÉMENTAIRES

Parler

6 a Qui fait quoi chez vous? Racontez. ▶ Banque de mots, p. 202

Exemple: C'est moi qui fais la cuisine.

C'est (toujours) Ce sont (toujours) Ce n'est jamais Ce ne sont jamais	moi mon (beau-)père ma (belle-)mère ma (demi-)sœur mon (demi-)frère mes parents mes frères et sœurs	qui	*faire* la cuisine / les courses / ____. *mettre* le couvert. *ranger* la cuisine / le lave-vaisselle. *passer* l'aspirateur. *nettoyer sa* chambre / la salle de bains / ____. *descendre* les poubelles. *sortir* le chien.

b Et toi? Qu'est-ce que tu aimes faire, qu'est-ce que tu n'aimes pas faire à la maison? Raconte.

Découvrir / Comparer les langues

7 a Höre zu und lies mit. Wie werden hier im Deutschen, wie im Französischen Satzteile hervorgehoben? Welche Satzteile werden mit *c'est … qui*, welche mit *c'est … que* hervorgehoben?

1. Ich gehe heute mit Anna **ins Kino**.   C'est <u>au ciné</u> que je vais aujourd'hui avec Anna.
2. Ich gehe heute **mit Anna** ins Kino.   C'est <u>avec Anna</u> que je vais aujourd'hui au ciné.
3. Ich gehe **heute** mit Anna ins Kino.   C'est <u>aujourd'hui</u> que je vais au ciné avec Anna.
4. **Ich** gehe heute mit Anna ins Kino.   C'est <u>moi</u> qui vais aujourd'hui au ciné avec Anna.

b Übersetze die Sätze von **a** ins Englische. Vergleiche.

S'entraîner

8 (B) ne t'écoute pas et tu (A) dois tout répéter. Travaillez à deux. Faites des dialogues d'après le modèle et utilisez *c'est … que / ce sont … que* und *c'est … qui / ce sont … qui*. Échangez les rôles (phrases 5–7). ▶ B, p. 158

▶ Grammaire, p. 170/24

Exemple: – Je voudrais sortir <u>samedi</u>.
         – Pardon … Tu voudrais sortir <u>mardi</u>?
         – Non! <u>C'est samedi</u> que je voudrais sortir.

1. Je voudrais sortir <u>samedi</u>.
2. <u>Laura</u> fête son anniversaire.
3. <u>Sara</u> m'accompagne.
4. Nous allons apporter <u>des gâteaux</u>.

5. faire <u>un atelier de ping-pong</u>?
6. aller <u>dans un café</u>?
7. prendre le bus <u>à 20 heures</u>?

VOLET 1 VOLET 2 VOLET 3 TÂCHES – AU CHOIX EXERCICES SUPPLÉMENTAIRES 4

Méthodes et stratégies: Beim Hören auf den Tonfall des Gesprächspartners achten ▶ Méthodes, p. 186/8

9 a Wenn du ein Gespräch verstehen möchtest, hilft es dir, auch auf den Tonfall der Gesprächspartner zu achten. Lies die Ratschläge im Methodenteil und wende sie in **b** an.

b Écoute les textes et regarde les dessins. Quel dessin correspond à quel texte? Attention: il y a deux dessins en trop.

Vocabulaire et expression

10 a Dans les situations suivantes, comment est-ce que tu t'exprimes en français?
1. Du bist nicht einverstanden mit jemandem oder etwas.
2. Du bist gegen etwas.
3. Du hast keine Lust, etwas zu tun.
4. Dich nervt jemand oder etwas.

b À l'aide du texte, p. 84, trouve comment on dit les choses suivantes en français.
1. Nie bringst **du** den Müll runter!
2. Mir reicht's!
3. Das macht auch keinen Spaß!
4. Hört auf zu meckern!
5. Immer muss **ich** mit dem Hund rausgehen!
6. Das ist nicht die Soße, die ich mag!

c Écoute les solutions de **b** et répète les phrases sur le même ton.

Parler

11 a Imaginez une dispute entre un/une jeune et sa mère / son père / son frère ou sa sœur. Écrivez un petit dialogue et utilisez un maximum d'expressions de 10 et la mise en relief.
▶ Grammaire, p. 170/24

b Puis, jouez le dialogue à deux. Enregistrez votre dialogue et écoutez-le ensemble. Avez-vous utilisé le ton qui convient?

Écouter et comprendre

12 a Écoute la discussion entre Milena El Yaagoubi (la mère), Ruben El Yaagoubi (le père) et Mehdi et Anissa, leurs enfants. Note les cinq tâches ménagères dont il est question. ▶ Méthodes, p. 186/9

b Qui fait quoi dans la famille El Yaagoubi? Écoute leur discussion encore une (ou deux) fois et note leur planning pour toute la semaine. Prépare d'abord un tableau.

quatre-vingt-sept 87

4 VOLET 2

🎧 Une collégienne sous surveillance

Préparer la lecture

1 a Lis le titre. Tu ne connais pas encore le mot «surveillance» mais tu peux le comprendre. Qu'est-ce qu'il signifie? Dis comment tu as trouvé la solution. ▶ Méthodes, p. 193/25

b À votre avis, de quoi est-ce que le texte parle? Notez vos idées.

Dans certains collèges de France, le contrôle des absences, le système des notes en ligne et le cahier de texte en ligne permettent aux parents d'avoir un œil dans l'école. *Magajeunes* vous raconte la journée d'une élève dans un collège où on surveille tout!

Magajeunes

	8h03	Capucine cherche son livre de maths. Il n'est pas dans le salon, où elle a fait ses devoirs hier soir, mais dans sa chambre, sur l'étagère. C'est sûrement sa mère qui a fait ça.
	8h05	Pendant qu'elle met ses chaussures, Capucine entend sa mère qui crie «Capucine! Dépêche-toi! Tu vas rater ton bus!» Capucine est énervée et quitte l'appartement pour aller au collège avec deux minutes de retard.
10	8h07	Le bus part au moment où Capucine arrive à l'arrêt de bus. Elle doit attendre le prochain qui arrive dans dix minutes.
	8h32	Capucine arrive en retard à l'école. La porte est déjà fermée. Le surveillant l'envoie directement chez la CPE qui lui donne un billet de retard.
	8h45	Les parents de Capucine reçoivent un texto sur leur portable qui les prévient que leur fille est arrivée en retard à l'école.
15	8h50	Le père de Capucine réfléchit. Depuis que la mère de Capucine et lui sont séparés, il ne voit plus beaucoup sa fille. Le texto du collège l'inquiète. Sarah, sa nouvelle copine, a tout de suite une solution: «Parle-lui! Invite-la! C'est ta fille!»
20	10h04	Capucine veut faire des progrès en maths ce trimestre. Pendant la récréation, sa copine Élise et elle comparent les résultats de leurs exercices de maths dans la cour, près de l'escalier A. Les deux filles ne font pas attention à la caméra de surveillance.
25	10h05	Madame Grenier, la prof de maths, passe par le bureau des surveillants. Sur l'écran de surveillance, elle voit deux de ses élèves de la 3e B avec leurs cahiers de maths. Est-ce qu'elles font leurs devoirs pendant la récré? Est-ce que Capucine copie juste les réponses d'Élise? Madame Grenier décide d'interroger Capucine.
30	10h35	«Capucine, tu as réussi l'exercice? Alors viens et fais-le devant la classe!» Madame Grenier est très sévère et tous les élèves la craignent. Au tableau, Capucine ne trouve plus la solution. Madame Grenier lui met un neuf sur vingt. Cette note déçoit Capucine. Elle a eu un douze la semaine dernière et maintenant, sa moyenne va tomber à dix.

| VOLET 1 | VOLET 2 | VOLET 3 | TÂCHES – AU CHOIX | EXERCICES SUPPLÉMENTAIRES | 4 |

	12h05	Capucine et Élise vont à la cantine. Élise n'a plus d'argent sur sa carte de cantine. Capucine paie pour son amie.
	13h00	Capucine a une heure de permanence. Elle fait vite les devoirs qu'elle a pour le lendemain parce que ce soir après les cours, elle a rendez-vous avec Max, un garçon qui habite près de chez elle, mais qui va dans une autre école. Capucine l'aime beaucoup.
	15h00	En salle des profs, la prof de SVT corrige les interros de la 3ᵉ B et s'installe à l'ordinateur pour mettre tout de suite les notes en ligne.
	16h00	Entre deux cours, Capucine va aux toilettes pour regarder ses textos. Elle a deux messages de Max et un message de son père qui l'invite pour le week-end. Capucine est étonnée parce que son père ne lui écrit presque jamais.
	16h30	C'est le dernier cours de la journée. Capucine compte les minutes. Dans une heure, elle a rendez-vous avec Max!
	16h50	La prof d'anglais demande aux élèves d'apprendre une longue liste de vocabulaire pour le lendemain. Capucine est furieuse. Elle trouve ça dégoûtant. Ce soir, Capucine n'a pas le temps!
	17h17	Capucine court pour avoir le premier bus après les cours. Dans le bus, elle envoie un message à sa mère pour lui dire qu'elle va voir Max et qu'elle rentre seulement vers 20h00. Comme elle connaît sa mère, elle ajoute : «Ne t'inquiète pas! J'ai déjà fait mes devoirs en permanence.»
	17h20	La mère de Capucine ne veut pas que sa fille rentre tard quand il y a cours le lendemain. En plus, ce matin elle a reçu un message de l'école parce que Capucine est arrivée en retard. Elle va sur le site du collège. Là, elle voit que Capucine a eu des notes catastrophiques aujourd'hui : un neuf sur vingt en maths et un huit sur vingt en SVT! Alors elle décide de regarder le cahier de texte en ligne ce qu'elle ne fait pas d'habitude. Là, elle voit que la troisième B a des devoirs d'anglais pour le lendemain. Elle est très énervée et appelle sa fille.

Lire et comprendre

2 a Lis l'article. Fais une liste de toutes les personnes qui sont liées à Capucine.

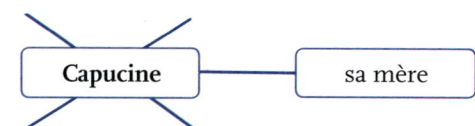

b Complète ton schéma : note les interactions qui relient les personnes entre elles.
Exemple : La CPE donne un billet de retard à Capucine. /
Capucine reçoit un billet de retard de la CPE.

▶ p.154

c Résume l'article à l'aide de ton schéma.

d Est-ce que tu aimerais aller au même collège que Capucine? Note tes arguments. Puis, discutez et justifiez vos réponses à l'aide du texte. ▶ Méthodes, p.188/14

4

VOLET 1 **VOLET 2** VOLET 3 TÂCHES – AU CHOIX EXERCICES SUPPLÉMENTAIRES

Écouter et comprendre

3 a Relisez la fin du texte, p. 89. Imaginez le dialogue entre Capucine et sa mère.

b Écoute la discussion entre Capucine et sa mère. Note ce qu'elles disent sur les thèmes ci-dessous.

> les devoirs de Capucine   Max, le copain de Capucine   les notes de Capucine

4 a Écoute le dialogue et répète les phrases deux fois après le bip.
- Tu as fait tes devoirs? – Mais oui, **?** !
- J'ai fait mes devoirs pendant la pause de midi. – **?** !
- Mais si je te le dis! – **?** !
- Tu as eu un 8 en SVT. – Mais maman, **?** ?
- Je vais voir Max. – **?** !
- Tu m'espionnes maintenant? – **?** !
- Tu fais tes devoirs devant la télé, **?** ?
- Mais c'est pas vrai. Et s'il te plaît, **?** !

b Écoute encore une fois et complète le dialogue par écrit. Tu as besoin de ces phrases dans l'exercice 10 et pour la tâche B, p. 95.

Découvrir

5 a Décris la place du pronom dans une phrase à l'impératif (forme affirmative et négative).
1. Invite-**la**.   Ne **l'**invite pas. Elle n'est pas gentille.
2. Prenons-**la**.   Ne **la** prenons pas. Cette lampe n'est pas jolie.
3. Lisez-**le**.   Ne **le** lisez pas. Ce roman est nul!
4. Faites-**le**.   Ne **le** faites pas. C'est trop dangereux!
5. Parle-**lui**.   Ne **lui** parle pas. Pas aujourd'hui, en tout cas.
6. Écoute-**moi**.   Ne **m'**écoute pas. Je dis des bêtises.
7. Dépêche-**toi**.   Ne **te** dépêche pas. On a le temps!

b Dans chaque phrase de a, compare les pronoms: quelles formes changent?

S'entraîner

6 Vos copains français vous parlent de leurs problèmes. Donnez-leur des conseils.

1. Ma mère trouve que je ne travaille pas assez pour l'école.

2. Je crois que mon père regarde toujours le cahier de texte en ligne.

3. J'aimerais sortir en semaine, mais mes parents ne sont pas d'accord.

4. J'habite avec ma mère et je ne vois plus beaucoup mon père. C'est trop triste.

5. Mes parents n'acceptent pas mon copain / ma copine.

Dis-lui / -leur ____
Explique-lui / -leur ____
Propose-lui / -leur de ____
Tu devrais ____
6. ____

| VOLET 1 | **VOLET 2** | VOLET 3 | TÂCHES – AU CHOIX | EXERCICES SUPPLÉMENTAIRES | **4** |

7 Travaillez à trois. A demande quelque chose à B, qui le dit à C, qui demande à A si c'est vrai. Puis, échangez les rôles. A utilise l'impératif avec un pronom, B et C utilisent les expressions *demander à qn de / dire à qn de* + infinitif.

Exemple:
A (à B): Couche-toi plus tôt!
B (à C): Il/Elle m'a demandé de me coucher plus tôt!!
C (à A): Est-ce que tu lui as demandé de se coucher plus tôt!?

se coucher plus tôt   *regarder* un film d'horreur *tout seul*
ne pas *décevoir son* ami/e   *construire* un drone
travailler plus pour l'école   *s'occuper* de *ses* affaires
ne pas *rentrer* trop tard   *compter* jusqu'à cent
se lever à minuit   _____

Vocabulaire et expression

8 a Dans le français familier, on utilise des expressions qu'on n'emploie pas en français standard. Écoute encore une fois la discussion entre Capucine et sa mère et retrouve les expressions ci-dessous dans la liste des mots. Puis, écoute et répète.

N'importe quoi!   J'en ai marre!   Ça craint!   C'est dégueulasse!   C'est la meilleure!   Si je te le dis!

b À deux, imaginez quatre mini-situations et utilisez les expressions de a.

Méthodes et stratégies: Wie du ein Streitgespräch führst ▶ Méthodes, p. 188/14

9 Wenn du in einer Diskussion eine andere Meinung als dein Gesprächspartner vertrittst, ist es wichtig, dass du nicht nur die Meinung deines Gegenübers richtig verstehst, sondern auch deine eigene überzeugend und vollständig darstellen kannst. Lies dazu die Hinweise im Methodenteil und wende sie in Aufgabe **10** und **11.2** an.

10 Travaillez à deux. Jouez un dialogue entre fils/fille (A) et père/mère (B). Lisez votre rôle et préparez-le. ▶ B, p. 158

1. Du teilst **B** mit, dass du jetzt gehst.
3. *(ungeduldig)* Du sagst, dass du mit Freunden zu einer Party gehst.
5. Du unterbrichst **B** und entgegnest, dass du **B** gefragt hast.
7. *(freundlicher)* Du sagst, **B** solle dir vertrauen und du gehst jetzt zu der Party.
9. Du findest das zu früh: Deine Freunde dürfen bis Mitternacht bleiben.
11. Du bittest **B**, dir doch zuzuhören: Morgen ist Samstag und du musst nicht zur Schule.
13. Du freust dich, bist einverstanden und bedankst dich.

Parler

11 Relisez et reécoutez le texte, p. 88–89. Puis, choisissez une des deux situations ci-dessous. Préparez un dialogue puis, jouez-le.
1. Capucine arrive chez Max et lui raconte tout. Quels conseils est-ce que Max pourrait donner à sa copine?
2. Capucine rentre à la maison. Imaginez la suite de la discussion entre elle et sa mère.

4

Quand les séries parlent de nous

Préparer la lecture

1 Quelles sont vos séries préférées? Faites un sondage dans votre classe.

> J'adore / J'aime la série ____.   Je suis fan de ____.
> Je suis la série ____ / Toute la famille suit ____ / Nous suivons ____.
> J'ai vu tous les épisodes / les (deux/____) premières saisons de ____.

Vous regardez souvent des séries en famille. Lesquelles et pourquoi? *Magajeunes* **a fait une enquête.**

Magajeunes

Élisabeth: Nous, on regarde *En famille* en famille!

Avec ma mère et mes sœurs, on adore la série … *En famille* justement! On a chacune notre personnage préféré. Pour moi, c'est Kader, le mari de Roxane parce qu'il est timide et qu'il rêve beaucoup. Ma grande sœur adore Chloé parce qu'elle a beaucoup de courage et qu'elle ne craint personne! Pour ma mère, c'est Marjorie évidemment parce qu'elle est la mère de deux adolescents et qu'elle a exactement les mêmes problèmes qu'elle! Enfin, ma petite sœur adore le chien Pupuce!

Souvent, à table, on parle des personnages. Marjorie tombe souvent amoureuse mais ça ne dure jamais. On voudrait qu'elle garde un de ses petits copains, mais lequel? On a toutes notre avis sur la question car, pour nous, elle fait partie de la famille.

Une spécialité de cette série, c'est que les personnages parlent parfois directement au public pour expliquer leurs sentiments. C'est assez drôle. Alors nous, dans notre famille, on a repris cette technique quand on a des conflits. Ça marche super bien! Comme ça, on peut exprimer des choses qui sont difficiles à dire. C'est pratique et souvent à la fin, on rigole toutes ensemble!

Marion: Grâce à *Fais pas ci, fais pas ça*, j'ai pu dire mon secret à mes parents

Avec mes parents, on regarde chaque épisode de la série *Fais pas ci, fais pas ça!* depuis des années. Et elle nous aide à nous dire des trucs qui ne sont pas faciles à dire dans la vie normale. Par exemple, mon père est super sévère, il nous interdit de faire plein de choses … Un jour, ma sœur voulait sortir, il était contre, je lui ai juste dit «Allez, arrête de faire ton M. Lepic!» Il a tout de suite compris. Dans la série, M. Lepic est un père de famille assez conservateur. Je sais que mon père ne veut pas lui ressembler. Il a réfléchi, et puis il a changé d'avis et il a permis à ma sœur de sortir.

Dans la sixième saison, Charlotte, une des filles des Lepic, annonce à ses parents qu'elle est homosexuelle. Moi, à cette époque, j'étais très amoureuse d'une fille et je sortais avec elle. D'abord, je ne voulais le dire à personne. Et puis, grâce à la série, j'ai réussi à tout raconter à mes parents. J'ai juste dit «Vous savez, il y a des Charlotte dans toutes les familles.» Ils ont compris. Mon père, qui ne voulait pas être plus conservateur que M. Lepic, a fait des efforts pour me comprendre. J'ai pu inviter mon amie à la maison, et il a même été très sympa avec elle, plus sympa qu'avec le copain de ma sœur!

| VOLET 1 | VOLET 2 | **VOLET 3** | TÂCHES – AU CHOIX | EXERCICES SUPPLÉMENTAIRES | **4** |

Slimane: On a d'abord parlé d'*Engrenages* et puis de plein d'autres choses

Je ne m'entendais pas très bien avec mon beau-père. On avait du mal à être ensemble dans la même pièce. Chaque fois que j'allumais la télé au salon, il prenait ses affaires et il s'en allait. Mais un jour, il est arrivé quand je regardais la série policière *Engrenages* sur Canal Plus. Il est venu regarder avec moi. Il a trouvé ça pas mal. On a commencé à discuter. Il m'a parlé de ses expériences professionnelles. Ça m'a plu. Il est avocat et il travaille pour des grandes entreprises. Du coup, cela a beaucoup mieux marché entre nous. Finalement, en troisième, j'ai même fait mon stage dans son bureau. Maintenant, c'est vraiment quelqu'un qui compte beaucoup pour moi.

Camille: Tout le monde peut changer, dans les séries comme dans la vie

Kev Adams

Dans une famille, c'est un peu comme dans une série, chacun a son rôle. Les rôles sont parfois exagérés, mais d'une saison à l'autre, ils peuvent aussi changer. Mes deux grands frères et moi, on a longtemps regardé la série *SODA* avec Kev Adams. C'est une série pour les ados, mais à mon avis plutôt pour les garçons parce que les trois personnages principaux sont des garçons. Moi, je m'identifiais à Ève, la petite sœur d'un des personnages principaux. C'était un peu l'intello de service, en plus, elle faisait toujours tout ce que ses parents voulaient. Mais dans la troisième saison, elle a carrément changé de style, elle est devenue plus sûre d'elle. Ça m'a donné du courage pour changer de style moi aussi! Maintenant je me sens beaucoup mieux dans ma peau.

Lire et comprendre

2 a Lis l'article, p. 92–93, et réponds aux questions: De quelles séries est-ce que les quatre jeunes parlent? Avec qui est-ce qu'ils regardent «leur» série?

b Travaillez en groupe. Choisissez un/e jeune et résumez ce qu'il/elle dit à propos de sa série préférée. Notez aussi quel rôle la série joue dans la vie du/de la jeune et de sa famille. Présentez vos résultats en classe.

c Choisis trois phrases de l'article qui sont importantes pour parler de toi/de ta famille et apprends-les par cœur.

Parler

3 Avec ton/ta partenaire tu parles de séries télévisées. Posez-vous des questions et répondez.
- Est-ce que tu es abonné/e à un site de streaming*? Si oui, lequel et depuis quand?
- Est-ce que tu as une série préférée? Si oui, laquelle?
- Quand / Combien de fois par semaine est-ce que tu regardes «ta» série?
- Avec qui est-ce que tu la regardes? Est-ce que ta famille / ta mère / ton père regarde aussi?
- Avec qui est-ce que tu discutes de la série?
- Qu'est-ce qui te plaît le plus dans «ta» série? Les acteurs/actrices? Les personnages *m.*? L'histoire *f.*? Les lieux *m.*? L'ambiance *f.*?
- ____?

* **le site de streaming** der Streamingdienst

suivre une série   *passer* sur ____   *être* abonné/e à ____
le soir / quand je rentre de l'école / le week-end / avant de me coucher / ____
J'aime surtout ____.   Mon personnage préféré, c'est ____.
Ce qui me plaît le plus / beaucoup, c'est / ce sont ____.   Ce que j'aime, c'est / ce sont ____.

quatre-vingt-treize 93

4

VOLET 1   VOLET 2   **VOLET 3**   TÂCHES – AU CHOIX   EXERCICES SUPPLÉMENTAIRES

Découvrir / Comparer les langues

4 a Lis les phrases. | Übersetze die Sätze ins Deutsche und vergleiche. Wann benutzt du *quel*, wann *lequel*?
1. – **Quel** film est-ce que tu as vu hier soir?
   – «Le fils de Jean». Et toi, **lequel** est-ce que tu as vu?
2. – **Quelle** série est-ce que tu préfères?
   – «Homeland» et «Candice Renoir». Tu connais cette série?
   – **Laquelle**?

b Complète les phrases.
1. – J'ai lu ces livres. – ? ?
2. – Et moi, je connais ces bédés. – ? ?

c Vergleiche die englischen Formen mit ihren französischen Entsprechungen. Was stellst du fest?
1. <u>Which</u> book did you choose?
2. I love this book. – <u>Which one</u>?

d Complète par *quel* ou *lequel*.
1. – ? personnage de la série est-ce que tu préfères? – C'est Marjorie.
2. – Tu connais cette fille? – ? ?
3. – Ce soir, on regarde des films ensemble. – Super. ? ?
4. – Cette série passe sur ? chaîne? – Sur *Canal Plus*.

S'entraîner

5 Dis le contraire. Utilise la négation avec *ne … jamais, ne … rien, ne … personne*. Il y a parfois plusieurs possibilités.
▶ Grammaire, p. 171/27

Exemple: 1. Quand Lyam regarde la télé, il mange toujours beaucoup de chips. Son frère ne mange rien.
1. Quand Lyam regarde la télé, il mange toujours beaucoup de chips. Son frère ___.
2. Léonie regarde toujours la série «Gossip girl». Gwenn ___.
3. Le week-end dernier, David a rencontré tous ses copains. Louis ___.
4. Quand Banu a un conflit avec son père, elle le raconte à tout le monde. Émilie ___.
5. Nico doit partager sa chambre avec son petit frère. Pierre ___.
6. Le père de Marion est souvent très sévère. Le père de Camille ___.
7. Claire appelle souvent sa sœur. Éva ___.
8. Théo regarde sa série préférée avec toute sa famille. Joseph ___.
9. Pour son anniversaire, Slimane veut inviter tous ses copains. Benjamin ___.
10. Nicolas a préparé des spaghettis pour le repas du soir. Romy ___.

Écouter

Koop

6 a Chez ton correspondant français, Léo, tu entends une conversation entre lui et son père. Écoute et résume le dialogue en deux ou trois phrases.

b Écoute encore une fois. Quels sont les arguments de ton correspondant, quels sont les arguments de son père? Prends des notes. ▶ Méthodes, p. 186/11

c Mettez vos résultats en commun. À votre avis, avec quel(s) argument(s) Léo a pu persuader* son père? Discutez.

* **persuader qn** jdn überzeugen

| VOLET 1 | VOLET 2 | VOLET 3 | TÂCHES – AU CHOIX | EXERCICES SUPPLÉMENTAIRES | **4** |

A

C'est vendredi et c'est ta première journée dans la famille de ton correspondant.
Écoute les dialogues ou regarde les séquences suivant(e)s:
1. le matin, à l'heure du petit-déjeuner,
2. l'après-midi, à la sortie du collège,
3. le soir, à l'heure du dîner.
Avant de te coucher le soir, tu lis un mail de tes parents.
Ils veulent savoir comment ça se passe chez ton correspondant. Réponds-leur.

– Lis le mail de tes parents.
– Écoute les dialogues ou regarde les séquences.
– Prends des notes, puis réponds à tes parents. Écris-leur un mail (en allemand) ou envoie-leur un message vocal.

Hallo mein Schatz!
Na, wie war dein erster Tag in der Gastfamilie? Wie sind sie denn so?
Und wie ist das Essen? Du warst doch heute mit in der Schule, richtig?
Bekommen die französischen Schüler eigentlich übers Wochenende
Hausaufgaben auf? Was habt ihr heute Abend noch gemacht?
Und gibt es schon Pläne fürs Wochenende?
Bitte schreib uns, wir sind schon ganz gespannt.
Mama & Papa

PS: Deine Schwester lässt grüßen und fragen, ob die Kinder in deiner
Gastfamilie auch so viel im Haushalt helfen müssen. (Sie beschwert
sich gerade, weil sie die Spülmaschine ausräumen soll ... 😊)

B

Deux jeunes, Clémence Durand et Raphaël Rousseau, reviennent tard à la maison, après une soirée de fête.
Regardez d'abord les séquences ou écoutez les dialogues.
Une semaine plus tard, Clémence veut sortir de nouveau. Mais ses parents ne sont pas d'accord.
Elle discute avec eux ... Jouez la scène. ▶ Méthodes, p. 187/13, 188/14

– Regardez les séquences / Écoutez les dialogues et prenez des notes:
  • Quels sont les problèmes?
  • Que disent les parents?
  • Comment est-ce que les jeunes réagissent?
– En petits groupes, choisissez un rôle par personne.
– Notez des arguments pour vos personnages.
– Ensemble, écrivez vos textes. Utilisez des expressions utiles pour une discussion.
  ▶ Mots pour le dire, p. 296, p. 299
– Apprenez vos textes par cœur et entraînez-vous à jouer la scène.
  Quels gestes correspondent à votre rôle?
– Jouez la scène. Vous pouvez aussi la filmer.

Vous pouvez prendre les transcriptions des dialogues
p. 94/6 et p. 95/B comme modèle. ▶ cornelsen.de/webcodes: niseta

4

VOLET 1   VOLET 2   VOLET 3   TÂCHES – AU CHOIX

EXERCICES SUPPLÉMENTAIRES

▶ Volet 1

1 **Grammaire mixte:** Retrouve les phrases. Complète par *qui* ou *que* et la bonne forme du verbe indiqué.

1. C'est le frère d'Anne-Laure		ils *partir* en vacances.
2. Ce sont ses parents		*habiter* à côté des Lopez.
3. C'est avec ses demi-frères		*descendre* les poubelles.
4. Ce sont les Gauthier	qui	*s'occuper* de tout.
5. C'est à ses parents	que	*faire* la cuisine ce soir.
6. C'est nous		Moussa *devoir* partager une chambre.
7. C'est toujours toi		la petite fille *vouloir* faire une surprise.
8. C'est le week-end prochain		*oublier* tes affaires.

✓ Im gesprochenen Französisch sagt man häufig ***C'est** Lisa et Pierre qui font la cuisine* statt ***Ce sont** Lisa et Pierre qui font la cuisine*.

2 **Grammaire mixte:** Complète le texte par *c'est / ce sont … qui/que* ou *ce qui / ce que* ou *qui/que*.
1. Le mercredi après-midi, [?] les grands-parents de Luc et Emma [?] s'occupent de tout.
2. Le grand-père, [?] a longtemps travaillé dans un restaurant, adore faire la cuisine. Alors [?] lui plaît beaucoup, c'est leur préparer leurs plats préférés.
3. [?] Emma aime beaucoup ce sont les galettes aux légumes. Le plat [?] Luc préfère, c'est le couscous.
4. [?] à 17h30 [?] Luc et Emma rentrent. Les grands-parents, [?] arrivent toujours plus tôt, les attendent déjà.
5. Le mercredi, [?] le grand-père [?] prépare le repas et la grand-mère [?] met le couvert. Emma et Luc trouvent ça cool. Ensemble, ils se mettent à table.
6. [?] ils adorent, tous les quatre, c'est manger et discuter ensemble. Luc et Emma sont heureux parce que mamie et papi écoutent toujours bien [?] ils leur racontent.
7. Leurs parents, [?] travaillent souvent tard, ne peuvent pas passer beaucoup de temps avec Emma et Luc pendant la semaine. [?] le week-end [?] ils sont ensemble.

3 a Trouve un maximum de compléments possibles pour les verbes *nettoyer, payer, envoyer* et *essayer*.

la nouvelle recette	la salle de bains	le message	le cadeau d'anniversaire
la lettre	le tee-shirt rouge	de parler avec ses parents	la cuisine

b Leïla parle de sa famille. Complète les phrases par la bonne forme des verbes de a.
Mon grand-père m'[?] souvent des messages. C'est cool. Ma sœur [?] toujours mes vêtements. Des fois, ça m'énerve, car il y a des vêtements que j'ai [?] moi-même avec mon argent de poche*. Ma tante et mon oncle partent souvent en vacances. Ils nous [?] des belles photos d'autres pays sur nos portables. Je trouve ça génial. Chez nous, on partage les tâches ménagères. Mon frère [?] toujours des nouvelles recettes. J'adore ça. Le week-end, ma sœur, mon frère et moi, nous [?] nos chambres, mon père [?] la salle de bains et ma mère range l'appartement. Quand il y a un problème, nous [?] toujours de discuter ensemble et de trouver une solution.

* **l'argent de poche** *m.* das Taschengeld

4 Lisez les phrases ci-dessous, imaginez des situations correspondantes et préparez des réactions possibles. Puis, jouez les mini-situations.
1. Tu fais toujours tes devoirs devant la télé!
2. Je ne veux pas que tu sortes avec Arthur.
3. Range ta chambre, tout de suite!
4. Non, c'est non! Tu ne vas pas à la fête d'Emma.
5. Je trouve que tu bois trop de limonade.
6. Arrête de jouer sur ton portable quand on mange!

Solutions ▶ www.cornelsen.de/webcodes: niseta

| VOLET 1 | VOLET 2 | VOLET 3 | TÂCHES – AU CHOIX | **EXERCICES SUPPLÉMENTAIRES** | **4** |

5 a Révisez les pronoms d'objet direct et indirect.

b Tu es dans ta famille d'accueil française. Les parents et les deux enfants te posent plein de questions. Réponds et utilise les pronoms objet direct ou indirect.
Exemple: Tu aides tes parents? – Oui, je les aide. / Non, je ne les aide pas.

1. Tu aides tes parents?
2. Tu ranges ta chambre le week-end?
3. Tu passes l'aspirateur?
4. Tu fais les courses?
5. Ce soir, c'est moi qui fais la cuisine. Tu peux m'aider?
6. Est-ce que tu vas apporter un cadeau à tes parents?
7. Est-ce que tu vas apporter quelque chose à ton frère?
8. Demain, on va au ciné. Tu veux nous accompagner?

▶ Volet 2 **6** Qu'est-ce qu'ils disent? Utilise l'impératif et un pronom. ▶ Grammaire, p. 171/25

attendre

ne pas / regarder comme ça

répondre

se lever

ne pas / quitter

aider

ne pas / s'inquiéter

se dépêcher

7 a Fais une fiche pour les verbes *recevoir* et *décevoir*. ▶ Verbes, p. 178

b *Recevoir* ou *décevoir*? Complète par la bonne forme du verbe. Utilise le passé composé là où il le faut.

1. J'[?] une invitation de Max!!!
2. Tu as eu un 7 sur 20 en maths? Tu me [?] vraiment!
3. En été, je [?] toujours plein de textos de mes copains.
4. J'[?] mon meilleur copain parce que je lui ai raconté des bêtises.
5. Marie a raconté mon secret à ses copines! Elle me [?]!

Solutions ▶ www.cornelsen.de/webcodes: niseta

4 EXERCICES SUPPLÉMENTAIRES

VOLET 1 VOLET 2 VOLET 3 TÂCHES – AU CHOIX

8 **Grammaire mixte:** Raconte le lundi après-midi de Clément. Complète le texte par les prépositions qui conviennent. Complète aussi par les adverbes ci-dessous.

| de/d' (8x) | à (7x) | en (3x) |
| par | sur | dans | avec |

seulement   tard   normalement
vite   malheureusement   souvent

Le lundi, le père ? Clément travaille ? et Clément va chercher son petit frère Louis ? l'école. ?, Clément est toujours ? l'heure, mais aujourd'hui, il est ? retard. Alors, il passe ? la rue Garibaldi parce que ça va plus ?. Quand Clément arrive ? vingt minutes ? retard, Louis, qui est fatigué, commence ? râler.
«Arrête ? râler», dit Clément. Il promet ? son petit frère ? lui acheter un pain au chocolat. ? la maison, Clément décide ? préparer un bon repas du soir.
Quand M. Ibo rentre, Clément lui parle ? son interro de maths. Il a fait des progrès ? maths, c'est sûr, mais il a eu ? neuf ? vingt et il n'est pas content. M. Ibo ne regarde pas ? le cahier de texte ? ligne du collège, il fait confiance ? son fils. Après le repas, Clément va ? sa chambre pour s'occuper ? ses poissons rouges et faire ses devoirs. ?, la prof d'anglais a demandé ? ses élèves ? apprendre plein de vocabulaire!

▶ Volet 3
Koop

9 a Pour toi, quels mots et expressions sont importants pour parler de la vie en famille?
Note des noms, des adjectifs, des verbes et des expressions. ▶ Texte, p. 84, p. 88–89, p. 92–93

b Comparez vos résultats en groupe, complétez votre liste et trouvez des catégories pour structurer le vocabulaire de a. ▶ Méthodes, p. 185/4

c Fais le mini-portrait d'une famille. Exagère! Tu peux présenter une famille de rêve ou une famille détestable*. Utilise un maximum des expressions de a et b.

* **détestable** adj.   schrecklich, abscheulich

10 **Grammaire mixte:** Complète le blog de Sam par les prépositions *pendant*, *depuis* ou les conjonctions de temps *pendant que*, *depuis que* ou *quand*.

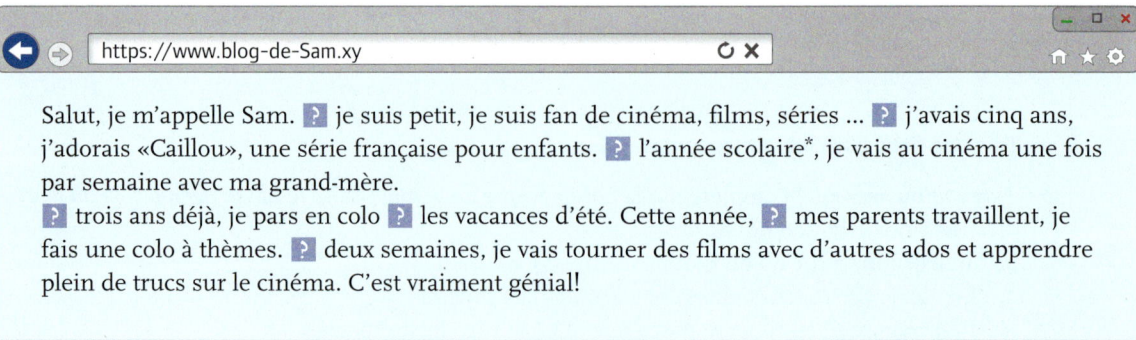

Salut, je m'appelle Sam. ? je suis petit, je suis fan de cinéma, films, séries … ? j'avais cinq ans, j'adorais «Caillou», une série française pour enfants. ? l'année scolaire*, je vais au cinéma une fois par semaine avec ma grand-mère.
? trois ans déjà, je pars en colo ? les vacances d'été. Cette année, ? mes parents travaillent, je fais une colo à thèmes. ? deux semaines, je vais tourner des films avec d'autres ados et apprendre plein de trucs sur le cinéma. C'est vraiment génial!

* **l'année scolaire** f.   das Schuljahr

| VOLET 1 | VOLET 2 | VOLET 3 | TÂCHES – AU CHOIX | EXERCICES SUPPLÉMENTAIRES | 4 |

11 Entre copains, vous cherchez un cadeau d'anniversaire pour un ami. Faites des dialogues.
Utilisez *lequel*, *laquelle*, *lesquels*, *lesquelles*. ▶ Grammaire, p. 171/26   ▶ p. 154

Exemple: – On achète ce tee-shirt pour Julien?
– Lequel?
– Le tee-shirt noir.
– D'accord. / Je ne sais pas. Je préfère le tee-shirt bleu.

12 Voici ce que les membres de la famille Deschâteaux disent sur les autres membres.
Complète les phrases par un des adverbes ci-dessous. Il y a parfois plusieurs possibilités.

| sérieusement | justement | sûrement | juste |
| seulement | directement | exactement | vraiment |

1. Des fois, quand je discute avec mes parents, je sais [?] ce qu'ils vont dire.

3. Quand Mathis a un problème, il me le dit [?] après un ou deux jours.

5. Il y a des jours où on me donne [?] un petit gâteau.

2. Quand Yann est furieux c'est [?] parce qu'il a eu une mauvaise note en allemand.

4. Lou est une fille qui bouge beaucoup, même dans la maison. Quand c'est trop, on l'envoie [?] dans le jardin avec Brioche, notre chien.

6. Ma famille? Je les aime tous, bien sûr, mais aujourd'hui, ils m'énervent [?].

13 Choisis une des quatre séries, p. 92–93, et fais une recherche. Fais une fiche d'identité pour structurer les informations et présente «ta» série à quelqu'un qui a travaillé sur une autre série. Tu peux aussi choisir une autre série francophone.
▶ Méthodes, p. 194/26.2   ▶ Mots pour le dire, p. 305

Personnages:
Lieu d'action:
Thème principal:
Acteurs/Actrices:
Pays d'origine:
La première saison date de:
Nombre de saisons:
Durée d'un épisode:

14 Es-tu plutôt fan de cinéma ou de séries ou des deux? Discutez. ▶ Méthodes, p. 188/14

Solutions ▶ www.cornelsen.de/webcodes: niseta

COIN LECTURE 3

le monde à l'envers

Il s'agit du début de la nouvelle de Cathy Ytak.

Jamais. Jamais je n'arriverai[1] à dire tout ce qui s'est passé. D'abord parce que, au début, je n'ai pas compris.

Je me trouvais dans la cuisine, en train de manger des tartines de confiture devant un bol de chocolat. Mon réveil[2] avait sonné[3] à six heures et demie, comme tous les matins. Mon père était rentré tard dans la nuit, il dormait encore.

Tout était calme dans la maison, lorsque[4] quelqu'un a sonné à la porte. J'ai pensé que c'était Martha, notre voisine. Martha oublie souvent ses clés, et elle travaille la nuit. Alors, le matin, quand elle rentre, elle vient parfois sonner chez nous: on garde un double de son trousseau.

Après le coup de sonnette, on s'est mis à cogner[5] à la porte. J'ai pensé: «Elle est folle, Martha! Elle va réveiller tout l'immeuble.» Mais là, ce n'était pas la voisine. J'allais[6] dire: «Qui c'est?», quand j'ai entendu une voix grave:

— Police, ouvrez!

Alors j'ai ouvert. Trois policiers se sont précipités[7] dans l'entrée en me bousculant[8]. J'ai failli tomber[9]. Sur le moment, j'ai pensé qu'il s'agissait d'une erreur. Le plus grand des trois flics[10] m'a demandé:

— Il est là, André Caraibe?

J'ai dit oui. Mon cœur[11] battait[12] à cent à l'heure. C'était bien notre nom de famille.

— C'est ton père?

J'ai répondu oui, une seconde fois.

En me voyant[13], un des hommes s'est tourné vers ses collègues:

— Je croyais qu'il vivait chez sa mère, ce gosse[14]!

Ça m'a énervé qu'il me traite de gosse, mais je n'ai rien dit. Je me sentais mal: pourquoi des policiers étaient-ils au courant[15] que ma mère était partie vivre à l'autre bout de la France, et que j'avais préféré rester avec mon père?

— Qu'est-ce qu'on va en faire? a demandé un policier, en me regardant.

— On l'embarque[16], lui a répondu l'autre.

---

1 jamais je n'arriverai (à faire qc) nie werde ich es schaffen (etw. zu tun)   2 le réveil → réveiller der Wecker → wecken
3 sonner → la sonnette klingeln → die Klingel   4 lorsque quand   5 se mettre à cogner contre/à qc beginnen gegen etw. zu schlagen
6 j'allais faire qc ich wollte gerade etw. tun   7 se précipiter sich stürzen   8 se bousculer drängeln, sich schubsen
9 faillir tomber beinah hinfallen   10 le/la flic *fam.* der Bulle   11 le cœur das Herz   12 battre schlagen
13 en me voyant → quand il m'a vu   14 le/la gosse *fam.* → l'enfant   15 être au courant = savoir   16 embarquer qn jdn mitnehmen

COIN LECTURE 3

Puis il s'est aperçu[17] que j'avais entendu, et il a ajouté à mon attention:

— On va s'occuper de toi, ne t'inquiète pas.

Et justement, ça m'a inquiété. Ça voulait dire quoi: «On va s'occuper de toi?» Et qu'est-ce qu'ils lui voulaient, à mon père, à sept heures du matin?

Surtout qu'ils avaient dégainé leurs pistolets[18], et ça me faisait vraiment peur.

Mon père est sorti de sa chambre à ce moment-là, à cause du bruit. Il était en caleçon[19], torse nu[20], les cheveux en pétard[21], pas rasé. Quand il se réveille comme ça, je sais tout de suite où il a passé la soirée. Il sent la cigarette à plein nez et parfois aussi un peu l'alcool, et il a les yeux rougis et gonflés. Il n'avait pas dû aller loin: sûrement au café d'en face, avec ses copains. D'habitude, je lui dis qu'il ressemble à un bandit, et ça nous amuse. Mais là, je suis resté muet[22]. Il m'a regardé, il a regardé les flics, et il m'a dit: «T'inquiète pas, c'est…»

Deux des policiers lui ont barré[23] le passage et coupé la parole[24]. Puis l'un d'eux l'a poussé sans ménagement[25] vers sa chambre.

— T'es André Caraibe?

Comme mon père hochait la tête[26] pour dire oui, le flic lui a tendu un papier et a ajouté:

— Tu t'habilles et tu viens avec nous, sans faire d'histoires, et vite!

Ils sont entrés tous les trois dans la chambre, et ils ont fermé la porte derrière eux. Je ne comprenais toujours rien, mais je commençais à transpirer et à avoir de plus en plus peur. Pourquoi mon père se laissait-il faire? Il n'avait qu'à dire que c'était une erreur, et voilà.

Mon cerveau[27] marchait à toute vitesse. Soudain[28], j'ai pensé que si mon père se laissait faire, c'était peut-être parce que ce n'était pas une erreur.

Et là, c'est comme si j'étais tombé par terre[29], et que je m'étais cassé en mille morceaux.

[…]

D'imaginer que mon père avait peut-être fait quelque chose de mal, ça m'a donné envie de vomir[30]. Je me suis précipité vers la salle de bains:

— Où tu vas, le gosse?

J'ai dit que j'avais mal au cœur[31]. Le policier qui restait m'a suivi, et il a répété:

— T'inquiète pas, on va pas te laisser tout seul. Tu vas être emmené dans un foyer[32].

J'ai réussi à articuler:

— Un quoi?

— Dans un foyer d'accueil temporaire[33]. Le temps qu'on trouve une solution. Si t'as une mère quelque part[34], on te renverra chez elle.

Extrait de: Le monde à l'envers, Cathy Ytak, Cornelsen 2015, p. 5 – 10

17 **s'apercevoir** bemerken   18 **dégainer le pistolet** die Pistole ziehen   19 **le caleçon** die Unterhose   20 **torse nu** mit nacktem Oberkörper
21 **en pétard** zerzaust   22 **muet/muette** adj. stumm   23 **barrer qc** etw. versperren   24 **couper la parole à qn** jdm das Wort abschneiden
25 **pousser sans ménagement** brutal stoßen   26 **hocher la tête** → dire oui avec la tête   27 **le cerveau** das Gehirn
28 **soudain** → tout à coup   29 **comme si (j'étais tombé/e par terre)** als ob (ich hingefallen wäre)   30 **vomir** sich übergeben
31 **avoir mal au cœur** jdm ist übel/schlecht   32 **emmener qn dans un foyer** jdn ins Heim bringen
33 **l'accueil temporaire** m. der befristete Aufenthalt   34 **quelque part** irgendwo

MODULE 4

Vacances en Belgique

1 a Lis l'histoire, puis raconte-la à l'aide des débuts de phrases ci-dessous.
1. Les Leclerq habitent ___.
2. Ils partent en vacances ___.
3. En vacances, ils veulent ___.
4. Mais ___.

b Compare les dessins 1 à 5 avec la carte postale de Julie (dessin 6). Puis «corrige» sa carte et réécris-la.

2 a Betrachte die folgenden Sätze und beschreibe, von welcher Form des Verbs das *futur simple* abgeleitet wird.
1. On **arrivera** avant la nuit?
2. Ça ne **durera** pas.
3. Je **passerai** la journée au bord du lac.
4. Tu **choisiras** le dessert après le plat.

b Inwiefern wird die folgende Form anders gebildet als in den vier Beispielsätzen in a?
Je **prendrai** un tas de photos.

c Finde den Infinitiv zu diesen unregelmäßigen Formen des *futur simple*. Nimm den Textzusammenhang zu Hilfe.
1. Nous **serons** au camping à 18 heures.
2. Vous **pourrez** faire du char à voile aussi.
3. On **ira** manger des moules et des frites.
4. Il y **aura** du vent mais il **fera** beau.

3 Qu'est-ce que vous ferez pendant vos vacances? Qu'est-ce que vous ne ferez pas? Racontez. Utilisez le futur simple. ▶ Grammaire, p. 172/29

> Pendant les vacances, j'irai au bord de la mer et je me baignerai toute la journée.

> Moi, je travaillerai dans un supermarché pour avoir de l'argent. Après, je partirai en Italie.

aller au bord de la mer / d'un lac / chez ___
partir en colonie de vacances / au/aux ___
faire une randonnée / du canoë-kayak / du camping / du shopping / ___
travailler dans un magasin / pour l'école
se baigner / *se reposer* / *manger* ___ / *visiter* ___
lire des magazines / des bédés / ___
écouter de la musique
___

4 Faites des chaînes et utilisez des phrases avec *si*.
▶ Grammaire, p. 173/30

donner ___   *participer* à un stage de ___

perdre son portable   *ne ... pas / aider* ___

> Si ma grand-mère me donne de l'argent, j'irai au match de l'OM.

> Si je vais au match de l'OM, mon copain ___

5 a Écoute ce que dit la voyante[1] à ses clients[2], prends des notes et raconte au futur simple. ▶ Grammaire, p. 172/29
1. Le premier client aura ___.

[1] **la voyante** die Wahrsagerin
[2] **le client / la cliente** der Kunde / die Kundin

b À vous. Vous êtes la voyante. Imaginez l'avenir de votre partenaire. Puis, échangez les rôles.

Unité 5 Visages de la Belgique

P F **Tâches – au choix**

Am Ende dieser Unité kannst du

A eine Rezension eines Comics oder eines Buches verfassen.

B eine thematische Führung durch deinen Wohnort gestalten.

Compétences communicatives

Du lernst
- einen Ort und seine Gebäude zu beschreiben. (▶ V1)
- Bilder und ihre Wirkung zu beschreiben. (▶ V1, V2)
- wichtige Informationen eines Textes wiederzugeben. (▶ V2)
- deine Meinung über einen literarischen Text zu äußern. (▶ V2)
- über Vergangenes zu berichten. (▶ V3)
- Lebensgeschichten von Menschen zu beschreiben. (▶ V3)

Dazu brauchst du z. B.

- die Pronomen *y* und *en* (lokal).
- das Relativpronomen *dont*.
- die Inversionsfrage.
- die Angleichung des *participe passé* nach *avoir*.
- das *plus-que-parfait*.
- die Verben *fuir*, *s'enfuir*. ▶ Verbes, p. 178

Compétences interculturelles

- Du erfährst etwas über Belgien und belgische Persönlichkeiten.
- Du lernst einige belgische Comics kennen.

Méthodes et stratégies

Du lernst
- wie du ein Bild und seine Wirkung beschreibst.
- wie du ein Resümee schreibst.
- wie du deinen Schreibstil verbesserst.

A le Parlement européen à Bruxelles

B l'Atomium, symbole de Bruxelles

C la fête du 15 août à Liège

1 a DELF Une journaliste interviewe sept personnes, qui parlent de plusieurs aspects de la Belgique. Écoute et trouve quelle photo correspond à quelle personne interviewée.

D la citadelle de Namur

E le musée Hergé à Louvain-la-Neuve

F des spécialités belges: le chocolat ...

G Bruges et ses ponts

... et les gaufres

H Bruxelles: une capitale bilingue

b Écoute encore une fois et note les informations que tu comprends. Puis raconte.

2 Quelles langues est-ce qu'on parle en Belgique, et dans quelles régions?
Fais une recherche pour répondre à ces questions. ▶ Carte de Belgique, p. 311

5 VOLET 1

VOLET 2 VOLET 3 TÂCHES – AU CHOIX EXERCICES SUPPLÉMENTAIRES

Parcours BD à Bruxelles

> Bruxelles n'est pas seulement la capitale de l'Europe, c'est aussi la capitale de la BD! Partez avec notre plan et notre audioguide à la découverte des murs peints de Bruxelles qui transforment la ville en un album de BD immense. Vous êtes prêts? Alors, on y va!

Préparer l'écoute

1 Regarde les photos et décris-les brièvement. Quels personnages reconnais-tu? Nomme-les.

15, rue de l'Écuyer

37, rue de l'Étuve

19, rue du Marché au charbon

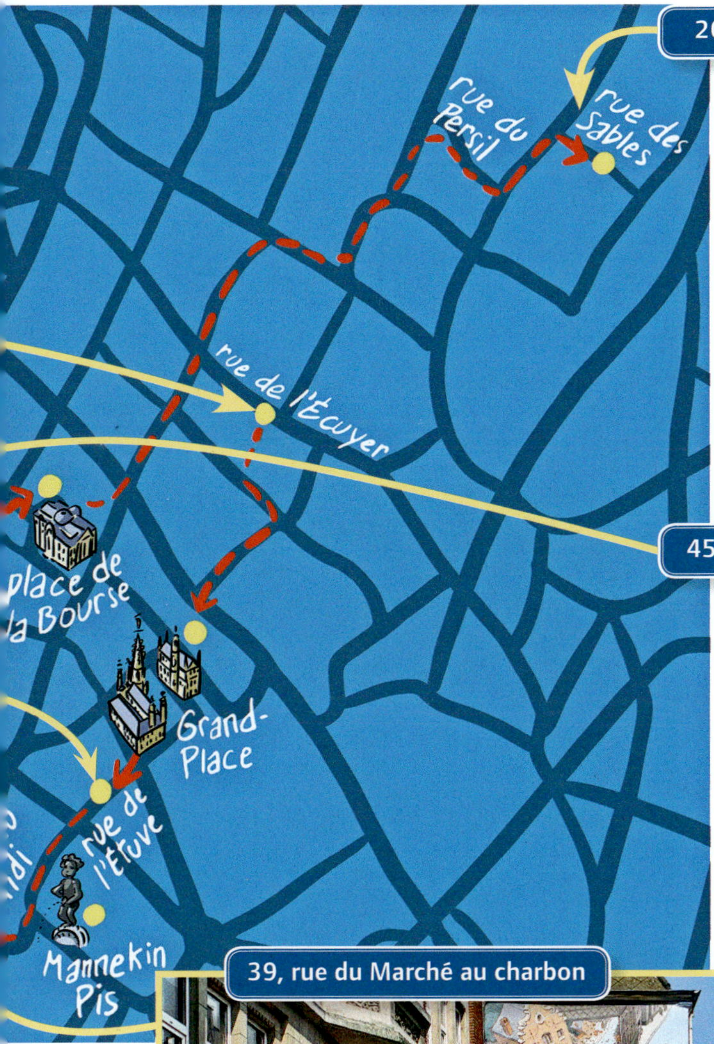

VOLET 1 VOLET 2   VOLET 3   TÂCHES – AU CHOIX   EXERCICES SUPPLÉMENTAIRES   5

20, rue des Sables

45, rue de la Buanderie

39, rue du Marché au charbon

Écouter et comprendre

2 a Écoute l'audioguide et suis le parcours à l'aide du plan ci-dessus.
Dis de quel(s) personnage(s) il manque la photo sur le plan.

b Choisis une des six adresses du parcours, écoute le passage correspondant de
l'audioguide et prends des notes. Puis, dis ce que tu as compris. ▶ Méthodes, p. 186/10–11

cent-sept 107

5 VOLET 1   VOLET 2   VOLET 3   TÂCHES – AU CHOIX   EXERCICES SUPPLÉMENTAIRES

Lire et comprendre

3 a Maintenant, lis la version écrite du parcours. Note pour chaque mur peint: 1) le titre de la BD et/ou le nom de son héros, 2) le nom de l'auteur et 3) quelques informations sur le contenu de la BD ou le caractère des héros.
▶ Texte, p. 160

b Le parcours BD ne parle pas seulement des murs peints mais aussi d'autres curiosités* de Bruxelles. Nomme-les et dis de quoi il s'agit. Tu peux aussi faire des recherches. ▶ Texte, p. 160

* **la curiosité** die Sehenswürdigkeit

Parler

4 Travaillez à deux. Proposez des endroits où vous voulez aller à Bruxelles. Votre partenaire réagit.
Exemple: – On va au musée de la BD?
– Oui, d'accord, on y va, ça me plaît. / Non, vas-y si tu veux. Moi, je préfère aller ____.

le musée de la bande dessinée le Parlement européen l'Atomium la Grand-Place la place de la Bourse le monument / le musée du Manneken Pis le mur peint d'Astérix et Obélix	Oui, on y va! allons-y. on peut y aller. Non, je ne veux pas y aller. Moi, je préfère ____ vas-y si tu veux! Moi, je préfère ____

Découvrir

5 a Finde die entsprechenden Sätze im Text, S. 160: Was steht an Stelle der fett gedruckten Satzteile? Was ersetzen die Pronomen *y* und *en*? Formuliere eine Regel.
1. Pour aller **au prochain mur peint**, traversez la Grand-Place.
2. Ce dessin se trouve **dans l'album d'Hergé**.
3. Les gens qui sont allés dans la version fantastique de cette ville ne sont jamais revenus **de la version fantastique de cette ville**.
4. Il est difficile de ressortir **de la boutique du musée** sans un album.

b Complète les réponses dans les phrases ci-dessous. Utilise les pronoms *y* ou *en*.
1. – Comment est-ce qu'on va au musée? – On [?] va à pied.
2. – Quand est-ce que vous sortez du musée? – On [?] sort dans vingt minutes.
3. – Vous allez faire le parcours BD? – Non, on [?] revient!
4. – Est-ce que le reporter est entré dans le bâtiment? – Non, il n'[?] est pas encore entré.

S'entraîner

6 a Fais des devinettes sur ta ville / ton village / ton quartier.
Ton/Ta partenaire devine de quel endroit tu parles. ▶ Grammaire, p. 173/31

> On y voit des films sympa.
>
> C'est le cinéma Lux.

On y voit des films / des œuvres d'art / des footballeurs / des tentes /
  beaucoup de gens / d'élèves / ____.
On y achète du pain / de la nourriture / des livres / des vêtements / ____.
On y va pour se promener / manger un kebab / voir un match / rencontrer des gens / ____.
On en sort vers ____ heures / avec beaucoup de sacs / ____.
On en revient fatigué(s) / bronzé(s) / ____.

VOLET 1

b C'est quel endroit? Retrouve l'ordre des mots, note les phrases dans ton cahier et réponds. ▶ Grammaire, p. 173/31
1. souvent – n' – pas – Je – vais – y
2. retrouver – amis – y – On – ses – peut
3. matin – en – pars – J'– le – tôt
4. est – avec – On – nos – y – allés – copains
5. en – revenir – soir – dimanche – allons – Nous
6. J' – à – suis – six – en – heures – trente – sorti(e)

Vocabulaire et expression

7 a Retrouve le contraire des mots ci-dessous dans le texte, p. 160.

| habillé | fermé | derrière | à droite | calme | finir | fantastique | au premier plan |

b Écris au moins cinq phrases qui contiennent un mot de **a** (ou son contraire!) sans noter le mot.
Puis, donne tes phrases à ton/ta partenaire. Il/Elle retrouve les mots qui manquent.

8 Relis le texte et note – sous forme d'associogramme ou de tableau – les mots et expressions utiles pour parler d'une image. Tu vas devoir les utiliser dans l'exercice **10**. ▶ Texte, p. 160

Méthodes et stratégies: Ein Bild und seine Wirkung beschreiben ▶ Méthodes, p. 192/21

9 Wenn du ein Bild beschreiben willst, ist es nötig, verschiedene Aspekte zu beachten.
Lies dazu die Informationen im Methodenteil und wende sie in Aufgabe **10** an.

Écrire

10 Décris le tableau[1] «Solitude» du peintre[2] belge Paul Delvaux. Qu'est-ce qu'on y voit?
Parle aussi des couleurs, de l'ambiance, de l'effet qu'il a sur toi.
Utilise tes résultats des exercices **8** et **9**. Tu peux utiliser un dictionnaire.

[1] le tableau das Gemälde
[2] le peintre der Maler

Solitude de Paul Delvaux, 1955

Bienvenue sur notre site ABC de la BD!

Vous voulez lire une BD? Oui mais laquelle? Notre test vous donne des idées.

Quelle BD avez-vous aimée? N'hésitez pas à nous envoyer votre critique!

TEST: Quel style de BD préfères-tu?

1. Pour toi, un héros de BD c'est quelqu'un
   - 🟠 qui vient d'une autre planète.
   - ➕ qu'on pourrait rencontrer dans la rue.
   - ✳️ qui est super drôle.

2. Tu pars sur une île déserte. Qu'emportes-tu?
   - ➕ Mon portable. Il sert à tout.
   - 🟠 Un roman de fantasy de mille pages.
   - ✳️ Un copain, sinon c'est ennuyeux.

3. Tu passes un week-end en Belgique, tu vas
   - ➕ à une manifestation à Bruxelles devant le Parlement européen, c'est trop important!
   - ✳️ à une fête de rue comme le 15 août à Liège ou le carnaval à Mons! Il y a une ambiance folle!
   - 🟠 à la citadelle de Namur, c'est trop romantique!

4. Vous fondez un groupe de musique avec des copains. Quel nom choisissez-vous?
   - 🟠 Les héros du futur.
   - ➕ Pour un monde meilleur.
   - ✳️ Les rois de la récré.

5. Tu vas au cinéma. Que regardes-tu?
   - ✳️ Une comédie avec ta star préférée.
   - ➕ Un documentaire sur l'Europe d'aujourd'hui.
   - 🟠 Un drame dont l'action se passe au 16e siècle.

6. Tu inventes une histoire. De quoi parle-t-elle?
   - ➕ D'une famille riche et d'une famille pauvre dans ton quartier.
   - 🟠 D'un pays au bout du monde en 2080.
   - ✳️ D'un malentendu incroyable avec plein de situations bizarres.

7. Tes copains te trouvent sympa
   - ✳️ parce que tu racontes toujours des blagues.
   - 🟠 parce que tu sais toujours te débrouiller.
   - ➕ parce que tu sais écouter les autres et les aider.

Résultats

Tu as trois 🟠 ou plus:
Tu adores voyager dans d'autres époques et découvrir des mondes fantastiques? Lis les BD de l'auteur Hermann dont les histoires se passent avant ou après notre époque. Essaie par exemple *Jérémiah*, une série avec des très beaux dessins, qui raconte comment notre monde tombe dans un nouveau Moyen-Âge, après une guerre atomique.

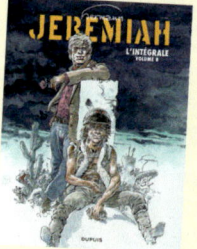

Tu as trois ➕ ou plus:
Tu t'intéresses à la société actuelle? Tu aimeras sûrement *Largo Winch* de Jean Van Hamme: Nério Winch, l'homme le plus riche du monde, adopte un garçon, Largo, dont les parents sont morts. Quand Nério Winch meurt, le jeune Largo devient le chef d'un groupe d'entreprises immense. Mais il va devoir lutter pour y trouver sa place.

Tu as trois ✳️ ou plus:
Tu aimes réfléchir au sens de la vie mais tu ne veux pas le faire trop sérieusement? Tu aimes l'humour? Alors, on te conseille *Le Chat* de Geluck. Ce gros chat parle et il dit des choses parfois intelligentes, parfois idiotes, mais toujours drôles.

Bienvenue sur notre site ABC de la BD!

Vous voulez lire une BD? Oui mais laquelle? Notre test vous donne des idées.

Quelle BD avez-vous aimée? N'hésitez pas à nous envoyer votre critique!

Critique: Dans les yeux de Camille

Bonjour! La BD dont je voudrais vous parler s'appelle «Dans les yeux de Camille». C'est une série de BD que j'ai découverte cet été. Le premier tome s'appelle «Plus belge la vie!» Le titre est un jeu de mots sur la série marseillaise «Plus belle la vie». Camille, l'héroïne, doit quitter Paris pour aller vivre en Belgique avec son père et son petit frère. Au début, pour elle, c'est la catastrophe: elle n'ose pas dire à ses amis où elle va, elle a peur de devoir manger des frites tout le temps, elle déteste son frère, qui est content de partir … et puis bien sûr, les choses changent et elle découvre plein de nouvelles choses: le foot féminin, le conflit entre les Flamands et les Wallons et les pistolets, qui ne sont pas des armes, mais un petit pain qui se mange le dimanche.

J'ai bien aimé cette BD parce qu'on y apprend beaucoup de choses sur la vie en Belgique. En même temps, on s'identifie à cette ado: Camille est drôle, elle est accro à la mode et à son portable, elle se dispute avec son petit frère, elle est bavarde et préfère discuter avec sa nouvelle amie qu'écouter le cours sur l'histoire de la Belgique.

Le style de la BD est agréable et facile à lire. Les dessins sont drôles, le rythme est rapide et il y a une blague à la fin de chaque page. J'aime bien la manière dont le dessinateur montre les sentiments de ses personnages: Par exemple quand Camille est malheureuse, il dessine des vignettes qui sont à moitié en noir et blanc et à moitié en couleur. Je trouve ça très réussi! J'ai tout de suite acheté les deux albums suivants dont je suis très content aussi!

Les auteurs sont E411 et Falzar. Ils ont déjà fait plusieurs albums ensemble. E411 s'appelle dans la vraie vie David Evrard, il est né en Allemagne mais il a créé ses BD avec des auteurs francophones et les a publiées en France et en Belgique. Falzar est né à Mons en Belgique. C'est lui qui a écrit le scénario, mais il sait aussi dessiner. Quand il n'écrit pas des BD, il travaille dans un hôpital psychiatrique. À son avis, écrire des BD et travailler dans un hôpital psychiatrique, ce sont deux façons différentes de soigner les gens.

Jef, 15 ans

▶ commentaires

Lire et comprendre

1 Fais le test, p. 110 et lis tous les résultats. Est-ce que la BD qu'on te propose t'intéresse? Explique pourquoi.

2 a Lis la critique de la BD «Dans les yeux de Camille». De quels aspects est-ce que Jef parle dans les différents paragraphes? Donne un titre à chaque paragraphe ou résume-le en une phrase.

b Note ce qu'on apprend sur la Belgique dans cette critique.

c Est-ce que la critique de Jef te donne envie de lire cette BD? Poste un commentaire.

5 VOLET 1 | VOLET 2 | VOLET 3 TÂCHES – AU CHOIX EXERCICES SUPPLÉMENTAIRES

Parler

3 Parlez de vos habitudes de lecture. Travaillez en groupe et posez les questions ci-dessous aux autres. Ils/Elles répondent.

DELF

1. Qu'est-ce que tu lis?
2. Où est-ce que tu lis?
3. Quand est-ce que tu lis?
4. Pourquoi est-ce que tu lis?

> **Pour tes réponses tu peux utiliser:**
> 1. des BD, des blogs, des magazines, des livres de ____, ____
> 2. sur mon lit, dans le jardin, à la plage, dans le bus / le métro, aux toilettes, ____
> 3. pendant les vacances, le soir, quand il le faut, tous les jours, souvent, parfois, ne … jamais, ____
> 4. pour apprendre des choses, pour m'amuser, pour me reposer, parce qu'il le faut, ____

Découvrir / Comparer les langues

4 a Traduis les phrases ci-dessous en allemand. Comment traduis-tu «dont» dans ces phrases?
1. La BD <u>dont</u> je voudrais vous parler s'appelle «Dans les yeux de Camille».
2. J'ai tout de suite acheté les deux albums suivants <u>dont</u> je suis très content aussi!
3. Il adopte un garçon, Largo, <u>dont</u> les parents sont morts.

b Transforme les phrases ci-dessous. Utilise *dont*.
1. Je vais acheter le dernier livre de Geluck. Tu m'as **parlé de** ce livre.
2. J'ai acheté la nouvelle BD de Hermann. Je suis très **content de** cette BD.
3. Voilà une BD. Les **images de** cette BD ne me plaisent pas.
4. Je connais cette fille. Mon frère est **amoureux de** cette fille.

S'entraîner

5 Travaille ton style. Forme des phrases avec le pronom relatif *dont*. Écris au moins six phrases. ▶ Grammaire, p. 174/34
Exemple: – J'aime la BD dont Jef a parlé (→ *parler* de qn/qc).

Connais-tu	la BD	le héros	Jef	*parler* **de** qn/qc
Comment trouves-tu	l'héroïne	le livre	ma copine	*discuter* **de** qn/qc
As-tu lu/vu	l'auteur/e	l'acteur	je	*tomber* amoureux /
Aimes-tu J'aime	l'actrice	l'émission	tu	amoureuse **de** qn
Je n'aime pas	le documentaire		tout le monde	*être* fan **de** qn
Je connais	l'histoire	la série	les autres	
Je ne connais pas	le personnage		nous	

6 a Des jeunes présentent des livres. Retrouve qui dit quoi. ▶ Grammaire, p. 173/32

1 Ce livre ne nous a pas déç**ues**. On vous le conseille!

2 Le tome 2 m'a beaucoup impressionné**e**.

3 Notre prof nous a encouragé**s** à lire ce livre.

4 Cette histoire m'a intéress**é**.

Zoé et Lucie

Arthur

Pauline

Noah et Clément

| VOLET 1 | VOLET 2 | VOLET 3 | TÂCHES – AU CHOIX | EXERCICES SUPPLÉMENTAIRES | **5** |

 b Écoute ce que les jeunes disent et trouve de quoi ils parlent.  ▶ p. 154
1. la BD – le livre – les tomes 2 et 3 *m.*
2. les histoires *f.* – le scénario – les albums *m.*
3. le texte – les dessins *m.* – les affiches *f.*
4. le magazine – les films *m.* – les photos *f.*

c Réponds aux messages à l'aide des indications entre parenthèses.
Utilise le passé composé et les pronoms objet. Attention à l'accord! ▶ Grammaire, p. 173/32   ▶ p. 155

1 Tu sais que la nouvelle BD de Camille est sortie?
(oui, je / *acheter* / la semaine dernière)

2 Tu as reçu mes messages (*m.*)?
(oui, mais je / ne pas encore *lire*)

3 Où est-ce que tu as pris ces photos (*f.*)?
(je / *prendre* / à Liège)

4 Tu connais le nouveau tome du «Chat»?
(oui, je / *offrir* / à ma mère pour son anniversaire)

Vocabulaire et expression

7 a Relis la critique de Jef, p. 111, et trouve comment on dit cela en français.
Wie drückt Jef aus,
1. von welchem Comic er sprechen möchte?
2. dass er den Comic mag, weil man dort viel über das Leben in Belgien erfährt?
3. dass man sich mit dem Mädchen identifiziert?
4. dass der Comicstil angenehm und leicht zu lesen ist?
5. dass er die Art mag, wie der Zeichner die Gefühle seiner Figuren zeigt?
6. dass er etwas sehr gelungen findet?

b Trouve dans le texte d'autres expressions pour parler d'une BD. Tu peux les utiliser pour la tâche A, p. 118.

Médiation

8 Nathan, un copain français, t'envoie le message suivant. Lis-le, écoute la critique et réponds-lui par mail. Utilise ta liste de l'exercice 7.

> Coucou! Je dois faire la présentation d'un livre en cours d'allemand mais les livres en allemand que j'ai trouvés sont trop difficiles. Dans un podcast, j'ai trouvé une critique du livre «Nicht lustig – Schule». Je te l'envoie. Est-ce que tu peux l'écouter et me dire si le livre est drôle ou pas? Est-ce qu'il est long? C'est quelle sorte de livre? De quoi est-ce qu'il est question? Est-ce que tu penses que c'est trop difficile pour moi? Merci d'avance pour ton aide! 13:02 ✓✓
>
>   13:05 ✓✓

Méthodes et stratégies: Wie du ein Resümee anfertigst ▶ Méthodes, p. 196/30

9 In einem Resümee zeigst du, ob du einen Text verstanden hast und seine wesentlichen Inhalte wiedergeben kannst. Lies die Hinweise im Methodenteil und wende sie in Aufgabe 10 an.

Écrire

10 Lis l'extrait du coin lecture 3 (p. 100–101). Écris un résumé de l'histoire. Tu peux utiliser un dictionnaire.
▶ Méthodes, p. 196/30

Les grandes personnalités d'un petit pays

Les héros belges ne sont pas tous des héros de BD!
Nous vous présentons quelques personnalités belges célèbres.

Eddy Merckx – Un champion de légende

Eddy Merckx est né en 1945 dans un petit village à cinquante kilomètres de Bruxelles d'un père flamand et d'une mère wallonne. On dit qu'il est «le plus grand sportif belge du vingtième siècle». Eddy Merckx a d'abord essayé d'autres sports (le foot, le basket, le tennis) avant de découvrir sa passion pour le vélo. À 17 ans, il est devenu champion de Belgique et a arrêté l'école pour s'occuper de sa carrière. Le nombre de ses titres est impressionnant. Entre 1969 et 1974, il a gagné cinq fois le Tour de France, cinq fois le Tour d'Italie, et une fois le Tour d'Espagne. Champion du monde sur route, il est aussi très bon dans les parcours de montagne. En 1981, le sportif, qui avait arrêté sa carrière sportive en 1978, a créé sa marque de vélo «Eddy Merckx Cycles». Jacques Anquetil, qui avait gagné plusieurs fois le Tour de France avant Eddy Merckx, a fait ce résumé: «À quoi doit ressembler le coureur idéal? Prenez les jambes d'Eddy Merckx, la tête d'Eddy Merckx, les muscles d'Eddy Merckx, le cœur d'Eddy Merckx et l'envie de gagner d'Eddy Merckx».

Sœur Emmanuelle – une femme courageuse et engagée

Sœur Emmanuelle est une religieuse qui a lutté contre l'exclusion et la pauvreté partout dans le monde.

Madeleine Cinquin est née en 1908 à Bruxelles. Elle a commencé très tôt à s'intéresser à la religion. Quand elle est devenue religieuse à l'âge de 27 ans, elle a pris le nom de Sœur Emmanuelle. Elle a fait des études de philosophie et de religion et est devenue professeure. Elle a d'abord travaillé en Turquie au début des années 30, puis en Tunisie et en Égypte. Sœur Emmanuelle avait pensé très tôt à s'engager contre la pauvreté, mais finalement c'est seulement à l'âge de 63 ans, après sa carrière de professeure qu'elle a pu réaliser son projet: Elle a partagé pendant 20 ans (entre 63 et 83 ans!) la vie quotidienne des habitants d'un quartier pauvre du Caire. Elle y a, par exemple, organisé «l'opération orange», qui donnait aux enfants qui vivaient dans la pauvreté une orange par jour pour leur permettre d'avoir assez de vitamines.

À son retour en Europe en 1993, elle a écrit des livres et continué à lutter pour la solidarité. Elle est morte en 2008 à l'âge de 99 ans. Aujourd'hui encore, l'association *Asmae*, qu'elle avait fondée en 1980, continue à soigner les gens et à construire des écoles dans huit pays différents.

Émilie Dequenne – une actrice qui a commencé très jeune

Émilie Dequenne est née en 1981. Elle a voulu devenir actrice très tôt et a commencé à faire du théâtre à l'âge de 12 ans. À 17 ans, elle est allée à un casting dont sa tante lui avait parlé et elle y a obtenu le rôle principal dans le film *Rosetta* des frères Dardenne, deux célèbres réalisateurs belges. Ensemble, ils ont gagné la Palme d'or au Festival de Cannes et Émilie Dequenne a gagné le prix d'interprétation féminine. Depuis, elle a joué dans des comédies, mais aussi dans des drames qui dénoncent la violence, le racisme et les problèmes de société.

| VOLET 1 | VOLET 2 | **VOLET 3** | TÂCHES – AU CHOIX | EXERCICES SUPPLÉMENTAIRES | **5** |

Ceci n'est pas un portrait de Magritte

René Magritte est né à Lessines en 1898 et mort à Bruxelles en 1967. Il a commencé à peindre à l'âge de 12 ans.

Il portait toujours un costume et un chapeau comme presque tous les personnages de ses tableaux.

Avant de devenir peintre, il avait fait des études à l'école des Beaux-Arts de Bruxelles.

Magritte aime qu'on se pose des questions. C'est pourquoi on est souvent étonné quand on lit les titres de ses tableaux.

Que peignait-il? Des scènes surréalistes, des hommes et des femmes sans visages, des chaussures en forme de pied, des portes qui s'ouvrent sur la mer …

Il a dû fuir la Belgique quand les nazis y sont entrés en 1940.

Mais qui est Magritte?

À Paris, où il était allé en 1927, Magritte a fait la connaissance d'autres artistes surréalistes comme Salvador Dalí et Joan Miró.

Il a épousé Georgette Berger, qui a aussi été son modèle sur plusieurs tableaux. Magritte et elle s'étaient rencontrés pour la première fois quand ils avaient quinze ans.

Lire et comprendre

1 a Lis les biographies et fais une fiche pour chaque personne.

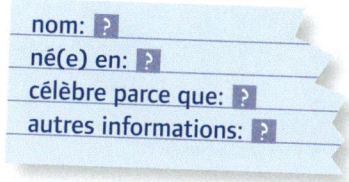

b Relis les biographies et note pour chaque personnalité quelle information est la plus intéressante pour toi. Justifie ta réponse.

c Quelle personne présentée dans les biographies aimerais-tu rencontrer? Quelle(s) question(s) voudrais-tu lui poser? Note-les et donne-les à ton/ta partenaire. Il/Elle devine de quelle personne il s'agit.

Parler

2 Les héros personnels ne sont pas toujours célèbres. Qui admires-tu? Présente cette personne (célèbre ou non) à ton/ta partenaire en quelques phrases.

▶ Mots pour le dire, p. 303

Moi, j'admire ____. C'est ____.
Je le/la trouve + *adjectif*.
Je l'admire parce qu'il/elle ____.
Ce que j'aime chez lui/elle, c'est, ____.
Je sais qu'il/elle ____.
Comme lui/elle, je voudrais ____.

VOLET 3

Découvrir / Comparer les langues

3 a Lies den Satz. Welche der beiden Handlungen liegt zeitlich vor der anderen?
«…, elle **est allée** à un casting dont sa tante lui **avait parlé**.»

b Suche im Text nach weiteren Beispielen für das *plus-que-parfait*. Auch in anderen Sprachen, die du kennst, gibt es ein Tempus der Vorvergangenheit. Vergleiche die Bildung mit der des *plus-que-parfait*.

c Qu'est-ce qui s'est passé pendant que Sœur Emmanuelle était au Caire? Complète par les verbes au plus-que-parfait. Pense à faire l'accord du participe pour les verbes conjugués avec *être*.
Quand Sœur Emmanuelle est rentrée du Caire après 20 ans, l'Europe ❓ *(changer)*. On ❓ *(construire)* beaucoup de bâtiments. La technique ❓ *((ê)se développer)*. Le mur de Berlin ❓ *((ê)tomber)*.

S'entraîner

4 Une mauvaise journée pour Laure. Racontez-la à deux. Utilisez le passé composé et le plus-que-parfait.
▶ Grammaire, p. 175/35   ▶ B, p. 159
Exemple: 1. A: Quand Laure s'est levée ce matin, B: son frère avait déjà bu tout le jus d'orange.

1
A: Laure / (ê)se lever ce matin
B: ❓

2
B: ❓
A: ses amies / déjà (ê)partir

3
A: Laure / (ê)arriver au cinéma
B: ❓

4
B: ❓
A: le bus / (ê)partir

5
A: Laure / (ê)rentrer à la maison
B: ❓

6
B: ❓
A: Lisa / déjà (ê)se coucher

Méthodes et stratégies: Wie du deinen Schreibstil verbesserst   ▶ Méthodes, p. 195/28

5 Texte lassen sich besser lesen und verstehen, wenn sie gut gegliedert und abwechslungsreich formuliert sind. Dazu hilft es, wenn du Zeitangaben, Konjunktionen und andere satzverbindende Ausdrücke, Objektpronomen und Relativsätze sinnvoll verwendest. Lies dir die Hinweise im Methodenteil durch und wende sie in Aufgabe **6** an.

VOLET 1   VOLET 2   **VOLET 3**   TÂCHES – AU CHOIX   EXERCICES SUPPLÉMENTAIRES   **5**

6   Lis le texte ci-dessous et améliore son style.

> La légende de la frite
> La frite est née au 17e siècle. La frite est née à Namur. Les habitants de Namur avaient l'habitude de pêcher des poissons dans le fleuve. Les habitants de Namur mettaient les poissons dans de la graisse[1] très chaude. Ils mangeaient les poissons frits. C'était un plat de tous les jours. Un hiver, l'eau du fleuve s'est transformée en glace. Les gens n'ont pas pu pêcher les poissons. Ils avaient faim. Ils ont pris des pommes de terre. Ils ont coupé les pommes de terre en forme de poissons. Ils ont mis les pommes de terre dans de la graisse. Ils ont mangé les pommes de terre frites[2]. Voilà ce qu'on dit. On ne sait pas si c'est vrai.
>
> 1 **la graisse** das Fett   2 **frit/e** *adj.* frittiert, in Fett gebacken

Vocabulaire et expression

7 a Pour écrire une biographie, il y a des expressions utiles. Retrouve ce qui va ensemble.
Il y a plusieurs possibilités.

lutter contre être fonder	la connaissance de qn un projet la violence
réaliser avoir faire	le racisme un film / des films un rôle / le rôle principal
découvrir s'engager pour	les pauvres des études né(e)/mort(e)
gagner dénoncer devenir	une association sa passion célèbre du succès
obtenir tourner jouer	beaucoup de succès acteur/actrice/_____

b Complète la biographie de Benoît Poelvoorde à l'aide d'expressions de a. Il y a parfois plusieurs possibilités.   ▶ p. 155

L'acteur belge Benoît Poelvoorde ❓ en 1964 à Namur. Il ❓ à l'internat de Godinne, puis à Namur. Très tôt, il ❓ pour le théâtre. C'est à cette époque qu'il ❓ des deux réalisateurs André Bonzel et Rémy Belvaux avec qui il ❓ *C'est arrivé près de chez vous*. C'est grâce à ce film que Benoît Poelvoorde ❓ comme acteur. Plus tard, Benoît Poelvoorde joue dans plusieurs films français – par exemple dans *Astérix aux Jeux olympiques* – où il ❓ de Brutus. Ce film ❓ : en Europe, plus de 14 millions de personnes l'ont vu! Enfin, en 2015, il ❓ dans le film *Le tout nouveau testament*. En 2016, il ❓ du meilleur acteur masculin pour ce film.

Recherche

8 Trouvez comment ces personnalités belges sont devenues célèbres.
Mettez vos résultats en commun.

| Adolphe Sax | Amélie Nothomb | Nafissatou Thiam | Philippe de Belgique |
| Cécile De France | David Goffin | Jacques Brel |

Écrire

9 Choisis une personnalité de l'exercice 8, fais des recherches et écris sa biographie. Tu peux aussi choisir une autre personnalité belge. Utilise des expressions de 7. Tu peux prendre les biographies, p. 114, comme modèle.

5 TÂCHES – AU CHOIX

VOLET 1   VOLET 2   VOLET 3   EXERCICES SUPPLÉMENTAIRES

A Écris la critique d'une BD que tu as lue.

> 1. Pour commencer, fais un résumé de la BD et dis quelques mots sur l'auteur/e. ▶ Méthodes, p. 196/30
> 2. Puis donne ton commentaire personnel sur la BD.
> 3. Ensuite, présente une planche, une vignette ou un extrait du texte que tu as aimé!

Tu peux aussi choisir un album ou un livre en allemand ou dans une autre langue.
Écrire une critique ne te plaît pas trop? À la place, tu peux faire une bande-annonce* littéraire!
Tu trouves des exemples sur Internet.

* **la bande-annonce** der Trailer

Tu peux utiliser le texte de Jef comme modèle (p. 111). Formule ton texte avec les expressions de l'exercice **7**, p. 113. Utilise aussi la *Banque de mots*, p. 202.

B Créez un parcours thématique dans votre village/ville/région.
Vous pouvez créer un parcours musique, sport, nourriture, architecture,
noms de rues (drôles), shopping, personnages célèbres, ___.

> 1. Mettez-vous d'accord sur un thème et faites une liste des endroits que vous voulez présenter.
> 2. Choisissez l'itinéraire¹. Vous pouvez faire un plan et y placer des photos.
> 3. Notez ce que vous voulez dire sur les endroits choisis et aussi comment on peut y aller.
> 4. Écrivez votre texte. Relisez-le, corrigez-le et améliorez² votre style.
> 5. Ensuite, vous pouvez enregistrer le texte de votre parcours pour en faire un audioguide.
>
> 1 **l'itinéraire** *m.* der Wegverlauf
> 2 **améliorer qc** etw. verbessern

Vous pouvez utiliser le parcours BD, p. 106–107 et le parcours Simenon, p. 119, comme modèle.

EXERCICES SUPPLÉMENTAIRES 5

Volet 1

DELF

1 a Réponds aux questions à l'aide du prospectus ci-dessous ou de tes connaissances.
1. Georges Simenon, c'est qui?
2. Il vient de quel endroit?
3. Pourquoi est-il célèbre?

Liège – Parcours Simenon
(avec audioguide)
Découvrez Liège grâce à son enfant le plus célèbre: Georges Simenon, l'auteur des enquêtes policières du commissaire Maigret. Pendant la balade, vous allez découvrir les endroits magiques de Liège qui ont inspiré ce grand romancier du 20ᵉ siècle.

b Tu fais le parcours Simenon avec un audioguide. Regarde le plan sous webcode et dessine le parcours.
▶ cornelsen.de/webcodes: niseta

c Écoute encore une fois l'audioguide et note ce que tu apprends sur les différents endroits.

2 a Fais une fiche pour les verbes *fuir/s'enfuir*. ▶ Verbes, p. 178

b Complète avec la forme des verbes de **a** au temps qui convient.
1. Pendant la Seconde Guerre mondiale, beaucoup de gens ❓ *(passé composé)* leur pays.
2. Au secours, ce gangster m'a pris mon sac et maintenant, il ❓ !
3. Restez ici, ne ❓ pas!
4. Cette prison est une forteresse. Mais un gangster ❓ *(passé composé)*. Comment est-ce qu'il a fait?

3 a Lis les phrases ci-dessous et écoute ce que disent les jeunes. Note si tu entends **a** ou **b**.
1. **a** J'ai trouvé un joli dessin. **b** J'y ai trouvé un joli dessin.
2. **a** On en revient ce soir! **b** Oh, on revient ce soir!
3. **a** Tu y achètes quelque chose? **b** Tu achètes quelque chose?
4. **a** Je travaillais beaucoup. **b** Je travaille beaucoup.
5. **a** J'en reviens avec un bon souvenir. **b** Je reviens avec un bon souvenir.

b Écoute encore une fois et répète les phrases.

4 a Comment est-ce que tu trouves ces couleurs? Discute avec ton/ta partenaire.
Exemples:
– Moi, j'aime bien le bleu parce que c'est la couleur de la mer. Et toi?
– Je trouve que le rouge est une couleur ___. Et toi?
– Porter des vêtements ___, ça me plaît. Je trouve ça ___.
– Mettre un pull ___ avec un pantalon ___, je trouve ça ___.

rouge	bleu	noir	blanc		agréable	bizarre	beau/belle
rose	vert	jaune			calme	triste	agressif/agressive
gris	orange	___				sympa	___

Solutions et textes audio ▶ www.cornelsen.de/webcodes: niseta

b Trouve des phrases d'exemple pour illustrer les adjectifs ci-dessous.
Exemple: Une baleine qui fait du vélo, c'est surréaliste.

| magique | romantique | fou | dangereux | exagéré | classique |
| touchant | surréaliste | réaliste | moderne | impressionnant |

▶ Volet 2

5 a Écris ces mini-poèmes dans ton cahier et accorde les formes du participe passé si nécessaire.   ▶ Grammaire, p. 173/32

La salade que tu as fait ? est fantastique pour la fête.

J'aime les cadeaux verts que tu m'as offert ?, cher père.

La BD que tu as trouvé ? dans un café, je l'ai déjà acheté ? pour Amédée.

🎧 3/45   **b** Maintenant, écoute les poèmes de **a** et répète-les.

c Écris encore deux poèmes comme en **a** pour ton/ta partenaire.   ▶ Grammaire, p. 173/32

6 Grammaire mixte: *qui, que, où, dont*? Complète le quiz par le pronom relatif qui convient. Puis, note la réponse. Il y a parfois plusieurs réponses possibles.   ▶ Grammaire, p. 174/34

1. C'est le nom de la ville ? se trouve l'Atomium.
2. C'est le pays ? la capitale est Bruxelles.
3. C'est une institution européenne ? se trouve à Bruxelles.
4. C'est un monument belge ? les touristes trouvent très drôle.
5. C'est une spécialité belge ? se mange en plat principal.
6. Ce sont des héros de BD ? tout le monde connaît.
7. C'est l'auteur de BD ? le héros s'appelle Tintin.

7 a Voici des titres d'articles du magazine *Magajeunes*. Reformule les questions et pose-les à ton/ta partenaire. Utilise *est-ce que*.   ▶ Grammaire, p. 174/33

1 Connaissez-vous la différence entre les gaufres de Bruxelles et les gaufres de Liège?

2 Y a-t-il des murs peints à Liège?

3 Où peut-on aller à Liège?

4 Que savez-vous sur la Belgique?

5 Pourquoi faut-il goûter les spécialités belges?

6 Comment trouve-t-on les meilleurs endroits d'une ville?

7 Es-tu fan de Hergé?

8 Aimez-vous les BD belges?

9 Quand peut-on visiter l'Atomium?

| VOLET 1 | VOLET 2 | VOLET 3 | TÂCHES – AU CHOIX | EXERCICES SUPPLÉMENTAIRES | 5 |

  b Transforme ces questions en titres d'articles. Utilise l'inversion du sujet. ▶ Grammaire, p. 174/33

1 Quelles villes est-ce qu'il faut visiter en Belgique?

2 Combien de langues est-ce qu'on parle en Belgique?

3 Est-ce que nous connaissons des Belges célèbres?

4 Est-ce qu'il y a la mer en Belgique?

5 Où est-ce qu'on achète les meilleures frites à Bruxelles?

6 Quand est-ce qu'on fête le carnaval à Liège?

8 Retrouve les questions que tu peux poser à ton/ta partenaire quand vous parlez d'un livre / d'une BD.

| De
Pour
À
Avec | qui
quel personnage
quoi | est-ce que/qu' | ce livre / cette BD parle?
tu t'intéresses le plus?
l'auteur/e a écrit le livre / la BD?
le livre / la BD plaît?
le personnage ___ ressemble?
tu aimerais poser une question?
on s'identifie? |

▶ Volet 3 **9 a** Fais une fiche pour le verbe *peindre*. ▶ Verbes, p. 178

b Imaginez: Vous pouvez repeindre votre école. Demandez aux autres comment ils peignent les murs / les salles de classe / la cantine / la cour / ___. Puis présentez vos résultats en classe.
Exemples:
– Tu peins / Vous peignez la salle de maths de quelle couleur?
– Je la peins / Nous la peignons en bleu/rouge/ ___.
– Greg et Hakim peignent les murs en ___.

10 a Comparer les langues: Observe les deux situations ci-dessous et compare comment les Français et les Belges disent les nombres. Explique ce que tu remarques.

1 Cette figurine fait septante-neuf euros!
Septante-neuf? Ah oui, soixante-dix-neuf euros!!

2 Nous avons les places quatre-vingt-dix et quatre-vingt-onze!
Voilà les places nonante et nonante-et-un!

  b Tu es en Belgique. Écoute et note les nombres que tu entends.

Solutions et texte audio ▶ www.cornelsen.de/webcodes: niseta

COIN LECTURE 4

Le journal de Malo

Le problème avec l'avenir[1]

L'avenir pour moi, ce n'est pas un problème. Depuis que je suis tout petit[2], j'ai une tonne d'idées de métiers[3]. Ils sont tous super intéressants!

1 À 4 ans, je voulais tout le temps m'amuser et faire la fête.

J'aimerais être organisateur d'anniversaires!

2 À 7 ans, je voulais être traducteur[4] de films d'action.

C'est facile, les maths!

3 À 10 ans, je voulais devenir concepteur de jeux vidéo[5] pour inventer un jeu qui remplace[6] l'école.

Je voudrais travailler dans un zoo et observer comment les animaux voient les humains!

4 À 13 ans, j'ai commencé à avoir ma philosophie du monde.

5 Mais quand au début de la troisième, on nous a demandé de chercher un stage, un stage OBLIGATOIRE dans une ENTREPRISE, je n'ai pas pu me décider. J'avais plein d'idées pour mon avenir mais zéro idées de stage pour me préparer à des métiers concrets!

---

1 l'avenir *m.* die Zukunft **2** tout petit / toute petite *adj.* ganz klein **3** le métier der Beruf **4** le traducteur / la traductrice der/die Übersetzer/in **5** le concepteur / la conceptrice de jeux vidéo der/die Game Conceptioner/in **6** remplacer qc etw. ersetzen

COIN LECTURE 4

Voici le style d'idées que j'ai pour mon avenir:
- Faire le tour du monde en skate, mettre mes reportages en ligne, devenir millionnaire.
- Recycler des sapins de Noël, inventer des meubles[7] en bois et en paillettes, être LA star des designers du XXIème siècle.
- Travailler comme touriste professionnel, être tout le temps en vacances, donner des conseils aux touristes du dimanche.
- Travailler dans une usine[8], écrire un best-seller sur la vie des ouvriers[9], ne plus jamais[10] travailler.

Alors, bien sûr, à côté de ça, tous les métiers que me conseillaient ma mère, mon beau-père et ma copine Charlotte ne m'intéressaient pas trop. Je ne voulais pas travailler dans une boulangerie, un magasin de vélos ou une entreprise de téléphones portables. Je ne voulais pas non plus devenir architecte, médecin[11], avocat ou ingénieur. Je voulais faire un truc original, un truc avec de l'action au début et de la gloire à la fin!

Bien sûr, il y avait encore un autre problème. Les endroits où on peut poser sa candidature[12] quand on veut faire ce style de parcours n'existent pas encore. Il faudrait les inventer. Mais là, avec tout le stress qu'on a en troisième, je n'avais vraiment pas le temps.
Alors, j'ai attendu, attendu, attendu ...

En novembre, je n'avais pas encore écrit de lettre. En décembre, tous mes copains avaient déjà un stage. Le 1er janvier, j'ai décidé de commencer.
Le 2 janvier, je suis allé faire des photos d'identité[13].
Le 3 janvier, j'ai essayé d'écrire mon CV. CV, ça veut dire Curriculum Vitae, mais chez moi, ça pourrait aussi vouloir dire: «Catastrophe en Vitrine», ou «Cauchemar de la Vérité», ou même «Carrément Vide[14]!» Pour la première fois de ma vie, j'ai eu envie d'être un autre!

Le 5, je me suis disputé avec mon beau-père. Le 6, ma mère a paniqué et elle a commencé à appeler toutes les personnes qu'elle connaissait pour leur demander si elles avaient une idée de stage pour moi. Bien sûr, elle se plaignait beaucoup de son fils qui rêvait trop et ne s'occupait jamais de rien. Elle a même appelé Annie, l'ex-femme de mon beau-père! Annie a fait une proposition: «Malo peut venir ranger des cartons dans le supermarché où je travaille». Là, j'ai compris qu'il fallait[15] réagir. J'ai pris mon manteau[16], j'ai claqué la porte[17], j'ai marché dans Strasbourg, et j'ai trouvé la solution.

---

7 le meuble das Möbelstück **8** l'usine *f.* die Fabrik **9** l'ouvrier *m.* / l'ouvrière *f.* der/die Arbeiter/in **10** ne plus jamais nie wieder
11 le médecin der Arzt / die Ärztin **12** poser sa candidature sich bewerben **13** la photo d'identité das Passbild
14 vide *adj. m./f.* leer **15** il fallait → il faut **16** le manteau der Mantel **17** claquer la porte die Tür zuschlagen

1 Lis ce début d'histoire et résume-le. ▶ Méthodes, p. 196/30

2 Fais un schéma sur la relation que les personnages ont entre eux.

3 a Comment est-ce que la mère de Malo caractérise son fils? Trouve la phrase correspondante dans le texte.

   b Dis si tu es d'accord avec elle. Justifie ta réponse à l'aide du texte.

4 Quelle pourrait être la solution que Malo trouve à la fin? Faites des hypothèses.

MODULE 5

🎧 Le français en classe

1 J'aimerais vous présenter ma chanson préférée. Il s'agit de «Africain à Paris» de Tiken Jah Fakoly. J'ai choisi cette chanson parce que j'aime bien la mélodie et les paroles.

2 Voilà la liste des mots inconnus que je vais utiliser dans ma présentation.

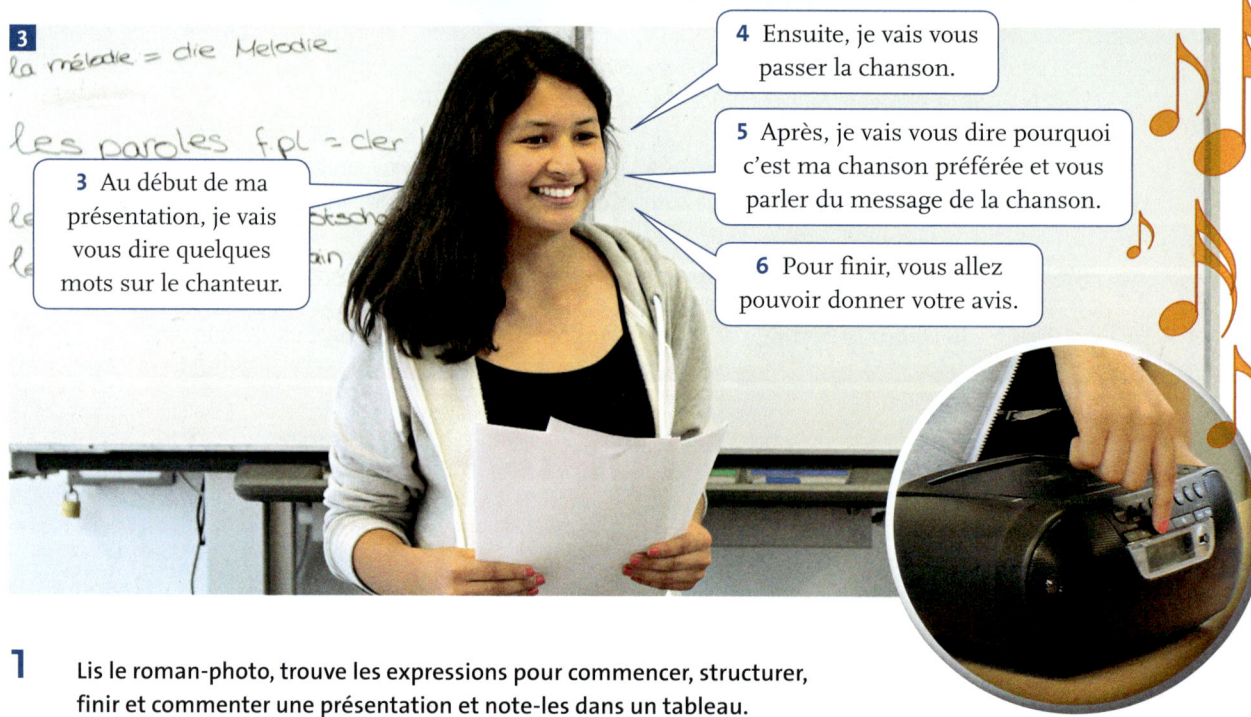

3 Au début de ma présentation, je vais vous dire quelques mots sur le chanteur.

4 Ensuite, je vais vous passer la chanson.

5 Après, je vais vous dire pourquoi c'est ma chanson préférée et vous parler du message de la chanson.

6 Pour finir, vous allez pouvoir donner votre avis.

✏️ **1** Lis le roman-photo, trouve les expressions pour commencer, structurer, finir et commenter une présentation et note-les dans un tableau.

commencer	structurer	finir	commenter
J'aimerais vous présenter ma chanson préférée.			

124 cent-vingt-quatre

2 a Écoute la présentation complète d'Anissa et réponds aux questions ci-dessous:
1. Qu'est-ce qu'Anissa dit sur Tiken Jah Fakoly?
2. Pourquoi est-ce que c'est sa chanson préférée?
3. Quel est le message de la chanson d'après Anissa?

b Écoute encore une fois et note les mots et les expressions sur le thème de la musique. Puis complète ta liste par d'autres mots et expressions que tu connais déjà.

3 À toi! Présente ta chanson préférée. Utilise tes notes. ▶ Méthodes, p. 188/15, 190/17 ▶ Mots pour le dire, p. 307

cent-vingt-cinq 125

Unité 6 Demain n'est pas loin

P F Tâches – au choix

Am Ende dieser Unité kannst du

A darüber diskutieren, was jemand nach der 10. Klasse machen will.

B ein Bewerbungsgespräch für ein Praktikum führen.

Compétences communicatives

Du lernst
- über Berufswünsche zu sprechen. (▶V1)
- über Schwierigkeiten der Berufsfindung zu sprechen. (▶V1, V2)
- Ratschläge zu geben und Wünsche zu äußern. (▶V1, V2)
- Möglichkeiten und Bedingungen auszudrücken. (▶V2)
- ein Bewerbungsschreiben und einen Lebenslauf zu verfassen. (▶V3)
- telefonisch auf eine Jobanzeige zu reagieren. (▶V3)

Dazu brauchst du z. B.
- das *conditionnel présent*.
- die Verneinung mit *rien ne ...* und *personne ne ...*
- den irrealen Bedingungssatz.
- *venir de* + Infinitiv und *être en train de* + Infinitiv.
- das Relativpronomen *lequel* mit Präposition.
- das Verb *croire*. ▶ Verbes, p. 178

Compétences interculturelles

- Du lernst die Funktion des *conseiller d'orientation* in französischen Schulen kennen.
- Du erfährst, wie man in Frankreich eine Bewerbung und einen Lebenslauf verfasst.
- Du erhältst Einblicke in die französische Arbeitswelt.

Méthodes et stratégies

Du lernst
- dich auf eine Sprechprüfung vorzubereiten.
- deinen mündlichen Ausdruck zu verbessern.
- einen Text als Modelltext zu nutzen.

A

B

C

1 a Quelles idées est-ce que Dounia et Adam ont pour leur avenir? Qu'est-ce qui compte pour eux? Écoute et prends des notes. ▶ Méthodes, p. 186/11

b À ton avis, quelle photo correspond le mieux à Dounia et laquelle à Adam? Justifie ta réponse.

2 À toi! Quelle photo te correspond le mieux? Explique aux autres.

6 VOLET 1

VOLET 2   VOLET 3   TÂCHES – AU CHOIX   EXERCICES SUPPLÉMENTAIRES

Projets d'avenir

Préparer la lecture

1 Quels mots et expressions connais-tu pour parler du monde du travail? Note-les dans un associogramme et complète-le au cours de l'unité 6.

1
Gaétan: Vous savez déjà ce que vous aimeriez faire après le bac?
Mia: Bof, non, moi, je n'en sais vraiment rien.
Léo: Je ne sais pas non plus … Je voudrais peut-être faire un truc avec des enfants, mais je ne voudrais surtout pas être prof.
5 **Mia:** C'est vrai que les enfants t'adorent. Ils veulent toujours jouer avec toi.
Gaétan: Et tu as déjà gardé des enfants?
Léo: Oui, bien sûr, mon cousin et ma cousine, très souvent.
Gaétan: Oui, mais dans la famille, ce n'est pas pareil! À ta place, je ferais d'abord du baby-sitting. Comme ça, tu gagnerais de l'argent, tu aurais déjà une expérience que tu pourrais mettre sur ton CV et puis tu verrais
10 si cela te plaît vraiment!
Léo: Ah oui, c'est une bonne idée! Et en plus, gagner un peu d'argent, ce serait bien parce que je dépense trop vite mon argent de poche.
Mia: Moi, comme je suis bilingue, tout le monde me dit que je devrais devenir traductrice, mais honnêtement, vous croyez vraiment que c'est un métier pour moi?
15 **Léo:** Je ne sais pas … Tu es bonne en langues, mais tu n'es pas mauvaise non plus dans les matières scientifiques …
Gaétan: C'est vrai, moi je te verrais bien ingénieure avec un gros casque. Tu construirais des trucs incroyables, tu parlerais avec les ouvriers dans toutes les langues. Tu pourrais aussi travailler dans le domaine de l'énergie, c'est un domaine où il y a du travail!
20 **Mia:** Merci, Gaétan! Tu nous donnes plein de bons conseils. Je crois que toi, tu devrais devenir conseiller d'orientation!
Gaétan: C'est gentil, mais j'ai déjà une autre idée. Je rêve d'avoir un restaurant à moi, peut-être un restaurant avec un hôtel.
Mia: Bien sûr, Gaétan! Il faut y croire!

> En troisième, tous les élèves ont un entretien avec un conseiller / une conseillère d'orientation, qui les aide à trouver leur orientation (métier, études …).

2
Enzo: Choisir un métier me stresse. J'ai quelques idées, mais rien ne me plaît vraiment.
Marina: Moi, je te trouve super créatif, Enzo. Pour moi, tu es un artiste! À ta place, je réfléchirais à un stage dans le domaine du
5 cinéma ou de la photo. Tu es vraiment doué pour photographier les gens, je trouve. Et regarde les vidéos que tu postes! Ce sont des œuvres d'art!
Enzo: Tu es gentille, Marina, et j'aimerais bien faire un truc dans cette direction, mais mes parents ne seront jamais d'accord! Pour eux, je dois devenir prof ou employé et avoir un salaire fixe. Ils voudraient surtout
10 que je gagne bien ma vie. L'argent, c'est tout ce qui compte pour eux!
Marina: Il ne faut pas baisser les bras! Tu peux leur montrer que ton projet est sérieux. N'oublie pas que c'est ta vie. Personne ne va aller travailler à ta place!
Enzo: C'est vrai, mais je ne sais pas comment faire. En plus, je ne connais personne dans ce domaine.
Marina: Écoute! Mon oncle travaille chez Arte, ici à Strasbourg. Tu pourrais peut-être y faire un stage?
15 Si ça te dit, nous pourrions aller le voir une fois ensemble.
Enzo: Tu ferais cela pour moi? Ce serait super sympa!

VOLET 1   VOLET 2   VOLET 3   TÂCHES – AU CHOIX   EXERCICES SUPPLÉMENTAIRES   **6**

3 Sasha: Tu sais déjà ce que tu veux faire plus tard?
Ayoub: Je voudrais faire comme mon voisin. Il travaille au Parlement européen et en plus, il s'engage dans une organisation internationale qui lutte pour les droits des réfugiés. Je trouve que c'est vraiment quelqu'un de bien. Je l'admire.
Sasha: C'est cool. Tu sais ce qu'il a fait comme études?
Ayoub: Je crois qu'il est avocat. Il a sûrement fait des études de droit.
Sasha: Il faudrait l'interviewer. Il pourrait peut-être te donner des conseils pour ton orientation.
Ayoub: C'est une bonne idée. Je vais y réfléchir … Bon, et toi, tu as des idées de métiers en tête?
Sasha: J'ai pensé à devenir médecin, mais les études durent très longtemps.
Ayoub: C'est vrai, mais je crois que tu serais un très bon médecin parce que tu sais écouter les gens. Je suis sûr que tu pourrais atteindre ton but!

Lire et comprendre

DELF 2 a Lis les textes. Quelle annonce pourrait intéresser quel/le jeune? Justifie ta réponse. Attention: Il y a une annonce en trop.

Gaétan   Mia   Léo   Enzo   Sasha   Ayoub

1 Vous vous intéressez à la politique? Vous voulez vous engager pour les habitants de votre ville? Nous offrons un stage de quatre semaines. Contacter la mairie de Strasbourg.

2 Tu aimerais faire tes propres films? Inscris-toi* à notre atelier de cinéma. Ordinateurs sur place. Maison de la culture et des jeunes

3 Cherche jeune (m./f.) à partir de 15 ans qui s'occupe de mon fils et de ma fille (3 et 6 ans) 2 fois par semaine. Contacter 06.37.38.42.XX

4 La techno et les sciences, c'est votre passion? Venez à notre soirée d'information sur les métiers d'avenir! Inscrivez-vous sur www.energie_verte.xy

5 Cherchons personne sympathique (étudiant/e ou élève) pour aider notre fils (11 ans) en maths et en allemand.

6 Tu te vois dans un métier où tu peux aider les gens? Les SVT, c'est une matière que tu aimes bien? Engage-toi à la Croix-Rouge française! Renseignements sur Internet.

7 Atelier cuisine pour tous les 13 à 17 ans qui veulent apprendre à faire des bons repas dans une bonne ambiance. Peu de places libres!

* **s'inscrire** sich anmelden

▶ p. 155

b Réponds aux questions suivantes.
1. Quels conseils est-ce que Gaétan donne à ses copains? (situation 1)
2. Quel est le problème d'Enzo? Comment est-ce que Marina veut l'aider? (situation 2)
3. Qu'est-ce que Sasha propose à Ayoub? (situation 3)

cent-vingt-neuf **129**

6

VOLET 1   VOLET 2   VOLET 3   TÂCHES – AU CHOIX   EXERCICES SUPPLÉMENTAIRES

Parler

3 **DELF** Et toi, qu'est-ce que tu voudrais faire plus tard? Qu'est-ce que tu ne voudrais surtout pas faire? Et pourquoi? Faites le tour de la classe, posez ces questions à vos camarades et répondez à leurs questions.

Je voudrais devenir Je ne voudrais surtout pas devenir Je me verrais bien	avocat/e, éducateur/-trice, ingénieur/e, journaliste, médecin, musicien/ne, professeur/e de ____, ____	parce que ____.
Je voudrais travailler dans le domaine de	la mode, la nature, la publicité, la nourriture, l'architecture, l'informatique, le sport, le cinéma, ____	

Découvrir

4 a Übersetze die beiden Sätze.
Worin besteht der Bedeutungsunterschied?

b Finde im Text S. 128–129 weitere Beispielsätze mit dem *conditionnel présent*. Wie werden die Formen des *conditionnel présent* gebildet?

1 À ta place, je **parlerais** à mes parents.
2 Demain, je **parlerai** à mes parents.

S'entraîner

5 À tour de rôle, donnez des conseils à ces jeunes. Utilisez *Moi, à ta place, je* + conditionnel présent.
▶ Grammaire, p. 175/37

1 Je rêve de passer un an au Québec, mais ça coûte très cher.
2 Je suis créative. Ma matière préférée, ce sont les arts plastiques.
3 Je voudrais lutter contre la pauvreté.
4 Je ne sais pas du tout ce que je pourrais faire après le bac.
5 Je voudrais voyager, voir d'autres pays et cultures.
6 Je me verrais cuisinière mais je ne suis pas encore sûre.
7 Moi, j'aime bouger et être dehors.
8 Je rêve de travailler au Parlement européen.

faire un stage à/dans/chez ____   *travailler* pendant les vacances   *participer* à un échange
aller chez le conseiller d'orientation   *faire* des études de ____   *parler* à ____
devenir ____   *choisir* un métier commercial/créatif/____   ____

VOLET 1   VOLET 2   VOLET 3   TÂCHES – AU CHOIX   EXERCICES SUPPLÉMENTAIRES   **6**

6 a   Aurélie a des problèmes. Explique pourquoi.
Utilise *personne ne …* et *rien ne ….*   ▶ Grammaire, p. 176/38
Exemple: Rien ne lui plaît.

> lui *plaire*   lui *donner* des conseils
> l'*encourager*   l'*inviter*   la *comprendre*
> l'*intéresser* vraiment   *marcher*
> se *passer* comme elle veut   l'*aider*
> *changer* dans sa vie   lui *parler*
> *être* facile pour elle   *penser* à elle

b   Écris un message à Aurélie et donne-lui au moins cinq conseils. Utilise le conditionnel présent.   ▶ Grammaire, p. 175/37

Écouter et comprendre

7 a   Écoute la discussion entre Samantha et ses parents. De quel sujet parlent-ils? Réponds brièvement.

DELF   b   Samantha a écrit à un magazine pour jeunes. Lequel des trois messages ci-dessous est de Samantha? Justifie ta réponse.

1
Avec mon argent de poche, je dois payer presque tous mes vêtements. Quand mes copains vont au cinéma, souvent, je ne peux pas les accompagner parce que je n'ai plus assez d'argent. C'est idiot. Aidez-moi à trouver une solution.   **S., 16 ans**

2
Je n'ai pas assez d'argent de poche. Mes parents ne veulent pas me donner plus. Ma mère m'a proposé de travailler pour gagner de l'argent. Mais mon père n'aime pas cette idée. Que faire?   **Anonyme**

3
Mes parents me donnent 30 euros par mois. J'aimerais trouver un travail et gagner assez d'argent pour pouvoir m'acheter un nouveau portable. Mes parents sont d'accord, mais je ne sais pas du tout quoi faire comme travail.   **Sam**

Vocabulaire et expression

8   Complète ton associogramme de l'exercice 1 par les mots et expressions que tu as appris dans le texte, p. 128–129.

9   Trouve dans le texte, p. 128–129, des expressions pour
– dire ce qu'on (ne) veut (pas) faire plus tard.
– dire qu'on n'a pas encore de projets d'avenir ou qu'on n'est pas encore sûr.
– encourager quelqu'un (à faire ce qu'il/elle veut).
– dire à quelqu'un qu'on trouve bien ce qu'il/elle dit.

Écrire

10   As-tu déjà des idées pour ton avenir? Raconte. Tu peux utiliser les expressions de l'exercice 9.

cent-trente-et-un   131

6

VOLET 1   VOLET 2   VOLET 3   TÂCHES – AU CHOIX   EXERCICES SUPPLÉMENTAIRES

Méthodes et stratégies: Eine Sprechprüfung vorbereiten ▶ Méthodes, p. 191/20

11 a In einer Sprechprüfung kommt es unter anderem darauf an, zu einem gegebenen Gesprächsthema in einer begrenzten Zeit Ideen und Inhalte zu entwickeln, um das Gespräch zu meistern. Das kann man trainieren! Lies dazu die Strategien im Methodenteil und wende sie in **b** an.

b Au choix! Wähle drei der folgenden Wörter <u>oder</u> Bilder und denke dir dazu eine Minigeschichte aus. Formuliere mindestens vier Sätze und erzähle die Geschichte deinem Partner / deiner Partnerin.

le portable   travailler
en retard   la voisine
observer   un vélo
la pluie   oublier

1  2  3  4 5 6

Parler

12 À deux, discutez de votre avenir. Parlez de vos points forts et de vos rêves. Inspirez-vous des photos.

▶ Banque de mots, p. 203   ▶ Mots pour le dire, p. 300

J'ai pensé à devenir ____.   L'avantage, c'est ____.   Je te verrais bien ____.
J'aimerais faire ____.   Les inconvénients, ce sont ____.   Tu es capable de ____.
____, ça m'intéresse.   Par contre, je trouve cela ____.   Je crois que toi, tu ____.
Mon truc, c'est ____.   C'est vrai, mais je pense que ____.
Je suis sûr/e que tu pourrais atteindre ton but.

| VOLET 1 | **VOLET 2** | VOLET 3 | TÂCHES – AU CHOIX | EXERCICES SUPPLÉMENTAIRES | **6** |

🎧 Chez le conseiller d'orientation

Préparer la lecture / l'écoute

1 a Es-tu déjà allé/e chez un conseiller ou une conseillère d'orientation? ▶ Civilisation, p. 201
Si oui: Comment est-ce que cela s'est passé? Raconte.
Si non: Quelles questions aimerais-tu lui poser?

b Survole les textes ci-dessous et p. 134. À ton avis, de quoi s'agit-il? Justifie ta réponse.

> Les élèves de troisième D font un projet sur le thème de l'orientation avec leur professeur de français.
> Il leur a donné des idées pour préparer leur rendez-vous avec le conseiller d'orientation la semaine prochaine
> et pour trouver les points forts de chacun.

Quelles sont tes formes d'intelligence?

Il existe différentes formes d'intelligence. Bien sûr, chacun peut avoir plusieurs intelligences et tu peux choisir plusieurs réponses. Connaître tes différentes formes d'intelligence peut t'aider à trouver le métier que tu veux faire plus tard. Fais le test!

 1. Tu sais bien expliquer les choses, tu es bon/bonne en langues, tu aimes raconter des blagues? Ton truc, ce sont les mots et les histoires. → Tu pourrais devenir journaliste, vendeur/vendeuse ou humoriste.

 2. Tu es plutôt calme, tu aimes réfléchir à la vie et aux expériences que tu as faites? Tu te connais bien toi-même? Ton domaine, c'est la recherche. → Tu pourrais devenir professeur/e de philosophie ou bien auteur/e.

 3. Tu aimes le travail en équipe, tu sais écouter et tu t'intéresses aux problèmes d'autres personnes? Ton domaine, c'est aider les autres. → Tu pourrais travailler dans un hôpital psychiatrique ou devenir infirmier/infirmière, médicin, éducateur/éducatrice ou organisateur/organisatrice de rencontres internationales.

 4. Tu aimes trouver des solutions aux problèmes, jouer aux échecs ou programmer des trucs en informatique? Ton point fort, ce sont les nombres et l'organisation de l'information.
→ Tu pourrais travailler dans le domaine de l'économie ou devenir policier/policière ou concepteur/conceptrice de jeux vidéo.

 5. Tu aimes faire des dessins, tu comprends des plans en 3D et tu utilises des couleurs pour expliquer les choses? Ton truc, ce sont les images. → Tu pourrais travailler dans le domaine de la télévision, des arts ou de l'architecture.

 6. Tu écoutes plein de chansons, tu joues d'un instrument et tu as le sens du rythme? Tu es doué/e pour la musique. → Tu pourrais devenir musicien/ne, ingénieur/e du son, prof de musique ou organisateur/organisatrice de festivals.

 7. Tu aimes bouger, travailler avec tes mains ou faire du théâtre? → Tu pourrais devenir artisan/e, acteur/actrice, ou alors cuisinier/cuisinière.

 8. Tu aimes te promener, tu t'intéresses aux animaux, et si tu pouvais choisir, tu préférerais travailler dehors? Ton domaine, c'est la nature. → Tu pourrais devenir guide en montagne ou travailler dans un zoo, dans un jardin, dans la forêt ou dans le domaine de l'agriculture.

6

VOLET 1 | **VOLET 2** | VOLET 3 | TÂCHES – AU CHOIX | EXERCICES SUPPLÉMENTAIRES

Si j'étais … *Atelier 2*

Choisissez trois ou quatre mots et décrivez-vous: Formez des phrases qui commencent par «si j'étais» + le mot choisi. Les autres peuvent participer et donner des idées. À la fin, chacun/chacune écrit un petit texte avec les idées qu'il ou elle a eues.

un animal	une couleur	une œuvre d'art
une chanson	un objet	un monument
une ville	un sport	un personnage célèbre

Si j'étais une couleur, je serais le vert parce que je suis écolo.
Si j'étais un animal, je serais un lion parce que les lions sont forts et indépendants.
Si j'étais un personnage célèbre, je serais Jacques Cartier parce que je suis curieuse et que j'aime voyager.

Surtout pas ça! *Atelier 3*

Parfois c'est plus facile de savoir ce qu'on ne veut surtout pas. Note tout ce que tu ne veux pas faire ou devenir! Cela va t'aider à trouver ce que tu veux faire.
- *Je ne veux pas travailler seul!*
- *Je ne veux pas vivre au même endroit toute ma vie!*
- *Je ne veux pas travailler dans un bureau!*
- *Je ne veux pas faire la même chose que mes parents!*

Dessine ta vie dans 10 ans *Atelier 4*

Lire, écouter et comprendre

2 a Fais les ateliers 1 (p. 133) et 2. Pour l'atelier 2, tu peux utiliser un dictionnaire bilingue. ▶ Méthodes, p. 184/2

Prends une nouvelle feuille pour chaque atelier et n'écris pas ton nom dessus.

b Au choix: Fais l'atelier 3 ou 4.

c Rassemblez vos résultats des ateliers 2, 3 et 4. Présentez les résultats à tour de rôle et devinez qui en est l'auteur/e.

3 a Écoute le dialogue entre Marina et le conseiller d'orientation et trouve les points forts et les intérêts de Marina. Prends des notes. ▶ p. 156

b Quel métier est-ce que le conseiller d'orientation propose à Marina? Nomme-le.

c Écoute encore une fois. Donne toutes les informations que tu comprends sur ce métier.

d Résume l'entretien de Marina chez le conseiller d'orientation. ▶ p. 156

Parler

4 Jouez au jeu des métiers. Choisis un métier que les autres doivent trouver.
Exemple:
A: Ça y est, j'ai choisi un métier.
B: Est-ce que tu as fait des études?
A: Non.
C: Est-ce que tu es créative?
A: Oui.
D: …

De quels métiers parler? ▶ Volet 1, ex. 1 et 8
▶ Banque de mots, p. 202 ▶ Liste des mots, p. 255

travailler dans un bureau / dehors / en équipe
faire des études (de droit / d'informatique / ___)
être autonome / créatif / curieux / bilingue / ___
s'occuper d'animaux / d'un jardin / ___
aider les enfants / les malades / les pauvres / ___
___

| VOLET 1 | **VOLET 2** | VOLET 3 | TÂCHES – AU CHOIX | EXERCICES SUPPLÉMENTAIRES | **6** |

Découvrir / Comparer les langues

5 a Regarde les deux dessins et lis les bulles. Quelle bulle correspond à quel dessin? Justifie ta réponse.

1 Si je peux, je viendrai.

2 Si je pouvais, je viendrais.

b Betrachte die folgenden Sätze. Welche Verbform wird im „si"-Satz, welche im Hauptsatz verwendet? Formuliere eine Regel.
1. Si j'**étais** un animal, je **serais** un lion et je **mangerais** de la viande.
2. Nous **irions** à la plage si nous **avions** le temps.

c Vergleiche den französischen Satz mit seiner englischen Entsprechung. Was stellst du fest?
S'il **faisait** beau, on **irait** à la plage.
If the weather **was** fine, we **would go** to the beach.

 d Vergleicht die Sätze von **c** mit ihrer deutschen Übersetzung. Was fällt euch auf?

e Complète les phrases. Utilise l'imparfait et le conditionnel présent.
1. Si Max ❓ (*pouvoir*) choisir, il ❓ (*travailler*) avec ses mains.
2. Si je ❓ (*vivre*) près de la mer, je ❓ (*pouvoir*) faire du surf tous les jours.
3. Je ❓ (*sortir*) plus souvent si on ❓ (*avoir*) un chien.
4. Qu'est-ce que tu ❓ (*faire*) si tu n'❓ (*avoir*) pas cours aujourd'hui?

S'entraîner

 **6 a** Qu'est-ce que tu ferais si …? Pose des questions à ton/ta partenaire et réponds à ses questions.
▶ Grammaire, p. 176/39   ▶ p. 156
Qu'est-ce que tu ferais …
1. … si tu avais trois mois de vacances?
2. … si tu n'avais peur de rien?
3. … si tu ne passais pas ton bac?
4. … si tu étais très riche?
5. … si tu pouvais réaliser ton rêve?
6. … si tu quittais l'école après la troisième?

 b Jouez à quatre.
1. Chacun/e écrit une proposition subordonnée avec *si* + *imparfait* sur une feuille.
2. Pliez* votre feuille et passez-la à votre voisin/e.
3. Ensuite, chaque élève écrit une proposition principale au conditionnel présent.
4. Recommencez trois fois.
5. Puis lisez les phrases et présentez la phrase la plus originale à la classe.

* **plier qc** etw. (nach hinten) knicken

6

VOLET 1 | **VOLET 2** | VOLET 3 | TÂCHES – AU CHOIX | EXERCICES SUPPLÉMENTAIRES

Vocabulaire et expression

7 a Complète ton associogramme sur le thème du travail (▶ p.128/1) par les nouvelles expressions du texte (p. 133–134).

b Complète les mini-dialogues par un mot de la même famille que le mot surligné.
1. – Tony m'a **répondu** hier seulement. – Ah oui, il faut toujours attendre un peu sa ?.
2. – Tu vas à une ? internationale de jeunes artistes?
   – Oui. J'espère y **rencontrer** plein de gens intéressants.
3. – Tu aimes beaucoup ta ?? – Oui, et si je vivais sans ma famille je serais sûrement plus **libre**.
4. – Je rêve de devenir **peintre**. – Tu ? depuis combien de temps?
5. – Ma matière préférée, ce sont les **sciences**. – Alors, tu devrais faire un métier ?.
6. – Ta sœur a vraiment beaucoup d'**humour**. J'adore les sketchs qu'elle invente.
   – Oui, moi aussi. Elle veut devenir ?.

8 a Regarde les dessins et les expressions. Quelle expression correspond à quelle situation? Pour une des situations, deux expressions sont possibles.

> Assieds-toi. / Asseyez-vous.
> Je t'en prie. / Je vous en prie.   Ça a l'air intéressant.
> Ce n'est pas grave.   Tiens./Tenez.

b Réutilisez les expressions de a dans d'autres mini-situations et jouez-les.

Regarder et comprendre

9 a Tu vas regarder un court métrage* dont le titre est *Je suis orientée*. Qui pourrait dire cela et pourquoi? Fais des hypothèses.

* *le court métrage* der Kurzfilm

b Maintenant, regarde le court métrage et dis ce que Léna veut devenir plus tard. Comment est-ce que la conseillère d'orientation réagit à son projet d'avenir?

c Est-ce que la conseillère d'orientation a pu aider Léna? Discutez.

Méthodes et stratégies: Den mündlichen Ausdruck verbessern ▶ Méthodes, p.186/12.3

10 Du kannst deinen mündlichen Ausdruck und das flüssige Sprechen mit einer Übung aus dem darstellenden Spiel, dem „sprechenden Schatten" («l'ombre parlante»), verbessern. Lies dazu die Tipps im Methodenteil und wende die Strategie in Aufgabe 11b an.

Parler

11 a Lis le dialogue du film, puis regarde encore une fois le court métrage. ▶ cornelsen.de/webcodes: niseta

b Travaillez à quatre. Imaginez les monologues intérieurs de Léna et de la conseillère d'orientation et écrivez-les. Puis répartissez les rôles (Léna, la conseillère d'orientation, les deux ombres parlantes) et jouez la scène. Les autres évaluent votre présentation. ▶ Méthodes, p. 191/18 ▶ Mots pour le dire, p. 307

Le stage de troisième

> Je dois bientôt faire un stage en entreprise et je ne sais pas comment poser ma candidature. Pourriez-vous m'aider, s'il vous plaît?

Toi aussi, tu es en troisième et tu vas bientôt faire un stage?

Magajeunes

Voici quelques tuyaux pour réussir ta candidature.

❶ Ta lettre de motivation

Elle doit donner envie à l'employeur de t'inviter à un entretien d'embauche! Alors, n'attends pas jusqu'au dernier moment pour l'écrire.

Victor Schneider
33 avenue des Vosges
67 000 Strasbourg
V.Schneider@enligne.xy

Là, tu donnes toutes tes coordonnées. L'employeur doit pouvoir te rappeler. Attention à ton adresse mail: donne une adresse sérieuse, ne mets pas superheros@blablamail.xy

Hôtel des Européens
15 avenue d'Alsace
67 000 Strasbourg

15 novembre 2019

Objet: Demande de stage en entreprise en classe de 3e du 2 au 6 mars 2020

Madame, Monsieur,

Élève de troisième au collège Foch de Strasbourg, je suis actuellement à la recherche d'un stage en entreprise et voudrais poser ma candidature dans votre hôtel.
Né à Strasbourg, je connais très bien la ville et pourrais facilement donner des conseils aux touristes. Je m'intéresse particulièrement au travail à la réception, mais le travail au restaurant me plaît aussi.

Là, tu parles de tes points forts. Tu peux en rajouter. Mais n'exagère pas trop quand même.

Je viens de faire ma première expérience professionnelle dans le domaine du service pendant les vacances d'automne: j'ai travaillé pendant les vendanges chez mon oncle et ma tante. Avec trois autres personnes, nous avons organisé les repas pour les 25 ouvriers qui participaient aux vendanges. J'ai beaucoup aimé le travail en équipe et j'ai appris à m'organiser. En plus, les gens pour lesquels nous faisions la cuisine venaient de différents pays. C'était une expérience très enrichissante.

Je serais content de pouvoir utiliser mes connaissances en langues étrangères avec les clients. Je suis actuellement en train de préparer l'examen Goethe-Zertifikat niveau B1 en allemand. En plus, j'ai un bon niveau en anglais et je viens de commencer l'espagnol.

Là, tu parles de tes expériences et tu montres à l'employeur que tu es motivé/e et que tu as le profil idéal.

Je serais très heureux de pouvoir faire mon stage dans votre hôtel. J'espère que ma candidature vous intéresse et que je pourrais bientôt vous rencontrer.

Dans l'attente de votre réponse, je vous prie de bien vouloir recevoir, Madame, Monsieur, mes salutations respectueuses.

Et tu signes.

Victor Schneider

Enfin, tu fais la liste des documents que tu envoies avec ta lettre motivation.

pièce jointe: CV

6

VOLET 1   VOLET 2   **VOLET 3**   TÂCHES – AU CHOIX   EXERCICES SUPPLÉMENTAIRES

2 Ton CV

Le CV (= curriculum vitae), c'est un peu le film de ta vie en quelques mots.

Victor Schneider
33 avenue des Vosges
67 000 Strasbourg
V.Schneider@enligne.xy

Né le 27 septembre 2004 à Strasbourg.

Formation

Études   Depuis 2016 Collège Foch à Strasbourg

Langues   Allemand (Niveau B1)
               2018 échange d'une semaine avec une classe de Munich
               Depuis 2016 cours de langue et culture régionales
               (je comprends l'alsacien)
               Anglais (Niveau A2)
               Espagnol (quelques mots)

Expérience professionnelle

Avril 2019   Découverte du travail en entreprise en quatrième
               (trois jours)

Octobre 2019   Aide à la préparation des repas pendant les vendanges
               (deux semaines)

Hobbys

J'aime faire la cuisine et je joue au basket dans un club.

Ne prends pas une photo de vacances mais une photo d'identité sur laquelle tu souris. Ça fait plus sympa et aussi plus professionnel.

Si, après trois semaines, tu n'as pas de réponse, téléphone pour demander s'ils ont reçu ta candidature. Et surtout pense à envoyer plusieurs candidatures en même temps, tu auras plus de chances de réussir!

Lire et comprendre

1. a Avant la lecture: Regarde les deux pages 137–138. Dis de quoi il est question dans cet article de *Magajeunes*. Tu peux répondre en allemand.

   b Lis les documents et réponds aux questions.
      1. Pour quelle sorte de stage est-ce que Victor pose sa candidature?
      2. Quels sont les arguments de Victor dans sa lettre de motivation?
      3. Comment dit-on «Formation» et «Expérience professionnelle» dans un CV en allemand?

| VOLET 1 | VOLET 2 | **VOLET 3** | TÂCHES – AU CHOIX | EXERCICES SUPPLÉMENTAIRES | **6** |

Écouter et comprendre

2 a Trois semaines plus tard, Victor n'a pas reçu de réponse. Il appelle l'hôtel.
Écoute et dis pourquoi Victor doit rappeler une deuxième fois. ▶ p. 156

b Avant d'écouter la suite, faites des hypothèses. Quelles questions est-ce que la patronne pourrait poser à Victor?

c Écoute la suite. Comment est-ce que Victor se présente et quels arguments donne-t-il pour obtenir le stage?

d Décris comment la patronne réagit aux arguments de Victor.

Parler

3 Lis les petites annonces. À quelle annonce est-ce que tu répondrais? Pourquoi? Explique à ton/ta partenaire.

1 Cherchons jeune (à partir de 15 ans) qui aide notre fils à faire ses devoirs (surtout allemand et maths, niveau 6ᵉ).
Appelez le 07 62 06 29 XX

2 Ferme[1] à 60 km de Strasbourg cherche jeunes pour faire les vendanges du 25 septembre à fin octobre. 8 euros de l'heure, repas et camping à la ferme.
Contactez murielle.buschinger@viticulture-alsace.xy

3 Famille cherche baby-sitter pour s'occuper de Maëlle (3 ans) et Louis (5 ans et demi) du 25 juillet au 15 août dans sa maison de vacances près d'Avignon. 200 euros d'argent de poche.
01 81 78 23 XX

4 Magasin bio au centre-ville de Strasbourg cherche jeunes (élèves ou étudiants) pour aider à la vente[2] le samedi de 9 à 13 h. 8,50 € / heure.
Adressez-vous à lavieverte@citron.xy

1 **la ferme** der Bauernhof   2 **la vente** der Verkauf

S'entraîner

4 a Regarde la photo. Qu'est-ce que les personnes sont en train de faire? Utilise *être en train de* + infinitif.

b Qu'est-ce que ces personnes viennent de faire? Imagine. Utilise *venir de* + infinitif. ▶ p. 156

5 Des jeunes parlent de leurs expériences dans le domaine du travail.
Forme des phrases avec une préposition + *lequel*. Parfois, il y a plusieurs possibilités. ▶ Grammaire, p. 176/40

L'entreprise			je peux compter.
Les gens			je voudrais poser ma candidature.
C'est le restaurant			j'ai de la passion.
J'ai une patronne / un collègue	avec	lequel	j'ai travaillé s'appelle Art et Compagnie.
Acteur, c'est un métier	dans	laquelle	je travaille sont super.
L'allemand et l'anglais sont des langues	pour	lesquels	je ne pourrais pas faire ce stage.
Médecin ou avocat, ce sont des métiers	sans	lesquelles	tu souris.
Choisis une photo	sur		tu es doué/e.
Fais ton stage dans un domaine			on peut aussi rigoler.
			on peut bien gagner sa vie.

cent-trente-neuf 139

6

VOLET 1   VOLET 2   **VOLET 3**   TÂCHES – AU CHOIX   EXERCICES SUPPLÉMENTAIRES

Méthodes et stratégies: Einen Text als Modelltext nutzen ▶ Méthodes, p. 195/27.1

6 a Wenn du einen Text schreiben willst, kann es hilfreich sein, auf einen Modelltext zurückzugreifen. Lies die Hinweise im Methodenteil und wende sie in b an.

b Tu veux poser ta candidature pour un stage de deux semaines, par exemple dans un café ou dans un magasin de vêtements. Écris une lettre de motivation et ton CV. Prends les textes, p. 137–138, comme modèle.

Médiation

7 Tu as trouvé cette annonce et cela t'intéresse. Écris un message à ton/ta corres et propose-lui de faire cette formation avec toi. Explique-lui le but et les différentes parties* de la formation. Dis aussi si c'est payant et quand vous pourriez commencer la formation.

* la partie   der Teil

> Sprichst du Französisch und interessierst dich für Frankreich? Es gibt eine zweisprachige Ausbildung für junge Leute aus Deutschland und Frankreich, die in beiden Ländern oder bei internationalen Begegnungen als Jugendleiter/in tätig sein wollen. Sie heißt *BAFA – Juleica*. Du kannst dich auf der Seite des DFJW informieren.

Du bist mindestens 17 Jahre alt und kannst dir vorstellen, Ferienfreizeiten für Kinder und Jugendliche zu betreuen? In der Ausbildung erwirbst du die notwendigen Kompetenzen, um auch deutsch-französische bzw. internationale Jugendbegegnungen zu betreuen.

Dabei erlangst du sogar eine doppelte Zertifizierung, da die Ausbildung den in beiden Ländern geltenden gesetzlichen Bestimmungen entspricht.
Du erwirbst also sowohl die deutsche Jugendleiter/in-Card (Juleica) als auch das französische Pendant, das *Brevet d'aptitude à la fonction d'animateur (BAFA)*.

Die deutsch-französische Weiterbildung ist zweisprachig organisiert, partizipativ und interkulturell. Zunächst werden dir im achttägigen Grundkurs in Frankreich anschaulich theoretische Kenntnisse vermittelt, bevor es für dich anschließend ins spannende Praktikum geht. Danach findet noch ein Vertiefungskurs von sechs bis sieben Tagen in Deutschland statt.

Schwerpunkte liegen auf interkulturellem Lernen, Teamarbeit und Sprachanimation.
Du lernst viel über die Kinderbetreuung und Jugendbegegnungen sowie über die verschiedenen Strukturen und Betreuungsformen in beiden Ländern und wirst so optimal auf deine spätere Rolle als internationale Jugendleiterin bzw. -leiter vorbereitet.

Es kann eine Teilnahmegebühr anfallen, die du von unseren Partnerorganisationen erfährst.

Vocabulaire et expression

8 Sois diplomate. Reformule les phrases. Utilise le conditionnel. Il y a parfois plusieurs possibilités. ▶ Grammaire, p. 175/37

1. Je veux faire du baby-sitting dans votre famille.
2. Il faut que tu travailles plus vite.
3. Tu dois faire un métier sérieux.
4. Il faut faire un effort!
5. Je ne veux pas travailler le soir!
6. Tu dois interviewer ton voisin.
7. Je veux faire un stage dans votre entreprise.
8. Il faut choisir une belle photo.

Exemple:

Je voudrais faire du baby-sitting dans votre famille.

Koop 9 Sammelt alle Ausdrücke, die man für ein Telefongespräch braucht. Hört dazu noch einmal die beiden Gespräche an, die Victor führt (▶ p. 139/2). Arbeitet in Dreiergruppen. Jede/r achtet auf eine der drei Personen (Victor, Hotelangestellter, Hotelchefin). Ihr benötigt diese Ausdrücke für die Aufgabe 10.

Victor
- Wie meldet er sich jeweils am Anfang der Telefonate?
- Wie formuliert er den Grund seines Anrufs?
- Wie sagt er, dass er die Hotelchefin sprechen möchte?
- Wie verabschiedet er sich?

la patronne
- Wie fragt sie, mit wem sie spricht?
- Wie bestätigt sie Victor den Termin für ihr Treffen?
- Wie verabschiedet sie sich?

l'employé
- Wie meldet sich der Hotelangestellte, als er den Hörer abnimmt?
- Wie bittet er Victor, später noch einmal anzurufen?
- Wie sagt er, dass Victor nach Frau Mœglin fragen solle?
- Wie sagt er, dass er Victor mit der Chefin verbindet?

Parler

10 Tu cherches un job pour les vacances ou le week-end? Travaillez à deux et choisissez une annonce dans l'exercice 3, p. 139. Préparez l'appel téléphonique* entre vous et l'employeur / l'employeuse et jouez-le. Vous pouvez utiliser les expressions de l'exercice 9.

▶ Mots pour le dire, p. 301   ▶ Méthodes, p. 186/12

* l'appel téléphonique *m.* das Telefongespräch

6 TÂCHES – AU CHOIX

VOLET 1   VOLET 2   VOLET 3   EXERCICES SUPPLÉMENTAIRES

A Discutez à deux sur l'avenir d'un de vos copains / d'une de vos copines de classe.

> Il/Elle veut arrêter l'école à la fin de l'année pour
> – devenir acteur/actrice ou
> – faire une carrière de footballeur/footballeuse.
>
> Qu'est-ce que vous pensez de cette idée? Trouvez des arguments pour et contre. Préparez aussi votre réaction aux arguments de votre partenaire et réfléchissez à des compromis possibles. Qu'est-ce que vous conseilleriez à votre copain/copine? ▶ Méthodes, p. 188/14

B Des entretiens d'embauche pour un stage

Faites deux groupes. Le premier groupe joue le rôle des patrons, le deuxième groupe joue le rôle des candidats.

> **Avant les entretiens:**
> – Il y a des fiches pour les patron(ne)s et des fiches pour les candidat(e)s. Chaque élève choisit une fiche (▶ cornelsen.de/webcodes: niseta). Sur la fiche, vous lisez ce que vous devez faire pendant l'entretien. Puis préparez l'entretien d'embauche.
>
> **Pendant les entretiens:**
> – Chaque patron/ne rencontre trois candidat(e)s et chaque candidat/e se présente à trois patron(ne)s. Prenez des notes. Changez de partenaire toutes les deux minutes.
>
> **Après les entretiens:**
> – Chaque candidat/e choisit le stage qu'il/elle préfère et chaque patron/ne choisit son/sa candidat/e préféré/e. Présentez et expliquez votre choix en classe.

Tu cherches des expressions qui peuvent t'aider? ▶ Exercices, p. 139/2, p. 141/10

Exemples de fiches:

> Tu cherches une place pour un stage dans une auberge de jeunesse.
>
> Prépare ton entretien.
> – Présente-toi.
> – Dis pourquoi tu t'intéresses à ce stage.
> …

> Tu es le patron / la patronne d'une auberge de jeunesse.
>
> Fais le profil de ton auberge de jeunesse.
> – Où est-ce que ton auberge se trouve? (quelle région? près d'une ville / à la montagne / au bord de la mer?)
> – Combien de places?
> …

1 Bonjour, Mademoiselle.

2 Bonjour, Monsieur. Je m'appelle Franziska Wagner. J'ai quinze ans et je suis en classe de troisième au «Karolinen-Gymnasium» à Rosenheim. Je voudrais faire un stage dans votre auberge de jeunesse.

3 Pourquoi est-ce que vous vous intéressez particulièrement à notre auberge de jeunesse?

4 Ce qui m'intéresse surtout, c'est _____.

| VOLET 1 | VOLET 2 | VOLET 3 | TÂCHES – AU CHOIX | **EXERCICES SUPPLÉMENTAIRES** | **6** |

▶ Volet 1 **1** **Révision:** Des jeunes parlent des prochaines vacances. Qu'est-ce qu'ils disent? Utilise le futur simple. ▶ Pense-bête, p. 313

1 Je / *trouver* / un stage et je / *gagner* / un peu d'argent.

2 Mon copain et moi, nous / *aller* voir / nos corres en Allemagne.

3 Avec mes cousins, nous / *se retrouver* / chez nos grands-parents.

4 Je / *partir* / dans une colo et je / *faire* / beaucoup de sport.

5 Et toi, qu'est-ce que tu / *faire* ?

2 Comment ce serait sans …? Imagine. Utilise le conditionnel présent. ▶ Grammaire, p. 175/37

Sans portables, ce serait un peu ennuyeux, mais les gens se parleraient peut-être plus.

sans portables	sans chocolat
sans amis	sans livres
sans vélo	sans _____

3 a Fais une fiche pour le verbe *croire*. ▶ Verbes, p. 178

b Complète les phrases par les bonnes formes du verbe *croire*.
1. Marie dit la vérité. Je la ? .
2. Vous ? que médecin est un bon métier pour moi?
3. ? -moi, tu es super sur cette photo.
4. Lucien ? qu'il pourra faire un stage à la piscine.
5. Est-ce que tu ? que je vais obtenir ce stage?
6. Mes parents ? que ma vie est facile.

c Forme des phrases. Il y a plusieurs possibilités. ▶ Verbes, p. 178

| Je
Tu
Emma/Léo
Nous
Vous
Mes copains | (ne) | *atteindre*
peindre | (pas) | mon/ton/son/_____ but.
ma/ta/sa/_____ chambre en bleu.
un tableau?
le parc à pied.
ce que je veux / tu veux / _____
_____ . |

Solutions ▶ www.cornelsen.de/webcodes: niseta

6 EXERCICES SUPPLÉMENTAIRES

VOLET 1   VOLET 2   VOLET 3   TÂCHES – AU CHOIX

4 Écrivez un dialogue et utilisez un maximum des expressions ci-dessous. Puis, jouez le dialogue.

> Tu es vraiment doué/e pour ___.   Moi, je te trouve ___.
> Je crois que tu serais un très bon ___/une très bonne ___.
> Je suis sûr/e que tu pourrais atteindre ton but!   Ce serait super sympa!
> Je n'en sais rien.   Ça me stresse.   Je vais y réfléchir!
> Rien ne me plaît vraiment!   Je te verrais bien ___.
> À ta place, je ___!   Il ne faut pas baisser les bras!   Il faut y croire!

Apprends ces expressions par cœur. Elles peuvent toujours te servir.

5 a À tour de rôle, décrivez les photos à votre partenaire. Il/Elle devine le métier. A commence.   ▶ B, p. 159

un/une documentaliste

un serveur / une serveuse

un/une guide

> Sur ma première/___ photo, je vois / il y a quelqu'un qui ___.

b Puis, trouvez le métier dont vous voyez tous les deux une photo.

▶ Volet 2

6 **Grammaire mixte:** Imagine ce que disent ces personnes.
Utilise des propositions conditionnelles réelles ou irréelles.
▶ Grammaire, p. 173/30, 176/39

si-Satz	Hauptsatz
présent →	futur simple/présent
imparfait →	conditionnel présent

Exemple: 1. S'il faisait chaud, j'irais à la plage.

faire chaud / *aller* à la plage

ne pas *pleuvoir* / *pouvoir* jouer dehors

avoir de la chance / *repartir* avec ce chien

rater le bus / *devoir* rentrer à pied

ça *continuer* / *rentrer* à Lyon

se partager les tâches ménagères / *manger* mieux

Solutions ▶ www.cornelsen.de/webcodes: niseta

| VOLET 1 | VOLET 2 | VOLET 3 | TÂCHES – AU CHOIX | EXERCICES SUPPLÉMENTAIRES | **6** |

7 a Écoute les phrases et répète-les. Fais attention à la forme masculine et féminine des noms de métiers.

♂ Frédéric, René, Gaël, Paul, Ariel, Valéry
♀ Frédérique, Renée, Gaëlle, Paule, Arielle, Valérie

b Dis ce que ces personnes font comme métier.

Il est _____. / Elle est _____.

8 *Magajeunes* prépare un article sur l'avenir des jeunes. Une journaliste du magazine demande aux lecteurs d'écrire un texte sur le thème: «À 30 ans, je serais heureux/heureuse si …». Réponds.

Bonjour! Je m'appelle Alma et j'ai quinze ans. Pour répondre à votre question: À 30 ans, je serais heureuse si j'étais journaliste. Je pourrais travailler dans d'autres pays, je ferais des interviews …

Volet 3 **9 a** **Comparer les langues:** Lis les phrases et traduis-les. Fais une liste avec les différentes significations des expressions avec *venir*.

1. Ayoub vient de parler avec son voisin, M. Leroy.
2. M. Leroy vient de Paris mais il a grandi en Alsace.
3. Sasha est venu chercher son cousin à la gare.
4. Mercredi après-midi, Sasha vient voir Ayoub.
5. Son chien est venu avec lui.

b À toi! Forme une phrase avec chacune des expressions suivantes.

| venir de faire qc | venir chercher qn | venir voir qn | venir avec qn | venir de + pays/ville |

c Wie drückst du die Sätze von **a** in anderen Sprachen aus, die du kennst?

10 **Comparer les langues:** Trouve les équivalents allemands et anglais de ces noms composés. Qu'est-ce que tu remarques?

la lettre de motivation   le stage en entreprise   le travail en équipe   l'argent *m.* de poche
la photo d'identité   les connaissances *f. pl.* en langues étrangères   l'entretien *m.* d'embauche

11 a Écoute la chanson «Vous pouvez travailler chez nous» qui s'adresse à des jeunes qui veulent faire un stage. Prends des notes. Puis nomme trois expériences ou points forts que l'entreprise demande.
▶ Chanson et paroles: cornelsen.de/webcodes: niseta

Koop **b** Mettez vos résultats en commun et faites une liste des points forts du / de la «stagiaire* idéal/e».

c Que pensez-vous de cette chanson? Est-elle sérieuse? Discutez.

* **le/la stagiaire** der/die Praktikant/in

Solutions et textes audio ▶ www.cornelsen.de/webcodes: niseta

BILAN DES COMPÉTENCES 2

Hier kannst du überprüfen, was du in den *Unités* 4–6 gelernt hast.

Compréhension écrite

1 Lis l'article ci-dessous et réponds aux questions que tu trouves sous webcode. ▶ cornelsen.de/webcodes: niseta

Élodie, stagiaire à E2C: un témoignage[1]

Élodie, aujourd'hui 21 ans, n'était pas une bonne élève au collège. En troisième, elle avait déjà redoublé[2] deux fois. Ses profs lui ont conseillé de faire un CAP[3] de vendeuse. Après avoir fait un mois de cours, elle a commencé à arriver en retard: elle ne voulait pas travailler dans un supermarché, les cours ne l'intéressaient pas. Au bout de trois mois, elle a arrêté complètement. «Quand j'ai eu un enfant à 17 ans, j'ai dû gagner ma vie. J'ai arrêté la formation et j'ai fait plusieurs jobs. C'était très dur, je gagnais très peu d'argent et je m'occupais seule de mon fils.»
À 20 ans, Élodie entend pour la première fois parler de l'École de la Deuxième Chance (E2C).

«C'était une copine qui connaissait l'E2C. Elle m'a persuadée d'essayer: «S'ils te prennent, tu pourras ensuite faire une bonne formation.» J'ai posé ma candidature et j'ai eu une place pour la rentrée. J'étais super contente!» Élodie signe un contrat[4] avec l'école. Pendant les huit mois de la formation, elle s'engage à[5] respecter les règles: arriver à l'heure, enlever sa casquette[6] en classe, prévenir quand elle est malade. Élodie n'avait pas de bons souvenirs de l'école mais à l'E2C tout est différent: les profs ne s'appellent pas «des profs» mais «des formateurs», les élèves sont «des stagiaires», les cours «des ateliers» ... Élodie se sent bien à l'E2C: «Je suis contente que les formateurs me fassent confiance.»
Et surtout, Élodie a un salaire: 650 euros par mois pour elle et son petit garçon.
Élodie découvre une autre façon d'apprendre: «Au collège, on nous disait: «T'es nulle, tu resteras nulle. «Ici, ce n'est pas pareil, les formateurs nous parlent comme à des adultes.» Les groupes sont petits. Dix élèves apprennent dans une bonne ambiance des choses très concrètes (chercher un stage, appeler une entreprise, se présenter, obtenir un rendez-vous). Ils ne préparent pas de diplôme, mais ils se remettent à niveau[7] dans les matières importantes. S'ils ont des bonnes bases, ils pourront faire des projets pour l'avenir. Élodie a d'abord fait un stage dans un théâtre, mais elle a remarqué que ce n'était pas très bien payé. Alors, maintenant, elle pense plutôt à un métier dans l'informatique. Créer des sites web, ça lui plaît:

«C'est à la fois créatif et technique, et puis je trouverai sûrement du travail à la fin». Comme beaucoup d'élèves de l'école, Élodie est très motivée. Elle ne va pas la rater, sa deuxième chance!

---

1 **le témoignage** der Erlebnisbericht   2 **redoubler** sitzenbleiben   3 **le CAP** Berufsschulabschluss   4 **le contrat** der Vertrag
5 **s'engager à faire qc** *hier:* sich verpflichten, etw. zu tun   6 **enlever sa casquette** seine Mütze abnehmen
7 **se remettre à niveau** den Wissensstand aufholen

BILAN DES COMPÉTENCES 2

Compréhension orale

2 Lis d'abord les informations ci-dessous. Puis, écoute l'interview et trouve qui des cinq personnes ci-dessous pourrait s'intéresser à quelle BD présentée dans l'interview. Note le nom des personnes et le numéro correspondant de la BD (1 à 4). Attention: deux personnes ne trouvent pas de BD et une personne peut s'intéresser à deux BD.

> **Linh** aime manger et créer des nouvelles recettes.
> **Marie** s'intéresse à l'art et elle aime voyager. Après son bac, elle voudrait passer une année en Chine.
> **Elliot** fait des percussions. Il adore les BD dans lesquelles la musique joue un rôle important.
>
> **Mohammed** s'intéresse au sport. Il aime surtout les histoires réalistes qui se passent à notre époque.
> **Samira** aime les histoires fantastiques. Pendant son temps libre, elle lit ou elle joue au handball.

Production écrite

3 Manuel a posté un message sur un forum Internet pour jeunes. Lis son message et réponds-lui en 60 à 80 mots. Parle de tes expériences personnelles et raconte ce que tu as fait pour régler un conflit avec tes parents. Donne aussi deux ou trois autres conseils à Manuel.

> Ça craint! Samedi soir, je suis sorti avec des copains et je suis rentré en retard à la maison. Depuis, mes parents sont furieux et ils veulent m'interdire d'aller à la fête d'anniversaire de mon meilleur ami qui aura lieu dans trois semaines. Ça m'énerve! Tout le monde y va, je veux y aller aussi. Comment est-ce que je pourrais persuader* mes parents? Aidez-moi et donnez-moi des bons arguments!!
>
> * **persuader qn** jdn überzeugen
>
> [répondre à Manuel]

Production orale

4 Tu dois parler 2 à 3 minutes.

a Décris les photos. À ton avis, qui sont ces personnes et comment sont-elles? Qu'est-ce qui leur plaît? Qu'est-ce qu'elles pourraient faire plus tard comme métier? Raconte.

b Et toi, quelles sont tes idées pour ton avenir? Qu'est-ce que tu aimerais faire? Qu'est-ce que tu ne voudrais pas faire? De quoi est-ce que tu rêves? Explique et parle aussi de tes points forts.

Médiation

5 Du bist im Bus mit einem Freund. Hinter euch sitzen zwei Franzosen, die sich über die Sendung „Temps mort" unterhalten. Höre zu und beantworte dann die Fragen deines Freundes auf Deutsch.

1. Was ist das für eine Sendung?
2. Worum geht es in dieser Sendung?
3. Was ist das Problem von Joël (aus der Sendung)?
4. Wo kann man diese Sendung anschauen?

Solutions et textes audio ▶ www.cornelsen.de/webcode: niseta

MODULE 6

Avec des «si» et des «mais» …

Dommage (Bigflo & Oli)

Louis prend son bus, comme tous les matins
Il croise cette même fille, avec son doux parfum
Qu'elle vienne lui parler, il l'espère tous les jours
5   Ce qu'il ressent au fond d'lui, c'est ce qu'on appelle l'amour
Mais Louis, il est timide et elle, elle est si belle
Il ne veut pas y aller, il est collé au fond d'son siège
Une fois elle lui a souri quand elle est descendue
Et depuis ce jour-là, il ne l'a jamais revue.

10 Ah il aurait dû y aller, il aurait dû le faire, crois-moi
On a tous dit: «Ah c'est dommage, ah c'est dommage,
c'est p't'être la dernière fois»

Yasmine a une belle voix, elle sait qu'elle est douée
Dans la tempête de sa vie, la musique est sa bouée
15 Face à ses mélodies, le monde est à ses pieds
Mais son père lui répétait, «trouve-toi un vrai métier»
Parfois elle s'imagine sous la lumière des projecteurs
Sur la scène à recevoir les compliments et les jets de fleurs
Mais Yasmine est rouillée, coincée dans la routine
20 Ça lui arrive de chanter quand elle travaille à l'usine.

Ah elle aurait dû y aller, elle aurait dû le faire, crois-moi
On a tous dit: «Ah c'est dommage, ah c'est dommage,
c'est p't'être la dernière fois»

Diégo est affalé au fond du canapé
25 Il engueule son p'tit frère quand il passe devant la télé
Ses amis sont sortis, il ne les a pas suivis
Comme souvent seule la lune viendra lui tenir compagnie
Diégo est triste, il ne veut rien faire de sa nuit
Il déprime de ne pas trouver la femme de sa vie
30 Mais mon pauvre Diégo, tu t'es tellement trompé
C'était à cette soirée que t'allais la rencontrer.

Ah il aurait dû y aller, il aurait dû le faire, crois-moi
On a tous dit: «Ah c'est dommage, ah c'est dommage,
c'est p't'être la dernière fois»
35   […]

1 a Écoute la chanson ou regarde le clip vidéo sur Internet sans lire les paroles. Qu'est-ce que tu comprends?

b Maintenant, lis les paroles et écoute la chanson encore une fois.
Qu'est-ce que Louis, Yasmine et Diégo ont en commun?

c Comment trouves-tu la chanson? Donne ton avis. ▶ Mots pour le dire, p. 297

2 Qu'est-ce que Louis, Yasmine et Diégo auraient dû faire? Relis les paroles de la chanson et réponds.

> Louis/Yasmine/Diégo aurait dû …

parler à la jolie fille   réaliser son rêve   sortir de chez lui
arrêter son travail à l'usine   descendre du bus
chercher la femme de sa vie   commencer à + *inf.*   suivre sa passion
ne pas écouter son père   aller à une fête

La bouteille cassée

Si ce type avait mieux tenu sa bouteille,
Au lieu de regarder le soleil,
Elle ne serait pas tombée,
5 Bêtement cassée sur l'allée.

Si la bouteille était restée entière,
Le type aurait pu boire sa bière
Et je n'aurais pas roulé hier,
Sur ce petit bout de verre.

10 Si mon pneu n'avait pas crevé
J'aurais pu continuer à vélo,
J'aurais roulé, tranquille, sur l'allée,
Je n'aurais pas couru, idiot, vers le métro.

Oui, si ce type avait mieux tenu la bouteille,
15 Si elle ne s'était pas cassée sur l'allée,
Je serais passé à côté d'une merveille,
Je ne t'aurais jamais rencontré.

Tout aurait été différent,
Je ne serais pas tombé dans tes yeux océan
20 Nous n'aurions pas échangé ces quelques mots,
Nous ne serions pas sortis ensemble du métro …

Et nous ne serions pas ensemble maintenant.

3 Lis le poème «La bouteille cassée». Retrouve l'ordre des dessins et raconte l'histoire à l'aide des dessins. Utilise le présent.

A

B

C

D

E

4 a Lies die Regeln zu Bildung und Gebrauch des *conditionnel passé*. ▶ Grammaire, p. 177/42–43

b Complète les phrases. ▶ Grammaire, p. 177/42–43
1. Si le type avait mieux tenu sa bouteille, elle ? (ne pas *tomber*).
2. Si la bouteille ? (ne pas *tomber*), elle ne se serait pas cassée sur l'allée.
3. Si le narrateur* n'avait pas roulé sur le bout de verre, le pneu ? (ne pas *crever*).
4. Il ? (ne pas *rencontrer*) l'autre garçon s'il n'avait pas pris le métro.
5. S'ils ne s'étaient pas rencontrés, ils ? (ne pas *sortir*) ensemble du métro.

* le narrateur / la narratrice
der/die Erzähler/in

c Faites une chaîne. Utilisez des phrases avec *si* + plus-que-parfait et le conditionnel passé. ▶ Grammaire, p. 177/43
Exemple: Si Louis avait parlé à la fille, elle l'aurait peut-être trouvé sympa.
→ Si elle l'avait trouvé sympa, ils auraient peut-être pris un café ensemble.
→ S'ils avaient pris un café ensemble, ils seraient peut-être allés au ciné après.
→ …

1. Si je n'avais pas participé à un échange en France, …
2. Si on avait choisi un autre club de sport, …
3. Si Hugo avait acheté son café un quart d'heure plus tard, …
4. Si ——, …

5 À toi! Écris un poème selon le modèle de «La bouteille cassée».
Utilise des phrases avec *si* + plus-que-parfait et le conditionnel passé.

DIFFÉRENCIATION

Unité 1

Volet 1

page 16

9 Lies den Artikel über Marseille auf S. 12–13 und den Artikel über Hamburg auf S. 16. Schreibe aus beiden Artikeln Informationen zu folgenden Aspekten heraus:

Hafen   Fischmarkt   Wahrzeichen/Symbol   schöne Aussicht   Museen

Volet 2

page 20

5 b Il a plu sur la carte postale de Lyam! Qu'est-ce qu'il a écrit? Complète. Utilise le présent. ▶ Grammaire, p. 162/5

Salut papa, salut maman!

Nous sommes bien arrivés à la colo! Les Alpes sont vraiment idéales pour faire du VTT! 😊 Maman, c'était vraiment une super idée! Voilà ma journée: Le matin, nous _____ (se lever) à 7 heures (l'horreur!). Il faut _____ (se dépêcher) parce qu'un quart d'heure plus tard, nous _____ (se retrouver) dans la salle à manger de l'auberge de jeunesse pour le petit déjeuner. Nos animateurs sont sympa, ils _____ (s'appeler) Christian et Greg et ils _____ (s'occuper) bien de nous. Vers midi, on _____ (s'installer) pour faire notre pique-nique. Après, nous _____ (se reposer) pendant environ une demi-heure. On peut aussi _____ (se promener) à pied si on veut. Vers deux heures, nous repartons en VTT. Le soir avant le repas, nous _____ (s'entraîner) pour notre tournoi de basket, la semaine prochaine. Je _____ (se coucher) vers dix heures. Vous voyez, je _____ (se sentir) super bien, ici. Et vous, vous ne _____ (s'ennuyer) pas trop sans moi?

À bientôt! Grosses bises à vous deux!

Lyam

P.S.: Papa, tu _____ (s'occuper) bien de mes poissons?

page 21

7 Samedi soir, Ben veut aller au théâtre de la Joliette avec son collègue, Fred. Fred, qui est nouveau dans la région de Marseille, habite à Aubagne, près de Marseille. Ben lui explique comment aller au théâtre. Complète les explications de Ben.

D'abord, tu vas *(zum Bahnhof)* d'Aubagne 🚶. Puis, tu viens à Marseille 🚆. Ensuite, tu vas 🚶 jusqu' *(zur Metrostation)* Saint-Charles. Là, tu prends Ⓜ 2 *(in Richtung von)* Bougainville. Puis, tu *(aussteigen)* à la station Joliette. Je t'attends *(vor der Metrostation)* et on va ensemble 🚶 jusqu'au *(Theater)*.

DIFFÉRENCIATION

Exercices supplémentaires

page 29

11 a Comment traduire «was» en français? Traduis les phrases ci-dessous à l'aide du tableau.

1. Was machst du heute?
2. Was mir gefällt, ist die Stimmung des Films.
3. Was? Du kennst ihn nicht?
4. Ich weiß nicht, was wir machen können.

allemand	français
Was *Fragewort*	qu'est-ce que / que / quoi
Was *Relativpronomen*	ce que / ce qui

Unité 2

Volet 1

page 37

3 Écoute l'anecdote de «Léo_007» et corrige le résumé ci-dessous.

Chez sa famille d'accueil allemande, Léo participe à une fête d'anniversaire où il y a un grand buffet. D'abord, Léo ne veut pas goûter la spécialité allemande «Käsekuchen», parce qu'il déteste le fromage, mais quand il découvre que c'est un gâteau sucré, il adore.

page 41

12 a Laura, qui vient de Dortmund, a passé trois jours à Strasbourg avec sa classe. Elle raconte son séjour à sa corres française. Complète le texte. Utilise **l'imparfait** et **le passé composé**.

Chère Sarah,
je te raconte mes trois derniers jours:
lundi matin, nous *(partir)* très tôt. Il *(pleuvoir)* très fort et nous *(ne pas avoir)* très envie de
5 partir. Mais quand nous *(arriver)* à Strasbourg, il *(faire)* très beau. Nous *(prendre)* le tram pour aller à l'auberge de jeunesse qui *(être)* vraiment très sympa. Avec la prof d'histoire qui *(accompagner)* notre groupe, on *(visiter)* la
10 cathédrale. On *(monter)* sur la tour. Comme la vue sur la ville *(être)* géniale, mes copines et moi, nous *(faire)* plein de selfies. Mardi, nos profs *(organiser)* une balade en bateau sur l'Ill. C'est le fleuve[1] qui traverse[2] Strasbourg. Ensuite, nous *(faire)* un pique-nique dans le parc de l'Orangerie. Mercredi, nous *(visiter)* le Parlement européen, mais on *(ne pas avoir le droit de)* visiter l'intérieur ce
15 qui *(être)* vraiment dommage. Notre séjour à Strasbourg *(être)* très intéressant et j'ai envie de montrer cette ville à mes parents et ma sœur!
Bisous, Laura

1 le fleuve der Fluss   **2 traverser qc** *hier:* durch etw. fließen

DIFFÉRENCIATION

Volet 2

page 44

6 Le journal de ton collège présente vos correspondants français. Complète par un adjectif ou un adverbe.
▶ Grammaire, p. 165/12

1 Ma corres Djamilia aime la musique. Elle joue de la guitare et chante. Avec moi, elle a *(énorme/énormément)* perfectionné son allemand.
Rosa, 9C

2 Joseph est très *(rapide/rapidement)*: il court* les 400 mètres en 1 minute 20.
Rico, 9A

3 Ma corres Léa est une fille très *(gentille/gentiment)* qui rit beaucoup. Léa trouve qu'à l'école en Allemagne, on travaille *(différent/différemment)*.
Antonia, 9B

4 Avec Hugo, je me suis *(drôle/drôlement)* bien amusé. Il a aussi *(gentil/gentiment)* joué avec ma petite sœur qui a *(seul/seulement)* deux ans. Elle l'adore *(vrai/vraiment)*!
Anton, 9A

5 *(Heureux/Heureusement)*, j'ai rencontré Morgane pendant cet échange. Elle est *(drôle/drôlement)* et fait plein de blagues … et on peut tout lui dire. La nuit, on a *(long/longuement)* discuté ensemble.
Friederike, 9B

6 Pour moi, Arthur est devenu un *(bon/bien)* copain. On rigole *(bon/bien)* ensemble.
Maxim, 9D

* **courir** rennen, laufen

Unité 3

Volet 1

page 64

4 b Trouve d'abord la traduction des mots ci-dessous. Puis, complète la présentation de Québec-ville, p. 64.

| Ausblick | Einwohner | Fluss | französischsprachig | Grad | gründen | Hauptstadt |
| Klima | kolonisieren | Kontinent | Stadt | Urbevölkerung | verlassen | Winter |

5 b Lis le reportage et écoute-le encore une fois. Trouve les chiffres (les nombres, les pourcentages et les fractions*) qui manquent dans le texte. ▶ Nombres, p. 204   * **les fractions** *f. pl.* die Bruchzahlen

Le Québec en chiffres

Le Québec se trouve à ❓ kilomètres de la France. Le Québec est donc moins loin de la France que la ville de Montréal de … Rio de Janeiro par exemple. Le Québec est ❓ fois plus grand que la France. C'est-à-dire que la superficie de la France représente seulement ❓ de la superficie du Québec! Mais au Québec il y a beaucoup moins d'habitants qu'en France: il y a environ ❓ millions d'habitants au Québec contre ❓ millions en France. Les Québécois sont en moyenne assez jeunes: ❓ de la population a ❓ ans ou moins. Bien sûr, il y a aussi des personnes âgées: ❓ de la population québécoise a ❓ ans ou plus.
Vu du ciel, le Québec est très vert: ❓ % de la superficie sont des forêts. À certains endroits, on y fait le célèbre sirop d'érable. ❓ de la production mondiale du sirop d'érable se fait au Québec. Il y a aussi beaucoup d'eau au Québec: environ ❓ % de la superficie sont des lacs et des fleuves. Environ ❓ touriste sur ❓ y fait des sports aquatiques comme la voile ou le canoë-kayak.

DIFFÉRENCIATION

Volet 2

page 70

8 b Lis les questions ci-dessous. Puis, écoute encore une fois l'interview avec Marie-Claire par étapes* et retrouve les questions de la journaliste.
  a D'où au Québec venez-vous? Où est-ce que vous habitez actuellement?
  b Le Québec est assez grand: quels endroits connaissez-vous personnellement?
  c Quelle saison est-ce que vous aimez le plus? Pourquoi?
  d Quel plat est-ce que vous trouvez typique du Québec? Est-ce que vous l'aimez?
  e Quels artistes québécois faut-il connaître, à votre avis?
  f Quelles fêtes québécoises est-ce qu'il y a? Quelle fête préférez-vous?
  g Est-ce que vous avez déjà vu un ours noir ou un autre animal sauvage?
  h Est-ce que vous préférez la vie au Québec ou la vie en Europe?
  i Connaissez-vous des pays européens? Qu'est-ce qui est différent en Europe?
  j Quels conseils pouvez-vous donner à un Européen qui veut visiter le Québec?

* par étapes
abschnittsweise

  c Écoute et lis l'interview complète et compare avec tes résultats de b. ▶ cornelsen.de/webcodes: niseta

Volet 3

page 73

5 c Écoute encore une fois et choisis un titre pour chaque match. Puis, justifie ton choix.

| a Six cartons jaunes | b Un match ennuyeux | c Un jeu engagé |
| d Un gardien très fort | e Il est fou, cet arbitre! | f Trois cartons rouges |

Module 3

page 81

3 a Lis la liste.

à faire	à ne pas faire
• travailler plus sérieusement pour l'école	• lire des mangas
• écouter en cours	• écouter de la musique quand je fais mes devoirs
• apprendre mon vocabulaire d'allemand	• aller tout le temps chez Antoine
• lire des «vrais» livres	• me balader en ville
• rentrer à la maison après les cours	• surfer sur Internet le soir

  b Puis, écoute les parents de Romain. Qu'est-ce qui manque sur la liste de Romain et qu'est-ce qu'il y a en trop?

DIFFÉRENCIATION

Unité 4

Volet 2

page 89

2 b Complète ton schéma: note les interactions qui relient les personnes entre elles.

> arrive en retard   donne un billet de retard à   reçoit un texto du collège
> comparent les résultats de leurs exercices   décide d'interroger   va dans une autre école
> envoie un/deux message/s à   l'invite pour le week-end   met tout de suite les notes en ligne
> demande aux élèves de   regarde le cahier de texte en ligne

Exercices supplémentaires / Volet 3

page 99

11 Entre copains, vous cherchez un cadeau d'anniversaire pour un ami. Faites des dialogues.
Utilisez *lequel, laquelle, lesquels, lesquelles*. ▶ Grammaire, p. 171/26
Exemple: – On achète ce tee-shirt pour Julien?
– Lequel?
– Le tee-shirt noir.
– D'accord. / Je ne sais pas. Je préfère le tee-shirt bleu.

> le tee-shirt   les lunettes de soleil
> le casque   la lampe
> le livre   la coque de portable
> le poster   la montre
> le sac à dos   les baskets

> noir/bleu/____
> grand/petit
> à gauche / à droite
> avec l'astronaute / ____

Unité 5

Volet 2

page 113

6 b Écoute et lis ce que les jeunes disent et trouve de quoi ils parlent.

1. Je l'ai découverte cet été.
2. L'auteur les a écrits à Liège.
3. Je les ai faits en été.
4. Tu les a mises sur la table?

1. la BD – le livre – les tomes 2 et 3 *m.*
2. les histoires *f.* – le scénario – les albums *m.*
3. le texte – les dessins *m.* – les affiches *f.*
4. le magazine – les films *m.* – les photos *f.*

DIFFÉRENCIATION

c **Complète les messages. Fais l'accord du participe si nécessaire!** ▶ Grammaire, p. 173/32

1. Tu sais que la nouvelle BD de Camille est sortie?
   — Oui, je l'ai acheté[?] la semaine dernière.

2. Tu as reçu mes messages (*m.*)?
   — Oui, mais je ne les ai pas encore lu[?].

3. Où est-ce que tu as pris ces photos (*f.*)?
   — Je les ai pris[?] à Liège.

4. Tu connais le nouveau tome du *Chat*?
   — Oui, je l'ai offert[?] à ma mère pour son anniversaire.

Volet 3

page 117

7 b Complète la biographie de Benoît Poelvoorde à l'aide d'expressions de a.

L'acteur belge Benoît Poelvoorde [?] (*geboren sein*) en 1964 à Namur. Il [?] (*studieren*) à l'internat de Godinne, puis à Namur. Très tôt, il [?] (*seine Leidenschaft entdecken*) pour le théâtre. C'est à cette époque qu'il [?] (*kennenlernen*) des deux réalisateurs André Bonzel et Rémy Belvaux avec qui il [?] (*Film drehen*) *C'est arrivé près de chez vous*. C'est grâce à ce film que Benoît Poelvoorde [?] (*berühmt werden*) comme acteur. Plus tard, Benoît Poelvoorde joue dans plusieurs films français – par exemple dans *Astérix aux Jeux olympiques* – où il [?] (*die Rolle von jdm spielen*) de Brutus. Ce film [?] (*viel Erfolg haben*): en Europe, plus de 14 millions de personnes l'ont vu! Enfin, en 2015, il [?] (*die Hauptrolle bekommen*) dans le film *Le tout nouveau testament*. En 2016, il [?] (*Preis gewinnen*) du meilleur acteur masculin pour ce film.

Unité 6

Volet 1

page 129

2 b Lis le texte, p. 128–129 et réponds aux questions suivantes.

1. Quels conseils est-ce que Gaétan donne à ses copains? (situation 1)
2. Quel est le problème d'Enzo? Comment est-ce que Marina veut l'aider? (situation 2)
3. Qu'est-ce que Sasha propose à Ayoub? (situation 3)

> 1. Gaétan propose à Léo de ____. Gaétan dit à Mia que ____.
> 2. Les parents d'Enzo ____. Marina propose à Enzo de ____.
> 3. Sasha propose à Ayoub de ____.

110 DIFFÉRENCIATION

Volet 2

page 134

3 a Écoute le dialogue entre Marina et le conseiller d'orientation. Trouve les points forts et les intérêts de Marina.

> créer des jeux sur ordinateur   travailler en équipe   danser
> s'engager pour la nature   dessiner   écouter les autres
> trouver des solutions aux problèmes   écrire des articles dans son blog
> les cours de maths   les cours de techno   les cours de SVT   les cours de français

d Résume l'entretien de Marina chez le conseiller d'orientation à l'aide de tes notes de a et des phrases ci-dessous.
Marina ne veut surtout pas faire un métier où on ?. Elle préfère travailler en ?. Marina aime ? et ?. Elle est bonne en ? et elle veut travailler avec ?. Le conseiller d'orientation lui propose le métier de ?. Dans ce métier, on invente par exemple ? ou ?. On peut faire la formation ?.

page 135

6 a Qu'est-ce que tu ferais si …? Pose des questions à ton/ta partenaire et réponds à ses questions. ▶ Grammaire, p. 176/39
Qu'est-ce que tu ferais …
1. … si tu avais trois mois de vacances?
2. … si tu n'avais peur de rien?
3. … si tu écoutais tes parents?
4. … si tu étais très riche?
5. … si tu pouvais réaliser ton rêve?
6. … si tu quittais l'école après la troisième?

> *voyager*   *faire* un stage dans le domaine de ___   *dépenser* de l'argent
> *devenir* (architecte/designer/infirmier/peintre/chanteur/acteur/___)
> ne pas *se stresser*   *aller* vivre dans un autre pays   *apprendre* une autre langue
> *découvrir* d'autres pays et cultures   *faire* des expériences   *faire* des études   ___

Volet 3

page 139

2 a Trois semaines plus tard, Victor n'a pas reçu de réponse. Il appelle l'hôtel. Écoute et dis pourquoi Victor doit rappeler une deuxième fois.
1. La patronne n'est pas là.
2. La patronne est en train de téléphoner.
3. La patronne est malade.
4. La patronne n'a pas reçu le dossier de candidature.

4 b Qu'est-ce que ces personnes viennent de faire? Imagine. Utilise *venir de* + infinitif.

> aider qn   faire un long voyage
> se disputer avec le patron   lire *ses* messages
> manger un sandwich
> montrer l'ascenseur à qn
> ___

PARTENAIRE B

Unité 3

Volet 1

page 65

7 La motoneige[1] et le combiné de téléphone[2] sont des objets «nés» au Québec. Pose des questions à ton/ta partenaire. Il/Elle répond. A commence.

Tes questions à A

Qu'est-ce qu'il y a sur ta photo?
Qui est-ce qui a construit[3] la première ____?
Qui est-ce que cet objet aide?
Qu'est-ce que les gens ont dit?
Qu'est-ce qui est arrivé ensuite?

1 **la motoneige** der Motorschlitten
2 **le combiné de téléphone** der Telefonhörer
3 **construire qc** etw. konstruieren, etw. bauen
4 **la suite** die Folge
5 **arrêter** aufhören

Tes informations pour A

Nom de l'objet: le combiné de téléphone
Objet né en: 1878 (Cyrille Duquet)
Pour aider: toutes les personnes qui veulent se parler sans sortir de leur maison
Réactions: «C'est meilleur que le téléphone de Graham Bell», «C'est très pratique!»
La suite[4]: Duquet a commencé à construire un réseau de lignes de téléphone dans la ville de Québec, mais il a eu des problèmes avec la compagnie de téléphone du Canada et il a dû arrêter[5].

Volet 3

page 73

3 A et B ont regardé des matchs différents. Posez-vous des questions et répondez. A commence.

1. Quel match est-ce que tu as vu?
2. Qui est-ce qui a gagné?
3. Quel était le score à la fin du match?
4. Qui a marqué les buts et quand?
5. Est-ce qu'il y a eu des fautes?

Football
(Stade Vélodrome, Montréal)

Allemagne – France
0 : 2

Buts:
A. Griezmann (47e minute)
A. Griezmann (72e minute)

Cartons jaunes:
E. Can, B. Schweinsteiger,   P. Evra, N. Kanté
M. Özil, J. Draxler

cent-cinquante-sept 157

PARTENAIRE B

Module 3

page 81

 DELF **6** A veut aller au cinéma avec son amie Flora, mais son père / sa mère (toi) n'est pas d'accord. Préparez d'abord votre rôle et utilisez le subjonctif, puis jouez le dialogue. A commence. ▶ Grammaire, p. 170/23

> 2. Du willst, dass **A** nach der Schule nach Hause kommt.
> 4. Deine Antwort: Weil **A** für die Englischarbeit lernen muss.
> 6. Du lenkst ein, willst aber, dass **A** am Dienstag Vokabeln übt.
> 8. Du möchtest, dass **A** zum Abendessen um 19 Uhr nach Hause kommt.

Unité 4

Volet 1

page 86

 8 Tu joues la mère de A. Tu ne comprends pas bien ce que A te dit. Faites des dialogues d'après le modèle et utilisez *c'est … que / ce sont … que* und *c'est … qui / ce sont … qui*. Échangez les rôles (phrases 5–7).
▶ Grammaire, p. 170/24

Exemple: – Je voudrais sortir samedi.
– Pardon … Tu voudrais sortir mardi?
– Non! C'est samedi que je voudrais sortir.

> 1. sortir <u>mardi</u>?
> 2. <u>Paul</u> fête son anniversaire?
> 3. <u>Marie</u> t'accompagne?
> 4. apporter <u>des cadeaux</u>?
>
> 5. L'après-midi, on va faire <u>un atelier de hip-hop</u>.
> 6. Et le soir, on va aller <u>au ciné</u>.
> 7. Pour rentrer, on va prendre le bus <u>à 22 heures 30</u>.

Volet 2

page 91

 10 Travaillez à deux. Jouez un dialogue entre fils/fille (A) et père/mère (B). Lisez votre rôle et préparez-le.

> 2. Du fragst nach: Wieso? Wohin?
> 4. *(ärgerlich)* Du sagst, dass **A** davon nichts erzählt hat.
> 6. Du sagst, er/sie solle dir keine Märchen erzählen.
> 8. Du bist einverstanden, verlangst aber, dass **A** um 23 Uhr zu Hause ist, wie immer.
> 10. Du sagst, dass **A** übertreibt.
> 12. *(einlenkend)* Du bist einverstanden und bittest **A**, dir zu versprechen, dass er/sie nicht alleine nach Hause geht.

PARTENAIRE B

Unité 5

Volet 3

page 116

4 Une mauvaise journée pour Laure. Racontez-la à deux. Utilisez le passé composé et le plus-que-parfait.
▶ Grammaire, p. 175/35

Exemple: 1. A: Quand Laure s'est levée ce matin, B: son frère avait déjà bu tout le jus d'orange.

1
A: ?
B: son frère / boire tout le jus d'orange

2
B: Laure / (é)arriver chez Nadia et Manou
A: ?

3
A: ?
B: le film / commencer

4
B: Laure / (é)sortir du cinéma
A: ?

5
A: ?
B: ses parents et son frère / manger

6
B: Laure / vouloir chatter avec Lisa
A: ?

Unité 6

Exercices supplémentaires

page 144

5 a À tour de rôle, décrivez les photos à votre partenaire. Il/Elle devine le métier qui y est représenté. Puis, trouvez le métier que vous avez en commun. A commence.

> Sur ma première/ ___ photo, je vois / il y a quelqu'un qui ___.

2
un médecin

4
un cuisinier / une cuisinière

6
un/une guide

b Puis, trouvez le métier dont vous voyez tous les deux une photo.

TEXTE

Unité 5

page 106–107

Parcours BD à Bruxelles

1 Notre balade commence au 15 de la rue de l'Écuyer. On y voit Gaston Lagaffe à sa fenêtre. Que fait-il? Une bêtise bien sûr! Gaston Lagaffe est le héros du dessinateur Franquin. Il est super créatif mais il n'aime pas travailler et il fait souvent des bêtises! En fait, il a trois passions: inventer des machines (qui ne marchent pas), énerver son chef et trouver des idées pour ne pas travailler!
Le prochain mur peint de notre parcours se trouve au numéro 37, rue de l'Étuve. Pour y aller, traversez la Grand-Place et prenez le temps d'admirer l'architecture de ses bâtiments construits entre le quinzième et le dix-huitième siècle.

2 Au 37, rue de l'Étuve se trouve le mur peint qui représente Tintin, le reporter le plus célèbre de la BD. Il est avec son petit chien, Milou, et son vieux copain, le capitaine Haddock. Pourquoi est-ce que Tintin fuit? L'image ne le dit pas! Mais si vous voulez le savoir, vous pouvez lire l'album d'Hergé qui s'appelle «L'affaire Tournesol». Ce dessin s'y trouve!
Continuez dans la rue de l'Étuve. Vous allez voir, à votre gauche, le monument du Manneken Pis, au-dessus d'une fontaine. Est-ce qu'il est nu ou habillé? Ça dépend des jours! Offrir des vêtements au Manneken Pis est devenu une tradition à Bruxelles! Il a donc plein de costumes différents et vous pouvez aller les découvrir au musée du Manneken Pis, rue du Chêne!
Mais nous, on se retrouve tout de suite au numéro 19 de la rue du Marché au charbon.

3 La rue du Marché au charbon est une rue piétonne très animée où se trouvent plusieurs murs peints. Au numéro 19, vous voyez un dessin de François Schuiten. François Schuiten a créé avec Benoît Peeters une série de BD fantastiques, «les cités obscures». Chaque album raconte l'histoire d'une ville fantastique. Sur le mur peint qui se trouve devant vous par exemple, on a l'impression d'entrer dans la version fantastique de Bruxelles. Est-ce que c'est possible? En tout cas, les gens qui sont allés dans la version fantastique de cette ville n'en sont jamais revenus pour raconter ce qu'ils ont vu! ... Et l'homme qui passe au premier plan? Est-ce que c'est un habitant de Bruxelles ou un dessin sur le mur?
On se donne rendez-vous un peu plus loin, au 39 de la rue du Marché au charbon, pour notre prochain mur peint.

4 Au bout de la rue du Marché au charbon se trouve un portrait de Broussaille et de sa copine Catherine. Il s'agit de deux personnages du dessinateur Frank Pé. Broussaille est un jeune qui aime rêver, observer les animaux et s'occuper de son chat. Le dessin est assez réaliste. À l'arrière-plan, on reconnaît même l'ambiance animée de la rue. Mais quand on regarde bien, on voit des détails surréalistes comme par exemple la rue qui est en fait un ciel bleu avec des oiseaux.
Continuez votre balade jusqu'au numéro 45 de la rue de la Buanderie. On se retrouve là-bas!

5 Nous voilà donc au 45 de la rue de la Buanderie. Vous reconnaissez les quatre gangsters qui s'enfuient de leur prison? Mais oui, ce sont les frères Dalton! Mais bien sûr, Lucky Luke est là et les Dalton ne vont pas aller loin!
Lucky Luke et les Dalton sont les personnages du dessinateur belge Morris. Il a créé Lucky Luke en 1946. Et oui, le cow-boy le plus célèbre de la bande dessinée est belge!
Nous nous retrouvons tout de suite dans la même rue, au numéro 33.

6 Les héros qui courent sur ce mur peint vivent à l'époque romaine et ils sont très, très forts. Vous les connaissez: Ce sont Astérix et Obélix! Albert Uderzo et René Goscinny, qui ont inventé Astérix, ne sont pas belges. Mais Goscinny, qui a écrit les scénarios d'Astérix, a aussi fait de nombreux scénarios pour le Lucky Luke de Morris. C'est peut-être pour ça que les deux héros sont voisins dans cette rue aujourd'hui!
Nous nous retrouvons au 20, rue des Sables pour la fin de notre petit parcours BD. Pour y aller, passez par la place de la Bourse. C'est un endroit très animé où il y a beaucoup de cafés et où les gens adorent se retrouver!

7 Au 20, rue des Sables, il n'y a pas de murs peints ... mais le musée de la BD! Dans le beau bâtiment de l'architecte Victor Horta, le musée de la bande dessinée raconte l'histoire du 9e art. Est-ce que vous savez qu'il existait déjà des vignettes de bande dessinée au Moyen-Âge? Non, alors allez-y, prenez le temps de visiter cet endroit fantastique! Le musée est ouvert du mardi au samedi mais n'y allez pas le dimanche ou le lundi, parce qu'il sera fermé! La boutique du musée de la BD est l'endroit idéal pour tous les fans de BD. Il est difficile d'en ressortir sans un album ou une figurine de son héros préféré!
Notre visite finit ici. Nous espérons que vous avez aimé ce parcours BD. À bientôt!

GRAMMAIRE

Ces stars qui parlent français

1 Präpositionen und Artikel vor Ländernamen | Prépositions et articles devant les noms de pays

		féminin ♀	masculin ♂	pluriel
Woher?	Il vient	**de** France.	**du** Mali.	**des** Pays-Bas.
Wohin?	Elle habite/va	**en** France.	**au** Mali.	**aux** Pays-Bas.

La majorité des noms de pays se terminent par *-e* et sont féminins. Les noms de pays qui ne se terminent pas par *-e* sont masculins (sauf p. ex. le Cambodge, le Mexique, le Mozambique, le Zimbabwe). | Die meisten Ländernamen enden auf *-e* und sind feminin. Ländernamen, die nicht auf *-e* enden, sind bis auf wenige Ausnahmen maskulin. ▶ Carte du monde au début du livre

1.1 Sage, dass du aus Deutschland kommst, in England bist, nach Kanada fährst. Sage, dass deine Freunde aus den Niederlanden kommen, in der Schweiz wohnen, in den Vereinigten Staaten arbeiten. ▶ Carte du monde

2 Die Verben | Les verbes

grandir (aufwachsen)   Verb auf *-ir* (Typ *finir*)   ▶ Verbes, p. 178

2.1 Complète par les bonnes formes des verbes.
1. – Monsieur, nous (*finir*) à quelle heure aujourd'hui?   – Vous (*finir*) à 15 heures.
2. À la cantine, Mona (*choisir*) le plat végétarien.   3. Les enfants (*grandir*) et deviennent des jeunes.
4. «Bravo! Vous avez (*réussir*)!»

Unité 1

3 Der Komparativ des Adjektivs | Le comparatif de l'adjectif

Marc est **plus grand que** Louis.

Louis est **aussi grand que** Sophie.

Clara est **moins grande que** Sophie.

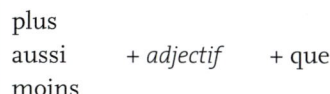

! bon/bonne (gut) → meilleur/meilleure (besser)
Marie est **meilleure** en maths **que** Léo.

! mauvais/e → plus mauvais/e (= schlechter) / pire (schlimmer)
Léo est **plus mauvais** en maths **que** Marie.
Cette journée est **pire que** les autres.

Solutions ▶ www.cornelsen.de/webcodes: niseta

GRAMMAIRE

4 Der Superlativ des Adjektivs | Le superlatif de l'adjectif

U1|V1
G 3

1. C'est le centre culturel **le plus célèbre** de Marseille.
2. C'est la série **la plus branchée** de France.
3. Voilà les Français **les moins stressés**.

le		
la	plus	+ *adjectif*
les	moins	

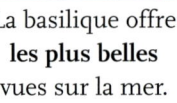

Le superlatif des adjectifs se place après le nom. Le superlatif des adjectifs *beau, bon, grand, jeune, joli, long, nouveau, petit, vieux* peut se placer aussi devant le nom. | Die Adjektive, die sonst auch vor einem Nomen stehen, können im Superlativ ebenfalls vorangestellt werden.

C'est **le plus vieux** quartier de la ville.

La basilique offre **les plus belles** vues sur la mer.

❗ C'est **la meilleure** balade 100 % nature qu'on peut faire.

4.1 Grammaire mixte: Forme des phrases et utilise le comparatif (+/–/ =) ou le superlatif (++/– –) de l'adjectif.
1. La France / *être* / + grand / l'Allemagne. Quel pays / *être* / ++ grand du monde?
2. En septembre / les jours / *être* / – long / en juillet. En décembre / ils / *être* / – – long de l'année.
3. Une BD / *être* / = intéressant / un roman.
   Pour moi, la BD / ++ intéressant / *s'appeler* «Largo Winch».
4. Les plats / ++ ❗ bon / *être* / le poisson au citron et les spaghettis. À mon avis, les spaghettis / *être* / – bon / le poisson.

5 Die reflexiven Verben | Les verbes pronominaux

U1|V2
G 4

	se	dépêcher		s'	inquiéter
je	me	dépêche	je	m'	inquiète
tu	te	dépêches	tu	t'	inquiètes
il/elle/on	se	dépêche	il/elle/on	s'	inquiète
nous	nous	dépêchons	nous	nous	inquiétons
vous	vous	dépêchez	vous	vous	inquiétez
ils/elles	se	dépêchent	ils/elles	s'	inquiètent

Allez les filles, on se dépêche.

Ne t'inquiète pas, on va être à l'heure.

5.1. Décris la position du pronom réfléchi
– dans une phrase négative.
– dans une phrase avec un verbe modal comme *vouloir, devoir, pouvoir*.

Elles ne se dépêchent pas.
Je ne veux pas me lever.

❗ Ein französisches reflexives Verb entspricht nicht immer einem deutschen reflexiven Verb und umgekehrt: *se promener* → spazieren gehen,
sich verändern → *changer*

5.2. Forme des phrases. ▶ Verbes, p. 178
1. Noémie / *se lever* / à six heures.
2. Je / ne pas *se sentir* / bien dans ma ville.
3. Vous / *s'occuper* / de la cuisine?
4. Tu / *s'appeler* / comment?
5. Nous / ne pas *s'ennuyer*.
6. Ils / *se coucher* / tard.
7. On / ne pas *s'énerver*!
8. Je / *adorer* / *se promener* / avec mon chien.

GRAMMAIRE

6 Der Begleiter *tout* | Le déterminant *tout*
U1|V2
G6

Ben connaît des jeunes dans **tout** le quartier.   On fait la fête **toute** la nuit.
On entend **tous** les accents de la Mediterranée.   On trouve des produits de **toutes** les régions du monde.

6.1 Complète le texte suivant. Utilise *tout le*, *toute la*, *tous les*, *toutes les*.
À Marseille, ? jeunes aiment le foot. Nino et ses copains se retrouvent ? mercredis. Aujourd'hui, ils font un tournoi et ils jouent ? journée. ? équipes sont très fortes. Mais Nino et son équipe veulent gagner ? matchs et après, il veulent faire la fête ? week-end!

7 Der Relativsatz mit *ce qui / ce que* | La proposition relative avec *ce qui / ce que*
U1|V3
G7

Ce qui me plaît dans cette série, c'est la mixité.
Je ne comprends pas **ce que** vous aimez dans ce film.

Vor Vokal wird *que* zu *qu'*.
Bei *qui* passiert das nie.

7.1 Complète les phrases par *ce que* **ou** *ce qui*.
1. Tim n'a pas entendu ? Joël a dit. 2. Mes amis savent ? m'intéresse. 3. Tu sais ? tu veux faire ce soir? 4. Dites ? vous avez vu à Marseille. 5. ? est génial dans ce film, c'est l'ambiance.

7.2 Grammaire mixte: Complète les phrases par les pronoms relatifs *que*, *qui*, *ce que*, *ce qui* **et** *où*.
1. Elle a un copain ? aime le théâtre. 2. Le restaurant ? mes parents vont est loin. 3. Voilà le message ? ton frère m'a envoyé. 4. Tu ne comprends pas ? je veux dire? 5. Aubagne, c'est la ville ? je vais au collège. 6. Tu connais les filles ? Alex cherche? 7. Regarde, voilà ? elle m'a donné. 8. Ce sont des filles ? vont dans ma classe. 9. On sait ? leur plaît comme cadeau.

8 Die Verben | Les verbes
G5
G8
G9

offrir (anbieten, schenken)	wie *ouvrir*
perdre (verlieren)	Verb auf *-dre*
se promener (spazieren gehen), **se lever** (aufstehen)	reflexive Verben, wie *acheter*
devenir (werden)	wie *venir* ▶ Verbes, p. 178
espérer (hoffen)	wie *répéter*
s'ennuyer (sich langweilen), **s'inquiéter** (sich Sorgen machen)	❗ *je m'ennuie, je m'inquiète*
vivre (leben), **rire** (lachen), **suivre** (folgen, befolgen)	unregelmäßige Verben

Module 1

9 Das *imparfait* | L'imparfait
G10

Autrefois,
je **fais**ais du piano.   je mett**ais**
tu **fais**ais beaucoup de bêtises?   tu mett**ais**
il/elle/on **fais**ait des belles balades.   il/elle/on mett**ait**
nous **fais**ions ce que nous voulions.   nous mett**ions**
vous **fais**iez quoi pendant votre temps libre?   vous mett**iez**
ils/elles **fais**aient un gâteau tous les dimanches.   ils/elles mett**aient**

Du bildest das *imparfait* mit dem Stamm der 1. Person Plural Präsens: *nous faisons → je faisais*, …
❗ Es gibt nur eine Ausnahme im *imparfait*:
être: j'étais, tu étais, il/elle/on était, nous étions, vous étiez, ils/elles étaient   ▶ Pense-bête, p. 313

GRAMMAIRE

> Du verwendest das *imparfait*, um Gewohnheiten in der Vergangenheit auszudrücken und um zu beschreiben, wie etwas früher war.

9.1 Écoute les dix phrases. Note pour chaque phrase si elle est au présent (p) ou à l'imparfait (i).

9.2 Complète le texte par les verbes ci-dessous à l'imparfait.
Quand j'*(être)* petit, j'*(aller)* tous les jours chez mon meilleur copain, Rémi. Ses parents *(être)* nos voisins directs, c'*(être)* pratique. Et Rémi et ses sœurs *(avoir)* deux chats et un chien. Comme ma grand-mère qui *(habiter)* avec nous *(avoir)* une allergie, nous n'*(avoir)* pas d'animal à la maison, je *(trouver)* cela dommage. Avec Rémi, nous *(jouer)* à l'ordinateur et nous *(manger)* trop de chips. Et bien sûr, nous *(faire)* plein de bêtises ensemble!

10 Die Verben | Les verbes

servir (dienen) Verben auf *-ir* (Typ *dormir*)
déranger (stören) wie *manger*   ▶ Verbes, p. 178

10.1 Grammaire mixte: Complète par les bonnes formes des verbes au **présent**, au **passé composé** et à l'**imparfait**.
1. Notre immeuble *(servir de)* collège pendant 30 ans.
2. Là-bas, on *(sentir)* toujours que la forêt n'était pas loin.
3. Un moule, ça *(servir à)* quoi?
4. Tu *(finir)* ton exercice?
5. Vous *(sortir)* ce soir?
6. Autrefois, nos parents nous *(servir)* le repas.
7. Nous *(partir)* toujours très tôt le matin.

Unité 2

11 *Imparfait* und *passé composé* | L'imparfait et le passé composé

U1 | V2
G 11

1. Aufeinanderfolgende, abgeschlossene Handlungen in der Vergangenheit: **passé composé**
Je **suis arrivée** au lac, j'**ai glissé** et je **suis tombée**.

2. a Gleichzeitig verlaufende Handlungen in der Vergangenheit: **imparfait**
Un samedi, il **pleuvait**, je **chattais** avec mes copains et j'**avais** envie de rester au lit.

2. b Regelmäßig stattfindende Handlungen in der Vergangenheit: **imparfait**
Le matin, c'**était** toujours le stress. On **devait** se lever tôt et on **se dépêchait** pour avoir le bus.

3. Neu einsetzende Handlungen in einer bestehenden Situation in der Vergangenheit

Hintergrund (Was war schon? / Wie war es?) Beschreibung einer bestehenden Situation	**Vordergrund** (Was ist dann passiert?) Beschreibung einer einsetzenden Handlung
imparfait	*passé composé*
Il **faisait** un peu froid	donc j'**ai pris** le bus pour rentrer à la maison.
J'**étais** dans ma chambre	quand ma sœur **est entrée**.
Elle **pleurait**.	Puis, elle **a eu** un message et elle **est partie**.

11.1 Forme les phrases avec «quand». Utilise l'imparfait et le passé composé.
1. Je / regarder des photos de vacances / quand / on / frapper à la porte.
2. Rahel / mettre la table / quand / sa grand-mère / appeler.
3. On / être à table / quand / mon père / proposer de faire une balade.
4. Damien / parler avec la vendeuse / quand / Philippe / entrer dans le magasin.
5. Nous / traverser la rue / quand / un chien énorme / venir vers nous.

11.2 Complète la mini-histoire par les formes des verbes au passé composé et à l'imparfait.
Comme tous les matins, Jean (*être*) dans son lit. Il (*écouter*) la radio et il ne (*vouloir*) pas se lever. Tout à coup, son portable (*sonner*). Jean (*être*) encore fatigué, mais il (*prendre*) son portable et il (*dire*): «Allô». Une voix bizarre lui (*répondre*): «Jean, lève-toi et descends! Je t'...» (biiiiiiiiiiiiiiiiiip)

11.3 Raconte la suite de la mini-histoire (11.2) et utilise les formes des verbes au passé composé et à l'imparfait.

12 Die Adverbien auf *-ment* | Les adverbes en *-ment*

Il est **rapide**. → Il apprend **rapidement**.
Lisa est **malheureuse**. → **Malheureusement**, elle ne peut pas aller voir sa corres.

Feminine Form des Adjektivs + *-ment* = Adverb

Adjektiv/adjectif	Adverb/adverbe
typique	typique**ment**
normal/normale	normale**ment**
heureux/heureuse	heureuse**ment**
long/longue	longue**ment**
énorme	énorm**é**ment

Adjektiv/adjectif	Adverb/adverbe
❗ différent/e	diff**é**r**emment**
❗ courant/e	cour**amment**
❗ gentil/le	**gentiment**
❗ vrai/e	vra**i**ment
❗ bon/ne	**bien**
❗ meilleur/e	**mieux**
❗ mauvais/e	**mal**

12.1 Grammaire mixte: Complète par un adjectif ou un adverbe. Fais attention à l'accord de l'adjectif.

bon   direct   facile   gentil   rapide   vrai

Je vous présente mes amis: Lily est une fille ❓. Je l'aime beaucoup et après les cours, souvent, je vais ❓ chez elle. Arthur est un très ❓ copain. On rigole ❓ ensemble. Léa s'énerve ❓. C'est ❓ qu'elle n'a pas un caractère ❓ mais je l'adore. Tom comprend ❓ mes blagues. Il est toujours ❓. J'aime ❓ mes amis. Ils sont ❓ ❓.

13 Die reflexiven Verben im *passé composé* | Les verbes pronominaux au passé composé

Gustave s'est promen**é**.
Gustave et **Karim** se sont promen**és**.

Laura ne s'est pas promen**ée**.
Emma et **Aurélie** se sont promen**ées**.

Reflexive Verben haben im *passé composé* das Hilfsverb *être* und das Partizip wird angeglichen.

13.1 Qui a écrit quelle phrase? Justifie ta réponse.
1. Nous nous sommes levés tard.
2. Je ne me suis pas couchée avant minuit.
3. Nous nous sommes promenées longtemps.
4. Je me suis occupé du chien.

a. Olivier
b. Tom et Isa
c. Bernadette
d. Lola et Anna

Solutions ▶ www.cornelsen.de/webcodes: niseta

GRAMMAIRE

13.2 Décris la place de *ne ... pas* dans une phrase avec un verbe pronominal au passé composé.

13.3 Forme des phrases au passé composé.

je / *s'énerver*

mon père / ne pas *se lever* à l'heure

Léo / *s'inquiéter* de ne pas trouver Zoé

ils / ne pas *se baigner*

elles / *se reposer* à la plage

nous / ne pas *s'ennuyer*

Sarah / *se plaindre* pendant des heures

il / *s'installer* devant la télé

14 Die Verben | Les verbes

G 12

confondre (verwechseln), s'entendre (verstehen)	Verben auf *-dre*
pleuvoir (regnen)	❗ nur 3. Person Singular: *il pleut*
rejoindre (treffen, einholen)	Verb auf *-indre*
se plaindre (sich beklagen)	reflexives Verb, wie *rejoindre*
partager (teilen), corriger (korrigieren)	wie *manger*
commencer (beginnen)	wie *avancer*
reconnaître (wiedererkennen)	wie *connaître*
réagir (reagieren)	Verb auf *-ir* (Typ *finir*)
enlever (entfernen)	wie *acheter*
remettre (zurückstellen)	wie *mettre*

▶ Verbes, p. 178

14.1 Grammaire mixte: Complète l'histoire de Louise par les verbes au **présent**, au **passé composé** ou à l'**imparfait**.
Quand je (*être*) petite, je (ne pas *s'entendre*) très bien avec mon frère. Malheureusement, nous (*partager*) la même chambre et cela (ne pas *se passer*) toujours bien. Souvent, on (*se plaindre*). Je (*dire*): «Maman, Tristan (*confondre*) toujours nos chaussettes!» Et lui, il (*réagir*): «Maman, Louise (ne pas *enlever*) ses classeurs du bureau! Je (ne pas *pouvoir*) faire mes devoirs!». À cause de nos disputes, notre mère (*avoir*) souvent mal à la tête.
Heureusement, je (*avoir*) beaucoup de copines et quand il (ne pas *pleuvoir*), je les (*rejoindre*) chez l'une ou l'autre. Plus tard, vers 15, 16 ans, mon frère et moi, on (*commencer*) à faire des trucs ensemble et maintenant, on (*partager*) même un hobby génial, le géocaching. Alors, on (ne plus *se plaindre*).

GRAMMAIRE

Module 2

15 Der Teilungsartikel | L'article partitif

G 16

Il y a **du pain**, **du beurre** et **du miel**.
Tu prends **de la confiture**?
Je voudrais **de l'**eau.
On achète **des** céréales.

de + le → **du**
de + les → **des**

15.1 Rosalie va faire les courses. Qu'est-ce qu'elle achète? Utilise l'article partitif.

eau, jus d'orange, pain, charcuterie, fromage, coca, céréales, riz, croissants, lait

Il faut acheter …

16 Das Pronomen *en* (partitiv) | Le pronom *en* (partitif)

G 17

Tu veux encore **de la salade**? Non, merci, je n'**en** veux plus.
Vous avez pris **du gratin**? Oui, on **en** a pris deux fois!
Tu manges **des tartines**? Oui, j'**en** mange une ou deux le matin.
J'ai fait **une salade**. Tu **en** veux?

16.1 Réponds aux questions et utilise *en*.
1. Est-ce que tu as des baskets rouges? 2. Est-ce que tu manges souvent des spaghettis? 3. Est-ce que tu as beaucoup de devoirs? 4. Est-ce que tu as déjà fait du canoë-kayak? 5. Est-ce qu'il y a un cinéma près de chez toi? 6. Combien de livres est-ce que tu lis par an?

17 Die Verben | Les verbes

mourir (sterben)   unregelmäßiges Verb   ▶ Verbes, p. 178

17.1 Complète par la bonne forme du verbe *mourir* au présent ou au passé composé.

1. Elles ? si on ne les aide pas!

2. Maman, je ? de faim!

3. Je ? il y a très longtemps …

4. Ma grand-mère ? quand j'étais petit.

Solutions ▶ www.cornelsen.de/webcodes: niseta

GRAMMAIRE

Unité 3

18 Die Frage mit *qu'est-ce qui*, *qui est-ce qui* und *qui est-ce que* | L'interrogation avec *qu'est-ce qui*, *qui est-ce qui* et *qui est-ce que*

U3|V1
G 19

Frage nach Personen als Subjekt (Wer …?)	Qui est-ce qui a fondé la ville de Québec?
Frage nach Personen als direktes Objekt (Wen …?)	Qui est-ce qu'on voit sur l'image?
Frage nach Sachen als Subjekt (Was …?)	Qu'est-ce qui te plaît au Québec?
Frage nach Sachen als direktes Objekt (Was …?)	Qu'est-ce que tu manges le soir?

18.1 Retrouve les questions.
1. ❓ a fondé ta ville? – Je ne sais pas qui a fondé ma ville.
2. ❓ tu voudrais rencontrer un jour? – Je voudrais rencontrer mon idole.
3. ❓ tu aimes faire pendant l'hiver? – J'aime faire des randonnées dans la neige.
4. ❓ t'intéresse au Canada? – Ce qui m'intéresse au Canada, c'est la culture.
5. ❓ te plaît le moins au Québec? – La nourriture.
6. ❓ on voit sur cette photo? – Sur la photo, on voit mon corres québécois et sa famille.

19 Der Infinitivsatz mit *avant de* | La phrase infinitive avec *avant de*

U3|V1
G 21

1. **Avant de manger**, on s'est occupés des chiens.
2. On a fait une petite pause **avant de repartir**.
3. **Avant de se coucher**, Lina écrit son blog.

19.1 Reformule les phrases et utilise *avant de*.
1. Max fait les courses. Avant, il a écrit une liste.   2. Bérénice appelle sa cousine. Avant, elle a cherché son numéro de téléphone.   3. Noah et Jérémy passent l'aspirateur. Avant, ils ont rangé leur chambre.
4. Arielle joue avec sa petite sœur. Puis, elle fait ses devoirs.

20 Die Indefinitpronomen *tous/toutes* | Les pronoms indéfinis *tous/toutes*

U3|V2
G 22

1. Les ours dorment en hiver. Est-ce qu'ils dorment tous?
2. Les filles sont fatiguées. Elles sont toutes restées au gîte.

20.1 Grammaire mixte: Complète par le déterminant *tout le / toute la / tous les / toutes les* ou par les pronoms indéfinis *tous/toutes*. Attention: réfléchis si tu remplaces le nom (▶pronom) ou pas (▶déterminant).
1. Dans ma famille, ❓ mes frères font du basket. Moi aussi. Nous sommes ❓ fans de ce sport. Je m'entraîne ❓ temps. Non, ce n'est pas vrai. Les vendredis sont ❓ libres. Après un match, ❓ équipe est contente et on fait la fête ❓ journée.
2. Bientôt, c'est mon anniversaire et je veux inviter ❓ mes copines. J'espère qu'elles peuvent ❓ venir. Heureusement, c'est un vendredi …

20.2 Lis ton texte à voix haute, puis écoute et compare. Note si tu entends [tu], [tut] ou [tus].

GRAMMAIRE

21 Der Komparativ und der Superlativ des Adverbs | Le comparatif et le superlatif de l'adverbe

U3|V2
U3|V3
G 25
G 26

1. **Komparativ:** En traîneau, on va **moins vite qu'**en motoneige.

plus (+)			! mieux que
aussi (=)	+ *adverbe* + que		aussi bien que
moins (–)			moins bien que

2. **Superlativ:** Elle a marqué **le plus facilement** du monde. Il a couru **le plus vite** possible.

le plus (++)	+ *adverbe*
le moins (– –)	

! unregelmäßige Steigerung:	Komparativ	Superlativ
Elle chante **bien**.	Elle chante **mieux**.	Elle chante **le mieux**.
Elle chante **beaucoup**.	Elle chante **plus**.	Elle chante **le plus**.
Elle chante **peu**.	Elle chante **moins**.	Elle chante **le moins**.

21.1 Grammaire mixte: Complète ces dialogues entre un père et son fils. Utilise le comparatif (+ / = / –) et le superlatif (++ / – –) de l'adverbe.

1. **Père:** Tu ne peux pas travailler (+ rapide)?
   Fils: Mais papa, je travaille (++ rapide) possible!
2. **Père:** Tu ne peux pas jouer (– souvent) sur Internet?
   Fils: Mais papa, je joue (– – souvent) possible!
3. **Père:** Tu ne peux pas (+ bien) faire tes devoirs?
   Fils: Mais papa, je les fais (++ bien) possible!
4. **Père:** Tu ne peux pas t'habiller (– bizarre)?
   Fils: Mais papa, je m'habille (– – bizarre) de toute ma classe! Vraiment, papa, je grandis (++ normal) du monde!
5. **Fils:** Tu ne peux pas me parler (+ gentil)?
   Père: Mais je te parle (= gentil) que ta mère, non?

22 Die Verben | Les verbes

G 23
G 24

courir (rennen, laufen), conduire (fahren, lenken), construire (bauen, konstruieren)	unregelmäßige Verben
s'intéresser (sich interessieren), s'entraîner (trainieren), se moquer (sich lustig machen)	reflexive Verben
s'engager (sich engagieren)	reflexives Verb, wie *manger*
bouger (sich bewegen), encourager (ermutigen)	wie *manger*
réussir (schaffen), applaudir (applaudieren)	Verben auf -*ir* (Typ *finir*)
essayer (versuchen, probieren)	wie *payer*
permettre (erlauben)	wie *mettre*

▶ Verbes, p. 178

22.1 Grammaire mixte: Complète par la bonne forme des verbes au présent ou au passé composé.
1. Tu (*se moquer*) de moi? – Mais non, je (ne pas *se moquer*) de toi.
2. Monsieur, vous (*permettre*)? Je peux prendre cette chaise?
3. Marie (*essayer*) une robe, mais elle ne lui allait pas. Léo (*encourager*) son amie à essayer une autre.
4. Je (*réussir*) à marquer un but! Vous (ne pas *applaudir*)?
5. Est-ce que tu (*s'intéresser*) à la nature? – Oui, je (*s'engager*) dans une association écologiste.
6. Nous (*construire*) une petite maison pour notre chien. Nous (*courir*) loin pour trouver le bois.

Solutions ▶ www.cornelsen.de/webcodes: niseta

GRAMMAIRE

Module 3

23 Der *subjonctif* | Le subjonctif

1. Regelmäßige Bildung und unregelmäßige Formen ▶ Pense-bête, p. 313

Stamm der 3. Pers. Pl. Präsens	*subjonctif*-Endung			travailler	finir	descendre
	-e		je	travaille	finisse	descende
	-es		tu	travailles	finisses	descendes
ils/elles travaill**ent**	-e		il/elle/on	travaille	finisse	descende
ils/elles finiss**ent**	-ions	il faut que/qu'	nous	travaill**ions**	finiss**ions**	descend**ions**
ils/elles descend**ent**	-iez		vous	travaill**iez**	finiss**iez**	descend**iez**
	-ent		ils/elles	travaill**ent**	finiss**ent**	descend**ent**

!
aller	que j'aille [aj]	que nous allions [aljɔ̃]	**prendre**	que je prenne	que nous prenions
avoir	que j'aie [ɛ]	que nous ayons [ɛjɔ̃]	**venir**	que je vienne	que nous venions
être	que je sois	que nous soyons [swajɔ̃]	**voir**	que je voie	que nous voyions
faire	que je fasse	que nous fassions	**vouloir**	que je veuille [vœj]	que nous voulions
pouvoir	que je puisse	que nous puissions	**savoir**	que je sache	que nous sachions

2. Ausdrücke, auf die der *subjonctif* folgt

Notwendigkeit	Wille	Wunsch
Il faut que tu sois à l'heure.	Je **veux que** tu sois à l'heure.	Je **voudrais que** tu viennes.
Il faudrait que tu choisisses.	Mes parents **veulent que** je travaille.	On **ne voudrait pas que** tu partes.
Il ne faut pas que cela dure.		

23.1 Reconstitue les phrases et mets les verbes au subjonctif.
1. Il / vous *réfléchir* / répondre / faudrait / avant de / que
2. tes copains / tu *partir* / ne / que / avec / voudrais / en vacances / pas / Je
3. Il / les enfants *faire* / pas / que / trop / ne / de bruit / faut
4. des beaux vêtements / que / la fête / pour / veulent / je *mettre* / Mes parents

Unité 4

24 Die Hervorhebung | La mise en relief

J'ai passé l'aspirateur.	**C'est** moi **qui** ai passé l'aspirateur.
Mes parents s'occupent du linge.	**Ce sont** mes parents **qui** s'occupent du linge.
On a fait une surprise à mon père.	**C'est** à mon père **qu'**on a fait une surprise.
Hier, nous avons fait des spaghettis.	**C'est** hier **que** nous avons fait des spaghettis.
Hier, nous avons fait des spaghettis.	**Ce sont** des spaghettis **que** nous avons fait hier.
Tu n'as pas sorti le chien.	**Ce n'est pas** toi **qui** as sorti le chien.

24.1 Reformule la phrase ci-dessous quatre fois. À chaque fois, mets en relief un autre des éléments en couleur.
Je vais faire les courses pour mon grand-père ce soir.

GRAMMAIRE

25 Der Imperativ mit Pronomen | L'impératif avec un pronom

U4|V2
G 29

bejaht Imperativ + Pronomen	verneint *ne* + Pronomen + Imperativ + *pas*
Regardez-**moi**.	Ne **me** regardez pas.
Plains-**toi**.	Ne **te** plains pas.
Réponds-**lui**. (= à ton/ta cousin/e)	Ne **lui** réponds pas.
Expliquez-**leur**. (= à vos parents)	Ne **leur** expliquez rien.
Quitte-**le**. (= le garçon)	Ne **le** quitte pas.
Écoutons-**la**. (= la chanson)	Ne **l'**écoutons pas.
Réglons-**les**. (= les problèmes)	Ne **les** réglons pas.
Attends-**nous**.	Ne **nous** attends pas.
Dépêchez-**vous**.	Ne **vous** dépêchez pas.

25.1 Pour chaque problème, donne deux conseils. Utilise la forme affirmative et la forme négative de l'impératif.
Exemple: 1. Je dois ranger ma chambre. → Range-la. / Ne la range pas.

1. Je dois ranger ma chambre.
2. Je dois aider mes parents.
3. Je dois répondre à la prof.
4. Je dois écrire à mes grands-parents.
5. Je dois faire mes devoirs.
6. Je dois appeler mon copain.

26 Das Fragepronomen *lequel* | Le pronom interrogatif *lequel*

U4|V3
G 31

– J'ai vu **un film** génial. – **Lequel**? — Tu connais **cette série**? – **Laquelle**?
– Tu as suivi **les épisodes**? – **Lesquels**? — J'adore **ces actrices**. – **Lesquelles**?

26.1 Grammaire mixte: Tu veux en savoir plus. Complète d'abord la phrase affirmative par *ce/cette/ces*.
Puis, pose deux questions à chaque affirmation. Utilise le pronom *lequel* et le déterminant *quel* avec un nom.
1. Je connais ❓ film. → Lequel? / Quel film est-ce que tu connais?
2. Tu peux essayer ❓ robes!
3. Nous allons lire ❓ bédé.
4. Je vais acheter ❓ posters.

27 Die Verneinung mit *ne ... personne* | La négation avec *ne ... personne*

U4|V3
G 32

présent	Max **ne** craint **personne**.
passé composé	Léo **n'**a invité **personne**.
futur composé	Léa **ne** va décevoir **personne**.
Modalverb	Rudi **ne** veut voir **personne**.
Ergänzung mit Präposition	Zoé **ne** fait confiance à **personne**.

❗ Le journaliste **n'**a **pas** interrogé les jeunes.
   Le journaliste **n'**a interrogé **personne**.

27.1 Compare la position de *ne ... pas* et de *ne ... personne* dans les deux phrases ci-dessus.

GRAMMAIRE

27.2 Grammaire mixte: Forme les phrases.
1. Mathis / accompagner (*futur composé*) / ne … personne.   2. Vous / ne … pas / comprendre (*passé composé*).
3. Je / entendre (*passé composé*) / ne … personne.   4. Wanda / ne … pas / pouvoir (*présent*) / sortir le chien.
5. Ma sœur / vouloir (*présent*) / aider / ne … personne.

28 Die Verben | Les verbes
G 30

recevoir (empfangen, erhalten), décevoir (enttäuschen)	unregelmäßige Verben
se disputer (sich streiten), s'en aller (weggehen, fortgehen)	reflexive Verben
craindre (fürchten)	Verb auf *-indre*
nettoyer (reinigen, sauber machen)	wie *payer*
régler (regeln, klären)	wie *répéter*
interroger (abfragen)	wie *manger*
promettre (versprechen)	wie *mettre*
reprendre (übernehmen)	wie *prendre*
interdire (verbieten)	wie *dire* ❗ aber: *vous interdisez*
annoncer (ankündigen, mitteilen)	wie *avancer*

▶ Verbes, p. 178

28.1 Fais une fiche pour le verbe *craindre* puis complète ces phrases par les bonnes formes du verbe au **présent**, au **passé composé** et à l'**imparfait**.
1. Quand j'étais petit, je [?] le noir.   2. Tu n'avances pas? Qu'est-ce que tu [?]?   3. Est-ce qu'il y a des animaux que vous [?]?   4. Tu n'es pas sorti hier? – Non, j'[?] le soleil.

Module 4

29 Das *futur simple* | Le futur simple ▶ Pense-bête, p. 313
G 34

		parler	finir	❗ attendre
	-ai	je parler**ai**	je finir**ai**	j' attendr**ai**
	-as	tu parler**as**	tu finir**as**	tu attendr**as**
Infinitiv +	-a	il/elle/on parler**a**	il/elle/on finir**a**	il/elle/on attendr**a**
	-ons	nous parler**ons**	nous finir**ons**	nous attendr**ons**
	-ez	vous parler**ez**	vous finir**ez**	vous attendr**ez**
	-ont	ils/elles parler**ont**	ils/elles finir**ont**	ils/elles attendr**ont**

❗ Diese unregelmäßigen Verben haben im *futur simple* einen eigenen Verbstamm:

avoir	j'aurai	voir	je verrai	venir	je viendrai (ebenso: devenir, prévenir, revenir)
être	je serai	envoyer	j'enverrai	vouloir	je voudrai
aller	j'irai	courir	je courrai	devoir	je devrai
faire	je ferai	mourir	je mourrai	recevoir	je recevrai (ebenso: décevoir)
savoir	je saurai	pouvoir	je pourrai	pleuvoir	il pleuvra

29.1 Complète les phrases par le verbe souligné au futur simple.
1. Je ne peux pas te <u>répondre</u> maintenant mais je te [?] demain.
2. Nous ne pouvons pas <u>venir</u> tout de suite mais nous [?] ce soir.
3. Tu n'<u>as</u> pas <u>fini</u> tes devoirs? Alors, tu les [?] plus tard.
4. Aujourd'hui, vous n'<u>avez</u> pas <u>gagné</u> le match? Courage! Vous [?] le prochain.

GRAMMAIRE

30 Der reale Bedingungssatz | La condition réelle

G 35

si-Satz	Hauptsatz
présent	*présent / futur simple*
Si on avance vite,	on sera au camping ce soir.
S'il pleut demain,	je rentre à Paris.

✓ La proposition avec *si* peut se placer devant ou après la phrase principale. | Der *si*-Satz kann vor oder nach dem Hauptsatz stehen.

30.1 Retrouve l'ordre des mots et écris les phrases.
1. ses – offriront – Noémie – un vélo – lui – le brevet de troisième – réussit – parents – Si
2. vite – si – range – pourra – On – jouer au foot – après – on – notre chambre
3. collège – le – en retard – au – bus – rate – je – si – J'arriverai
4. Si – comprends – cet – tu – je t'aiderai – pas – exercice – ne

Unité 5

31 Die Pronomen *y* und *en* (lokal) | Les pronoms *y* et *en* (local)

U5|V1
G 36

y (ersetzt Ortsangaben mit allen Präpositionen außer *de*)

– Ta sœur va au Québec? – Oui, elle **y** va cet été.
– Le Manneken Pis se trouve à Bruxelles? – Oui, il s'**y** trouve.
– Vous êtes allés chez Yann? – Oui, on **y** est allés.
– On se retrouve devant le ciné? – Oui, mais je ne peux pas **y** être avant midi.

✓ Lerne auswendig:
Vas-y! Allons-y!
Allez-y! (Nur zu!) und
On y va! (Auf geht's!)

en (ersetzt Ortsangaben mit *de*)

– Vous sortez du musée? – Oui, on **en** sort.
– Quand est-ce que tu es revenu des États-Unis? – J'**en** suis revenu vendredi.

31.1 Grammaire mixte: Complète le dialogue par les pronoms *y* ou *en*.
1. – Pendant les vacances, j'ai visité Bruxelles avec mes parents, on ? est revenus hier soir. C'était super, je voudrais ? retourner un jour. On a visité le musée de la BD et j'? ai dépensé tout mon argent! Et toi?
2. – Moi, j'ai été à Paris et j'ai vu la Tour Eiffel. J'? suis monté, c'était génial. Quand j'? suis descendu, je me suis senti très petit.

32 Die Angleichung des *participe passé* nach *avoir* | L'accord du participe passé après *avoir*

U5|V2
G 40

– Tu as lu **ce roman**? – Oui, je **l'**ai lu.
– Tu as lu **ces livres**? – Non, je ne **les** ai pas lu**s**.
– Tu as lu **la lettre**? – Non, je ne **l'**ai pas lu**e**.
– Tu as lu **ces histoires**? – Oui, je **les** ai lu**es**.

} nach direktem Objektpronomen

| Voilà **la BD que** nous avons découvert**e** en classe. | nach dem Relativpronomen *que* |
| **Quels tableaux** est-ce que Magritte a peint**s**? | nach den Fragebegleitern *quel* und *combien de* |

GRAMMAIRE

32.1 Complète la règle.
Il faut accorder le participe passé après *avoir* quand le complément d'objet direct est ? le verbe.

32.2 Trouve d'abord le complément d'objet direct dans chaque phrase. Puis, accorde le participe passé si nécessaire.
1. Marie, quand est-ce que tu as vu? Zoé et Max?   2. Voilà les copains qu'on a invité?.
3. Quelles bédés avez-vous préféré?   4. Les enfants ont déjà fait? leurs devoirs?
5. J'adore la chanson que ZAZ a chanté?.   6. Tu as reconnu? les garçons qui étaient à la fête?

33 Die Inversionsfrage | L'interrogation par inversion

U5 | V2
G 38

Est-ce que vous êtes d'accord?	→	Êtes-vous d'accord?
Qu'est-ce que tu as choisi?	→	Qu'as-tu choisi?
❗ De quoi est-ce qu'elle parle?	→	De quoi parle-t-elle? […paʁlətɛl]
Pourquoi est-ce qu'il ne répond pas?	→	Pourquoi ne répond-il pas? […ʁepɔ̃til…]
Qu'est-ce qu'il y a?	→	Qu'y a-t-il? [kjatil]

33.1 Décris la place du pronom sujet dans une interrogation par inversion.

33.2 Reformule les questions suivantes. Utilise l'interrogation par inversion.
1. Qu'est-ce que tu fais?   2. Où est-ce que je suis?   3. Est-ce que tu as vu la mer?
4. Depuis quand est-ce que vous êtes fans de BD?   5. Où est-ce que nous sommes?

34 Das Relativpronomen *dont* | Le pronom relatif *dont*

U5 | V2
G 39

J'ai lu une BD. Tout le monde parle de cette BD.   J'ai lu une BD **dont** tout le monde parle.
Lili cherche un livre. Elle a oublié le titre de ce livre.   Lili cherche un livre **dont** elle a oublié le titre.
Voilà des photos. Néro est très fier de ces photos.   Voilà des photos **dont** Néro est très fier.

Le pronom relatif *dont* est invariable. | Das Relativpronomen *dont* ist unveränderlich.

34.1 Grammaire mixte: Complète le dialogue par les pronoms relatifs *qui*, *que*, *où* et *dont*.
Marie: J'ai du mal à trouver les informations ? j'ai besoin pour mon voyage en Corse.
Laura: Moi, j'ai une cousine ? y a passé trois semaines l'été dernier. Elle m'a parlé d'un garçon ? elle a fait la connaissance là-bas et ? est même venu la voir ici. Elle a sûrement quelques bons plans ? te seront utiles.
Marie: Super! Et elle a peut-être un guide ? elle n'a plus besoin? Et toi, tu sais ? tu vas passer tes vacances?
Laura: Je vais aller à Cassis chez des cousins ? je n'ai pas vus depuis le Nouvel An.
Marie: Ce sont les cousins ? tu parles tout le temps et ? sont venus te voir l'été dernier?

GRAMMAIRE

35 Das *plus-que-parfait* | Le plus-que-parfait

Vorvergangenheit — Vergangenheit — (Erzählzeitpunkt)

Le train **était** déjà **parti** quand nous **sommes arrivés** à la gare.
Comme j'**avais fait** la fête samedi, j'**étais** fatiguée dimanche.

mit *avoir*			mit *être*		
	faire			aller	
j'	avais	fait	j'	étais	allé/allée
tu	avais	fait	tu	étais	allé/allée
il/elle	avait	fait	il/elle	était	allé/allée
on	avait	fait	on	était	allé(s)/allée(s)
nous	avions	fait	nous	étions	allés/allées
vous	aviez	fait	vous	étiez	allé(s)/allée(s)
ils/elles	avaient	fait	ils/elles	étaient	allés/allées

35.1 Complète les phrases et utilise le plus-que-parfait.
1. Le film (déjà *commencer*) quand nous sommes arrivées.   2. La fête pour laquelle nous (*préparer* un gâteau) était un grand succès.   3. Quand Marie est arrivée chez ses copines, elles (déjà (ê)*partir*).
4. Comme son frère ((ê)*se moquer* d'elle), Zoé était malheureuse.

36 Die Verben | Les verbes

fuir (fliehen), **s'enfuir** (fliehen, flüchten)	unregelmäßige Verben
voyager (reisen)	wie *manger*
obtenir (bekommen, erhalten)	wie *venir* ▶ Verbes, p. 178
dénoncer (anprangern, denunzieren)	wie *avancer*
peindre (malen, anstreichen)	Verb auf -*indre*

Unité 6

37 Das *conditionnel présent* | Le conditionnel présent

	regarder
je	regarderais
tu	regarderais
il/elle/on	regarderait
nous	regarderions
vous	regarderiez
ils/elles	regarderaient

conditionnel = Futurstamm + Endung *imparfait*

Moi, à ta place, je regarderais dans un dictionnaire, la prochaine fois.

! Einige unregelmäßige Verben, z. B. *avoir*, haben im *conditionnel* einen eigenen Verbstamm: *avoir* → **aur** + *ais*. Diesen Stamm kennst du schon vom *futur simple*.   ▶ 29 Le futur simple   ▶ Pense-bête, p. 313
▶ Verbes, p. 178

GRAMMAIRE

38 Die Verneinung mit *rien ne ...* und *personne ne ...* | La négation avec *rien ne ...* et *personne ne ...*

U6|V1
G 43

> Elle **ne** change **rien** dans sa vie. → **Rien ne** change dans sa vie.
> Il **n'**écoute **personne**. → **Personne ne** l'écoute.

38.1 Réponds aux questions. Utilise *rien ne ...* **ou** *personne ne ...*
1. Quelqu'un a appelé aujourd'hui? – Non, ___. 2. Est-ce que c'est gratuit? – Non, ___.
3. Tout va bien pour toi? – Non, ___. 4. Est-ce que quelqu'un a sorti le chien? – Non, ___.
5. Le noir vous fait peur? – Non, ___. 6. Est-ce que tes amis ont chatté avec toi? – Non, ___.

38.2 Explique la différence entre *rien ne ... / personne ne ...* **et** *ne ... rien / ne ... personne*.

39 Der irreale Bedingungssatz (Gegenwart) | La condition irréelle (présent)

U6|V2
G 45

> **Si** je **pouvais** faire un long voyage, je **ferais** le tour du monde.
> Vous **seriez** heureux **si** on vous **donnait** beaucoup d'argent?

39.1 Complète la règle.
Dans la proposition avec *si*, on utilise ❓, dans la proposition principale, on utilise ❓. | Im *si*-Satz verwendet man ❓, im Hauptsatz ❓.

39.2 Grammaire mixte: Complète et traduis les phrases comme dans l'exemple ((a): condition réelle, (b): condition irréelle). ▶ 30 La condition réelle

Exemple: 1. Si nous en (*avoir*) envie, nous (*peindre*) la cuisine.
  (a) Si nous en avons envie, nous peindrons la cuisine. (Wenn wir Lust haben, streichen wir die Küche.) → wahrscheinlich/réel
  (b) Si nous en avions envie, nous peindrions la cuisine. (Wenn wir Lust hätten, würden wir die Küche streichen.) → unwahrscheinlich (da wir keine Lust haben)/irréel

1. Si nous en (*avoir*) envie, nous (*peindre*) la cuisine.
2. Si elle (*ne pas être*) malade, elle (*sortir*) avec nous.
3. Je (*faire*) un stage au théâtre si on me (*prendre*).
4. Si vous (*aller*) à Bruxelles, vous (*manger*) des bonnes gaufres.

40 Das Relativpronomen *lequel* mit Präposition | Le pronom relatif *lequel* avec une préposition

G 48

> L'informatique, c'est <u>un domaine</u> **pour lequel** Tim est doué.
> Ce sont <u>les emballages en plastique</u> **contre lesquels** il faut lutter!
> Choisis <u>une photo</u> **sur laquelle** tu souris.
> Il y a <u>beaucoup de personnes</u> **avec lesquelles** je me sens bien.

dans/pour/pendant/sans/
avec/chez/derrière/...
lequel lesquels laquelle lesquelles

41 Die Verben | Les verbes

G 44

croire (glauben)	unregelmäßiges Verb
se stresser (sich stressen)	reflexives Verb
atteindre (erreichen)	Verb auf *-indre* ▶ Verbes, p. 178
décrire (beschreiben)	wie *écrire*
sourire (lächeln)	wie *rire*

GRAMMAIRE

Module 6

42 Das *conditionnel passé* | Le conditionnel passé

G 49

Tu **aurais dû** faire tes devoirs hier.
À ta place, je ne **serais** pas **parti/e** sans prévenir mes parents.

	mit *avoir*			mit *être*	
	parler			aller	
j'	aurais	parlé	je	serais	allé/allée
tu	aurais	parlé	tu	serais	allé/allée
il/elle	aurait	parlé	il/elle	serait	allé/allée
on	aurait	parlé	on	serait	allé(s)/allée(s)
nous	aurions	parlé	nous	serions	allés/allées
vous	auriez	parlé	vous	seriez	allé(s)/allée(s)
ils/elles	auraient	parlé	ils/elles	seraient	allés/allées

42.1 Complète les phrases et utilise le conditionnel passé (a). Puis invente une mini-situation (b).
Exemple: 1. Tu (*pouvoir*) me le dire!
          (a) Tu aurais pu me le dire!
          (b) Tu aurais pu me le dire! Maintenant, vous avez organisé une fête surprise pour moi, et moi, je ne suis pas là.

1. Tu (*pouvoir*) me le dire!
2. Avec un peu plus d'entraînement, les joueurs (*gagner*) le tournoi.
3. À votre place, nous (⁽ᵉ⁾*se dépêcher*).
4. Sans tes amis, tu (ne pas ⁽ᵉ⁾*devenir*) champion.
5. Elles (*choisir*) une autre couleur que leurs parents.
6. À ta place, je (⁽ᵉ⁾*descendre*) du bus et je (*continuer*) à pied.

43 Der irreale Bedingungssatz (Vergangenheit) | La condition irréelle (passé)

G 50

Si tu **avais écouté** mes conseils, tu **aurais eu** moins de problèmes.
Je ne **serais** pas **tombé/e** si le pneu de mon vélo n'**avait** pas **crevé**.

43.1 Nomme la forme des verbes dans la proposition avec *si* et dans la proposition principale.

43.2 Complète les phrases et utilise la condition irréelle (passé).
1. Tu (*parler*) à mon frère si tu (*connaître*) son secret?
2. S'il (ne pas y *avoir*) de bouchons, nous (⁽ᵉ⁾*arriver*) à l'heure.
3. Est-ce que vous (*aimer*) la chanson si elle (*être*) en allemand?
4. Si je (⁽ᵉ⁾*s'inquiéter*), je (*essayer*) de t'appeler.

44 Die Verben | Les verbes

ressentir (empfinden)	Verb auf *-ir* (Typ *dormir*)	
tenir (festhalten, halten)	wie *venir*	▶ Verbes, p. 178
crever (platzen, reißen)	wie *acheter*	

Solutions ▶ www.cornelsen.de/webcodes: niseta

LA CONJUGAISON DES VERBES

La conjugaison des verbes | Die Konjugation der Verben

Symbole und Abkürzungen

(ê) So gekennzeichnete Verben bilden das *passé composé* mit *être*. Beachte, dass das Partizip dieser Verben veränderlich ist.

! Das Ausrufezeichen macht dich auf Besonderheiten aufmerksam.

Les verbes auxiliaires *avoir* et *être* | Die Hilfsverben *avoir* und *être*

infinitif		**avoir**		**être**
présent	j'	ai	je	suis
	tu	as	tu	es
	il/elle/on	a	il/elle/on	est
	nous	avons	nous	sommes
	vous	avez	vous	êtes
	ils/elles	ont	ils/elles	sont
imparfait	j'	avais	j'	étais
futur simple	j'	aurai	je	serai
conditionnel	j'	aurais	je	serais
subjonctif	que j'	aie	que je	sois
	que tu	aies	que tu	sois
	qu'il/elle/on	ait	qu'il/elle/on	soit
	que nous	ayons	que nous	soyons
	que vous	ayez	que vous	soyez
	qu'ils/elles	aient	qu'ils/elles	soient
impératif	Aie. Ayons. Ayez.		Sois. Soyons. Soyez.	
passé composé	j'ai eu		j'ai été	

Les verbes réguliers en *-er* | Die regelmäßigen Verben auf *-er*

infinitif		**regarder**
présent	je	regard**e**
	tu	regard**es**
	il/elle/on	regard**e**
	nous	regard**ons**
	vous	regard**ez**
	ils/elles	regard**ent**
imparfait	je	regardais
futur simple	je	regarderai
conditionnel	je	regarderais
subjonctif	que je	regarde
impératif	Regarde. Regardons. Regardez.	
passé composé	j'ai regardé	

Die folgenden Verben auf *-er* haben eine Besonderheit in der Schreibung:

acheter: j'ach**è**te, nous achetons
ebenso: crever, enlever, (ê)se lever, (ê)se promener
appeler: j'appe**ll**e, nous appelons
avancer: nous avan**ç**ons
ebenso: commencer, dénoncer, prononcer
manger: nous man**ge**ons
ebenso: bouger, changer, corriger, déranger, échanger, encourager, (ê)s'engager, interroger, mélanger, ranger, télécharger, voyager
payer: je pa**i**e, nous payons
ebenso: (ê)s'ennuyer, envoyer, essayer, nettoyer
protéger: je prot**è**ge, nous protégeons
répéter: je rép**è**te, nous répétons
ebenso: espérer, exagérer, préférer, régler, (ê)s'inquiéter

LA CONJUGAISON DES VERBES

Les verbes réguliers en *-dre* (*attendre*) **et** *-indre* (*rejoindre*)
Die regelmäßigen Verben auf *-dre* (*attendre*) **und** *-indre* (*rejoindre*)

		attendre			**rejoindre**
infinitif					
présent	j'	attend**s**		je	rejoins
	tu	attend**s**		tu	rejoins
	il/elle/on	attend		il/elle/on	rejoint
	nous	attend**ons**		nous	rejoignons
	vous	attend**ez**		vous	rejoignez
	ils/elles	attend**ent**		ils/elles	rejoignent
imparfait	j'	attendais		je	rejoignais
futur simple	j'	attendrai		je	rejoindrai
conditionnel	j'	attendrais		je	rejoindrais
subjonctif	que j'	attende		que je	rejoigne
impératif	Attends. Attendons. Attendez.			Rejoins. Rejoignons. Rejoignez.	
passé composé	j'ai attendu			j'ai rejoint	
ebenso:	*confondre, correspondre, ^(ê)descendre, entendre, perdre, rendre, répondre, vendre*			*atteindre, craindre, peindre, ^(ê)se plaindre*	

Les verbes en *-ir* (*dormir, finir* **et** *ouvrir*) | **Die Verben auf** *-ir* (**Typen** *dormir, finir* **und** *ouvrir*)

		dormir			**finir**			**ouvrir**
infinitif									
présent	je	dor	**s**	je	fini	**s**	j'	ouvr	**e**
	tu	dor	**s**	tu	fini	**s**	tu	ouvr	**es**
	il/elle/on	dor	**t**	il/elle/on	fini	**t**	il/elle/on	ouvr	**e**
	nous	dorm	**ons**	nous	finiss	**ons**	nous	ouvr	**ons**
	vous	dorm	**ez**	vous	finiss	**ez**	vous	ouvr	**ez**
	ils/elles	dorm	**ent**	ils/elles	finiss	**ent**	ils/elles	ouvr	**ent**
imparfait	je dormais			je finissais			j' ouvrais		
futur simple	je dormirai			je finirai			j' ouvrirai		
conditionnel	je dormirais			je finirais			j' ouvrirais		
subjonctif	que je dorme			que je finisse			que j' ouvre		
impératif	Dors. Dormons. Dormez.			Finis. Finissons. Finissez.			Ouvre. Ouvrons. Ouvrez.		
passé composé	j'ai dormi			j'ai fini			j'ai ouvert		
ebenso:	^(ê)*partir, ressentir, sentir, servir, ^(ê)sortir*			*applaudir, choisir, grandir, réagir, réfléchir, réussir*			*découvrir, offrir*		

Tableau des verbes avec préposition et infinitif | **Verben mit Präposition und Infinitivergänzung**

mit à		**mit de**	
aider qn **à** faire qc	demander **à** parler à qn	arrêter **de** faire qc	dire (à qn) **de** faire qc
apprendre **à** faire qc	passer son temps **à** faire qc	avoir besoin **de** faire qc	interdire (à qn) **de** faire qc
arriver **à** faire qc	penser **à** faire qc	avoir envie **de** faire qc	permettre (à qn) **de** faire qc
commencer **à** faire qc	réussir **à** faire qc	continuer **de** faire qc	promettre (à qn) **de** faire qc
continuer **à** faire qc	servir **à** faire qc	décider **de** faire qc	proposer (à qn) **de** faire qc
		demander (à qn) **de** faire qc	rêver **de** faire qc

cent-soixante-dix-neuf

LA CONJUGAISON DES VERBES

Les verbes irréguliers | Die unregelmäßigen Verben

	(ê)aller	**boire**	**connaître**
infinitif			
présent	je vais tu vas il/elle/on va nous allons vous allez ils/elles vont	je bois tu bois il/elle/on boit nous buvons vous buvez ils/elles boivent	je connais tu connais il/elle/on connaît nous connaissons vous connaissez ils/elles connaissent
imparfait	j' allais	je buvais	je connaissais
futur simple	j' irai	je boirai	je connaîtrai
conditionnel	j' irais	je boirais	je connaîtrais
subjonctif	que j' aille ❗ que nous allions	que je boive ❗ que nous buvions	que je connaisse
impératif	Va. Allons. Allez.	Bois. Buvons. Buvez.	Connais. Connaissons. Connaissez.
passé composé	je suis allé/e	j'ai bu	j'ai connu
ebenso:	*(ê)s'en aller*		*reconnaître*

	conduire	**courir**	**croire**
infinitif			
présent	je conduis tu conduis il/elle/on conduit nous conduisons vous conduisez ils/elles conduisent	je cours tu cours il/elle/on court nous courons vous courez ils/elles courent	je crois tu crois il/elle/on croit nous croyons vous croyez ils/elles croient
imparfait	je conduisais	je courais	je croyais
futur simple	je conduirai	je courrai	je croirai
conditionnel	je conduirais	je courrais	je croirais
subjonctif	que je conduise	que je coure	que je croie ❗ que nous croyions
impératif	Conduis. Conduisons. Conduisez.	Cours. Courons. Courez.	Crois. Croyons. Croyez.
passé composé	j'ai conduit	j'ai couru	j'ai cru
ebenso:	*construire*		

	devoir	**dire**	**écrire**
infinitif			
présent	je dois tu dois il/elle/on doit nous devons vous devez ils/elles doivent	je dis tu dis il/elle/on dit nous disons vous **dites** ils/elles disent	j' écris tu écris il/elle/on écrit nous écrivons vous écrivez ils/elles écrivent
imparfait	je devais	je disais	j' écrivais
futur simple	je devrai	je dirai	j' écrirai
conditionnel	je devrais	je dirais	j' écrirais
subjonctif	que je doive ❗ que nous devions	que je dise ❗ que nous	que j' écrive
impératif		Dis. Disons. **Dites**.	Écris. Écrivons. Écrivez.
passé composé	j'ai dû	j'ai dit	j'ai écrit
ebenso:		*interdire* ❗ *vous interdisez*	*décrire*

LA CONJUGAISON DES VERBES

infinitif	**envoyer**	**faire**	**fuir**
présent	j' envoie	je fais	je fuis
	tu envoies	tu fais	tu fuis
	il/elle/on envoie	il/elle/on fait	il/elle/on fuit
	nous envoyons	nous faisons	nous fu**y**ons
	vous envoyez	vous **faites**	vous fu**y**ez
	ils/elles envoient	ils/elles font	ils/elles fuient
imparfait	j' envoyais	je faisais	je fu**y**ais
futur simple	j' env**err**ai	je f**er**ai	je fuirai
conditionnel	j' env**err**ais	je f**er**ais	je fuirais
subjonctif	que j' envoie	que je **fasse**	que je fuie
	❗ que nous envoyions		❗ que nous fu**y**ions
impératif	Envoie. Envoyons. Envoyez.	Fais. Faisons. **Faites**.	Fuis. Fu**y**ons. Fu**y**ez.
passé composé	j'ai envoyé	j'ai fait	j'ai fui
ebenso:			⁽ᵉ⁾s'enfuir

infinitif	**lire**	**mettre**	⁽ᵉ⁾**mourir**
présent	je lis	je mets	je meurs
	tu lis	tu mets	tu meurs
	il/elle/on lit	il/elle/on met	il/elle/on meurt
	nous lisons	nous mettons	nous mourons
	vous lisez	vous mettez	vous mourez
	ils/elles lisent	ils/elles mettent	ils/elles meurent
imparfait	je lisais	je mettais	je mourais
futur simple	je lirai	je mettrai	je mou**rr**ai
conditionnel	je lirais	je mettrais	je mou**rr**ais
subjonctif	que je lise	que je mette	que je meure
impératif	Lis. Lisons. Lisez.	Mets. Mettons. Mettez.	Meurs. Mourons. Mourez.
passé composé	j'ai lu	j'ai mis	je suis mort/e
ebenso:		*permettre, promettre, remettre*	

infinitif	**plaire**	**pleuvoir**	**pouvoir**
présent	je plais		je peux
	tu plais		tu peux
	il/elle/on plaît	il pleut	il/elle/on peut
	nous plaisons		nous pouvons
	vous plaisez		vous pouvez
	ils/elles plaisent		ils/elles peuvent
imparfait	je plaisais	il pleuvait	je pouvais
futur simple	je plairai	il pleuvra	je pou**rr**ai
conditionnel	je plairais	il pleuvrait	je pou**rr**ais
subjonctif	que je plaise	qu'il pleuve	que je pui**ss**e
impératif			
passé composé	j'ai plu	il a plu	j'ai pu
ebenso:			

cent-quatre-vingt-et-un 181

LA CONJUGAISON DES VERBES

infinitif	**prendre**	**recevoir**	**rire**
présent	je prends	je reçois	je ris
	tu prends	tu reçois	tu ris
	il/elle/on prend	il/elle/on reçoit	il/elle/on rit
	nous prenons	nous recevons	nous rions
	vous prenez	vous recevez	vous riez
	ils/elles prennent	ils/elles reçoivent	ils/elles rient
imparfait	il prenais	je recevais	je riais
futur simple	il prendrai	je recevrai	je rirai
conditionnel	il prendrais	je recevrais	je rirais
subjonctif	que je prenne	que je reçoive	que je rie
	! que nous prenions	**!** que nous recevions	que nous rijons
impératif	Prends. Prenons. Prenez.	Reçois. Recevons. Recevez.	Ris. Rions. Riez.
passé composé	j'ai pris	j'ai reçu	j'ai ri
ebenso:	*apprendre, comprendre, reprendre*	*décevoir*	*sourire*

infinitif	**savoir**	**suivre**	**(ê)venir**
présent	je sais	je suis	je viens
	tu sais	tu suis	tu viens
	il/elle/on sait	il/elle/on suit	il/elle/on vient
	nous savons	nous suivons	nous venons
	vous savez	vous suivez	vous venez
	ils/elles savent	ils/elles suivent	ils/elles viennent
imparfait	je savais	je suivais	je venais
futur simple	je saurai	je suivrai	je viendrai
conditionnel	je saurais	je suivrais	je viendrais
subjonctif	que je sache	que je suive	que je vienne
			! que nous venions
impératif	Sache. Sachons. Sachez.	Suis. Suivons. Suivez.	Viens. Venons. Venez.
passé composé	j'ai su	j'ai suivi	je suis venu/e
ebenso:			*(ê)devenir, obtenir, prévenir, (ê)revenir, tenir*

infinitif	**vivre**	**voir**	**vouloir**
présent	je vis	je vois	je veux
	tu vis	tu vois	tu veux
	il/elle/on vit	il/elle/on voit	il/elle/on veut
	nous vivons	nous voyons	nous voulons
	vous vivez	vous voyez	vous voulez
	ils/elles vivent	ils/elles voient	ils/elles veulent
imparfait	je vivais	je voyais	je voulais
futur simple	je vivrai	je verrai	je voudrai
conditionnel	je vivrais	je verrais	je voudrais
subjonctif	que je vive	que je voie	que je veuille
		! que nous voyions	**!** que nous voulions
impératif	Vis. Vivons. Vivez.	Vois. Voyons. Voyez.	
passé composé	j'ai vécu	j'ai vu	j'ai voulu

LA CONJUGAISON DES VERBES

Les verbes pronominaux | Die reflexiven Verben

		⁽ê⁾se	dépêcher			⁽ê⁾se	sentir
infinitif							
présent	je	me	dépêche	je	me	sens	
	tu	te	dépêches	tu	te	sens	
	il/elle/on	se	dépêche	il/elle/on	se	sent	
	nous	nous	dépêchons	nous	nous	sentons	
	vous	vous	dépêchez	vous	vous	sentez	
	ils/elles	se	dépêchent	ils/elles	se	sentent	
imparfait	je	me	dépêchais	je	me	sentais	
futur simple	je	me	dépêcherai	je	me	sentirai	
conditionnel	je	me	dépêcherais	je	me	sentirais	
subjonctif	que je	me	dépêche	que je	me	sente	
impératif	Dépêche-toi. Dépêchons-nous. Dépêchez-vous.			Sens-toi. Sentons-nous. Sentez-vous.			
passé composé	je me suis		dépêché/e	je me suis		senti/e	

! Die reflexiven Verben bilden das *passé composé* mit dem Hilfsverb *être*.
Das Partizip der reflexiven Verben ist deshalb veränderlich.

Achte auf die besondere Schreibung von:
⁽ê⁾**s'appeler:** je m'appelle, nous nous appelons
⁽ê⁾**s'enfuir:** je m'enfuis, nous nous enfuyons
⁽ê⁾**s'engager:** je m'engage, nous nous enga**ge**ons
⁽ê⁾**s'ennuyer:** je m'ennu**i**e, nous nous ennuyons
⁽ê⁾**s'inquiéter:** je m'inqu**iè**te, nous nous inquiétons
⁽ê⁾**se lever:** je me l**è**ve, nous nous levons
⁽ê⁾**se plaindre:** je me plains, nous nous plai**gn**ons
⁽ê⁾**se promener:** je me prom**è**ne, nous nous promenons

Je t'attends depuis dix minutes.

Désolé, je me suis dépêché!

cent-quatre-vingt-trois **183**

MÉTHODES

Outils pour apprendre | Lernhilfen

1 Verbkartei

Führe deine Verbkartei aus Band 1 weiter oder lege dir eine an: Auf der Karteikarte trägst du alle Verbformen ein, die du schon kennst. Ergänze deine Verbkarten immer dann, wenn du eine neue Zeitform (z. B. das *plus-que-parfait*) oder einen neuen Modus (z. B. das *conditionnel*) kennen lernst. Eine Vorlage findest du hier ▶ www.cornelsen.de/webcodes: niseta

2 Wörter im Wörterbuch nachschlagen

1. Das französisch-deutsche Wörterbuch

Schlage das französische Wort unter seiner Grundform nach, d. h. Verben im Infinitiv, Nomen im Singular und Adjektive in der maskulinen Singularform. Hat das Wort verschiedene Bedeutungen, musst du die passende heraussuchen. Neben der Übersetzung findest du auch Hinweise zur Aussprache des Wortes und zu seinem Gebrauch.

TIPP In Online-Wörterbüchern kannst du dir die Wörter anhören und bei der Suche anstatt des Infinitivs auch konjugierte Verbformen eingeben (z. B. *ils soigneraient*).

> **1** Höre dir das Lied *Être écolo, c'est très rigolo* an und lies dabei den Text mit (beides findest du unter www.cornelsen.de/webcodes: niseta). Markiere dabei alle dir unbekannten Wörter und schlage sie dann im Wörterbuch nach.
> **2** Erstelle ein Vokabelnetz zum Thema *écologie*.

2. Das deutsch-französische Wörterbuch

Wenn du ein französisches Wort suchst, schlägst du das deutsche Wort im deutsch-französischen Teil des Wörterbuches nach. Lies den gesamten Eintrag und wähle diejenige französische Übersetzung aus, die zu dem Zusammenhang passt, in dem du das Wort verwenden willst.

TIPP Wenn du dir nicht sicher bist, dann schlage die angegebenen Übersetzungen im französisch-deutschen Teil des Wörterbuches nach und prüfe, ob die angegebenen Bedeutungen zu dem passen, was du ausdrücken willst.

TIPP Verwende zur Übersetzung von Texten keine Übersetzungsprogramme! Sie wählen willkürlich unter den möglichen Bedeutungen von Wörtern aus. Dadurch wird die Übersetzung fehlerhaft und oft auch völlig unverständlich.

> Für ein Bewerbungsschreiben benötigst du folgende Adjektive: fleißig – schnell – geschickt – freundlich – pünktlich – zuverlässig
> Schlage sie im Wörterbuch nach und finde jeweils eine französische Übersetzung, die du deiner Ansicht nach in einer Bewerbung verwenden kannst.

Apprendre le vocabulaire | Wortschatz lernen, einprägen, wiederholen

3 Wortschatz systematisieren

Beim Vokabellernen ersparst du dir Aufwand, wenn du über gewisse Regelmäßigkeiten Bescheid weißt. Z. B. kannst du einigen Nomen an ihrer Endung ansehen, ob sie maskulin oder feminin sind. Merke dir folgende Endungen:

Typisch **feminine** Endungen sind:
- -(t)ion   (la récréation)
- -ine   (la cantine)
- -ette   (la recette)
- -ie   (la librairie)

Typisch **maskuline** Endungen sind:
- -ment   (le vêtement)
- -eau   (le bateau)
- -eur   (le chanteur)
- -age   (le village)

4 Wortschatz sammeln

Du kannst die Texte deines Lehrbuches als Fundgrube für den systematischen Aufbau deines Wortschatzes nutzen. Sammle Wörter und Ausdrücke aus den Lehrbuchtexten und ordne sie in Gruppen wie z. B.:
- nach Themen (mithilfe eines Vokabelnetzes),
- nach Situationen und Redeabsichten,
- nach Wortfamilien oder
- nach weiteren Gemeinsamkeiten.

Wortfamilie:
le livre
la lecture
la librairie
lire

5 Mit digitalen Medien lernen

Vokabeln kannst du auch mithilfe von Vokabellernprogrammen, z. B. der Vokabeltrainer-App von *À plus!*, auf deinem Computer oder deinem Smartphone lernen.
Der Vorteil dieser Medien: Du kannst die Wörter anhören und nachsprechen.

6 Den Wortschatz individuell erweitern

Je weiter du im Französischlernen voranschreitest, desto selbstständiger solltest du dein Lernen gestalten. Entscheide selbst, welche Wörter und Ausdrücke für dich wichtig und nützlich sind, und nimm diesen Wortschatz in dein Vokabellernsystem auf (Lernkartei, Redemittellisten usw.).

1. Beim Schreiben eigener Texte mithilfe eines Wörterbuches

Gehe jeden Text, den du mithilfe eines Wörterbuches geschrieben hast, nach dem Schreiben durch und notiere diejenigen Wörter und Redewendungen, über die du in Zukunft (z. B. bei Gesprächen mit französischen Muttersprachlern oder beim Schreiben) verfügen möchtest.

2. Bei Recherchen im Internet

Suchmaschinen versuchen, deine Suche vorherzusagen (s. Beispiel rechts). Dies kannst du ausnutzen, um gängige Wortverbindungen zu finden. Notiere dir solche, die du interessant oder hilfreich findest. Schlage sie aber gleich in einem Online-Wörterbuch nach, damit du auch wirklich sicher weißt, was sie bedeuten und wann man sie verwendet.

lettre
lettre de motivation
lettre de recommandation
lettre de candidature
lettre de démission
lettre d'amour

Écouter et comprendre | Hörverstehen

In diesem Buch begegnen dir drei Arten von Höraufgaben: Je nach Aufgabenstellung musst du entweder grob verstehen, worum es in einem Text geht, nur ganz bestimmte Informationen heraushören oder ganz genau verstehen, was gesagt wird. Für alle Aufgabenarten zum Hörverstehen gilt:
- Bevor du einen Hörtext hörst, lies die Aufgabenstellung genau: Um welche Art von Hörtext handelt es sich (Telefongespräch, Durchsage, Radiosendung, …)? Zu welchem Thema? Welche Wörter könnten vorkommen? Stelle dich auf die dort beschriebene Situation ein.
- Du musst nicht jedes Wort verstehen. Wenn dir also unbekannte Wörter begegnen, höre einfach weiter zu!

7 Verstehen, worum es geht (Globalverstehen)

Es gibt drei Grundfragen, die dir helfen, Hörtexte grob zu verstehen und zu erklären, worum es geht:
1. Qui parle? (Wer?)
2. Où sont les personnes? (Wo?)
3. De quoi est-ce que les personnes parlent? (Was/Worüber?)

TIPP Achte beim Hören auch auf Geräusche. Sie können dir zusätzliche Informationen über Ort, Handlung und die Entwicklung der Situation geben.

8 Den Tonfall zum Verstehen nutzen

Stimmen sagen etwas über die sprechenden Personen aus: über ihr Alter, ihr Temperament usw. Der Tonfall liefert dir weitere Informationen: In Gesprächen kannst du die Entwicklung der Situation oft hören, auch wenn du sprachlich wenig verstehst. So kannst du z. B. am Ton erkennen, ob jemand seinem Gesprächspartner Vorwürfe macht, ausweicht oder sich entschuldigt. Das sind erste Informationen, die dir dabei helfen, ein Gespräch zu verstehen.

> **1** Du bist in Paris, am Eingang einer Metrostation, und hörst dieses Gespräch mit (www.cornelsen.de/webcodes: niseta). Welche Informationen liefern dir die Stimmen und der Tonfall der Sprecher über die Entwicklung der Situation?
> **2** Arbeitet zu zweit. Vergleicht eure Ergebnisse.

9 Einzelne Informationen heraushören (selektives Verstehen)

Wenn die Aufgabenstellung von dir verlangt, nur bestimmte Informationen zu verstehen, dann achte beim Hören nur auf das, was gefragt ist, und notiere es. Alles andere kannst du ausblenden.

TIPP Wenn du mehrere Informationen aus einem Text heraushören sollst, lege dir vor dem Hören eine Tabelle an, in die du die gehörten Informationen eintragen kannst. Denke daran, dass die Informationen nicht zwingend in der Reihenfolge der Aufgabenstellung vorkommen.

10 Das Gehörte genau verstehen (Detailverstehen)

In einigen Situationen musst du kurze Texte oder Hinweise im Detail verstehen, um zu wissen, was genau passiert bzw. was du zu tun hast (z. B. wenn dir jemand am Telefon einen Weg beschreibt).
Wenn du beim Hören etwas nicht verstehst, lasse an dieser Stelle eine Lücke. Beim nächsten Hördurchgang kannst du die Lücken in deinen Notizen schließen.

TIPP Wenn du mit jemandem in direktem Kontakt bist, ist das „Lückenschließen" einfacher: Frage deinen Gesprächspartner oder Umstehende gezielt nach dem, was du noch nicht verstanden hast.

11 Sich Notizen machen

Mache dir beim Hören Notizen, damit du nicht vergisst, was du gehört und verstanden hast.
Halte deine Notizen so knapp wie möglich:
– Notiere nur einzelne Wörter, keine ganzen Sätze.
– Lasse Artikel und Bindewörter weg, z. B. *métro + bus* (anstatt *le métro et le bus*).
– Kürze lange Wörter ab und verwende Abkürzungen, z. B.: km (kilomètre), ND (Notre-Dame) usw.
– Verwende Zeichen und Symbole statt Wörter, z. B. = → ♥ ! } ♪ ☼ ♀ ♂ > ⊖ ⊕

Parler | Sprechen

12 Freies Sprechen trainieren

MÉDIAS

1. Die Aussprache trainieren

Trainiere deine Aussprache, indem du Texte laut vorliest. Das kannst du zum Beispiel mit den Audios online aus deinem *Carnet d'activités* üben, in dem sich alle Lektionstexte deines Buches befinden: Höre dir die Texte satz- oder absatzweise an und lies dabei murmelnd mit. Dann lies laut.
Wenn du etwas auf Französisch aufnimmst (z. B. ein kurzes Handy-Video oder eine Tonspur zu einer Diashow), dann solltest du deinen Text vorher gründlich einstudieren:
– Achte auf eine korrekte Aussprache: Die Aussprache einzelner Wörter kannst du dir in Online-Wörterbüchern im Internet oder in Vokabeltrainer-Apps anhören.
– Binde die Wörter aneinander: Sprich jeden Satz in **einem** Schwung, als wäre er ein einziges Wort!

2. Nützliche Sätze und Redewendungen auswendig lernen

Wenn du Redewendungen oder Sätze auswendig gelernt hast, die man in bestimmten Situationen benutzt, kannst du sie beim freien Sprechen leichter verwenden. Dadurch sprichst du flüssiger und sicherer.
Lerne vor allem:
– einzelne Sätze (z. B. aus einem *Volet*-Text), die du besonders nützlich findest oder die dir besonders gut gefallen,
– die Sätze aus den *Mots pour le dire*, S. 292–307. Sie stehen dir zum Anhören und Nachsprechen online (www.cornelsen.de/webcodes: niseta) zur Verfügung.

TIPP Sprich die Sätze laut und achte dabei auf die Bindung der Wörter. Sprich sie auch auf unterschiedliche Weise: mal fröhlich, mal wütend, mal traurig, mal geheimnisvoll ...

1 Höre dir folgende Sätze mehrfach an (www.cornelsen.de/webcodes: niseta) und achte auf die Aussprache und die Bindung der einzelnen Wörter *(la liaison)*.
2 Sprich die Sätze nun nach. Beginne dabei mit dem letzten Wort, dann sprich die letzten beiden usw., bis du den ganzen Satz flüssig sprechen kannst. (webcode: niseta)
3 Jetzt nimm dich auf und vergleiche mit dem Original: stimmen Aussprache und Satzmelodie?

3. Den mündlichen Ausdruck verbessern: der sprechende Schatten

Diese Übung stammt aus dem darstellenden Spiel und beruht auf der Idee, dass man nicht nur ausspricht, was eine Person in einem Dialog wirklich sagt, sondern auch ihre Gedanken (= den inneren Monolog) versprachlicht.
Ein/e Darsteller/in spricht die eigentliche Rolle; der/die andere den inneren Monolog der Person und wird so zum „sprechenden Schatten" *(ombre parlante)*.

TIPP Du stellst dich als *ombre parlante* hinter die Person und legst ihr die Hand auf die Schulter, so dass den Zuschauern klar wird, dass ihr gemeinsam eine Person darstellt.

13 Einen Dialog oder ein Rollenspiel vorspielen

So geht ihr vor:
1. Zuerst sammelt ihr Ideen zur vorgegebenen Situation und notiert sie in Stichpunkten.
2. Dann schreibt ihr das „Drehbuch" und verteilt die Rollen.
3. Danach arbeitet jeder für sich, um sich auf seine Rolle vorzubereiten und sie einzuüben: Stimmung, Gestik, Mimik, Requisiten usw.
4. Am Ende probt ihr gemeinsam euer Rollenspiel.

TIPP Werde spontaner und freier in deiner Rolle, anstatt sie auswendig zu lernen. Dabei kann dir der Kniff mit dem Knick (▶S. 188/15) oder ein Sprechfächer helfen, auf dem du zur Gesprächssituation passende Redemittel notierst. Weißt du beim Sprechen nicht weiter, klappst du den Fächer auf.
Du kannst auch auf einer der Fächerkarten Redemittel aufschreiben, die du brauchst, um ein Gespräch aufrechtzuerhalten oder eine Diskussion zu führen (▶S. 188/14).

14 Eine Diskussion / Ein Streitgespräch führen

Zu einer guten Diskussion bzw. einem guten Streitgespräch gehören gute Argumente und eine strukturierte Gesprächsführung. Sammle also vorab einige Argumente für deinen Standpunkt und formuliere sie.
Nützliche Ausdrücke:

> **Du möchtest**
>
> **– deine Meinung äußern**
> Je trouve que …
> À mon avis, …
>
> **– den anderen richtig verstehen**
> Qu'est-ce que tu as dit?
> Tu peux répéter?
> Qu'est-ce que tu veux dire par là*?
> Alors, tu trouves que …?
> Je n'ai pas compris ce que tu veux dire.
>
> **– deine Zustimmung/Ablehnung ausdrücken**
> Oui, c'est ça!
> Tu as raison.
> Ah non, je ne suis pas d'accord!
> (Tu dis) N'importe quoi!
> Tu n'as pas raison.
> Là, tu exagères.
> Ne me raconte pas d'histoires!
>
> **– ausreden**
> Écoute-moi, s'il te plaît!
> Laisse-moi parler!
> Laisse-moi finir ma phrase, s'il te plaît!
> Attends, je n'ai pas fini.
>
> **– Zeit gewinnen**
> Ben … Euh …
> Tu peux expliquer ça?
> Attends, tu veux aussi un verre d'eau?
> Tu as une (autre) idée?
>
> **– ein Gesprächsergebnis anstreben**
> Il faut trouver une solution.
> Alors, qu'est-ce qu'on fait/décide?
> Je te promets de (ne pas) …
> Tu peux me faire confiance.
>
> * **par là** damit

Weitere Redemittel für die Meinungsäußerung findest du in den ▶*Mots pour le dire,* S. 296.

15 Der Kniff mit dem Knick

Beim Üben kannst du als Hilfe den „Kniff mit dem Knick"
anwenden:
1. Du faltest ein Blatt Papier so, dass ein großer und ein kleiner Teil entsteht.
2. Du schreibst den Text, den du vortragen möchtest, auf den großen Teil des Blattes.
3. Dann unterstreichst du in deinem Text die wichtigsten Stichwörter.
4. Diese Stichwörter überträgst du auf den kleinen Teil des Blattes. Sie dienen dir beim Einüben als Gedächtnisstütze: Du klappst den ausführlichen Text weg und schaust nur auf deine Stichwörter. Wenn du beim Vortragen nicht mehr weiter weißt, kannst du dein Blatt aufklappen und einen Blick auf deinen ausführlichen Text werfen.

16 Einen Vortrag vorbereiten

So gehst du vor:

1. Informationen sammeln
- Was weißt du schon über das Thema, das du vorstellen wirst? Sammle alles auf einem Blatt.
- Notiere das, was du schon auf Französisch sagen kannst, gleich auf Französisch.
- Informationen findest du in diesem Buch (innerhalb der *Unités*, aber auch im *Petit dictionnaire de civilisation*) und natürlich im Internet. Beachte die Hinweise zur Informationsrecherche (▶ S. 189/16.2).
- Lies die Texte (Sachtexte, Diagramme usw.), die dir für deinen Vortrag zur Verfügung stehen oder die du recherchiert hast, und markiere die wichtigsten Inhalte (▶ S. 194/26.1).

2. Informationen im Internet recherchieren

Das Internet steckt voller Informationen. Hier ein paar Tipps, wie du zielsicherer recherchieren kannst:
- Überlege dir gute Stichwörter für dein Thema. Je weiter du deine Suche einschränkst, desto schneller findest du brauchbare Informationen.
- Nutze (unter „Einstellungen") die „Erweiterte Suche". Dort kannst du festlegen, in welcher Sprache dein Suchergebnis sein soll. Außerdem kannst du hier die Suche auf ein Land, z. B. Kanada, eingrenzen.
- Bevor du auf eine Webseite gehst, schau dir immer an, wer der Betreiber ist. Das ist wesentlich für die Verlässlichkeit deiner Ergebnisse. Natürlich ist es ein Unterschied, ob du ein Kochrezept suchst oder die Einwohnerzahl einer Stadt. Gute Rezepte kann man auch auf persönlichen Blogs finden, verlässliche Zahlen hingegen nicht. Suche diese daher auf „offiziellen Seiten", wie z. B. der offiziellen Tourismusseite der Stadt Marseille.
- Vergleiche deine Suchergebnisse von mehreren Seiten, um zu prüfen, ob sie stimmen.
- Kopiere den Text nicht einfach für deinen Vortrag. Mache dir eigene Notizen und formuliere mit deinen Worten neu und verständlich für deine Zuhörer.
- Speichere deine Top-Seiten als Lesezeichen ab und ordne sie thematisch.

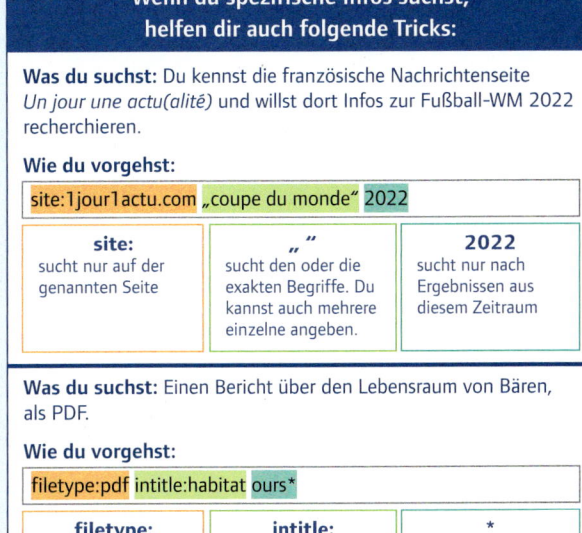

3. Inhalte sinnvoll gliedern

Beantworte für dich folgende Fragen und finde anhand deiner Antworten einen roten Faden für deinen Vortrag:
- Wie viel Zeit steht mir für den Vortrag zur Verfügung?
- Worüber will/soll ich informieren? Was ist interessant?
- Welche Unterthemen spreche ich an?
- In welcher Reihenfolge spreche ich über meine verschiedenen Unterthemen?

Schreibe eine Gliederung auf. Gehe dann noch einmal deine Texte durch und ordne die dort markierten Informationen in deine Gliederung ein. Fehlen noch Informationen? Recherchiere sie gezielt.

Gliederung: **Les sports préférés des Français**

A. *Le sport national: football*
  1. *les clubs*
  2. *l'équipe nationale («les Bleus»)*

B. *Les sports régionaux*
  1. *le rugby (sud-ouest)*
     a. *les règles du jeu*
     b. *les clubs*
     c. *l'équipe de France («le Quinze de France»)*
  2. *la pétanque (sud-ouest/sud-est)*
     …

4. Den Vortrag ausarbeiten und einüben

Formuliere jetzt den Text deines Vortrags: Verwende schon beim Schreiben die strukturierenden Ausdrücke, die du auch später beim Vortragen benutzen wirst (siehe Kasten unten).
- Arbeite mit Beispielen und Vergleichen, dann kann dein Publikum deine Informationen besser verstehen.
- Überprüfe deinen fertigen Text mithilfe der Fehlerchecklste (▶ www.cornelsen.de/webcodes: niseta).
- Schreibe dir dann die wichtigsten Stichwörter aus deinem Text auf einen Stichwortzettel (▶ S. 188/15).
- Erstelle ein Plakat, Overhead-Folien oder eine digitale Präsentation (▶ Pecha-Kucha, S. 190/16.5), um die Inhalte deines Vortrags zu veranschaulichen. Du kannst auch zum Thema passende Gegenstände mitbringen.

MÉDIAS
- Wenn du in deiner Präsentation Fotos, fremde Texte und Zitate oder Abbildungen von Kunstwerken verwendest, gib immer die Quelle an. Bei Wikipedia findest du z. B. den Namen eines Fotografen am unteren Bildrand, wenn du auf das Foto klickst und nach unten scrollst. Dort siehst du ein Fenster, in dem alle Informationen stehen. Suche am besten nach sogenannten gemeinfreien Bildern und lies die „Einzelheiten zur Genehmigung".
- Wenn du ein Foto zeigen willst, auf dem ein dir bekannter Mensch zu erkennen ist, bitte vorher um seine Erlaubnis. Wenn er/sie dir verweigert, musst du darauf verzichten und nach Alternativen suchen. (Diese Regeln gelten für deinen Vortrag vor der Klasse. Wenn du deine Produkte online stellen willst, musst du strengere Regeln beachten! Wende dich an deine/n Lehrer/in.)
- Übe nun deinen Vortrag nur mit deinem Stichwortzettel als Gedächtnisstütze. Prüfe dabei, ob du die für deinen Vortrag vorgegebene Zeit einhältst.

Expressions utiles pour …	
… commencer:	Je vais / J'aimerais vous parler de ____ / présenter mon livre préféré / ____. Il s'agit de ____. / Le roman / ____ s'appelle ____. Voilà les mots inconnus que je vais utiliser dans ma présentation. J'ai choisi ce roman / ____ parce que ____.
… annoncer la structure de l'exposé:	D'abord, / Au début de ma présentation, je vais vous parler de / dire quelques mots sur ____. Après, / Ensuite, ____. Pour finir, ____.
… structurer l'exposé:	Je commence par ____. / Maintenant, je passe au point suivant: ____. Pour finir, ____.
… finir:	Merci de votre attention! / Est-ce que vous avez des questions?

MÉDIAS
5. Mit klaren Zeitangaben präsentieren: Pecha-Kucha

Pecha Kucha (sprich: [petʃakutʃa]) ist eine Präsentationstechnik aus Japan, die vor allem mit Bildern oder Zahlen arbeitet und die den/die Vortragende/n darin unterstützt, sich kurz zu fassen. Wie geht das?
- 20 Powerpointfolien laufen (nach entsprechender Einstellung) automatisch ab, dabei bleibt jede Folie genau 20 Sekunden eingeblendet. Du redest also genau 6 Minuten und 40 Sekunden. Eine Vorlage findest du hier ▶ www.cornelsen.de/webcodes: niseta.
- Die Folien werden nur zum Zeigen von Bildern, Schlüsselwörtern oder -zahlen genutzt, nicht für ganze Texte.
- Das Publikum liest also nicht während des Vortrags, sondern hört zu und sieht starke, symbolhafte Bilder, Zahlen oder Schlagwörter, die im Kopf haften bleiben.
- Du kannst dich auf den Vortrag konzentrieren (es ist kein Weiterklicken nötig) und mit tollen visuellen Impulsen deine Kreativität unter Beweis stellen.

TIPP Bei einer Pecha-Kucha-Präsentation musst du deinen Text sehr sicher beherrschen, damit du in der Zeit bleibst.

17 Einen Vortrag halten

Wenn du deinen Vortrag hältst, beachte die folgenden Regeln:
- Schreibe unbekannte Wörter vorher an die Tafel und erkläre sie deinen Mitschülern.
- Sprich beim Vortragen langsam, möglichst frei und schau dein Publikum an.
- Stelle dich beim Vortragen so hin, dass immer alle freie Sicht auf dein Plakat, deine Folien usw. haben.

MÉTHODES | PARLER

18 Eine Rückmeldung geben

Bewertet eure Vorträge und Dialoge bzw. Rollenspiele gegenseitig. Besprecht gemeinsam mit eurem Lehrer / eurer Lehrerin: Was wollt ihr bewerten? Ihr könnt zum Beispiel den Inhalt, die sprachliche Richtigkeit und die Einhaltung der Vortrags-Regeln bewerten. Legt die Kriterien vorher fest und schreibt sie auf.

TIPP Fangt bei eurer Rückmeldung immer mit dem an, was gut war, und verbindet Kritik mit konkreten Verbesserungs-vorschlägen. Redemittel für euer Feedback auf Französisch findet ihr in den *Mots pour le dire*, S. 307.

19 Eine Statistik oder eine Infografik vorstellen

Wenn du den Inhalt einer Statistik oder einer Infografik wiedergeben sollst, dann gehe nach diesem Muster vor:

Présenter les informations d'une statistique:

- **Thema, Zeitraum, Quelle**

Ce tableau	est une statistique de (2018) sur	(l'âge moyen[1] au Québec).
Ce diagramme	montre	(les habitudes de lecture des Français.)

- **Information**

La moitié / Plus de la moitié[2]		trouvent / pensent / croient que ____.
La plupart[3] / La majorité[4]	des Français / ____ des jeunes	possèdent[6] ____.
(Presque/Environ) un tiers / deux tiers	des plus de (15) ans[5]	préfèrent ____.
Un quart / Trois quarts		sont pour / contre ____.
(Quarante) pour cent		____.

Il y a une (grande) différence entre (2010) et (2020).

- **Zusammenfassung**

En conclusion[7], on peut dire que (le Canada est un pays d'immigration).

1 **l'âge moyen** *m.* das Durchschnittsalter 2 **(plus de) la moitié** (mehr als) die Hälfte 3 **la plupart** die meisten
4 **la majorité** die Mehrheit 5 **les plus de 15 ans** *m. pl.* die über 15-Jährigen 6 **posséder qc** etw. besitzen
7 **en conclusion** zusammenfassend

---

20 Eine Sprechprüfung vorbereiten

In einer Sprechprüfung oder mündlichen Prüfung geht es nicht nur darum, gut und frei zu sprechen und zu reagieren, sondern auch darum, schnell Ideen zu entwickeln. Das kannst du trainieren.

- Überlege und sammle französische Ausdrücke oder ganze Sätze, die du mit typischen Prüfungsthemen (z. B. *Moi et les médias, La vie en famille, Les tâches ménagères, L'argent de poche, Faire un stage, Faire un échange, Mes projets pour l'avenir* etc.) verbindest. Dein/e Lehrer/in kennt sie und kann dir eine Liste geben.
Beispiel: **argent de poche** → *ne pas avoir assez d'argent de poche, discuter avec les parents, J'ai seulement (dix) euros par semaine., dépenser son argent de poche, dépenser trop d'argent, adorer faire du shopping, Qu'est que tu achètes avec ton argent de poche?, travailler pour gagner de l'argent, faire du baby-sitting, discuter avec ses parents, avoir des bonnes notes à l'école …*
- Aus diesen „Bausteinen" kannst du dann Sätze entwickeln und egal, ob du alleine zusammenhängend über etwas sprechen oder zu zweit zum Thema diskutieren sollst, verwendest du deine „Bausteine".

TIPP Du kannst vom Hundertsten ins Tausendste kommen und du musst nicht die Wahrheit erzählen. Die Hauptsache ist, dass du sprichst.

---

argent de poche

Hilfe, was soll ich denn dazu sagen?

1. Arbeitet zu zweit. **A** notiert so viele „Bausteine" wie möglich zum Thema „*Moi et les tâches ménagères*", **B** zum Thema „*Faire un échange en France*".
2. Tauscht danach eure Zettel und ergänzt die „Bausteine" durch weitere Ideen und Sätze.
3. Tauscht wieder, besinnt euch und zeichnet einen roten Faden durch die „Bausteine". Dann spricht jede/r zusammenhängend 2 Minuten zu seinem/ihrem Thema. Stoppt die Zeit und gebt euch Feedback.

21 Ein Bild und seine Wirkung beschreiben

Wenn du ein Bild beschreibst (z. B. ein Foto oder ein Gemälde), dann beantworte folgende Fragen und nutze folgende Redemittel:

> **Décrire une image:**
> 1. **Was ist das für ein Bild, was ist darauf zu sehen?**
>   C'est une photo / une affiche / un tableau / une vignette / ____ qui représente ____.
>   Il/Elle est en noir et blanc / en couleurs.
>
>   À l'arrière-plan, / Au premier plan, /
>   À gauche, / À droite, / Au milieu, /   on voit ____   des bâtiments.
>   En haut[1], / En bas[2], /   il y a ____   la nature.
>   Ici, / Là,   une architecture intéressante.
>   le ciel.
>   ____.
>
>   Le titre, c'est ____.
>   L'artiste s'appelle ____. / Le dessinateur / La dessinatrice s'appelle ____.
>
> 2. **Wie wirkt das Bild auf mich?**
>   La photo / L'image / Le tableau / Le dessin ____   a quelque chose de ____.
>   (me) fait penser à[3] ____.
>
>   La couleur (bleue)
>   Le bleu clair[4] / Le bleu foncé[5]   est un symbole de ____.
>
>   Les couleurs claires / foncées   donnent l'impression que ____. / de + inf.[6]
>
> 3. **Welche Botschaft vermittelt das Bild?**
>   Le message, c'est ____.
>   À mon avis, ____.
>   Je trouve que / Je pense que ____.

[1] **en haut** oben [2] **en bas** unten [3] **faire penser qn à qc** jdn an etw. erinnern [4] **clair/e** adj. hell [5] **foncé/e** adj. dunkel
[6] **donner l'impression que / de + inf.** den Eindruck vermitteln, dass

Lire et comprendre des textes | Texte lesen und verstehen

22 Verstehen, worum es geht (Globalverstehen)

– Schau dir den Text zuerst an: Um welche Textsorte handelt es sich (Magazinartikel, Blog, …)? Auch Bilder und Überschriften liefern dir Hinweise, worum es im Text gehen könnte. Stelle anhand dieser Hinweise Hypothesen über den Inhalt an.

> 1. De qui / De quoi parle le texte?
> 2. Où est-ce que cela se passe?
> 3. Qu'est-ce qui se passe?

– Lies den Text dann einmal ganz durch, ohne dich von unbekannten Wörtern aufhalten zu lassen.
– Beantworte die drei Grundfragen (siehe Kasten) und notiere deine Antworten als Stichwörter (▶ S. 194/26.3).

23 Einzelne Informationen herauslesen (selektives Verstehen)

Lies die Aufgabenstellung genau. Welche Informationen sollst du finden? Überfliege den Text und „scanne" ihn dabei nur nach diesen Informationen ab. Alles andere kannst du überlesen.

TIPP Notiere dir sofort, was du herausgefunden hast.

24 Einen Lesetext genau verstehen (Detailverstehen)

Du hast nach dem ersten Lesen eines Textes schon grob verstanden, worum es geht. Um den Text ganz zu verstehen, näherst du dich ihm am besten in drei Schritten.

1. Einen Text in Sinnabschnitte gliedern
Um einen Text genau zu verstehen, kannst du dir seine Gliederung bewusst machen.
– Teile den Text in Sinnabschnitte ein. Ein solcher Sinnabschnitt kann einen oder mehrere Absätze des Textes umfassen.
– Notiere zu jedem Sinnabschnitt ein oder mehrere Stichwörter, die deutlich machen, worum es geht.
Anstatt ein Stichwort aufzuschreiben, kannst du auch etwas zeichnen:
wichtige Gegenstände (z. B. einen Brief, der für eine Beziehung entscheidend sein wird) oder Symbole für das, worum es im Sinnabschnitt geht (z. B. eine Medaille, um zu zeigen, dass jemand auf sich stolz sein kann). Solche Zeichnungen machen dir klar, was du verstanden hast, ohne dass du es sofort sprachlich ausdrücken musst.

2. Mit „Verstehensinseln" arbeiten
– Lies jeden Abschnitt und markiere darin alles, was du verstehst. Das sind deine „Verstehensinseln".
– Schau dir diese „Verstehensinseln" genauer an. Welche Wörter und Informationen kannst du dir um sie herum erschließen? Nutze dazu auch Worterschließungstechniken (▶ S. 193/25).

3. Die „W"-Fragen beantworten (Qui? Où? Quand? Quoi? Comment? Pourquoi?)
Sammle und vervollständige deine Leseergebnisse mithilfe einer Tabelle.
– Trage zu jeder „W"-Frage die Informationen ein, die du verstanden hast.
– Wo sind noch Lücken? Lies den Text ein weiteres Mal und suche dabei gezielt nach den noch fehlenden Informationen. Notiere sie.

TIPP Gibt es noch immer Fragen, zu denen du im Text keine Antwort findest? Das ist möglich, denn nicht alle Texte liefern Antworten auf alle „W"-Fragen.

25 Unbekannte Wörter erschließen

1. Kenntnisse aus anderen Sprachen nutzen
Nutze dein Wissen aus anderen Sprachen, um französische Wörter zu erschließen.
Manchmal führen dich ähnliche Wörter allerdings auf eine falsche Fährte und legen eine ganz andere Bedeutung nahe, als das französische Wort tatsächlich hat. Z. B. bedeutet *le compas* nicht „der Kompass", wie man vermuten würde, sondern „der Zirkel". Diese Wortpaare werden *faux amis* („falsche Freunde") genannt. Prüfe mithilfe des Kontextes (▶ S. 194/25.3), ob die von dir vermutete Bedeutung stimmig ist. Wenn du Zweifel hast und du annimmst, dass das Wort entscheidend für dein Textverständnis ist, schlage es im Wörterbuch nach (▶ S. 184/2).

2. Wörter über Wortfamilien erschließen
Wie im Deutschen gibt es auch im Französischen sogenannte Wortfamilien. Wörter gehören dann zu derselben Wortfamilie, wenn sie einen gemeinsamen Wortstamm haben, z. B. *la personne – personnaliser – personnel/personnelle*. Diese Ähnlichkeit kannst du dir zunutze machen, um unbekannte Wörter zu erschließen.

TIPP Wortendungen (Nachsilben, Verbendungen, usw.) geben Hinweise auf die Wortart eines Wortes und erleichtern das Erschließen. Manchmal sind an den Wortstamm Vorsilben oder Nachsilben angehängt, die eine bestimmte Bedeutung haben. Hier zwei Beispiele:

Vorsilbe *re-* (noch einmal, wieder, zurück)

demander → redemander = noch einmal fragen

Nachsilbe *-eur/-euse* (jd, der eine Tätigkeit ausübt)

jouer → le joueur = der Spieler
      → la joueuse = die Spielerin

3. Wörter über den Kontext erschließen

Nutze das, was du verstehst, um unbekannte Wörter zu erschließen. So kann dir der Satz, in dem das unbekannte Wort vorkommt, Hinweise liefern, worum es sich handeln könnte. Ein Beispiel: *On a fait une balade en 4x4*. Der Satz legt nahe, dass es sich bei *le 4x4* um ein Verkehrsmittel handelt, da dem Wort die Präposition *en* vorangeht und dies auch zum Ausdruck *faire une balade* passt.

26 Inhalte von Texten wiedergeben

1. Wichtige Informationen im Text markieren

Wenn du den Inhalt eines Textes zusammenfassen sollst, musst du dich dabei auf die wichtigen Informationen beschränken. Finde diese Informationen im Text und markiere sie. Um zu entscheiden, welche Informationen in einem Text wichtig, weniger wichtig oder eher unwichtig sind, musst du den Text zunächst genau lesen (▶ S. 193/24). Folgende Fragen leiten dich bei der Auswahl der zu markierenden Begriffe:

– Was sind die Hauptinformationen, die für deine Aufgabe von Bedeutung sind?
  Markiere sie mit einem Textmarker.
– Welche Informationen sind wichtig, aber weniger wichtig als die Hauptinformationen?
  Unterstreiche diese Nebeninformationen.
– Was sind Details (= Nebensachen), die die Haupt- und Nebeninformationen ausschmücken oder näher erläutern?
  Lasse sie unmarkiert.

2. Informationen nach Stichpunkten ordnen

Informationen zu einem Thema oder einer Person sind einfacher zu präsentieren, wenn du sie nach Stichpunkten ordnest, z. B. indem du zu einer Person einen Steckbrief erstellst.

TIPP Du kannst auch andere Textsorten als „Vorlage" wählen und auf witzige Weise zweckentfremden, z. B. wenn du für eine Sehenswürdigkeit einen Ausweis erstellst, eine typisch französische Nachspeise steckbrieflich suchst oder ein Rezept für den französischen Nationalfeiertag formulierst.

Nom: la tour Eiffel
Surnom: la dame de fer
Date de «naissance»: 31.3.1889 (inauguration)
Lieu de «naissance»: Paris
«Père»: Gustave Eiffel
Taille: 324 m (3 étages, 2 plate-formes)
Couleur: gris-marron
Signe particulier: souvent illuminée!

3. Die Informationen eines Textes wiedergeben

Wenn du die Informationen eines Textes möglichst vollständig wiedergeben sollst, kannst du ein Leseschema, das ist eine Art Spickzettel, erstellen. Lies den Text und notiere zu jeder Information, die du dir merken willst, Stichwörter oder zeichne ein Symbol, z. B.

♥ (= Liebe), ✚ (= Krankenhaus), ♪ (= Musik) oder 👁 (= traurig). Auf der Grundlage deines Spickzettels bist du in der Lage, den Inhalt des Textes wiederzugeben.

Écrire | Schreiben

27 Vor dem Schreiben

Beim Schreiben von Texten gilt: Nicht einfach drauflosschreiben! Je besser du das Schreiben vorbereitest, desto besser werden dir deine Texte gelingen. So gehst du vor:

1. Lies die Aufgabenstellung genau und stelle dir folgende Fragen:

– Welche Art von Text wird von dir verlangt? Sollst du eine E-Mail, einen Blogeintrag oder die Fortsetzung einer Erzählung schreiben? Was ist typisch für diese Textsorte?
– Worum soll es im Text gehen? Was gibt die Aufgabenstellung vor?
  TIPP Wenn du eine Geschichte weiterschreiben sollst, hilft dir neben der Aufgabenstellung auch der Anfang der Geschichte: Lies ihn gründlich und entwickle die Handlung weiter. Achte darauf, die Erzählperspektive, die Hauptfiguren und die Erzählzeit beizubehalten.

– An wen richtet sich der Text? Wenn du an Gleichaltrige oder Freunde schreibst, wirst du dich anders ausdrücken, als wenn du dich an Erwachsene oder Unbekannte wendest.

Einen Text als Modelltext nutzen
Nutze andere Texte als Modelltexte, um eigene Texte zu schreiben. Du sollst eine bestimmte Textsorte schreiben, z. B. einen Brief oder eine Bewerbung? Suche in deinem Lehrwerk nach diesen Textsorten und nutze die folgenden Fragen, um deinen Modelltext zu analysieren und deinen eigenen Text vorzubereiten:
– An wen richtet sich der Text? Welches Sprachregister (Standard-Französisch oder Umgangssprache) wird verwendet?
– Wie ist der Text aufgebaut? Was ist die Funktion der einzelnen Teile? Mache dir Notizen am Rand.
– Welche Aspekte werden darin angesprochen? Notiere sie am Rand (in einer anderen Farbe).
– Kommen im Text Wendungen vor, die du wiederverwenden kannst (Anreden, Grußformeln, Fachwörter, gute Formulierungen usw.)? Markiere sie.

2. Sammle Ideen zum Thema und zu den inhaltlichen Punkten, die die Aufgabenstellung verlangt.
– Formuliere sie am besten gleich auf Französisch. Notiere sie in Stichpunkten.
– Wenn du nach geeigneten Ausdrücken suchst, sieh in den *Mots pour le dire* nach, S. 292–307.

3. Plane nun den Aufbau deines Textes:
Womit fängst du an? Was kommt danach? Wie beendest du den Text? Ordne deine Stichpunkte in einer Mindmap oder einem Stichwortgeländer.

1 Lies die Vorstellung von Pauline (▶ S. 18 oben). Welche der folgenden Randnotizen passen zu welcher Zeile? Ordne zu.
Ausblick – Aktivität mit Freunden – Unser Viertel – Allgemeiner Eindruck und Vergleich der Lebensweise – Seit wann hier? – Gemeinsame Aktivität(en) mit der Familie – Was gefällt mir in meinem Viertel?

2 Schreibe einen kurzen Text, in dem du dich und deinen Wohnort den Lesern vorstellst. Nimm den Text von Pauline als Modelltext.

28 Während des Schreibens

1. Eigene Texte klar gliedern
Der Leser soll den Aufbau deines Textes (▶ S. 195/27.3) gut nachvollziehen können. Das erreichst du, indem du deinen Text in Absätze einteilst und zeitliche Angaben und Konjunktionen verwendest, die den Leser durch den Text führen.

2. Den Ausdruck verbessern
Gestalte deinen Text so, dass er für den Leser abwechslungsreich ist.
– Verwende Adjektive: *J'ai fait un stage dans une petite auberge de jeunesse sympathique.*
– Verwende Adverbien: *Il a cherché son porte-monnaie calmement et heureusement, il l'a retrouvé.*
– Vermeide Wiederholungen:
  • Ersetze Nomen oder Namen, die sich wiederholen, durch die entsprechenden Pronomen (z. B. Objektpronomen, Relativpronomen, *y* oder *en*): *Julia appelle sa copine Luzie et lui explique le chemin.*
  • Verwende nicht immer die gleichen Wörter: Statt *dire* zu wiederholen, kannst du z. B. je nach Situation *demander, raconter, répondre* usw. verwenden.

– d'abord / puis / ensuite / après / enfin
– le matin / l'après-midi / le soir
– en 2018 / pendant des mois / en été
– avant de / quand / depuis que
– ne … jamais / parfois / souvent / de plus en plus / toujours
– parce que / car / donc / c'est pourquoi / grâce à
– mais / pourtant / par contre / quand même
– même si / alors que
– sinon / au lieu de
– en tout cas / du coup / en fait

3. Fehler vermeiden
Du weißt, welches Tempus oder welchen Modus du verwenden sollst, hast aber vergessen, wie die entsprechende Verbform gebildet wird? Verwende schon beim Schreiben den *Pense-bête* (▶ S. 313).

29 Nach dem Schreiben

Wenn du deinen Text fertig geschrieben hast, lies ihn gründlich durch und achte dabei auf folgende Punkte:

1. Inhalt
- Hast du dich an die Aufgabenstellung gehalten? Setze ein Häkchen hinter jede Vorgabe, die du erfüllt hast.
- Ist dein Text gut gegliedert? Hast du zeitliche Angaben und Konjunktionen verwendet?

Überarbeite die Vorstellung von dir und deinem Wohnort (▶ Übung auf S. 195), indem du:
- zeitliche Angaben und Konjunktionen einfügst,
- Adjektive und Adverbien verwendest,
- Wiederholungen herausnimmst,
- deine Fehler anhand der Fehlercheckliste korrigierst.

2. Sprache
- Überprüfe deinen Ausdruck. Hast du das passende Register verwendet (Standard-Französisch oder Umgangssprache)? Hast du dich abwechslungsreich ausgedrückt und Wiederholungen vermieden?
- Suche und berichtige sprachliche Fehler mit der Fehlercheckliste. Lies dafür deinen Text von hinten nach vorne. Hier ▶ www.cornelsen.de/webcodes: niseta findest du die Fehlercheckliste als Arbeitsblatt zum Download.

TIPP Lege dir deine persönliche Fehlercheckliste mit deinen „Lieblingsfehlern" an und benutze sie zur Überprüfung deiner Texte. Aktualisiere deine Liste, wenn sich neue „Lieblingsfehler" einschleichen oder du alte nicht mehr machst.

30 Ein Resümee schreiben

Das Resümee *(le résumé)* ist die französische Form der knappen Zusammenfassung, die du bereits aus dem Deutsch-Unterricht als „Inhaltsangabe" und aus dem Englisch-Unterricht als „summary" kennst. Im Resümee geht es darum, so kurz wie möglich über die zentralen Informationen eines Textes zu berichten.
Um diese Informationen im Text auszumachen, kannst du auf unterschiedliche Weise vorgehen:

A Lege die dir bereits bekannte Tabelle mit den „W"-Fragen an (▶ S. 193/24.3) und fülle sie mit den Informationen des Textes. Die ausgefüllte Tabelle ist eine gute Grundlage für dein Resümee.

B Markiere die Haupt- und Nebeninformationen im Text (▶ S. 194/26.1) und berücksichtige nur diese beiden beim Schreiben deines Resümees.

C Nimm ein Lineal und streiche in dem Text, den du resümieren sollst, alles durch, was unwichtig ist. Das, was übrig bleibt, sind die zentralen Informationen, die du für das anschließende Resümee verwendest.

Schreibe das Resümee so knapp wie möglich.
Nutze dabei die folgende Checkliste.

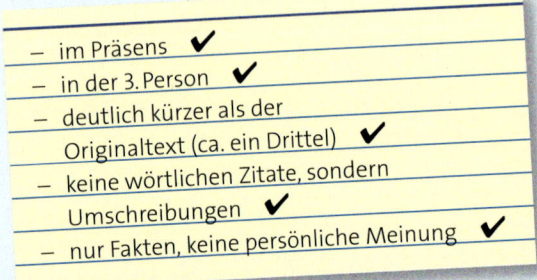

Lies Charlottes Reisebericht (▶ S. 42–43) und schreibe dazu ein Resümee. Lade den Text herunter (▶ www.cornelsen.de/webcodes: niseta) und wende die Markierungs- oder die Wegstreichmethode an.

TIPP Prüfe am Schluss, ob jemand, der den Text nicht gelesen hat, alle wichtigen Fakten aus deinem Resümee erfährt.

Faire une médiation | Sprachmittlung

31 Wichtige Informationen in die andere Sprache übertragen

1. Das Wesentliche mitteilen
Die Grundregeln beim Sprachmitteln von Gesprächen oder schriftlichen Texten lauten:
- Übersetze nicht Wort für Wort oder Satz für Satz.
- Teile nur das mit, was der andere unbedingt wissen muss.

2. Informationen für deinen Adressaten passend wählen und erklären
An wen sollst du dich laut Aufgabenstellung richten? Wenn du z. B. eine E-Mail an einen gleichaltrigen Franzosen schreibst, den du kennst, dann verwendest du andere Begrüßungsformeln als für einen Erwachsenen:
Salut Paul ◄► *Bonjour Madame.*
Was weißt du über deinen Adressaten (die Person, an die du dich wendest)? Wähle nur die Informationen aus, die ihn/sie interessieren könnten oder nach denen er/sie dich fragt.

3. Kulturelle Unterschiede beachten
Sprachmitteln heißt auch zwischen zwei Kulturen vermitteln, denn für manche Dinge in Frankreich oder Deutschland gibt es keine wörtliche Entsprechung in der jeweils anderen Sprache oder sie existieren überhaupt nicht in der anderen Kultur. Manchmal verbirgt sich auch hinter ein- und demselben Ausdruck (z. B. *petit-déjeuner* und Frühstück) etwas Unterschiedliches (siehe Tabelle). Erkläre diese Dinge, wenn sie für das Verstehen wesentlich sind.

Phänomen	Gibt es das in 🇩🇪?	Gibt es das in 🇫🇷?	Das gibt es in 🇩🇪 und 🇫🇷, aber anders. in 🇩🇪	in 🇫🇷	Was tun?
petit-déjeuner	✔	✔	auch Herzhaftes	*bol, tartines de confiture, croissants*	übersetzen + Unterschiede erklären
CPE	—	✔	—	—	erklären
Schultüte	✔	—	—	—	erklären

4. Die Zieltextsorte beachten
In der Aufgabenstellung wird meist von dir verlangt, die Informationen in eine neue Form (= eine neue Textsorte) zu bringen. Was heißt das? Du hast z. B. einen Zeitungsartikel vor dir und sollst bestimmte Informationen daraus in einer E-Mail an deinen Großvater (▶ S. 197/31.2) weitergeben: Ausgangstext = Zeitungsartikel; Zieltext = E-Mail.
Mache dir bewusst, welche spezifischen formalen Textmerkmale eine E-Mail aufweist (Anrede und Begrüßung, …) und berücksichtige diese dann in deinem eigenen Text.

32 Wörter umschreiben

Wenn du vom Deutschen ins Französische sprachmitteln sollst und dir ein wichtiges Wort fehlt, dann umschreibe, was du meinst. Dazu kannst du folgende Strategien nutzen:

Erläutere das Wort mithilfe eines Relativsatzes:
- ein Anlegesteg → *C'est l'endroit où on monte dans un bateau.*
- unsichtbar → *C'est quelque chose qu'on ne peut pas voir.*
- ein Verkäufer → *C'est une personne qui vend des choses dans un magasin.*

Beschreibe seine Verwendung (mit *pour* + Infinitiv):
- eine Taschenlampe → *C'est une lampe pour faire une balade, la nuit.*

Erkläre das Wort mit einem Wort aus der gleichen Familie:
- eine Beschreibung → *C'est quand on décrit quelque chose.*

Vergleiche es mit etwas anderem, das du ausdrücken kannst:
- eine Badewanne → *C'est comme une douche où on peut se baigner.*

Erkläre über Beispiele:
- Komiker → *Ce sont des gens comme Omar et Fred ou Jamel Debbouze.*

PETIT DICTIONNAIRE DE CIVILISATION

Personen

Jacques Cartier [ʒakkaʀtje] (1491–1557)
Französischer Seefahrer und Entdecker. Im Auftrag von König François Ier fand er den nördlichen Seeweg nach Asien. Er segelte an Neufundland und Labrador vorbei und entdeckte dabei 1534 Gebiete des heutigen Kanada (→ *le Canada*), die er für Frankreich in Besitz nahm. (→ U3/V1)

Tiken Jah Fakoly [tikɛnʒafakoli] (geb. 1968)

Reggae-Sänger von der Elfenbeinküste. In seinen Liedern thematisiert er Themen wie Korruption, Konflikte zwischen den verschiedenen afrikanischen Bevölkerungsgruppen und die Migrationsproblematik. Tiken Jah Fakoly gilt als musikalisches Sprachrohr Afrikas. 2003 musste er jedoch sein Land aufgrund der politischen Situation verlassen und lebt seither in Mali. Der Sänger setzt sich u. a. für Demokratie und die Einheit Afrikas ein. (→ M5)

Louis XIV [lwikatɔʀz] (1638–1715) **Ludwig XIV.**

Von 1643 bis 1715 König von Frankreich. Der *Roi-Soleil* (Sonnenkönig) ist der Inbegriff eines absolutistischen Herrschers. Unter seiner Regentschaft wurde die französische Verwaltung zentralisiert und das Territorium durch Eroberungskriege vergrößert. Er war ein großer Förderer von Kunst und Kultur und ließ das Schloss und den Park von → Versailles errichten, wo er ab 1682 mit seinem Hofstaat residierte. (→ U1/V1)

Brigitte Sauzay [bʀiʒitsozɛ] (1947–2003)
Französische Dolmetscherin, war für drei französische Präsidenten tätig: Georges Pompidou, Valéry Giscard d'Estaing und François Mitterand. Als Frankreichberaterin kam sie 1998 nach Berlin ins Kanzleramt. Sie war Mitbegründerin der Stiftung Genshagen und rief Schüleraustauschprogramme ins Leben. (→ U2/S. 34–35)

Voltaire [vɔltɛʀ] (1694–1778)

Französischer Philosoph und Schriftsteller, eigentlich François-Marie Arouet. Er war ein wichtiger Vertreter der französischen Aufklärung und Verfasser von historischen und philosophischen Schriften, Gedichten, Dramen und Erzählungen, wie z. B. „Candide". Aufgrund seiner scharfen Kritik an der absolutistischen Monarchie unter Ludwig XIV. (→ *Louis XIV*) und der katholischen Kirche wurde er verfolgt und zeitweise inhaftiert. Von 1750 bis 1753 lebte er am Hof Friedrichs des Großen in Potsdam. (→ U2/S. 34–35)

Geographisches

l'Alsace [alzas] *f.*
An Deutschland grenzende Region im Osten Frankreichs, entlang des Rheins. Gehörte 1871–1918 und 1940–1944 zum Deutschen Reich. Die größte Stadt im Elsass ist Straßburg (→ *Strasbourg*). (→ U6/V3)

la Belgique [labɛlʒik]
Westeuropäischer Staat mit ca. 11,3 Mio. Einwohnern. Belgien hat drei Amtssprachen: Niederländisch (Flämisch), Französisch und Deutsch. Die zweisprachige Hauptstadt Brüssel (→ *Bruxelles*) ist Sitz der Europäischen Union (→ *l'UE*) und des ständigen Rates der NATO.

PETIT DICTIONNAIRE DE CIVILISATION

Bruxelles [bʀysɛl]
Hauptstadt von Belgien (→ *la Belgique*) mit ca. 1,2 Mio. Einwohnern. Brüssel hat zwei Amtssprachen: Französisch und Niederländisch (wobei überwiegend Französisch gesprochen wird). Daher sind in Brüssel z. B. Straßenschilder und Haltestellen zweisprachig. Zu den Sehenswürdigkeiten Brüssels zählen u.a. die Grand-Place, die Statue des Manneken-Pis und das Viertel Marolles. Zahlreiche EU-Institutionen (→ *l'UE*) haben in Brüssel ihren Sitz, darunter die Europäische Kommission, das Europäische Parlament und der Europäische Rat. (→ U5/V1)

le Canada [ləkanada]
Staat in Nordamerika mit ca. 36,5 Mio. Einwohnern. Hauptstadt von Kanada ist Ottawa. Die kanadische Gesellschaft zeichnet sich durch eine hohe sprachliche und kulturelle Vielfalt aus. So gibt es neben Einwanderern aus aller Welt verschiedene Gruppen von Ureinwohnern sowie in der Provinz Quebec (→ *le Québec*) eine große französischsprachige Bevölkerungsgruppe. Amtssprachen sind Englisch, Französisch und in einigen Gegenden Inuktitut, die Sprache der Inuit. (→ U3)

Marseille [maʀsɛj]
Mit ca. 860 000 Einwohnern zweitgrößte und älteste Stadt Frankreichs, die um 600 v. Chr. als Massilia gegründet wurde. Sie liegt in der Region Provence-Alpes-Côte d'Azur am Mittelmeer und hat Frankreichs bedeutendsten Handelshafen. 2013 war sie Kulturhauptstadt Europas. Im Zuge dessen wurden einige Kulturgüter restauriert und neue Kulturstätten erbaut, darunter z. B. das Museum der europäischen Zivilisationen und des Mittelmeers (MuCEM). 2017 war die Stadt des berühmten und erfolgreichen Fußballklubs Olympique de Marseille außerdem europäische Hauptstadt des Sports. „Frankreichs Tor zum Mittelmeer" ist wie kaum eine andere Stadt neben Paris von Einwanderung geprägt. Um 1900 wanderten vor allem viele Italiener ein, zu Beginn des 20. Jahrhunderts Armenier, Spanier, Korsen und nach dem Zweiten Weltkrieg kamen viele Menschen aus dem Maghreb, vor allem aus Algerien. Heute liegt der Migrationsanteil der Einwohner Marseilles bei 40%. Wenn man frühere Einwanderungsbewegungen dazuzählt, stammen 90% der Vorfahren der Bevölkerung Marseilles nicht aus Frankreich. (→ U1)

Montréal [mɔ̃real]
Mit ca. 1,7 Mio. Einwohnern (Großraum ca. 4 Mio.) zweitgrößte Stadt Kanadas (→ *le Canada*) und größte Stadt der Provinz Quebec (→ *le Québec*). Nach Paris ist Montreal die zweitgrößte Stadt der Welt, in der Französisch als Muttersprache gesprochen wird. Namensgeber der Stadt ist der Berg Mont-Royal (Königlicher Berg), der mit 223 m der höchste Punkt der Stadt ist. Eine städtebauliche Besonderheit ist die *ville souterraine*, ein Geflecht aus unterirdischen Gängen, in denen man auch im langen, kalten Winter geschützt zur Arbeit oder zum Einkaufen gelangen kann. Montreal gilt als Kulturhauptstadt Kanadas. (→ U3)

la Passerelle Mimram [lapasʀɛlmimʀam]
Fußgänger- und Radfahrerbrücke über den Grenzfluss Rhein, benannt nach ihrem Erbauer Marc Mimram, auch *Passerelle des deux rives* (Brücke der zwei Ufer) genannt. Sie verbindet Straßburg (→ *Strasbourg*) auf der französischen und Kehl auf der deutschen Seite. Die Brücke gilt als Symbol der engen deutsch-französischen Beziehungen. (→ U2/S. 34–35)

le Québec [ləkebɛk]
Mit einer Fläche von 1 542 000 km² und ca. 8,3 Mio. Einwohnern größte Provinz von Kanada (→ *le Canada*). Fast die Hälfte der Gesamtbevölkerung lebt im Großraum Montreal (→ *Montréal*). Hauptstadt der Provinz ist Quebec-Stadt. Seit 1977 ist Französisch Amtssprache. Nur eine Minderheit der Bevölkerung spricht Englisch. Die Provinz ist reich an Seen, Flüssen und riesigen Wäldern. (→ U3)

Strasbourg [stʀazbuʀ]

Hauptstadt der Region Grand Est und größte Stadt im Elsass (→ *l'Alsace*) mit 277 000 Einwohnern. Das Wahrzeichen der Stadt ist das Straßburger Münster, das circa 1180–1439 erbaut wurde. In Straßburg haben zahlreiche europäische Einrichtungen ihren Sitz: das Europäische Parlament, der Europäische Gerichtshof für Menschenrechte und der Europarat. 1991/92 wurde in Straßburg der erste deutsch-französische Fernsehsender Arte gegründet. (→ U6)

Versailles [vɛʀsaj]

20 km von Paris entfernte Stadt mit 85 800 Einwohnern. Versailles ist weltweit für sein gleichnamiges Schloss bekannt, das als Symbol des Absolutismus gilt. Ab 1668 hatte Ludwig XIV. (→ *Louis XIV*) hier seinen Regierungssitz. Vom Schloss Versailles startete 1783 die weltweit erste „bemannte" Ballonfahrt. Die Fahrt dauerte zwölf Minuten und die Passagiere waren ein Hammel, ein Hahn und eine Ente. In die Geschichte ging Versailles u. a. auch 1871 ein, als der preußische König Wilhelm I. im Spiegelsaal des Schlosses zum Deutschen Kaiser ernannt wurde. 1919 wurde hier der Friedensvertrag von Versailles unterzeichnet, der den Ersten Weltkrieg beendete. Seit 2016 ist Versailles Partnerstadt von Potsdam. (→ U2/S. 34–35)

Politik, Gesellschaft, Medien

la BD (la bande dessinée) [labede]

In Europa etablierte sich der Comic in seiner heutigen Form zu Anfang des 20. Jahrhunderts besonders in Frankreich und Belgien (→ *la Belgique*). Dort entwickelte sich das Comicheft, in dem längere Geschichten in Fortsetzung abgedruckt wurden. Ein bedeutender Vertreter war der belgische Zeichner Hergé, der 1929 „Tintin" schuf. Nach dem Zweiten Weltkrieg erlebte der frankobelgische Comic seinen Höhepunkt. Die wöchentlich erscheinenden und konkurrierenden belgischen Comichefte „Tintin" und „Spirou" waren die erfolgreichsten in Europa. Ab 1959 erschien das französische Comicmagazin „Pilote", welches viele berühmte Comiczeichner und -autoren hervorbrachte. René Goscinny und Albert Uderzo entwickelten zum Start des Magazins ihren weltberühmten Helden „Astérix le Gaulois". Auch heute hat der Comic in Frankreich und in Belgien einen wichtigen Stellenwert in der Kultur beider Länder. In Frankreich findet mit jährlich ca. 200 000 Besuchern das bedeutendste Comicfestival Europas statt: das „Festival international de la bande dessinée d'Angoulême". (→ U5)

la francophonie [lafʀɑ̃kɔfɔni]

Frankophonie meint die Gesamtheit aller Länder und Regionen, in denen man Französisch spricht. Neben den 66 Millionen Einwohnern Frankreichs gibt es ca. 117 Millionen frankophone Muttersprachler/innen in Ländern oder Regionen, in denen Französisch ebenfalls Amtssprache ist. Die Mehrzahl dieser frankophonen Länder und Regionen sind ehemalige französische Kolonien, wie z. B. Senegal oder Quebec (→ *le Québec*). Außerdem gibt es einige Länder, in denen Französisch keine Amtssprache ist, aber trotzdem viel gesprochen wird, wie z. B. Algerien, Marokko und Tunesien. (→ S. 8–9, U3, U5)

les médias en France [lemedjaɑ̃fʀɑ̃s] m. pl.

Die französische Medienlandschaft ist sehr divers. Wie in Deutschland gibt es überregionale und regionale Tageszeitungen. Die wichtigsten überregionalen Tageszeitungen sind „Le Monde" (linksliberal) und „Le Figaro" (konservativ). Zu bekannten Wochenzeitungen gehören z. B. die Satirezeitungen „Le Canard enchaîné" und „Charlie Hebdo". In Frankreich gibt es außerdem fast 300 Magazine für Kinder und Jugendliche. Bei den 15-Jährigen sind z. B. „Okapi", „Le Monde des ados" oder „Phosphore" beliebt. Im Fernsehen unterscheidet man in Frankreich, ebenso wie in Deutschland, zwischen öffentlichen und Privatsendern. Die öffentlichen Sender gehören zur Gruppe France Télévisions, darunter fällt z. B. der Sender mit der zweitgrößten Publikumsreichweite in Frankreich France 2 sowie der deutsch-französische Sender Arte oder TV5 Monde. Die höchsten Einschaltquoten hat der Privatsender TF1. (→ U2/V3)

l'OFAJ (l'Office franco-allemand pour la Jeunesse) [lofaʒ] m.

Das Deutsch-Französische Jugendwerk (DFJW) hat seinen Sitz in Berlin und Paris. Es fördert mit vielfältigen kulturellen, sozialen und politischen Angeboten den Austausch zwischen deutschen und französischen Jugendlichen, so z. B. mit den Schüleraustauschprogrammen → „Brigitte Sauzay" und → „Voltaire". Die Organisation wurde 1963 auf Initiative von Charles de Gaulle und Konrad Adenauer gegründet. Seither ermöglichte es über 8,4 Millionen jungen Menschen aus Deutschland und Frankreich die Teilnahme an über 320 000 Austauschprogrammen und Begegnungen. (→ U2/S. 34–35)

le Traité de l'Élysée [lətʀetedəlelize]

PETIT DICTIONNAIRE DE CIVILISATION

Der Élysée-Vertrag oder deutsch-französische Vertrag wurde am 22. Januar 1963 vom französischen Staatspräsidenten Charles de Gaulle (1890–1970) und dem deutschen Bundeskanzler Konrad Adenauer (1876–1967) unterzeichnet. Er besiegelte die Aussöhnung Frankreichs und Deutschlands und legte den Grundstein für den dauerhaften Frieden in Europa. Der Vertrag legte Hauptziele der deutsch-französischen Zusammenarbeit und institutionelle Regeln für deren Umsetzung fest, darunter regelmäßige Treffen auf allen Ebenen (zwischen Staats- und Regierungschefs, Ministern und hohen Beamten). Besonderes Augenmerk galt der Zusammenarbeit im Bereich Bildung und Jugend. So wurde im gleichen Jahr das DFJW (→ *l'OFAJ*) gegründet. (→ U2/S. 34–35)

l'UE (l'Union européenne) [lyə] *f.*
Die Europäische Union ist ein Bündnis mit 28 Mitgliedstaaten (Stand 2018). Über 500 Mio. Menschen leben in der EU. Die Anfänge der EU gehen auf die 1950er Jahre zurück. Die Europäische Kommission setzt die EU-Politik um und sorgt für die Einhaltung des EU-Rechts. Der Europäische Rat legt allgemeine Ziele und Prioritäten für die EU fest. Das Europäische Parlament ist als Gesetzgeber tätig. (→ U5/S. 104–105)

Schule

le conseiller d'orientation / la conseillère d'orientation
[ləkɔ̃sejedɔʀjɑ̃tasjɔ̃ / lakɔ̃sɛjɛʀdɔʀjɑ̃tasjɔ̃]
Ein *conseiller d'orientation* ist in Frankreich ein Berufsberater, der Informationen rund um das Thema Berufsorientierung bereitstellt und bei der Entscheidungsfindung hilft. Tätig ist er u.a. am *Centre d'information et d'orientation,* was vergleichbar mit einem deutschen Berufsinformationszentrum ist. Während der *troisième* (9. Klasse) führt er an den Schulen Einzelgespräche mit den Schülern über deren berufliche Orientierung und hilft bei der Wahl der schulischen Ausbildung nach dem *collège.* Je nach Berufswunsch können sich die Schüler/innen in diesem Gespräch z. B. auch darüber Gedanken machen, welchen Schwerpunkt sie am *lycée* wählen möchten. (→ U6/V1)

le système scolaire français [ləsistɛmskɔlɛʀfʀɑ̃sɛ]
Im Gegensatz zu Deutschland, wo Bildung Ländersache ist, ist das französische Bildungssystem zentral organisiert: Die Schulformen und die Aufgaben der Abschlussprüfungen sind demnach in ganz Frankreich gleich. Schulpflicht besteht zwischen 6 und 16 Jahren. Die Schule beginnt mit der *école maternelle* und der *école primaire,* die mit der deutschen Kindertagesstätte bzw. Vorschule und der Grundschule vergleichbar sind. Danach besuchen alle französischen Kinder im Alter von 11 bis 15 Jahren das *collège,* eine Art Mittelschule, die in etwa der deutschen Sekundarstufe I entspricht. Das *collège* umfasst die Klassen *sixième* bis *troisième,* wobei die Klassen in umgekehrter Reihenfolge gezählt werden: *sixième* entspricht der sechsten Klasse in Deutschland, *troisième* der neunten Klasse. Am Ende der Schulzeit am *collège* legen die Schüler/innen das *brevet* ab. Die meisten Schüler/innen besuchen nach dem *collège* das *lycée,* welches der gymnasialen Oberstufe entspricht. Hier wählen die Schüler/innen zwischen drei Schwerpunkten: L (*littéraire*), ES (*économique et social*) oder S (*scientifique*). Am Ende der *terminale* legen die Schüler/innen ein spezielles Abitur ab (*le baccalauréat*). Neben den allgemeinbildenden *lycées* gibt es aber auch eher berufsbildende Ausbildungswege wie z. B. das *lycée professionnel* oder das *CFA.* (→ U6/V1)

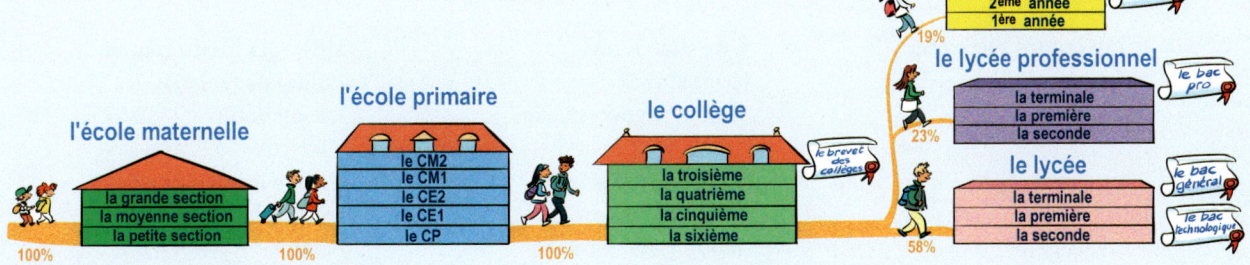

le CP (le cours préparatoire) die 1. Klasse
le CE1 (le cours élémentaire 1) die 2. Klasse
le CE2 (le cours élémentaire 2) die 3. Klasse
le CM1 (le cours moyen 1) die 4. Klasse
le CM2 (le cours moyen 2) die 5. Klasse

le CFA (le Centre de formation d'apprentis)
Ausbildungsstätte für 16- bis 25-jährige, in der ein Diplom begleitend mit Praktika erworben werden kann
le CAP (le certificat d'aptitude professionnelle)
das Ausbildungszertifikat
le bac pro das Fachabitur
le bac général das Allgemeinabitur
le bac technologique das technologische Abitur

BANQUE DE MOTS

Les genres cinématographiques ▶ Unité 1, Volet 3, p. 24

J'adore / Je déteste les films policier.

la comédie musicale [lakɔmedimyzikal] das Musical	**le film d'horreur** [ləfilmdɔʀœʀ] der Horrorfilm	**le dessin animé** [lədesɛ̃anime] der Zeichentrickfilm
le film policier [ləfilmpɔlisje] der Krimi	**le documentaire** [lədɔkymɑ̃tɛʀ] der Dokumentarfilm	**le court métrage** [ləkuʀmetʀaʒ] der Kurzfilm

Les parties du corps ▶ Unité 2, Volet 1, p. 53

– Ça ne va pas? – Non, j'ai mal au ventre.

le ventre [ləvɑ̃tʀ] der Bauch	**le genou** [ləʒənu] das Knie	**le nez** [ləne] die Nase	**le coude** [ləkud] der Ellbogen	**le cou** [ləku] der Hals
le bras [ləbʀa] der Arm	**la bouche** [labuʃ] der Mund	*l'oreille f.* [lɔʀɛj] das Ohr	*l'épaule f.* [lepol] die Schulter	**la poitrine** [lapwatʀin] die Brust

Commenter un match ▶ Unité 3, Volet 3, p. 74

lancer/capter/tirer le ballon [lɑ̃se/kapte/tiʀeləbalɔ̃] den Ball werfen/fangen/schießen	**faire une passe** [fɛʀynpas] einen Pass spielen	**sortir en touche** [sɔʀtiʀɑ̃tuʃ] ins Aus gehen
le but contre son camp [ləbytkɔ̃tʀsɔ̃kɑ̃] das Eigentor	**faire match nul** [fɛʀmatʃnyl] unentschieden spielen	**siffler (la fin du match)** [sifle(lafɛ̃dymatʃ)] (ab)pfeifen
aller dans le filet [aledɑ̃ləfile] ins Netz gehen	**être au service** [ɛtʀoseʀvis] den Aufschlag haben	**mettre un panier** [mɛtʀɛ̃panje] einen Korb werfen

Les tâches ménagères ▶ Unité 4, Volet 1, p. 86

passer la serpillière [paselasɛʀpijɛʀ] den Fußboden wischen	**repasser le linge** [ʀəpaseləlɛ̃ʒ] bügeln	**faire les carreaux** [fɛʀlekaʀo] die Fenster putzen

BANQUE DE MOTS

laver le linge
[lavələlɛ̃ʒ]
die Wäsche waschen

débarasser la table
[debaʀaselatabl]
den Tisch abräumen

faire la vaisselle
[fɛʀlavɛsɛl]
den Abwasch machen

changer les draps
[ʃɑ̃ʒeledʀa]
die Betten frisch beziehen

donner à manger au chien
[dɔneamɑ̃ʒeoʃjɛ̃]
den Hund füttern

nettoyer la litière du chat
[netwajelalitjɛʀdyʃa]
das Katzenklo saubermachen

Parler d'une BD ▶ Unité 5, p. 118

la planche
[laplɑ̃ʃ]
die Comicseite

la bulle parole
[labylpaʀɔl]
die Sprechblase

la bulle pensée
[labylpɑ̃se]
die Denkblase

le récitatif
[ləʀesitatif]
das Rezitativ

le gros plan
[ləgʀoplɑ̃]
die Nahansicht

le plan large
[ləplɑ̃laʀʒ]
die Totale

Les métiers ▶ Unité 6, Volet 2, p. 134

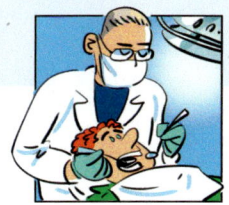

Moi, je voudrais devenir menuisière. Et toi?

le/la vétérinaire
[lə/laveteʀinɛʀ]
der Tierarzt / die Tierärztin

le/la dentiste
[lə/ladɑ̃tist]
der Zahnarzt / die Zahnärztin

l'agriculteur *m.* / **l'agricultrice** *f.*
[lagʀikyltœʀ/lagʀikyltʀis]
der Landwirt / die Landwirtin

le menuisier / la menuisière
[ləmənɥizje/lamənɥizjɛʀ]
der Tischler / die Tischlerin

le méca(tro)nicien / la méca(tro)nicienne
[leməka(tʀo)nisjɛ̃/laməka(tʀo)nisjɛn]
der Mecha(tro)niker / die Mecha(tro)nikerin

l'informaticien *m.* / **l'informaticienne** *f.*
[lɛ̃fɔʀmatisjɛ̃/lɛ̃fɔʀmatisjɛn]
der Informatiker / die Informatikerin

l'océanologue *m./f.*
[lɔseanɔlɔg]
der Ozeanologe / die Ozeanologin

le commerçant / la commerçante
[ləkɔmɛʀsɑ̃/lakɔmɛʀsɑ̃t]
der Händler / die Händlerin

deux-cent-trois **203**

LES NOMBRES

Les nombres | Die Zahlen

Les nombres cardinaux de 0 à 2 000 000 | Die Grundzahlen von 0 bis 2 000 000

0	zéro	18	dix-huit	79	soixante-dix-neuf
1	un/une	19	dix-neuf	80	quatre-vingt**s**
2	deux	20	vingt	81	quatre-vingt-un/-une
3	trois	21	vingt-**et**-un/-une	82	quatre-vingt-deux
4	quatre	22	vingt-deux	90	quatre-vingt-dix
5	cinq	30	trente	91	quatre-vingt-onze
6	six	40	quarante	99	quatre-vingt-dix-neuf
7	sept	50	cinquante	100	cent
8	huit	60	soixante	101	cent-un/-une
9	neuf	70	soixante-dix	102	cent-deux
10	dix	71	soixante-**et**-onze	110	cent-dix
11	onze	72	soixante-douze	200	deux-cents
12	douze	73	soixante-treize	201	deux-cent-un/-une
13	treize	74	soixante-quatorze	1 000	mille
14	quatorze	75	soixante-quinze	2 000	deux-mille
15	quinze	76	soixante-seize	900 000	neuf-cent-mille
16	seize	77	soixante-dix-sept	1 000 000	un million
17	dix-sept	78	soixante-dix-huit	2 000 000	deux-millions

Die Jahreszahlen werden im Französischen üblicherweise so ausgesprochen wie die Grundzahlen:
z. B. 1789 = mille-sept-cents-quatre-vingt-neuf

 Die Schreibung mit Bindestrich ist nach den Empfehlungen zur französischen Rechtschreibung bei allen zusammengesetzten Zahlwörtern möglich.

Les nombres ordinaux | Die Ordnungszahlen

le 1er / la 1ère	le premier / la première	le/la 7^e	le/la septième
le/la 2^e	le/la deuxième	le/la 8^e	le/la huitième
le/la 3^e	le/la troisième	le/la 9^e	le/la neuvième
le/la 4^e	le/la quatrième	le/la 10^e	le/la dixième
le/la 5^e	le/la cinquième	le/la 20^e	le/la vingtième
le/la 6^e	le/la sixième	le/la 21^e	le/la vingt-et-unième

Les nombres fractionnaires et les pourcentages | Die Bruchzahlen und Prozentzahlen

½	la moitié	= 50 % (cinquante pour cent)
⅓	un tiers	≈ 33 % (trente-trois pour cent)
¼	un quart	= 25 % (vingt-cinq pour cent)
⅕	un cinquième	= 20 % (vingt pour cent)
⅔	deux tiers	
¾	trois quarts	
⅘	quatre cinquièmes	

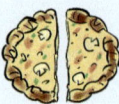

L'ALPHABET | LES SIGNES DANS LA PHRASE | L'ALPHABET PHONÉTIQUE

L'alphabet | Das Alphabet

a [a]	d [de]	g [ʒe]	j [ʒi]	m [ɛm]	p [pe]	s [ɛs]	v [ve]	y [igʀɛk]
b [be]	e [ə]	h [aʃ]	k [ka]	n [ɛn]	q [ky]	t [te]	w [dubləve]	z [zɛd]
c [se]	f [ɛf]	i [i]	l [ɛl]	o [o]	r [ɛʀ]	u [y]	x [iks]	

Les signes dans la phrase | Die Zeichen im Satz

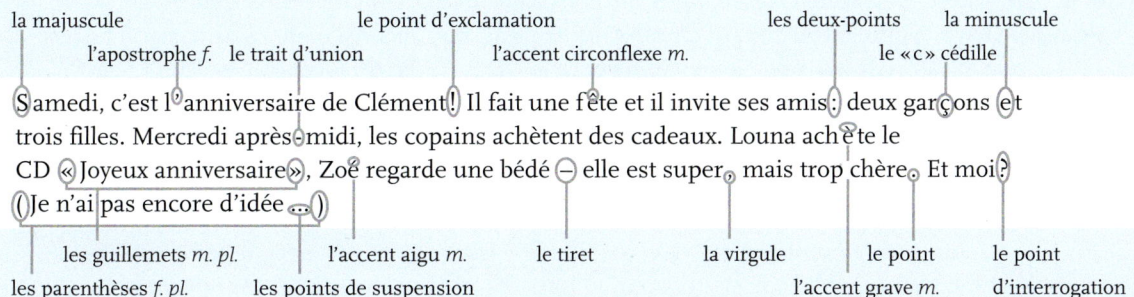

Samedi, c'est l'anniversaire de Clément ! Il fait une fête et il invite ses amis : deux garçons et trois filles. Mercredi après-midi, les copains achètent des cadeaux. Louna achète le CD « Joyeux anniversaire », Zoé regarde une bédé – elle est super, mais trop chère. Et moi ? (Je n'ai pas encore d'idée …)

la majuscule · l'apostrophe f. · le trait d'union · le point d'exclamation · l'accent circonflexe m. · les deux-points · la minuscule · le « c » cédille · les guillemets m. pl. · les parenthèses f. pl. · l'accent aigu m. · les points de suspension · le tiret · la virgule · l'accent grave m. · le point · le point d'interrogation

L'alphabet phonétique | Die Lautschrift

Les consonnes | Die Konsonanten

- [b] **b**leu, célè**b**re
- [d] **d**onner, compren**d**re
- [f] **ph**oto, o**ff**rir
- [g] **g**ris, **g**uitare
- [k] **c**alme, **ch**orale, magi**qu**e
- [l] **l**ire, mi**ll**e, pu**ll**
- [m] **m**alade, ai**m**er, cal**m**e, ho**mm**e
- [n] **n**on, do**nn**er
- [ŋ] parki**ng**
- [ɲ] ga**gn**er, Allema**gn**e
- [p] **p**arler, rem**p**art, a**pp**orter
- [ʀ] **r**égion, ouv**r**ir
- [s] scharfes „s" wie in Ku**ss**: **ç**a, mer**c**i, **s**avoir, au**ss**i
- [z] summendes „s" (tritt nur zwischen zwei Vokalen, als Bindungs-s bzw. -x oder in der Schreibung „z" auf) wie in ra**s**en: mai**s**on, le**s** enfants, si**x** heures, **z**éro
- [ʃ] „sch" wie in Ta**sch**e: **ch**anson, dou**ch**e
- [ʒ] wie in Gara**g**e: â**g**e, dé**j**euner
- [t] **t**ourner, **t**oile**tt**es
- [v] **v**endre, mau**v**ais, trou**v**er, élè**v**e

Les voyelles | Die Vokale

- [a] kurzes „a" wie in B**a**ll: **a**ller, f**e**mme, Olympi**a**
- [ɑ] langes „a" wie in B**a**hn: ne … p**a**s, ch**â**teau
- [ɛ] offenes „e" wie in **E**nde: vr**ai**, c**e**tte, c'**e**st, sc**è**ne
- [e] geschlossenes „e" wie in S**ee**: **é**crire, **é**t**é**
- [ə] stummes „e" wie in Kab**e**l: m**e**, s**e**, ch**e**val
- [i] „i" wie in B**ie**ne: **i**dole, cous**i**ne, recycl**e**r
- [o] geschlossenes „o" wie in Fl**oh**: **eau**, **au**tre, tr**o**p
- [ɔ] offenes „o" wie in d**o**ch: car**o**tte, p**o**rter
- [ø] geschlossenes „ö" wie in b**ö**se: h**eu**reux, f**eu**
- [œ] offenes „ö" wie in **ö**ffnen: b**eu**rre, s**œu**r
- [u] „u" wie in M**u**t: **où**, p**ou**r, j**ou**er
- [y] „ü" wie in m**ü**de: **u**niversité, r**é**ussir, pl**u**tôt, t**u**

Les semi-voyelles | Die Gleitlaute

- [ɥ] c**u**isine, dep**u**is
- [j] h**i**er, boute**ill**e, fam**ill**e
- [w] o**i**seau, r**oi**, **ou**i

Les voyelles nasales | Die nasalierten Vokale

- [ɑ̃] e**n**fin, p**an**talon, l**am**pe
- [ɔ̃] c**om**prendre, l**on**gtemps, pantal**on**
- [ɛ̃] **un**, f**in**, m**oin**s, f**aim**, tr**ain**

LISTE DES MOTS

Symbole, Abkürzungen und Hinweise

❗	Das Ausrufezeichen macht dich auf eine Besonderheit aufmerksam.
=	Hier findest du ein Wort mit gleicher Bedeutung.
↔	Hier findest du das Gegenteil des Wortes.
→	Hinter diesem Pfeil findest du ein Wort, das zur gleichen Familie gehört und das du schon gelernt hast.
🇬🇧	Hier siehst du ein englisches Wort, das dem französischen Wort ähnlich ist.
	Hier siehst du ein lateinisches Wort, das dem französischen Wort ähnlich ist.
▶ ◀	Zwischen diesen beiden Pfeilen findest du den Lernwortschatz aus den Hörtexten.

▶Civilisation zeigt dir an, dass du im *Petit dictionnaire de civilisation* ab S. 198 mehr zu dem Begriff findest.
▶Verbes zeigt dir an, dass du in der *Conjugaison des verbes* ab S. 178 die Konjugation des Verbs findest.
(ê) So gekennzeichnete Verben bilden das *passé composé* mit *être*.
l'animal *m.* Blau sind alle maskulinen Nomen, deren Genus du nicht am Artikel erkennen kannst.
l'adresse *f.* Rot sind alle femininen Nomen, deren Genus du nicht am Artikel erkennen kannst.

f.	*féminin*/feminin		*pers.*/Pers.	*personne*/Person
m.	*masculin*/maskulin		*adj.*	*adjectif*/Adjektiv
sg./Sg.	*singulier*/Singular		*adv.*	*adverbe*/Adverb
pl./Pl.	*pluriel*/Plural		*fam.*	*familier*/umgangssprachlich
qc/etw.	*quelque chose*/etwas		*inf.*/Inf.	*infinitif*/Infinitiv
qn/jd/jdn/jdm	*quelqu'un*/jemand/jemanden/jemandem			

Eigennamen erkennst du an der Großschreibung. Alle Einträge zu frankophonen Personen und Orten findest du in dem Kasten am Anfang des jeweiligen Volets.

Vorkurs

l'**Olympique de Marseille** [lɔlɛ̃pikdəmaʁsɛj] *m.* Fußballverein aus Marseille, kurz OM
la Réunion [laʁeynjɔ̃] Insel im Indischen Ozean, Übersee-Département und Region Frankreichs ▶ Photo
Saint-Philippe [sɛ̃filip] Stadt auf Réunion

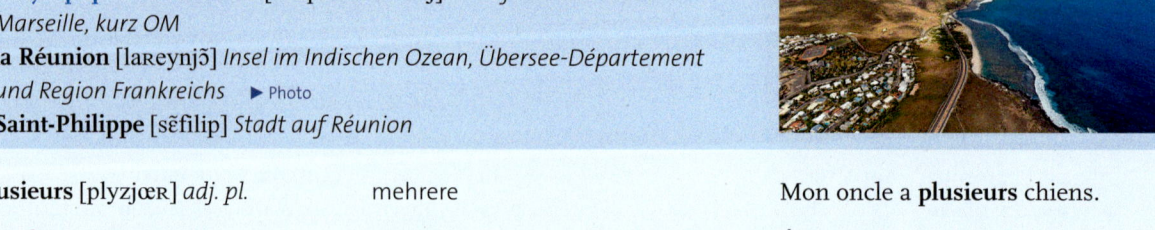

plusieurs [plyzjœʁ] *adj. pl.*	mehrere	Mon oncle a **plusieurs** chiens.
l'**Angleterre** [lɑ̃glətɛʁ] *f.*	England	Éva a appris l'anglais en **Angleterre**.
être né/née [ɛtʁne]	geboren sein	Élodie **est née** le 21 juin 2005 à Angers.
l'**océan** [lɔseɑ̃] *m.*	der Ozean	Il y a beaucoup de poissons dans l'**océan**.
indien/indienne [ɛ̃djɛ̃/ɛ̃djɛn] *adj.*	indisch, indianisch	Aujourd'hui, j'ai rencontré un garçon **indien**.
grandir [gʁɑ̃diʁ]	aufwachsen, wachsen *wird wie finir konjugiert* ▶ Verbes, p. 178	Mon cousin **a grandi** en France. → grand/grande
à … kilomètres [akilɔmɛtʁ]	… Kilometer entfernt	Mes grands-parents vivent **à 50 kilomètres** de chez nous.

VORKURS

> **! Merke:**
> Die Präposition *à* hat viele verschiedene Bedeutungen. Bisher kennst du sie in der Bedeutung „in, im, nach":
> J'habite **à** Paris. (= in)
> Je vais **à** Marseille. (= nach)
> **À** l'âge de 23 ans, mes parents ont eu leur premier enfant. (= im)
>
> *à* kann aber auch auf andere Bedeutungen hinweisen, z. B.:
> Mes grands-parents vivent **à** 50 kilomètres de chez nous. (= Meine Großeltern wohnen 50 Kilometer von uns **entfernt**.)
> **À** 6 ans, je suis allée la première fois en France avec mes parents. (= **Mit** 6 Jahren bin ich zum ersten Mal mit meinen Eltern nach Frankreich gefahren.)

l'acteur / **l'actrice** [laktœʀ/laktʀis] *m./f.*	der/die Schauspieler/in	🇬🇧 actor
^(ê)**venir de + pays/ville** [vəniʀdə]	kommen aus + *Land/Stadt Herkunft* ▶ Verbes, p. 178	Mon nouveau voisin **vient du** Mali.
Mayence [majɑ̃s]	Mainz	En été je suis allé à **Mayence**.
tôt [to] *adv.*	früh	↔ tard
perfectionner qc [pɛʀfɛksjɔne]	etw. perfektionieren	Marisa **a perfectionné** son français.
l'étoile [letwal] *f.*	der Stern	La nuit, on peut regarder **les étoiles**.
l'astronaute [lastʀonot] *m./f.*	der/die Astronaut/in	Thomas Pesquet est **un astronaute** français.
les études [lezetyd] *f. pl.*	das Studium	À côté de **ses études**, mon frère travaille.
le Québec [ləkebɛk]	Quebec *größte und französischsprachige Provinz Kanadas* ▶ Civilisation, p. 198	**Le Québec** est une région où on parle français.
la carrière [lakaʀjɛʀ]	die Karriere, die Laufbahn	Romy Schneider a commencé **sa carrière** à l'âge de 14 ans.
l'Espagne [lɛspaɲ] *f.*	Spanien	Je suis allé en **Espagne** le mois dernier.
la planète [laplanɛt]	der Planet	Il y a huit **planètes**.
fragile [fʀaʒil] *m./f. adj.*	schwach, zerbrechlich	↔ fort/forte
le sportif / **la sportive** [ləspɔʀtif/laspɔʀtiv]	der/die Sportler/in	Bilal et son frère, ce sont **des sportifs**.
le Mali [ləmali]	Mali *westafrikanischer Staat*	**Le Mali** est un pays africain.
double [dubl] *m./f. adj.*	doppelt, zweifach	J'ai la **double** nationalité, je suis franco-allemand.
la nationalité [lanasjɔnalite]	die Staatsangehörigkeit	Naïma est née en France, elle a **la nationalité** française.
le musicien / **la musicienne** [ləmyzisjɛ̃/lamyzisjɛn]	der/die Musiker/in	→ la musique 🇬🇧 musician

deux-cent-sept

l'albinos [albinos] *m./f.*	der Albino	Il faut lutter pour les droits **des albinos**.
malvoyant/malvoyante [malvwajɑ̃/malvwajɑ̃t] *adj.*	sehbeeinträchtigt	Le musicien Salif Keïta est **malvoyant**.
le champion / la championne [ləʃɑ̃pjɔ̃/laʃɑ̃pjɔn]	der Champion, der/die Meister/in	Génial, nous sommes **les champions**!
l'Europe [løʀɔp] *f.*	Europa	En **Europe**, il y a plusieurs pays.
le mètre [ləmɛtʀ]	der Meter	→ le kilomètre
gagner (qc) [gaɲe]	(etw.) gewinnen	Notre équipe **a gagné** le match!
paralympique [paʀalɛ̃pik] *m./f. adj.*	paralympisch	Tu es fan des Jeux **paralympiques**?
lutter (pour/contre qc) [lyte]	(für/gegen etw.) kämpfen	Il faut **lutter** pour gagner.
le droit [lədʀwa]	das Recht, Jura	On lutte pour **les droits** des femmes.
la personne handicapée [lapɛʀsɔnɑ̃dikape]	der Mensch mit Behinderung	Mon père travaille avec **des personnes handicapées**.
africain/africaine [afʀikɛ̃/afʀikɛn] *adj.*	afrikanisch	Youssou N'Dour est une star **africaine**.

> **! Merke:**
> Wenn du die Nationalität von jemandem angeben willst oder wenn du von einer Sprache sprichst, musst du sie **klein**schreiben:
> Elle est **française** et apprend **l'anglais** et **l'allemand**.
>
> Wenn du hingegen eine oder mehrere Personen bezeichnen willst, musst du sie **groß**schreiben:
> Les **Français** viennent de Toulouse.

le chanteur / la chanteuse [ləʃɑ̃tœʀ/laʃɑ̃tøz]	der/die Sänger/in	→ chanter, la chanson
la Belgique [labɛlʒik]	Belgien ▶ Civilisation, p.198	La **Belgique** est un petit pays.
le Rwanda [ləʀwanda]	Ruanda	Tu connais le film «Hôtel **Rwanda**»?
la Suisse [lasɥis]	die Schweiz	En **Suisse**, on parle aussi français.
l'album [albɔm] *m.*	das Album, *auch:* das Fotoalbum	Stromae a sorti deux **albums**.
le succès [ləsyksɛ]	der Erfolg	🇬🇧 success
énorme [enɔʀm] *m./f. adj.*	riesig	Merci, tu as fait un **énorme** travail!
le Canada [ləkanada]	Kanada *Kanada*	Au **Canada**, on parle aussi français.
les États-Unis (d'Amérique) [lezetazyni] *m. pl.*	die Vereinigten Staaten (von Amerika)	Tu es déjà allé aux **États-Unis**?
créer qc [kʀee]	etw. erschaffen, etw. gründen	→ le créateur / la créatrice, créatif/créative

Unité 1

le Vieux-Port [ləvjøpɔʀ] *der alte Hafen in Marseille*
Notre-Dame de la Garde [nɔtʀədamdəlagaʀd] *Marien-Wallfahrtskirche in Marseille*
le stade Orange Vélodrome [ləstadɔʀɑ̃ʒvelodʀom] *Fußballstadion in Marseille*
les calanques [lekalɑ̃k] *f. pl. Buchten im Kalkgestein des Mittelmeers bei Marseille* ▶ Photo
Cassis [kasi] *französische Gemeinde in der Region PACA*
le MuCEM (Musée des Civilisations de l'Europe et de la Méditerranée) [ləmysɛm] *Museum der Zivilisationen Europas und des Mittelmeers in Marseille*
la corniche Kennedy [lakɔʀniʃkɛnɛdi] *Küstenstraße entlang des Mittelmeers in Marseille*
les Docks Village [ledɔkvilaʒ] *m. pl. Veranstaltungs-, Büro-, Laden- und Wohnstätte in Marseille*
le château d'If [ləʃɑtodif] *Festung und ehemaliges Gefängnis auf der île d'If vor Marseille*
les îles du Frioul [lezildyfʀiul] *f. pl. Inselgruppe westlich von Marseille*

la basilique [labazilik]	die Basilika	À Marseille, il y a **la basilique** Notre-Dame de la Garde.
le stade [ləstad]	das Stadion	Ils jouent au foot dans **le stade**.
la civilisation [lasivilizasjɔ̃]	die Zivilisation, die Kultur	Le MuCEM est un musée sur l'histoire **des civilisations** de la Méditerranée.
la Méditerranée [lamediteʀane]	das Mittelmeer	Il y a beaucoup de soleil à **la Méditerranée**.
la route [laʀut]	die Landstraße, die Straße	Traversons **la route**!

Die vier Himmelsrichtungen – Les quatre points cardinaux

le nord [lənɔʀ] der Norden
🇬🇧 north
🏛 septentriones

le sud [ləsyd] der Süden
🇬🇧 south
🏛 meridies

l'est [lɛst] *m.* der Osten
🇬🇧 east
🏛 oriens

l'ouest [lwɛst] *m.* der Westen
🇬🇧 west
🏛 occidens

le centre commercial [ləsɑ̃tʀkɔmɛʀsjal]	das Einkaufszentrum	Dans **le centre commercial** il y a plein de magasins.
commercial/commerciale *m./f.* / **commerciaux** *m. pl.* / **commerciales** *f. pl.* [kɔmɛʀsjal/kɔmɛʀsjo/kɔmɛʀsjal] *adj.*	kaufmännisch, Verkaufs-, Handels-, kommerziell	Ce film a été un succès **commercial**. → le commerce

Unité 1 | Volet 1

le Fort Saint-Jean [ləfɔʀsɛ̃ʒɑ̃]	*alte Festung in Marseille*	
le Panier [ləpanje]	*ältestes Stadtviertel von Marseille* ▶ Photo	
le Parc des Princes [ləpaʀkdepʀɛ̃s]	*Fußballstadion in Paris*	
le PSG (le Paris-Saint-Germain) [ləpeɛsʒe]	*Pariser Fußballverein*	
le Prado [ləpʀado]	*Gegend und Strand in Marseille*	
Louis XIV [lwikatɔʀz]	*Ludwig XIV. (1638–1715)* ▶ Civilisation, p.198	
le Roi Soleil [ləʀwasɔlɛj]	*„Sonnenkönig" Ludwig XIV.* ▶ Civilisation, p.198	
l'Alcazar [lalkazaʀ] *m.*	*heute größte Bibliothek in Marseille*	
la Friche de la Belle de mai [lafʀiʃdəlabɛldəmɛ]	*Kulturzentrum in Marseille*	
le cours Belsunce [ləkuʀbɛlzɑ̃s]	*Straße in Belsunce, einem Viertel von Marseille*	

le plan [ləplɑ̃]	der (Stadt-)Plan, das Vorhaben	Tu as **des plans** pour aujourd'hui ?
le bon plan [ləbɔ̃plɑ̃]	der Geheimtipp	J'ai eu **des bons plans** d'une amie.
dater (de qc) [date]	datieren, *hier:* aus/von etw. stammen	Cette maison **date** du Moyen-Âge.
l'Antiquité [lɑ̃tikite] *f.*	die Antike	J'ai lu un livre sur **l'Antiquité**.
le miroir [ləmiʀwaʀ]	der Spiegel	 mirror
au-dessus de qn/qc [odsy]	über jdm/etw.	M. Joly habite **au-dessus** de chez nous.
le symbole [ləsɛ̃bɔl]	das Symbol, das Zeichen	La tour Eiffel est **le symbole** de Paris.
offrir qc [ɔfʀiʀ]	etw. bieten *wird wie* ouvrir *konjugiert* ▶ Verbes, p.178	La tour Montparnasse **offre** une belle vue sur Paris.
touristique [tuʀistik] *m./f. adj.*	touristisch	Paris est une ville très **touristique**.
l'intérieur [lɛ̃teʀjœʀ] *m.*	das Innere	**L'intérieur** de l'immeuble est très beau.
plus … que [ply…kə]	mehr … als	Le livre est **plus** cher **que** le film.

Die Steigerung von Adjektiven

Marthe est **plus** grande **que** Tom.   Eddie est **aussi** petit **que** Tom.   Eddie est **moins** grand **que** Marthe.

meilleur/meilleure [mɛjœʀ]	besser	Rudy est **meilleur** en SVT que Léo.
le meilleur / la meilleure [ləmɛjœʀ/lamɛjœʀ] *adj.*	der/die/das beste *Superlativ von* bon/bonne	Anna est **la meilleure** élève de la classe en maths.
traditionnel/traditionnelle [tʀadisjɔnɛl] *adj.*	traditionell	→ la tradition
en plein air [ɑ̃plɛnɛʀ]	im Freien	En été, il y a des festivals **en plein air**.
la vieille ville [lavjɛjvil]	die Altstadt	**La vieille ville** de Lille est belle.

UNITÉ 1

la terrasse [lateʀas]	die Terrasse	On se retrouve à **la terrasse** du café ?
l'escalier [lɛskalje] *m.*	die Treppe	Élodie descend **l'escalier**.
l'ambiance [lãbjãs] *f.*	die Stimmung, die Atmosphäre	On chante, **l'ambiance** est sympa.
marseillais/marseillaise [maʀsɛjɛ/maʀsɛjɛz] *adj.*	Marseiller + *Nomen*, aus Marseille	J'adore les spécialités **marseillaises** !
le Marseillais / la Marseillaise [ləmaʀsɛjɛ/lamaʀsɛjɛz]	der/die Marseiller/in	**Les Marseillais** vivent au bord de la mer.
faire une randonnée [fɛʀynʀãdɔne]	wandern	Il fait beau, **faisons une randonnée** !
la randonnée [laʀãdɔne]	die Wanderung	Tu aimes **les randonnées** ?
magnifique [maɲifik] *m./f. adj.*	wunderschön	Zoé fait des photos **magnifiques**.
l'avis [lavi] *m.*	die Meinung	**Ton avis** nous intéresse !
pour cent [puʀsã]	Prozent	Tu es sûr à 100 **pour cent** ?
gratuit/gratuite [gʀatɥi/gʀatɥit] *adj.*	gratis, kostenlos, umsonst	↔ payant/payante
le centre culturel [ləsãtʀkyltyʀɛl]	das Kulturzentrum	Le Centquatre est **un centre culturel**.
culturel/culturelle [kyltyʀɛl] *adj.*	kulturell	J'adore les week-ends **culturels**.
branché/branchée [bʀãʃe] *adj. fam.*	angesagt	Il y a un bar **branché** près d'ici.
prendre un verre [pʀãdʀɛ̃vɛʀ] *fam.*	etw. trinken gehen	**Prenons un verre** ensemble !
l'Orient [lɔʀjã] *m.*	der Orient	Tu connais les pays de **l'Orient** ?
en face de qn/qc [ãfasdə]	gegenüber von jdm/etw.	Le musée est **en face de** la cathédrale.
ancien/ancienne [ãsjɛ̃/ãsjɛn] *adj.*	ehemalig, alt	Mia habite dans une **ancienne** école.
le cliché [ləkliʃe]	das Klischee	Ce film est plein de **clichés**.
stressé/stressée [stʀese] *adj.*	gestresst	Les gens **stressés** ne dorment pas bien.
perdre (qc/qn) [pɛʀdʀ]	(etw./jdn) verlieren *wird wie* attendre *konjugiert* ▶ Verbes, p. 178	↔ gagner, trouver qn/qc perdere

Unité 1 | Volet 2

Noailles [nwaj] *Viertel in Marseille*
le marché des Capucins [ləmaʀʃedekapysɛ̃] *Markt in Marseille*
l'Estaque [lɛstak] *ehemaliges Fischerdorf und Viertel in Marseille*
la bouillabaisse [labujabɛs] die Bouillabaisse *Fischeintopf*
le Clos de la Rose [ləklolaʀoz] *Stadtteil in Marseille*
les Goudes [legud] *Viertel in Marseille* ▶ Photo

vivre (qc) [vivʀ]	leben, etw. erleben ▶ Verbes, p. 178	→ la vie
⁽ᵉ⁾**se sentir** [səsãtiʀ]	sich fühlen ▶ Verbes, p. 178	Je **me sens** très bien en France.
en général [ãʒeneʀal]	normalerweise, im Allgemeinen	🇬🇧 generally, in general
⁽ᵉ⁾**se dépêcher** [sədepeʃe]	sich beeilen ▶ Verbes, p. 178	↔ prendre son temps

UNITÉ 1

tout le / toute la / tous les / toutes les [tulə/tutla/tule/tutle] *adj.*	ganzer/ganze/ganzes, alle	Il a fait une photo de **toute l'**équipe.
(ê)**s'énerver** [senɛʀve]	sich aufregen	Gilles **s'énerve** encore.
(ê)**se promener** [səpʀɔmne]	spazieren gehen	Ils **se promènent** dans le parc.
l'accent [laksɑ̃] *m.*	der Akzent	Ma corres a **l'accent** français.
le produit [ləpʀɔdɥi]	das Produkt	Le marché est plein de **produits**.
(ê)**se baigner** [səbeɲe]	baden	On va à la plage pour **se baigner**.
parfois [paʀfwa] *adv.*	manchmal	↔ souvent
(ê)**devenir** [dəvəniʀ]	werden *wird wie* venir *konjugiert* ▶ Verbes, p. 178	Je veux **devenir** célèbre.
le pêcheur / la pêcheuse [ləpɛʃœʀ/lapɛʃøz]	der/die Fischer/in	Ici, il y a beaucoup de **pêcheurs**.
(ê)**se lever** [sələve]	aufstehen	Je **me lève** tôt, le lundi.
(ê)**s'installer** [sɛ̃stale]	sich niederlassen	Mon frère **s'installe** à Paris.
(ê)**se coucher** [səkuʃe]	sich hinlegen, schlafen gehen	↔ se lever
(ê)**s'inquiéter** [sɛ̃kjete]	sich Sorgen machen	Mon père **s'inquiète** toujours.
dangereux/dangereuse [dɑ̃ʒʀø/dɑ̃ʒʀøz] *adj.*	gefährlich	🇬🇧 dangerous
terminer (par) qc [tɛʀmine]	(mit) etw. enden, etw. beenden	↔ commencer par qc
l'assiette [lasjɛt] *f.*	der Teller	Papa, je mets **quelles assiettes**?
prendre une / sa douche [pʀɑ̃dʀyn/saduʃ]	duschen	🇬🇧 take a shower
(ê)**se reposer** [səʀəpoze]	sich ausruhen	Pour **me reposer**, je lis.
fatigué/fatiguée [fatige] *adj.*	müde	↔ en forme
la cité [lasite]	die Wohnsiedlung	**La cité** où j'habite date de 1990.
(ê)**s'ennuyer** [sɑ̃nɥije]	sich langweilen	❗ je m'ennu**i**e → ennuyeux/-euse
la bêtise [labetiz]	die Dummheit, der Unsinn	Ne faites pas de **bêtises**!
la chance [laʃɑ̃s]	das Glück, die Chance	🇬🇧 chance
avoir de la chance [avwaʀdəlaʃɑ̃s]	Glück haben	Ouf! J'ai eu de la **chance**!
le boxeur / la boxeuse [ləbɔksœʀ/labɔksøz]	der/die Boxer/in	Elle est la meilleure **boxeuse**.
l'éducateur / l'éducatrice [ledykatœʀ/ledykatʀis] *m./f.*	der Sozialpädagoge / die Sozialpädagogin, der/die Erzieher/in	🇬🇧 educator
(ê)**s'occuper de qn/qc** [sɔkype]	sich um jdn/etw. kümmern	Morane, tu **t'occupes** du chat?
le projet [ləpʀɔʒɛ]	das Projekt, das Vorhaben	🇬🇧 project
contre [kɔ̃tʀ]	gegen	La France joue **contre** l'Allemagne.
parler de qc/qn [paʀledə]	über etw./jdn sprechen	Les jeunes **parlent de** leurs hobbys.

UNITÉ 1

mettre qc en ligne [mɛtʀɑ̃liɲ]	etw. online stellen	J'ai mis les photos en ligne.
(ê)se développer [sədevlɔpe]	sich entwickeln	🇬🇧 to develop
de plus en plus [dəplyzɑ̃plys]	immer mehr, mehr und mehr	Il y a de plus en plus de touristes ici.
le serveur / la serveuse [ləsɛʀvœʀ/lasɛʀvøz]	der/die Kellner/in	Germain travaille comme serveur.
seulement [sœlmɑ̃] adv.	erst	On est seulement lundi …
espérer qc [ɛspeʀe]	etw. hoffen	❗ j'espère 🏛 sperare

Unité 1 | Volet 3

Kad Merad [kadmɛʀad] *französischer Filmschauspieler, Regisseur und Drehbuchautor* ▶ Photo
Patrick Bosso [patʀikboso] *aus Marseille stammender französischer Schauspieler*

le réalisateur / la réalisatrice [ləʀealizatœʀ/laʀealizatʀis]	der/die Regisseur/in	C'est un film du réalisateur François Ozon.
la diversité [ladivɛʀsite]	die Vielfalt	🇬🇧 diversity
le/la riche [ləʀiʃ/laʀiʃ]	der/die Reiche	Les riches vivent bien.
riche [ʀiʃ] m./f. adj.	reich	↔ pauvre 🇬🇧 rich
le/la pauvre [ləpovʀ/lapovʀ]	der/die Arme	↔ le/la riche
pauvre [povʀ] m./f. adj.	arm	🏛 pauper
le couple [ləkupl]	das Paar	🇬🇧 couple
homosexuel/homosexuelle [ɔmɔsɛksɥɛl] adj.	homosexuell	Marie et Valérie sont homosexuelles.
hétérosexuel/hétérosexuelle [eteʀɔsɛksɥɛl] adj.	heterosexuell	Alexia est hétérosexuelle.
honnête [ɔnɛt] m./f. adj.	ehrlich, aufrichtig	🏛 honestus
le gangster [ləgɑ̃gstɛʀ]	der Gangster	Tu as peur des gangsters?
ce qui me plaît [səkiməplɛ]	was mir gefällt	Ce qui me plaît, c'est la culture.
la mixité [lamiksite]	die Mischung	Ici, il y a une grande mixité de gens.
(ê)arriver à [aʀive a] + inf.	etw. zu tun erreichen, etw. zu tun schaffen	= réussir qc
le policier / la policière [ləpɔlisje/lapɔlisjɛʀ]	der/die Polizist/in	Les policiers font un travail parfois dangereux.
au début (de qc) [odeby]	am Anfang (von etw.), zunächst, zu Beginn	↔ à la fin (de qc)
le début [ledeby]	der Anfang, der Beginn	Le début du livre est super cool.
raciste [ʀasist] m./f. adj.	rassistisch	Tu connais des gens racistes?
changer [ʃɑ̃ʒe]	(sich) (ver)ändern, *auch:* Geld wechseln	→ échanger qc 🇬🇧 to change

deux-cent-treize 213

UNITÉ 1

^(ê)**tomber amoureux/amoureuse** [tɔ̃beamuʁø/amuʁøz]	sich verlieben	🇬🇧 to fall in love
amoureux/amoureuse [amuʁø/amuʁøz] *adj.*	verliebt	Mon frère est **amoureux** de Zoé.
être originaire de [εtrɔriʒinεrdə]	ursprünglich aus … kommen/ stammen	Nantenin Keïta **est originaire du** Mali, mais elle habite en France.
l'Algérie [alʒeri] *f.*	Algerien	**L'Algérie** est un pays africain.
^(ê)**s'identifier à qn/qc** [sidɑ̃tifje]	sich identifizieren mit jdm/etw.	On **s'identifie** aux personnages.
le personnage [ləpεrsɔnaʒ]	die Figur	Astérix est **un personnage** de bédé.
suivre qn/qc [sɥivʁ]	jdm/etw. folgen, etw. befolgen, *hier:* jdn/etw. verfolgen ▶ Verbes, p. 178	Le policier **a suivi** le gangster.
l'épisode [lepizɔd] *m.*	die Episode, die Folge	❗ un **épisode** – eine Episode
la saison [lasεzɔ̃]	die Jahreszeit, *hier:* die Staffel	J'aime toutes **les saisons** !
la comédie [lakɔmedi]	die Komödie	Un film drôle, c'est **une comédie**.
l'affiche [lafiʃ] *f.*	das Plakat	J'adore **les affiches** de cinéma.
rire [ʁiʁ]	lachen ▶ Verbes, p. 178	Avec mes amis, on **rit** beaucoup.
un jour [ɛ̃ʒuʁ]	eines Tages	**Un jour**, je vais visiter le Canada.
mal [mal] *adv.*	schlecht	Le film n'est pas **mal**.
comparer qc/qn (à qc/qn) [kɔ̃paʁe]	etw./jdn (mit etw./jdm) vergleichen	comparare 🇬🇧 to compare
québécois/québécoise [kebekwa/kebekwaz] *adj.*	aus Quebec	J'adore l'accent **québécois**.
surtout [syʁtu] *adv.*	vor allem	Léa adore la musique, **surtout** le rap.
le scénario [ləsenaʁjo]	das Drehbuch	J'aime bien **le scénario** du film.
pleurer [pløʁe]	weinen	↔ rire, rigoler
réaliste [ʁealist] *m./f. adj.*	realistisch	Ce film n'est pas **réaliste**.
touchant/touchante [tuʃɑ̃/tuʃɑ̃t] *adj.*	rührend, ergreifend	🇬🇧 touching
parler à qn [paʁlea]	mit jdm sprechen	Le surveillant **parle au** prof.
le drame [lədʁam]	das Drama	↔ la comédie
sauter [sote]	springen	Les enfants aiment **sauter**.
à la fois [alafwa] *adv.*	gleichzeitig, auf einmal	Le livre est **à la fois** drôle et touchant.
romantique [ʁɔmɑ̃tik] *m./f. adj.*	romantisch	Je déteste les films **romantiques**.
le suspense [ləsyspεns]	die Spannung	🇬🇧 suspense
prendre des risques [pʁɑ̃dʁdeʁisk]	Risiken eingehen	Tu **as pris des risques** pour moi ?
^(ê)**se passer** [səpɑse]	spielen, geschehen, passieren, sich ereignen *Ort*	Le film **se passe** à Paris.
triste [tʁist] *m./f. adj.*	traurig	↔ heureux/heureuse

Coin lecture 1

Der Wortschatz der **Coin lecture** ist fakultativ.

la particularité [lapaʀtikylaʀite]	die Besonderheit	Quelle est **la particularité** de ce livre?
le tube [lətyb]	der Hit	C'est **le tube** de l'été!
cartonner [kaʀtɔne] *fam.*	einen Riesenerfolg haben	La chanson **a cartonné** en 2018.
la pollution [lapɔlysjɔ̃]	die Umweltverschmutzung	**La pollution** est un énorme problème.
l'enfance [lɑ̃fɑ̃s] *f.*	die Kindheit	→ l'enfant
la banlieue [labɑ̃ljø]	der Vorort, die Vorstadt	Laura habite en **banlieue**, à Antony.
provoquer qn [pʀɔvɔke]	jdn provozieren	Tu m'**as provoqué**!
violent/violente [vjɔlɑ̃/vjɔlɑ̃t] *adj.*	gewalttätig, brutal	🇬🇧 violent
le/la victime [lə/lavikitm]	das Opfer	🇬🇧 victim
le clip vidéo [ləklipvideo]	der Videoclip	Je te montre **un clip vidéo** génial!

Module 1

> **Provence-Alpes-Côte d'Azur (PACA)** [pʀɔvɑ̃salpkotdazyʀ(paka)]
> *Region in Südfrankreich*
> **Arles** [aʀl] *Stadt in der Region PACA*
> **le Palais des papes** [ləpalɛdepap] *Papstpalast in Avignon*
> **Avignon** [aviɲɔ̃] *Stadt in der Region PACA* ▶ Photo
> **Saint-Tropez** [sɛ̃tʀope] *kleiner Hafenort in der Region PACA*
> **le sentier du littoral** [ləsɑ̃tjedylitɔʀal] *Küstenwanderweg*
> **Ramatuelle** [ʀamatyɛl] *Nachbarort von Saint-Tropez*
> **le Rocher des Portes** [ləʀɔʃedepɔʀt] *Felseninsel bei Ramatuelle*

^(ê)**se trouver** [sətʀuve]	sich befinden	Le Québec **se trouve** au Canada.
l'époque [lepɔk] *f.*	die Zeit, die Epoche	À **cette époque**, les gens étaient pauvres.
les Romains [leʀɔmɛ̃] *m. pl.*	die Römer	Aujourd'hui, nous avons écrit une interro sur **les Romains**.
les arènes [lezaʀɛn] *f. pl.*	die Arena	Ma famille visite **les arènes**.
le combat [ləkɔ̃ba]	der Kampf	**Le combat** était difficile et long!
le gladiateur [ləgladjatœʀ]	der Gladiator	gladiator 🇬🇧 gladiator
la corrida [lakɔʀida]	der Stierkampf	Mon père n'aime pas **les corridas**.
le Moyen-Âge [ləmwajɛnɑʒ]	das Mittelalter	**Le Moyen-Âge** est l'époque entre le 5e et le 15e siècle.
servir de qc [sɛʀviʀdə]	als etw. dienen *wird wie dormir konjugiert* ▶ Verbes, p. 178	La place **sert de** scène principale.
servir à [sɛʀviʀa] + *inf.*	von Nutzen sein, zu etw. dienen	Une clé **sert à** fermer une porte.
la forteresse [lafɔʀtəʀɛs]	die Festung	→ fort/forte 🇬🇧 fortress

deux-cent-quinze **215**

MODULE 1

le pape [ləpap]	der Papst	↔ papa
principal/principale/principaux *m. pl.* [pʀɛ̃sipal/pʀɛ̃sipo] *adj.*	Haupt-	Amélie est le personnage **principal** du film.
le siècle [ləsjɛkl]	das Jahrhundert	saeculum
le champ [ləʃɑ̃]	das Feld	campus
immense [imɑ̃s] *m./f. adj.*	riesig	Ce lac est **immense**!
autrefois [otʀəfwa]	früher	= avant
le temps libre [lətɑ̃libʀ]	die Freizeit	free/spare time
le sentier [ləsɑ̃tje]	der Weg, der Fußweg	Eddy connaît tous **les sentiers**, ici.
le coin [ləkwɛ̃]	die Ecke	J'ai cherché dans tous **les coins**!
le coin secret [ləkwɛ̃səkʀɛ]	der Geheimort	Je cache mes trésors dans **un coin secret**.
déranger qn/qc [deʀɑ̃ʒe]	jdn/etw. stören	S'il te plaît, ne **dérange** pas ton frère.
(ê)s'embrasser [sɑ̃bʀase]	sich küssen	Nous **nous sommes embrassés**.
la jeunesse [laʒœnɛs]	die Jugend, junge Leute	→ jeune, l'auberge de jeunesse
C'était très différent.	Das/Es war ganz anders.	– C'était mieux, autrefois? – Non, **c'était très différent**.
différent/différente [difeʀɑ̃/difeʀɑ̃t] *adj.*	verschieden, unterschiedlich	different
les boules [lebul] *f. pl.*	Boule, das Boulespiel	En France, on aime jouer aux **boules**.
le/la milliardaire [lə/lamiljaʀdɛʀ] *m./f.*	der/die Milliardär/in	François Pinault est **un milliardaire** français.
l'artisan / l'artisane [laʀtizɑ̃/laʀtizan] *m./f.*	der/die Kunsthandwerker/in, der/die Handwerker/in	J'adore les produits d'**artisans**.
la boutique [labutik]	der Laden	= le magasin
presque [pʀɛsk] *adv.*	fast	J'ai **presque** quinze ans.
la lumière [lalymjɛʀ]	das Licht	J'adore **la lumière**, le matin.
ailleurs [ajœʀ]	woanders	Tu voudrais vivre **ailleurs**?

Unité 2

le Rhin [ləʀɛ̃] der Rhein *Fluss zwischen Deutschland und Frankreich*
Versailles [vɛʀsaj] *französische Stadt mit Schloss Versailles*
▶ Civilisation, p. 198
Konrad Adenauer *deutscher Politiker und erster Bundeskanzler (1876–1967)*
Charles de Gaulle [ʃaʀldəgol] *französischer Politiker und Staatspräsident (1890–1970)*
la Passerelle Mimram [lapasʀɛlmimʀam] die Mimram-Brücke *Fußgänger- und Radfahrerbrücke über den Rhein*
Strasbourg [stʀazbuʀ] Straßburg *Stadt im Elsass* ▶ Civilisation, p. 198 ▶ Photo
Kehl [kɛl] *Stadt in Baden-Württemberg bei Straßburg*

le côté [ləkote]	die Seite	Mon école est de l'autre **côté** de la rue.
la publicité [lapyblisite]	die Werbung, die Anzeige, der Werbespot	**Cette publicité** m'énerve!
la ville jumelée [lavilʒymǝle]	die Partnerstadt	Lyon et Leipzig sont **des villes jumelées**.
participer à qc [paʀtisipea]	an etw. teilnehmen, sich an etw. beteiligen, an etw. mitwirken	Elle **participe à** un concours de musique.
l'échange [leʃɑ̃ʒ] *m.*	der Austausch, der Tausch	→ échanger qc 🇬🇧 exchange

Unité 2 | Volet 1

Voltaire [vɔltɛʀ] *französischer Philosoph (1694–1778)*
▶ Civilisation, p. 198
Brigitte Sauzay [bʀiʒitsozɛ] *französische Dolmetscherin (1947–2003)*
▶ Civilisation, p. 198 ▶ Photo

la compagnie [lakɔ̃paɲi]	die Gesellschaft	Je suis en **compagnie** de mes amis!
confondre qn/qc [kɔ̃fɔ̃dʀ]	jdn/etw. verwechseln *wird wie* attendre *konjugiert* ▶ Verbes, p. 178	confundere
le malentendu [ləmalɑ̃tɑ̃dy]	das Missverständnis	Ce matin, j'ai eu **un malentendu** avec ma mère.
cela, *fam.* **ça** [səla]	das	Qu'est-ce que **cela** veut dire?
pleuvoir [pløvwaʀ]	regnen ▶ Verbes, p. 178	Il a **plu** tout le week-end.
avoir envie de qc / +*inf.* [avwaʀɑ̃vidə]	Lust auf etw. haben, Lust haben etw. zu tun	Marc **a envie** d'un dessert.
frapper qn/à qc [fʀape]	jdn schlagen, an etw. klopfen	On **frappe** à la porte. Tu ouvres?
au lieu de [oljødə]	statt, anstelle von	Il fait froid. Prends un anorak **au lieu d'**un pull.
du coup [dyku]	daraufhin, deshalb	Il fait beau, **du coup** on va au parc.

UNITÉ 2

comme [kɔm]	da *kausal*	**Comme** il est sportif, Évan veut devenir prof d'EPS.
gros/grosse [gʀo/gʀos] *adj.*	dick, groß *vorangestelltes Adjektiv*	Il prend un **gros** morceau du gâteau.
la différence [ladifeʀɑ̃s]	der Unterschied	🇬🇧 difference
étonné/étonnée [etɔne] *adj.*	erstaunt	Alex est **étonné**. Il a eu 18/20 en SVT.
⁽ᵉ⁾aller chercher qn/qc [aleʃɛʀʃe]	jdn/etw. abholen, jdn/etw. holen	Papa **va chercher** mamie à la gare.
le coffre [ləkɔfʀ]	der Kofferraum	Votre voiture a un grand **coffre**!
ben [bɛ̃] *fam.*	naja, äh *Füllwort am Satzanfang*	
la valise [lavaliz]	der Koffer	Tu pars avec deux **valises** à Lyon?
non plus [nɔ̃ply]	auch nicht	↔ aussi
le faux ami [ləfozami]	wörtl.: falscher Freund *Fehlerquelle beim Sprachenlernen*	🇬🇧 false friend
je crois que [ʒəkʀwakə]	ich glaube, dass	**Je crois que** j'ai oublié mes clés.
Berlin [bɛʀlɛ̃]	Berlin	Beaucoup de gens adorent **Berlin**.
sauf [sof]	außer	J'aime toutes les couleurs, **sauf** le marron.
rapide [ʀapid] *m./f. adj.*	schnell	Zoé fait un tour **rapide** au marché.
dur/dure [dyʀ] *adj.*	hart, schwer	🏛 durus
normal/normale/normaux *m. pl.* [nɔʀmal/nɔʀmo] *adj.*	normal	Je n'ai pas faim. Ce n'est pas **normal**.
rejoindre qn [ʀəʒwɛ̃dʀ]	jdn treffen, jdn einholen ▶ Verbes, p. 178	N'attendez pas, je vous **rejoins**, d'accord?
avoir le droit de [avwaʀlədʀwa] *+ inf.*	das Recht haben, etw. zu tun, etw. dürfen	Tu n'**as** pas **le droit** de faire ça!
la pelouse [lapəluz]	der Rasen	Il y a une belle **pelouse** dans le jardin.
important/importante [ɛ̃pɔʀtɑ̃/ɛ̃pɔʀtɑ̃t] *adj.*	wichtig	🇬🇧 important
la façon [lafasɔ̃]	die Art, die Weise	J'aime sa **façon** d'écrire.
agréable [agʀeabl] *m./f. adj.*	angenehm	Les vacances étaient très **agréables**!
quand je pense que ... [kɑ̃ʒəpɑ̃skə]	wenn ich daran denke, dass ...	**Quand je pense que** j'ai tout fait pour rien!
ne pas seulement ..., mais aussi [nəpasœlmɑ̃mɛosi]	nicht nur ..., sondern auch	Il n'est **pas seulement** sportif, **mais aussi** intelligent.
l'hôpital / ❗ **les hôpitaux** [lɔpital/lezopito] *m.*	das Krankenhaus	🇬🇧 hospital
chaud/chaude [ʃo/ʃod] *adj.*	warm, heiß	↔ froid/froide 🏛 calidus
glisser [glise]	(aus-)rutschen, gleiten	Attention! Il ne faut pas **glisser**!
⁽ᵉ⁾tomber [tɔ̃be]	fallen, hinfallen	Mon stylo **est tombé** de la table.

UNITÉ 2

tout de suite [tutsɥit] *adv.*	sofort	Nicolas, viens ici **tout de suite**!
avoir mal (à qc) [avwaʀmal]	Schmerzen haben (an etw.)	Je suis malade, j'**ai mal** partout.
la jambe [laʒɑ̃b]	das Bein	Avec ses longues **jambes**, Max saute très haut.
malheureux/malheureuse [malœʀø/malœʀøz] *adj.*	unglücklich	↔ heureux/heureuse = triste
(ê)**se plaindre de qc** [səplɛ̃dʀ]	sich über etw. beklagen *wird wie rejoindre konjugiert* ▶ Verbes, p. 178	Les élèves **se plai**g**nent** d'avoir trop de devoirs.
la famille d'accueil [lafamijdakœj]	die Gastfamilie	En France, **ma famille d'accueil** s'est bien occupée de moi.
gentil/gentille [ʒɑ̃ti/ʒɑ̃tij] *adj.*	nett, freundlich, lieb	= sympa 🇬🇧 gentle
le buffet [ləbyfɛ]	das Buffet	**Un buffet** pour une fête, c'est pratique.
le fromage [ləfʀɔmaʒ]	der Käse	Tu as déjà goûté **ce fromage**?
puisque [pɥiskə]	da	**Puisqu'**il est malade, Luc est resté chez lui.
à base de [abazdə]	auf Basis von	C'est un dessert **à base de** crème.
la sorte [lasɔʀt]	die Art	Une galette est **une sorte** de crêpe salée.
une sorte de [ynsɔʀtdə]	eine Art (von)	🇬🇧 some sort of
le fromage blanc [ləfʀɔmaʒblɑ̃]	der Quark	Tu as goûté **le fromage blanc**?
la surprise [lasyʀpʀiz]	die Überraschung	🇬🇧 surprise
la bouchée [labuʃe]	der Bissen	J'ai pris juste **une bouchée** du gâteau!
beurk [bɛʀk] *fam.*	bäh	**Beurk!** Ce n'est pas bon!

Unité 2 | Volet 2

Compiègne [kɔ̃pjɛɲə] *französische Kleinstadt nördlich von Paris*

content/contente [kɔ̃tɑ̃/kɔ̃tɑ̃t] *adj.*	zufrieden, glücklich	Clara a eu un mail de sa copine Véronique. Elle est **contente**.
couramment [kuʀamɑ̃] *adv.*	fließend	Alicia parle **couramment** anglais.
(ê)**venir voir qn** [vəniʀvwaʀ]	jdn besuchen	Ce week-end mon grand-père va **venir** nous **voir**.
donner envie de [dɔneɑ̃vidə] + *inf.*	Lust machen, etw. zu tun	Cette chanson **donne envie de** danser.
pareil/pareille [paʀɛj] *adj.*	gleich	↔ différent/différente  parilis

faire pareil (que) [fɛʁpaʁɛj]	etw. genauso machen (wie)	Je veux **faire pareil** que mes amis.
la lecture [lalɛktyʁ]	die Lektüre, das Lesen	Désiré adore **la lecture**.
gentiment [ʒɑ̃timɑ̃] adv.	freundlich, netterweise	→ gentil/gentille
laisser qn/qc à qn [lese]	jdn/etw. lassen, hier: jdm/etw. überlassen	Nathan a **laissé** sa chambre à son petit frère.
la durée [ladyʁe]	die Dauer	L'année a **une durée** de 365 jours.
partager qc [paʁtaʒe]	etw. teilen, etw. aufteilen	Il **partage** sa chambre avec son frère?
proposer qc (à qn) / (à qn) de [pʁɔpoze] + inf.	(jdm) etw. (zu tun) vorschlagen, (jdm) etw. anbieten	🪙 proponere 🇬🇧 to propose
classique [klasik] m./f. adj.	klassisch	C'est une robe noire et très **classique**.
l'église [legliz] f.	die Kirche	Il y a **une église** au centre-ville.
normalement [nɔʁmalmɑ̃] adv.	normalerweise	**Normalement**, je rentre vers 18h 00.
le système [ləsistɛm]	das System	Tu as **un système** pour t'organiser?
le frein [ləfʁɛ̃]	die Bremse	**Ton frein** est cassé, c'est dangereux!
exister [ɛgziste]	existieren	Le palais des papes à Avignon **existe** depuis longtemps.
faire les courses [fɛʁlekuʁs]	einkaufen	Noah **fait les courses** avec sa mère.
le guide [ləgid]	der/die Reiseführer/in ❗ im Französischen immer maskulin	**Le guide** montre la ville aux touristes.
la boue [labu]	der Schlamm	Je n'aime pas **la boue**.
dégoûtant/dégoûtante [degutɑ̃/degutɑ̃t] adj.	widerlich, ekelhaft, abscheulich	→ goûter qc 🇬🇧 disgusting
finalement [finalmɑ̃] adv.	schließlich, letztlich	Au début, je voulais rester chez moi, mais **finalement** je suis sorti.
drôlement [dʁolmɑ̃] adv.	ziemlich, ganz schön	Ce matin, il fait **drôlement** froid!
(e)s'amuser [samyze]	sich amüsieren, Spaß haben	Léa et Lili **s'amusent** bien.
corriger qc [kɔʁiʒe]	etw. korrigieren, etw. berichtigen	❗ nous corrig**e**ons 🪙 corrigere 🇬🇧 to correct
heureusement [øʁøzmɑ̃] adv.	glücklicherweise	→ heureux/heureuse
typique [tipik] m./f. adj.	typisch	La baguette est le pain **typique** de France.
le chou frisé [ləʃufʁize]	der Grünkohl	Dans le nord de l'Allemagne on adore **le chou frisé**.
la viande [lavjɑ̃d]	das Fleisch	Flore ne mange pas de **viande**.
(ne ...) pas du tout [padytu]	gar nicht	↔ surtout
délicieux/délicieuse [delisjø/delisjøz] adj.	köstlich	🪙 delicatus 🇬🇧 delicious

le brevet [ləbʁəvɛ]	das Abschlusszeugnis *Hier ist das französische Abschlusszeugnis am Collège gemeint, welches der mittleren Reife entspricht.*	Valérie a eu un bon **brevet**.
la troisième [latʁwazjɛm]	die neunte Klasse *wörtl. „die Dritte"*	Le collège finit après **la troisième**.
perdu/perdue [pɛʁdy] *adj.*	verloren, durcheinander	→ perdre
rapidement [ʁapidmɑ̃] *adv.*	schnell	→ rapide = vite
reconnaître qn/qc [ʁəkɔnɛtʁ]	jdn/etw. wiedererkennen, etw. zugeben *wird wie connaître konjugiert* ▶ Verbes, p. 178	Elle n'**a** pas **reconnu** sa tante tout de suite.
différemment [difeʁamɑ̃] *adv.*	anders, unterschiedlich	→ différent/différente
la manière [lamanjɛʁ]	die Art	= la façon
de manière [dəmanjɛʁ] + *adj.*	auf … Art und Weise	Mon père a réagi **de manière** calme.
autonome [otonɔm] *m./f. adj.*	selbstständig	Maurice est assez **autonome**.
d'ailleurs [dajœʁ]	übrigens	Je n'ai pas fait les courses. Papa non plus **d'ailleurs**.
énormément [enɔʁmemɑ̃] *adv.*	sehr viel, gewaltig	→ énorme
sérieusement [seʁjøzmɑ̃] *adv.*	ernsthaft	→ sérieux/sérieuse
le/la même [lə/lamɛm] *m./f. adj.*	der-/die-/dasselbe, der/die/das gleiche	On a lu **le même** roman.
que [kə]	wie, als *vergleichend*	Marie porte le même jean **que** moi.
(ê)**se débrouiller** [sədebʁuje]	zurechtkommen	Cécilia **se débrouille** seule.
(ê)**s'entendre (bien)** [sɑ̃tɑ̃dʁbjɛ̃]	sich (gut) verstehen *wird wie attendre konjugiert* ▶ Verbes, p. 178	Léo ne **s'entend** pas **bien** avec Lola.
malheureusement [maløʁøzmɑ̃] *adv.*	leider, unglücklicherweise	→ malheureux/malheureuse ↔ heureusement
réagir [ʁeaʒiʁ]	reagieren *wird wie finir konjugiert* ▶ Verbes, p. 178	Comment est-ce que tes parents **ont réagi**?
il faudrait [ilfodʁɛ] + *inf.*	wir müssten/sollten, man müsste/sollte	→ il faut + *inf.*
le lycée [ləlise]	die gymnasiale Oberstufe	Après **le lycée**, on peut aller à l'université.

Unité 2 | Volet 3

Karambolage [kaʁɑ̃bɔlaʒ] *Fernsehsendung auf Arte*
Arte [aʁte] *deutsch-französischer Fernsehsender*
le petit Suisse [ləpətisɥis] *quarkähnliches Milchprodukt* ▶ Photo

le vasistas [ləvazistas]	das (kleine) Klappfenster	Qu'est-ce que c'est, **un vasistas**?

UNITÉ 2

l'émission [lemisjɔ̃] *f.*	die (Fernseh-)Sendung	«PBLV» est **mon émission** préférée!
⁽ᵉ⁾**passer** [pɑse]	*hier:* laufen, kommen *Sendung, Film, Lied*	L'émission **passe** à 20h sur Arte.
quelques [kɛlkə] *adj. pl.*	einige, ein paar	Lisa a passé **quelques** jours à Lyon.
quotidien/quotidienne [kɔtidjɛ̃/kɔtidjɛn] *adj.*	täglich, alltäglich	Le matin, je bois mon café **quotidien**.
le supermarché [ləsypɛʀmaʀʃe]	der Supermarkt	**Le supermarché** est ouvert le samedi.
le pot [ləpo]	der Becher, *auch:* der Topf	Je mange **un pot** de yaourt.
ressembler à qn/qc [ʀəsɑ̃blea]	jdm/etw. ähneln	🇬🇧 to resemble
le yaourt [ləjauʀt]	der Joghurt	J'adore **le yaourt** aux fraises.
crémeux/crémeuse [kʀemø/kʀemøz] *adj.*	cremig	Gilles adore les desserts **crémeux**.
manquer (à qn) [mɑ̃ke]	(jdm) fehlen	Tu me **manques**!
rarement [ʀaʀmɑ̃] *adv.*	selten	↔ souvent
le frigo [ləfʀigo] *fam.*	der Kühlschrank	Il n'y a plus rien dans **le frigo**!
la confiture [lakɔ̃fityʀ]	die Marmelade, die Konfitüre	J'adore **la confiture** de fraises.
⁽ᵉ⁾**se tromper de qc** [sətʀɔ̃pedə]	sich täuschen, sich irren	Pardon, je **me suis trompé** de porte.
retourner qc [ʀəturne]	*hier:* etw. umdrehen, etw. kopfüber stellen	Il faut **retourner** le gâteau tout de suite.
enlever qc [ɑ̃lve]	etw. entfernen, etw. ausziehen	J'**enlève** mon manteau, il fait chaud!
le papier [ləpapje]	das Papier, *auch:* das Dokument	Il n'y a plus de **papier** dans l'imprimante!
la forme [lafɔʀm]	die Form	J'adore **la forme** de ton sac!
en forme de [ɑ̃fɔʀmdə]	in Form von	Tu fais un gâteau **en forme de** chat?
le cylindre [ləsilɛ̃dʀ]	der Zylinder	On dessine **un cylindre** en cours de maths.
inventer qc [ɛ̃vɑ̃te]	etw. erfinden	🇬🇧 to invent
le/la Suisse [lə/lasɥis] *m./f.*	der Schweizer / die Schweizerin	**Les Suisses** parlent plusieurs langues.
l'entreprise [lɑ̃tʀəpʀiz] *f.*	das Unternehmen	🇬🇧 enterprise
mot à mot [motamo]	wortwörtlich	Qu'est-ce que ça veut dire **mot à mot**?
la feuille [lafœj]	das Blatt	folia
le trou [lətʀu]	das Loch	J'ai **un trou** dans mon nouveau pull!
le classeur [ləklasœʀ]	der Ordner	Mia a oublié **son classeur** chez elle.
l'avantage [lavɑ̃taʒ] *m.*	der Vorteil	↔ l'inconvénient 🇬🇧 advantage
l'inconvénient [lɛ̃kɔ̃venjɑ̃] *m.*	der Nachteil	**L'inconvénient** du vélo: c'est moins rapide que la voiture.

prendre de la place [pʀɑ̃dʀdəlaplas]	Platz einnehmen	Mon lit **prend** beaucoup **de place**.
il s'agit de [ilsaʒidə]	es handelt sich um, handeln	Ici, **il s'agit** d'une œuvre d'art du 18ᵉ siècle.
le carton [ləkaʀtɔ̃]	der Karton	Cette chaise est en **carton**.
le plastique [ləplastik]	das Plastik, der Kunststoff	Les écolos luttent contre **le plastique**.
bien porter son nom [bjɛ̃pɔʀtesɔ̃nɔ̃]	seinen Namen verdienen	Tu trouves que le «Schnellhefter» **porte bien son nom**?
au milieu (de qc) [omiljø]	in der Mitte (von etw.), mitten in	C'est qui **au milieu de** la photo?
la moitié [lamwatje]	die Hälfte	Je voudrais **la moitié** de ce morceau!
idéal/idéale [ideal] *adj.*	ideal	L'été est **idéal** pour aller à la mer.
sans [sɑ̃] + *inf.*	ohne etw. zu tun	Je vais commencer **sans** attendre.
fin/fine [fɛ̃/fin] *adj.*	fein, dünn	Ma sœur a les cheveux très **fins**.

Coin lecture 2

Der Wortschatz der **Coin lecture** ist fakultativ.

serrer la main à qn [seʀelamɛ̃a]	jdm die Hand geben	Tu me **serres la main**?
⁽ê⁾**se faire la bise** [səfɛʀlabiz]	sich mit Küsschen begrüßen	En France, on **se fait la bise**.
⁽ê⁾**se marrer** [səmaʀe] *fam.*	sich kaputtlachen	= s'amuser
la grenouille [lagʀənuj]	der Frosch	Regarde, il y a **une grenouille** au bord du lac!
la gorge [lagɔʀʒ]	der Hals	J'ai un chat dans **la gorge**!

Module 2

le grilled cheese [ləgʀildtʃiz] *gegrilltes Sandwich mit geschmolzenem Käse*
Saint-Denis [sɛ̃dəni] *Hauptstadt auf Réunion*
Liège [ljɛʒ] Lüttich *zweitgrößte Stadt Belgiens* ▶ Carte de Belgique ▶ Photo

À table! [atabl]	Essen!, Zu Tisch!	Le dîner est prêt, **à table**!
le soja [ləsɔʒa]	das Soja	Lucas aime bien le yaourt de **soja**.
les céréales [leseʀeal] *f. pl.*	das Getreide, *hier:* das Müsli	🇬🇧 cereals
le thé [ləte]	der Tee *Schwarztee*	L'après-midi, je bois **un thé**.
la charcuterie [laʃaʀkytʀi]	die Wurstwaren *auch:* die Metzgerei	**La charcuterie** de Lyon est une spécialité.
le sirop d'érable [ləsiʀodeʀabl]	der Ahornsirup	Le Canada est célèbre pour **son sirop d'érable**.
l'érable [leʀabl] *m.*	der Ahorn	Mon arbre préféré, c'est **l'érable**.
le croissant [ləkʀwasɑ̃]	das Croissant	Chloé a acheté **des croissants**.

la tartine [latartin]	das Butterbrot, das belegte Brot, die Brotscheibe	J'adore **les tartines** avec de la confiture.
le miel [ləmjɛl]	der Honig	Adeline n'aime pas **le miel**.
Hörtext ▶ **francophone** [frɑ̃kɔfɔn] m./f. adj.	französischsprachig	Tu connais des pays **francophones**?
le reste [ləʀɛst]	der Rest	→ rester
le végétalien / la végétalienne [ləveʒetaljɛ̃/laveʒetaljɛn]	der/die Veganer/in	Il y a **des végétaliens** à table?
fondu/fondue [fɔ̃dy] adj.	geschmolzen	J'adore le fromage **fondu**.
la tranche [latʀɑ̃ʃ]	die Scheibe	Vous voulez votre pain en **tranches**? ◀
⁽ê⁾**mourir de faim** [muʀiʀdəfɛ̃]	verhungern ▶ Verbes, p. 178	Je **meurs de faim**!
⁽ê⁾**mourir** [muʀiʀ]	sterben ▶ Verbes, p. 178	🏛 mori
la faim [lafɛ̃]	der Hunger	→ avoir faim
la chèvre [laʃɛvʀ]	die Ziege	Arrête de rigoler comme **une chèvre**.
le chèvre [ləʃɛvʀ]	der Ziegenkäse	**Ce chèvre** est très bon!
en [ɑ̃]	davon	Ah, tu as des chips! Je peux **en** manger?
Bon appétit! [bɔ̃napeti]	Guten Appetit!	🇬🇧 Enjoy your meal!
le steak [ləstɛk]	das Steak	Tu prépares les meilleurs **steaks**.
le gratin [ləgʀatɛ̃]	das Gratin, der Auflauf	J'adore **les gratins**!
le gratin dauphinois [ləgʀatɛ̃dofinwa]	das Kartoffelgratin *typisch französische Beilage*	Voilà une recette facile du **gratin dauphinois**.
⁽ê⁾**sortir de table** [sɔʀtiʀdətabl]	(vom Tisch) aufstehen	Maman, je peux **sortir de table**?
passer qc à qn [pɑse a]	jdm etw. reichen	Tu peux me **passer** l'eau, s'il te plaît?

Simon **passe** ses vacances à la montagne.
(= verbringen)

On **passe** chez toi à 10 heures.
(= vorbeikommen)

Jean, tu me **passes** l'eau, s'il te plaît?
(= jdm etw. reichen)

L'histoire **se passe** au Moyen-Âge.
(= spielen, geschehen)

Elle **passe** l'aspirateur.
(= staubsaugen)

la glace [laglas]	das Eis	🏛 glacies ❗ faux ami: das Glas = le verre

Unité 3

le billet [ləbijɛ]	*hier:* der Geldschein	J'ai juste **des billets** de 50 euros.
le dollar [lədɔlaʀ]	der Dollar	**Un dollar**, c'est combien d'euros?

canadien/canadienne [kanadjɛ̃/kanadjɛn] adj.	kanadisch	Marion a un copain **canadien**.
la baleine [labalɛn]	der Wal	**Les baleines** vivent dans la mer.
le panneau / ⚠ **les panneaux** [ləpano/lepano]	das Schild	Fais attention au **panneau**!
bilingue [bilɛ̃g] m./f. adj.	zweisprachig, bilingual	Laura est **bilingue**.
le bonbon [ləbɔ̃bɔ̃]	das Bonbon	Il y a trop de sucre dans **les bonbons**.
le mur [ləmyʀ]	die Mauer, die Wand	🏛 murus
peint/peinte [pɛ̃/pɛ̃t] adj.	bemalt	🇬🇧 painted
le drapeau [lədʀapo]	die Fahne, die Flagge	**Quel drapeau** est bleu, blanc, rouge?
l'été indien [leteɛ̃djɛ̃] m.	Altweibersommer *in Kanada besonders bunte und warme Jahreszeit kurz vor dem Winter*	🇬🇧 Indian summer

Unité 3 | Volet 1

Kipawa [kipawa] *kleine Gemeinde in Quebec* ▶ Carte du Québec
Tadoussac [tadusak] *Dorf in Quebec* ▶ Carte du Québec
le Mont-Royal [ləmɔ̃ʀwajal] *Berg in Montreal*
Samian [samjɛ̃] *kanadischer Rapper*
Sheila Watt-Cloutier [ʃilawatklutje] *kanadische Inuit-Aktivistin* ▶ Photo
le prix Nobel alternatif [ləpʀinɔbɛlaltɛʀnatif] *der Alternative Nobelpreis, eigentlich „Right Livelihood Award"*
le fleuve Saint-Laurent [ləflœvsɛ̃lɔʀɑ̃] *der Sankt-Lorenz-Strom 200 km langer Fluss in Nordamerika*
la Nouvelle-France [lanuvɛlfʀɑ̃s] *historische Bezeichnung der französischen Kolonien in Nordamerika*
Jacques Cartier [ʒakkaʀtje] *französischer Seefahrer und Entdecker von Kanada* ▶ Civilisation, p.198
Hochelaga [ɔʃlaga] *aus dem kanadischen Dorf Hochelaga entstand Montreal*

🇶🇨	🇫🇷	
avoir du fun [avwaʀdyfœn]	s'amuser	sich amüsieren, Spaß haben
magasiner [magazine]	faire du shopping	einkaufen, shoppen
le chien chaud [ləʃjɛ̃ʃo]	le hot-dog	der Hot Dog
la pêche blanche [lapɛʃblɑ̃ʃ]	la pêche sur glace	Eisfischen
à tantôt [atɑ̃to]	à bientôt	bis bald

ado/adolescent/adolescente [ado/adɔlesɑ̃/adɔlesɑ̃t] m./f. adj.	jugendlich	🇬🇧 adolescent
le continent [ləkɔ̃tinɑ̃]	der Kontinent	Je ne connais pas **les continents** américains.
américain/américaine [ameʀikɛ̃/ameʀikɛn] adj.	amerikanisch	Agnès a une corres **américaine**.
être content/contente de [ɛtʀkɔ̃tɑ̃də/ɛtʀkɔ̃tɑ̃tdə] + inf.	erfreut sein über etw.	Je **suis content** d'avoir des très bons amis.

UNITÉ 3

> ❗ **Merke:**
> Der Anschluss *de + infinitif* funktioniert auch mit anderen Adjektiven, wie zum Beispiel:
> être triste de + *inf.*   Thibault **est triste de** quitter sa copine.
> être heureux/heureuse de + *inf.* Alexia **est heureuse de** revoir ses amis.

quitter qn/qc [kite]	jdn/etw. verlassen	↔ rester
l'hiver [livɛʀ] *m.*	der Winter	Le Nouvel An est en **hiver**.
l'automne [lotɔn] *m.*	der Herbst	🇬🇧 autumn

Die Jahreszeiten – Les saisons

le printemps – der Frühling   l'été – der Sommer   l'automne – der Herbst   l'hiver – der Winter

international/internationale/ internationaux *m. pl.* [ɛ̃tɛʀnasjɔnal/ɛ̃tɛʀnasjɔno] *adj.*	international	Notre classe est très **internationale**, les élèves viennent de différents pays du monde.
autant de [otɑ̃də] *adv.*	so viel	Il y a **autant de** touristes à Paris qu'à Berlin?

> ❗ **Merke:**
> Du kennst den **Komparativ** mit Adjektiven und Adverbien mit *plus ... que, moins ... que* und *aussi ... que.*
> Verwechsle ihn nicht mit **Mengenangaben:** *plus de (... que), moins de (... que)* und *autant de (... que).*
>
> Il y a **plus d'**habitants en Allemagne **qu'**en France.
> Cette année, il y avait **moins de** touristes à Berlin **que** l'année dernière.

Qu'est-ce qui ...? [kɛski]	Was ...? *wenn nach dem Subjekt des Satzes gefragt wird*	– **Qu'est-ce qui** te dérange? – Le bruit me dérange.
Qui est-ce qui ...? [kiɛski]	Wer ...? *wenn nach dem Subjekt des Satzes gefragt wird*	– **Qui est-ce qui** a écrit «Le petit Nicolas»? – René Goscinny.
Qui est-ce que ...? [kiɛskə]	Wen ...? *wenn nach dem Objekt des Satzes gefragt wird*	– **Qui est-ce que** tu aimes? – J'aime mes amis.
la nourriture [lanuʀityʀ]	die Nahrung	Je n'ai plus de **nourriture** dans le frigo.
le climat [ləklima]	das Klima	J'aime bien **le climat** chaud.
l'origine [lɔʀiʒin] *f.*	die Herkunft, die Abstammung, der Ursprung	🇬🇧 origin
le hockey sur glace [ləɔkɛsyʀglas]	Eishockey	Les jeunes jouent au **hockey sur glace**.

UNITÉ 3

national/nationale/nationaux m. pl. [nasjɔnal/nasjɔno] adj.	national, National-	Le 14 juillet en France, c'est le jour de la fête **nationale**.
souterrain/souterraine [sutɛʁɛ̃/sutɛʁɛn] adj.	unterirdisch	Le métro, c'est comme un train **souterrain**.
faire (20/moins 15) degrés [fɛʁvɛ̃/mwɛ̃kɛ̃zdəgʁe]	(20/minus 15) Grad sein	Il **fait 25 degrés** aujourd'hui.
faire chaud [fɛʁʃo]	warm sein	↔ faire froid
le degré [lədəgʁe]	der/das Grad	🇬🇧 degree

> ❗ **Merke:**
> *frz.* Il **fait** froid. Il **fait** moins 12 degrés.
> *dt.* Es **ist** kalt. Es **sind** minus 12 °C.

dehors [dəɔʁ] adv.	draußen	↔ à l'intérieur
avoir froid/chaud [avwaʁfʁwa/ʃo]	jdm kalt/warm sein	Mon petit frère **a** toujours **froid**.
l'Algonquin / l'Algonquine [lalgɔ̃kɛ̃/lalgɔ̃kin] m./f.	der/die Algonkin, *Stamm nordamerikanischer Ureinwohner*	**Les Algonquins** vivent au Québec.
les peuples premiers [lepœpləpʁəmje] m. pl.	die Urbevölkerung	🇬🇧 First Nations
le modèle [ləmɔdɛl]	das Vorbild, das Modell	**Mon modèle**, c'est mon grand frère.
admirer qn/qc [admiʁe]	jdn/etw. bewundern	🇬🇧 to admire
faire des études [fɛʁdezetyd]	studieren	Tu veux **faire des études** plus tard?
(ê)s'engager [sɑ̃gaʒe]	sich engagieren	Nous **nous engageons** pour la nature.
le fleuve [ləflœv]	der Fluss, der Strom	🏛 fluvius
même si [mɛmsi]	auch wenn, selbst wenn	Je veux sortir **même s**'il pleut.
magique [maʒik] m./f. adj.	magisch	🏛 magicus 🇬🇧 magic
la pêche [lapɛʃ]	das Angeln, das Fischen	→ le pêcheur / la pêcheuse
faire connaissance avec qn/qc [fɛʁkɔnɛsɑ̃savɛk]	mit jdm/etw. Bekanntschaft machen	Tu **as** déjà **fait connaissance avec** mes amis?
un million de [ɛ̃miljɔ̃də]	eine Million	Il a gagné deux **millions d**'euros!
le Canadien / la Canadienne [ləkanadjɛ̃/lakanadjɛn]	der/die Kanadier/in	Les habitants du Canada sont **les Canadiens**.
la population [lapɔpylasjɔ̃]	die Bevölkerung, die Einwohner	🇬🇧 population
deux tiers [døtjɛʁ]	zwei Drittel	On a déjà raté **deux tiers** du film!

Die Bruchzahlen – Les nombres fractionnaires ▶ Nombres, p. 204

la moitié – 1/2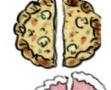

un quart – 1/4
trois quart – 3/4

un tiers – 1/3
deux tiers – 2/3

un cinquième – 1/5

un sixième – 1/6
un huitième – 1/8
un dixième – 1/10

UNITÉ 3

coloniser qn/qc [kɔlɔnize]	jdn/etw. kolonisieren	🇬🇧 to colonize
⁽ᵉ⁾**s'intéresser à** qn/qc [sɛ̃tɛʀɛsea]	sich für jdn/etw. interessieren	Suzanne **s'intéresse** au théâtre.
⁽ᵉ⁾**entrer en guerre avec** qn [ɑ̃tʀɑ̃gɛʀ]	gegen jdn in den Krieg ziehen	En 1914, l'Allemagne **entre en guerre** avec la Russie.
la guerre [lagɛʀ]	der Krieg	**La guerre** fait mal à tout le monde.
le navigateur / la navigatrice [lənavigatœʀ/lanavigatʀis]	der/die Seefahrer/in	🏛 navigatos
fonder qc [fɔ̃de]	etw. gründen	🏛 fundare
autochtone [otokton] m./f. adj.	einheimisch, eingeboren	Il n'y a plus beaucoup de populations **autochtones**.
l'arrivée [laʀive] f.	die Ankunft	→ arriver 🇬🇧 arrival
selon [səlɔ̃]	gemäß, (je) nach, laut	**Selon** ma prof, il faut travailler plus.
le nombre [lənɔ̃bʀ]	die Anzahl, die Zahl	🇬🇧 number
être au chômage [ɛtʀoʃomaʒ]	arbeitslos sein	Notre voisin **est au chômage**.

Unité 3 | Volet 2

Québec (ville) [kebɛkvil] Quebec (Stadt) ▶ Carte du Québec ▶ Photo	
la vallée de la Jacques-Cartier [lavaledəlaʒakkaʀtje] *Tal am Fluss Jacques Cartier* ▶ Carte du Québec	
Blanche-Neige [blɑ̃ʃnɛʒ] Schneewittchen	
la tourtière [latuʀtjɛʀ] *Schweinefleischpastete, typisches Gericht in Quebec*	
la soupe aux pois [lasupopwa] die Erbsensuppe *typisches Gericht in Quebec*	
la poutine [laputin] *Pommes frites mit Käse und dunkler Sauce, Spezialität in Quebec*	

🏴󠁣󠁡󠁱󠁣󠁿	🇫🇷	
le chum [lətʃœm]	l'ami / l'amie / le copain / la copine	der/die Freund/in
faire frette [fɛʀfʀɛt]	faire froid	kalt sein

le traîneau [lətʀeno]	der Schlitten	Pour Noël, j'ai eu **un traîneau**.
avant de [avɑ̃də] + inf.	bevor *Konjunktion*	Le soir, **avant de** me coucher, je lis.

> ❗ **Merke:**
> Wo im Französischen eine Infinitivkonstruktion mit **avant de** steht, muss im Deutschen ein Nebensatz gebildet werden, z.B.:
> **Avant de** rentrer, elle téléphone à son ami. = Bevor sie nach Hause geht, ruft sie ihren Freund an.

la vallée [lavale]	das Tal	↔ la montagne 🇬🇧 valley
la province [lapʀɔvɛ̃s]	die Provinz	Le Québec est **une province** du Canada.
l'impatience [lɛ̃pasjɑ̃s] f.	die Ungeduld	🇬🇧 impatience

le bois [ləbwa]	das Holz, *auch:* der Wald	Mon lit et ma table sont en **bois**.
courir [kuʁiʁ]	rennen, laufen ▶ Verbes, p. 178	🏛️ currere
le chemin [ləʃəmɛ̃]	der Weg	Tu connais **le chemin**?
monter [mɔ̃te]	steigen, ansteigen	↔ descendre
la neige [lanɛʒ]	der Schnee	C'est joli, les maisons sous **la neige**.
évidemment [evidamɑ̃] *adv.*	natürlich, selbstverständlich	Delphine fête son anniversaire, alors **évidemment** elle invite tous ses amis.
conduire qc [kɔ̃dɥiʁ]	etw. fahren, etw. lenken ▶ Verbes, p. 178	Est-ce que tu **as** déjà **conduit** un traîneau à chiens?
conduire le premier / la première [kɔ̃dɥiʁləpʁəmje/lapʁəmjɛʁ]	als Erster / Erste lenken	Moi, je **conduis le premier**!
⁽ê⁾**se passer bien/mal** [səpaseˈbjɛ̃/mal]	gut/schlecht laufen	Ça **s'est bien passé** au club de foot?
absolument [apsɔlymɑ̃] *adv.*	ganz, unbedingt	🇬🇧 absolutely
le rythme [ləʁitm]	der Rhythmus, das Tempo	🇬🇧 rhythm
malgré [malgʁe]	trotz	**Malgré** la pluie, je fais une balade.
C'est mon tour! [sɛmɔ̃tuʁ]	Ich bin dran!	🇬🇧 It's my turn!
râler [ʁɑle] *fam.*	meckern, motzen	Mon frère m'énerve: il **râle** encore.
continuer à/de [kɔ̃tinɥea/kɔ̃tinɥedə] *+ inf.*	weiterhin etw. tun	Parfois, mes parents **continuent à** travailler, même le soir.
la rivière [laʁivjɛʁ]	der Fluss Eine rivière *ist ein Fluss, der in einen anderen Fluss mündet. Ein* fleuve *dagegen ist ein Strom oder Fluss, der ins Meer fließt.*	Il y a des bateaux sur **la rivière**. 🇬🇧 river
construire qc [kɔ̃stʁɥiʁ]	etw. bauen, etw. konstruieren *wird wie* conduire *konjugiert* ▶ Verbes, p. 178	Qui **a construit** le Louvre?
faire du bien (à qn) [fɛʁdybjɛ̃]	(jdm) gut tun	Le sport me **fait du bien**.
⁽ê⁾**se moquer de qn/qc** [səmɔkedə]	sich über jdn/etw. lustig machen	Ne **te moque** pas de moi!
faire attention [fɛʁatɑ̃sjɔ̃]	aufpassen	Pardon, je n'ai pas **fait attention**. → Attention! 🇬🇧 to pay attention
l'ours / ❗ **les ours** [luʁs/lezuʁs] *m.*	der Bär	**Un ours** peut être dangereux.

> ❗ **Merke:**
>
>  l'ours noir *m.* = der Schwarzbär    l'ours brun *m.* = der Braunbär    l'ours blanc *m.* = der Eisbär

faire pipi [fɛʁpipi] *fam.*	pinkeln	J'ai envie de **faire pipi**!

UNITÉ 3

> **! Merke:**
> Auf Französisch sagt man **nicht** „~~Je dois!~~", wenn man auf die Toilette gehen muss.
>
>
>
> Man sagt: „J'ai envie de faire pipi." oder „Je peux aller aux toilettes?".

à tour de rôle [atuʀdəʀol] *adv.*	abwechselnd	Mes parents conduisent **à tour de rôle**.
le gîte [ləʒit]	die Unterkunft, das Gästehaus	Pendant les vacances, on habite dans **un gîte** en montagne.
le husky [ləœski]	der Husky	Romain a un chien, c'est **un husky**.
tout [tu]	alles	↔ (ne …) rien
tous/toutes [tus/tut] *adj. pl.*	alle, jeder/jede/jedes	Les meilleurs cafés? On les connaît **tous**!
l'orignal / **! les orignaux** [lɔʀiɲal/lezɔʀiɲo] *m.*	der Elch	Dans les pays du nord, on peut trouver **des orignaux**.
bouger [buʒe]	sich bewegen	! nous bougeons

Diese Verben der Fortbewegung kennst du schon:

aller – à pied – à vélo – en voiture – en train – en métro – en avion

avancer bouger conduire courir descendre faire une randonnée

glisser marcher monter sur qc partir passer retourner

se promener sauter sortir tourner traverser venir

incroyable [ɛ̃kʀwajabl] *m./f. adj.*	unglaublich	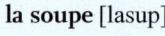 incredible
la soupe [lasup]	die Suppe	 soup

UNITÉ 3

la sauce [lasos]	die Soße	**Cette sauce** est délicieuse!
essayer qc [eseje]	etw. versuchen, etw. (an)probieren	**Essaie** ce jean!
la motoneige [lamotonɛʒ]	der Motorschlitten, das Schneemobil	Tu n'as jamais fait un tour en **motoneige**? C'est vraiment génial!
terrible [tɛʀibl] m./f. adj.	furchtbar	🇬🇧 terrible
en tout cas [ãtuka] adv.	jedenfalls, zumindest	– On écrit l'interro aujourd'hui? – **En tout cas**, j'ai révisé!

Unité 3 | Volet 3

> **les Canadiens de Montréal** [ləkanadjɛ̃dəmɔ̃ʀeal] *Eishockeymannschaft*
> **le Centre Bell** [ləsɑ̃tʀbɛl] *Mehrzweckhalle in Montreal*
> **Go habs go!** [goabsgo] *Slogan der Canadiens de Montréal*
> **les habs** [leabs] *frühere Bezeichnung für frankophone Hockeyspieler in Kanada, von „habitant"*
> **Maurice Richard** [mɔʀisʀiʃaʀ] *kanadischer Profi-Eishockeyspieler (1921–2000)*

🏴󠁣󠁡󠁱󠁣󠁿	🇫🇷	
la rondelle [laʀɔ̃dɛl]	le palet	der Puck
le bâton [ləbatɔ̃]	la crosse	der Schläger
le chandail [ləʃɑ̃daj]	le maillot	das Trikot
	❗ le chandail	der Pullover
la liqueur [lalikœʀ]	la limonade	die Limonade

le palet [ləpalɛ]	der Puck	**Le palet** glisse sur la glace.
le gardien / la gardienne de but [ləgaʀdjɛ̃/lagaʀdjɛndəbyt]	der/die Torwart/in, der/die Torhüter/in	Elle est trop forte, **votre gardienne de but**!
le casque [ləkask]	der Helm, *auch:* der Kopfhörer	Je mets **un casque** quand je fais du vélo.
la crosse [lakʀɔs]	der Hockeyschläger, *auch: die Sportart* Lacrosse	Le hockey sur glace se joue avec **une crosse**.
le score [ləskɔʀ]	der Spielstand, der Punktestand	🇬🇧 score
la faute [lafot]	der Fehler, *hier:* das Foul	🇬🇧 fault
l'arbitre [laʀbitʀ] m./f.	der/die Schiedsrichter/in	**L'arbitre** n'a pas vu la faute.
le joueur / la joueuse [ləʒwœʀ/laʒwøz]	der/die Spieler/in	→ jouer, le jeu
le but [ləbyt]	das Tor, das Ziel	C'est difficile de bien garder **le but**!
marquer (un but) [maʀkeɛ̃byt]	(ein Tor) schießen, einen Treffer erzielen	Le joueur **a marqué trois buts** dans un seul match!
la prison [lapʀizɔ̃]	das Gefängnis, *hier:* die Strafbank	🇬🇧 prison

deux-cent-trente-et-un 231

UNITÉ 3

de mon côté [dəmɔ̃kote]	(ich) meinerseits	Mon frère adore les chiens, moi, **de mon côté**, je préfère les chats.
l'évènement [levɛnmɑ̃] *m.*	das Ereignis, die Veranstaltung	🇬🇧 event
rival/rivale/rivaux *m. pl.* [ʀival/ʀivo] *adj.*	rivalisierend, gegnerisch	🇬🇧 rival
manquer qc [mɑ̃ke]	etw. verpassen	= rater qc
le maillot [ləmajo]	das Trikot	**Le maillot** de mon équipe est vert.
le slogan [ləslɔgɑ̃]	der Slogan	**Le slogan** de notre équipe est drôle!
encourager qn [ɑ̃kuʀaʒe]	jdn ermutigen, *hier:* jdn anfeuern	🇬🇧 to encourage
fier/fière (de qn/qc) [fjɛʀ] *adj.*	stolz (auf jdn/etw.)	Je suis **fier** de toi.
impressionnant/impressionnante [ɛ̃pʀesjɔnɑ̃/ɛ̃pʀesjɔnɑ̃t] *adj.*	beeindruckend	🇬🇧 impressive
complet/complète [kɔ̃plɛ/kɔ̃plɛt] *adj.*	vollständig, komplett, *hier:* ausverkauft	🏛 completus 🇬🇧 complete
fantastique [fɑ̃tastik] *m./f. adj.*	fantastisch, großartig	🇬🇧 fantastic
l'hymne national [limnnasjɔnal] *m.*	die Nationalhymne	Tu sais chanter **l'hymne national**?
la période [lapeʀjɔd]	die Periode, der Zeitabschnitt, *hier:* die Spielzeit *Sport*	La première **période** était ennuyeuse!
la défense [ladefɑ̃s]	die Abwehr(spieler)	🇬🇧 defense
juste [ʒyst] *adv.*	nur, *hier:* gerade noch	🇬🇧 just
le carton (jaune/rouge) [ləkaʀtɔ̃ʒon/ʀuʒ]	die (gelbe/rote) Karte	L'équipe a eu deux **cartons jaunes**.
permettre (à qn) de [pɛʀmɛtʀa] *+ inf.*	(jdm) erlauben, etw. zu tun; (jdn) berechtigen, etw. zu tun; (jdm) ermöglichen, etw. zu tun *wird wie* **mettre** *konjugiert* ▶ Verbes, p. 178	Mes parents ne me **permettent** pas de sortir tous les soirs.
la limonade [lalimɔnad]	die Limonade	Beurk, **la limonade** est trop sucrée!
agressif/agressive [agʀesif/agʀesiv] *adj.*	aggressiv, grell	Mes chiens ne sont jamais **agressifs**, ils sont toujours gentils.
la vague [lavag]	die Welle, *hier:* die La-Ola-Welle	Mon petit frère a peur **des vagues**.
l'attaque [latak] *f.*	der Angriff, die Angriffsspieler, die Attacke	Belle **attaque** de l'équipe française!
applaudir (qn) [aplodiʀ]	(jdm) applaudieren *wird wie* **finir** *konjugiert* ▶ Verbes, p. 178	Tout le monde **a applaudi** les joueurs.
la main [lamɛ̃]	die Hand	🏛 manus
la gorge [lagɔʀʒ]	der Hals	Je vais mal, j'ai mal à **la gorge**.
(ê)**s'entraîner** [sɑ̃tʀene]	trainieren	→ l'entraîneur / l'entraîneuse
possible [pɔsibl] *m./f. adj.*	möglich	🏛 possibilis 🇬🇧 possible

le rugby [ləʀygbi]	das Rugby	Christine est fan de **rugby**.
le ballon [ləbalɔ̃]	der Ball	Les enfants jouent au **ballon**.
ovale [ɔval] *m./f. adj.*	oval	Henri a des lunettes **ovales**.

Module 3

vouloir que + *subj.* [vulwaʀkə]	wollen, dass	Ils **veulent que** nous restions.
on voudrait [ɔ̃vudʀɛ]	wir möchten gern, wir hätten gern	**On voudrait** une table pour deux personnes.
avoir raison [avwaʀɛzɔ̃]	recht haben	Florence veut toujours **avoir raison**.
il faut que + *subj.* [ilfokə]	es ist nötig, etw. zu tun	Les enfants, **il faut qu'**on rentre!
le lendemain [ləlɑ̃dəmɛ̃]	der nächste Tag, am nächsten Tag	Vendredi soir, Léo a fait la fête. **Le lendemain**, il était très fatigué.
On peut toujours espérer! [ɔ̃pøtuʒuʀɛspeʀe]	Die Hoffnung stirbt zuletzt.	– Je voudrais un nouveau vélo! – **On peut toujours espérer!**
Il faut que j'y aille. [ilfokəʒiaj]	Ich muss los.	Le tram part dans cinq minutes. **Il faut que j'y aille.**

Unité 4

faire confiance à qn [fɛʀkɔ̃fjɑ̃s]	jdm vertrauen	Je **fais confiance** à mes amis.
la confiance [lakɔ̃fjɑ̃s]	das Vertrauen	confidentia confidence
la tâche ménagère [lataʃmenaʒɛʀ]	die Aufgabe im Haushalt	Qui s'occupe **des tâches ménagères**?
^(ê)**se disputer** [sədispyte]	sich streiten	→ la dispute
le conflit [ləkɔ̃fli]	der Konflikt	Tu as une solution au **conflit**?
la famille recomposée [lafamijʀəkɔ̃poze]	die Patchworkfamilie	Plein d'enfants vivent dans **une famille recomposée**.
le beau-père [ləbopɛʀ]	der Stiefvater, *auch:* der Schwiegervater	**Mon beau-père** est ingénieur.
la belle-mère [labɛlmɛʀ]	die Stiefmutter, *auch:* die Schwiegermutter	→ le beau-père
le demi-frère [lədəmifʀɛʀ]	der Halbbruder	J'ai deux **demi-frères**.
la demi-sœur [ladəmisœʀ]	die Halbschwester	Ma **demi-sœur** habite loin.

Unité 4 | Volet 1

faire la cuisine [fɛʀlakɥizin]	kochen	Tu **as fait la cuisine**? Merci!
le linge [ləlɛ̃ʒ]	die Wäsche	On fait **le linge** deux fois par semaine.
nettoyer qc [netwaje]	etw. reinigen, etw. sauber machen	Je **nettoie** la salle de bains.

UNITÉ 4

descendre les poubelles [dəsãdʁlepubɛl]	den Müll rausbringen	Hier, j'**ai descendu les poubelles**.
la poubelle [lapubɛl]	der Mülleimer	**Les poubelles** sont dans la cour.
J'en ai marre! [ʒãnemaʁ] *fam.*	Mir reicht's!	**J'en ai marre** de tout faire tout seul!
arrêter de [aʁetedə] + *inf.*	aufhören etw. zu tun	**Arrête de** crier! Tu me fais peur!
sortir le chien [sɔʁtiʁləʃjɛ̃]	den Hund ausführen	Arto, tu **as sorti le chien**?
des fois [defwa] *adv.*	manchmal, ab und zu	J'adore mon frère, mais **des fois** il m'énerve.
faire une surprise à qn [fɛʁynsyʁpʁiza]	jdn überraschen	Tu m'**as fait une surprise**?
Hörtext ▶ **le ménage** [ləmenaʒ]	der Haushalt	On est **un ménage** de cinq personnes.
mettre le couvert [mɛtʁləkuvɛʁ]	den Tisch decken	Qui **met le couvert** chez vous?
en ligne [ãliɲ]	*hier:* in der Leitung	Allô, qui est **en ligne**?
l'homme de ménage *m.* / **la femme de ménage** [lɔmdəmenaʒ/lafamdəmenaʒ]	der Putzmann / die Putzfrau	**L'homme de ménage** nettoie le salon.
les spaghettis [lespageti] *m. pl.*	die Spaghetti	Tu n'as pas fini **tes spaghettis**?
dis donc [didɔ̃k] *fam.*	sag mal, sag bloß	Tu joues de la guitare, **dis donc**!
sortir qc (de qc) [sɔʁtiʁ]	etw. (aus etw.) herausholen, etw. hervorholen	**J'ai sorti** mes courses de mon sac.
les affaires [lezafɛʁ] *f. pl.*	die Sachen, die Angelegenheiten	Vous avez **vos affaires** de sport?
apprendre à qn à [apʁɑ̃dʁa] + *inf.*	*hier:* jdm beibringen etw. zu tun	Ma mère m'**a appris à** jouer au piano.
Ce n'est pas ton rôle! [sənɛpatɔ̃ʁol]	Das ist nicht deine Aufgabe!	Arrête de faire ça! **Ce n'est pas ton rôle!**
ouais [wɛ] *fam.*	ja, *auch:* juhu	= oui ↔ non
Bonne chance! [bɔnʃɑ̃s]	Viel Glück!	🇬🇧 Good luck!
le shampoing [ləʃɑ̃pwɛ̃]	das Shampoo	**Ce shampoing** sent bon!
le parfum [ləpaʁfɛ̃]	das Parfüm, der Duft	Tu mets **quel parfum**?
les bijoux [lebiʒu] *m. pl.*	der Schmuck	Ma mère ne met pas de **bijoux**.
le lave-vaisselle [ləlavvɛsɛl]	die Spülmaschine	Béla range **le lave-vaisselle**.
avoir besoin de qn/qc / + *inf.* [avwaʁbəzwɛ̃də]	jdn/etw. brauchen, etw. tun müssen	**J'ai besoin** d'aide!
régler qc [ʁegle]	etw. regeln, etw. klären	Viens, on **règle** ce problème!
tranquille [tʁɑ̃kil] *m./f. adj.*	ruhig, *hier:* Ruhe haben, in Ruhe gelassen werden	Yasmine veut être **tranquille** dans sa chambre.
le planning [ləplaniŋ]	der Terminkalender, der Terminplan	Il nous faut **un planning**!
fixer qc [fikse]	etw. fixieren, etw. festmachen	On **fixe** un rendez-vous?

UNITÉ 4

Unité 4 | Volet 2

la permanence [lapɛʀmanɑ̃s] *Zeit, in der die Schüler/innen keinen Unterricht haben, aber in der Schule lernen und Hausaufgaben machen*

la surveillance [lasyʀvɛjɑ̃s]	die Überwachung	🇬🇧 surveillance → le surveillant / la surveillante
surveiller qn/qc [syʀveje]	jdn/etw. überwachen, jdn/etw. beaufsichtigen	Les parents doivent **surveiller** leurs enfants.
certain/certaine [sɛʀtɛ̃/sɛʀtɛn] *adj.*	manche/r, bestimmte/r	🇬🇧 certain
le contrôle [ləkɔ̃tʀol]	die Kontrolle, die Überprüfung, *auch:* der Test	Ce matin, j'ai écrit **un contrôle** en anglais.
l'absence [lapsɑ̃s] *f.*	die Abwesenheit	🏛 absentia
le cahier de texte [ləkajedətɛkst]	das Hausaufgabenheft	Zut! J'ai oublié **mon cahier de texte**!
pendant que [pɑ̃dɑ̃kə]	während, solange	**Pendant que** je fais le ménage, j'écoute de la musique.
énervé/énervée [enɛʀve] *adj.*	gereizt, genervt	Dans le métro, les gens sont **énervés**.
l'arrêt [laʀɛ] *m.*	die Haltestelle, der Halt	Les enfants attendent le bus à **l'arrêt**.
recevoir qn/qc [ʀəsəvwaʀ]	jdn/etw. empfangen, etw. erhalten ▶ Verbes, p. 178	🇬🇧 to receive
le texto [lətɛksto]	die SMS	Issam m'a écrit **un texto**.
depuis que [dəpɥikə]	seit, seitdem	**Depuis que** je fais du sport, je vais mieux.
séparé/séparée [sepaʀe] *adj.*	getrennt	↔ ensemble 🇬🇧 separated
le progrès [ləpʀɔgʀɛ]	der Fortschritt	Il a fait **des progrès** à l'école.
le trimestre [lətʀimɛstʀ]	das Trimester	Il y a trois **trimestres** par an.
la caméra [lakameʀa]	die Kamera	Je tourne un film avec **ma caméra**.
(ê)passer par qc [pɑsepaʀ]	*hier:* durch etw. gehen, *auch:* durch etw. fahren	Mathieu **passe par** un parc et arrive à la maison.
l'écran [lekʀɑ̃] *m.*	der Bildschirm	**L'écran** de ton ordi est immense.
copier qc [kɔpje]	etw. abschreiben, etw. kopieren	Ne **copie** pas toutes mes phrases!
décider de [deside də] + *inf.*	beschließen etw. zu tun	🇬🇧 to decide
interroger qn [ɛ̃teʀɔʒe]	jdn abfragen	↔ répondre à qn 🏛 interrogare
craindre qn/qc [kʀɛ̃dʀ]	jdn/etw. fürchten ▶ Verbes, p. 178	Mon frère **craint** la nuit.
ça craint [sakʀɛ̃] *fam.*	das ist nicht in Ordnung, das geht gar nicht	Arrête de me raconter des histoires, **ça craint**!
mettre qc [mɛtʀ]	*hier:* etw. geben	Maman, la prof m'**a mis** un 18/20!

UNITÉ 4

décevoir qn [desvwaʀ]	jdn enttäuschen *wird wie* recevoir *konjugiert* ▶ Verbes, p. 178	Mes amis ne me **déçoivent** jamais.
l'argent [laʀʒɑ̃] *m.*	das Geld, *auch:* das Silber	Je n'ai pas assez d'**argent**.
la carte [lakaʀt]	die Karte	On joue aux **cartes**?
la salle des profs [lasaldepʀɔf]	das Lehrerzimmer	Mme Vidal est dans **la salle des profs**.
la liste [lalist]	die Liste	Voici **la liste** des courses.
furieux/furieuse [fyʀjø/fyʀjøz] *adj.*	wütend	🇬🇧 furious
catastrophique [katastʀɔfik] *m./f. adj.*	katastrophal	Les résultats du test sont **catastrophiques**.
Hörtext ▶ **si je te le dis** [siʒətələdi] *fam.*	wenn ich es dir doch sage	**Si je te le dis**, j'ai vu Omar Sy dans la rue!
raconter des histoires [ʀakɔ̃tedezistwaʀ]	schwindeln, Märchen erzählen	Ne me **raconte** pas d'**histoires**!
espionner qn/qc [espjɔne]	jdn/etw. ausspionieren, jdm nachspionieren	Notre voisin nous **espionne**!
la vérité [laveʀite]	die Wahrheit	→ vrai/vraie 🏛 veritas
alors que [alɔʀkə]	obwohl, wohingegen	Tu veux un dessert, **alors que** tu n'as rien mangé avant?
promettre qc (à qn) de [pʀɔmɛtʀ] + *inf.*	(jdm) etw. versprechen (zu tun) *wird wie* mettre *konjugiert* ▶ Verbes, p. 178	🏛 promittere 🇬🇧 to promise
(ne) … même pas [nəmɛmpa]	nicht einmal	Je n'ai rien compris dans ce texte, **même pas** le titre!
dégueulasse [degœlas] *m./f. adj. fam.*	widerlich, ekelhaft *hier:* fies	= dégoûtant/dégoûtante
N'importe quoi! [nɛ̃pɔʀtkwa] *fam.*	Was für ein Quatsch!	– Je suis allée au ciné avec Omar Sy. – **N'importe quoi!**
C'est la meilleure! *fam.* [sɛlamɛjœʀ]	Das ist wirklich der Gipfel!, Jetzt schlägt's aber 13!	Tu n'as pas pu aller à l'école? **C'est la meilleure!**
J'en ai assez! [ʒɑ̃nease]	Ich hab genug!, Mir reicht's!	**J'en ai assez** de tes bêtises!

In der französischen Umgangssprache:

– „verschluckt" man Laute:
tu as raison → **t'**as raison
je suis → **chuis**

– spricht man kein Verneinungs-*ne*:
elle ne dort pas → **elle dort** pas
il n'a vu personne → **il a** vu personne

– verwendet man andere Wörter:
j'en ai assez → j'en ai **marre**
dégoûtant → **dégueulasse**

– kürzt man gerne ab:
le cinéma → le **ciné**
l'adolescent → l'**ado**

Unité 4 | Volet 3

En famille [ɑ̃famij] *französische Serie*
Fais pas ci, fais pas ça! [fɛpasifɛpasa] *französische Serie*
Engrenages [ɑ̃ɡʀənaʒ] *französische Serie, wörtl. „Getriebe, Räderwerk, Verkettung"*
SODA [soda] *französische Fernsehserie*
Canal Plus [kanalplys] *französischer Fernsehsender*

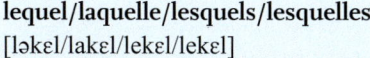

lequel/laquelle/lesquels/lesquelles [ləkɛl/lakɛl/lekɛl/lekɛl]	welcher/welche/welches *Fragepronomen*	– Je voudrais un gâteau, s'il vous plaît. – **Lequel**? Le gâteau au chocolat?
l'enquête [lɑ̃kɛt] *f.*	die Umfrage, die Untersuchung	Les élèves font **une enquête** à l'école.
justement [ʒystəmɑ̃] *adv.*	genau, ausgerechnet	C'est **justement** ce qu'il ne faut pas faire!
chacun/chacune [ʃakœ̃/ʃakyn]	jeder/jede	**Chacun** a des hobbys différents.
le mari [ləmaʀi]	der Ehemann, der Mann	Je vous présente **mon mari**, Damien.
timide [timid] *m./f. adj.*	schüchtern	Tom est très **timide**.
rêver (de qn/qc) [ʀeve]	(von jdm/etw.) träumen	Théo regarde la mer et **rêve**.
le courage [ləkuʀaʒ]	der Mut	→ encourager qn 🇬🇧 courage
ne … personne [nə…pɛʀsɔn]	niemand	↔ tout le monde
l'ado *fam.* / **l'adolescent** / **l'adolescente** [lado/ladɔlesɑ̃/ladɔlesɑ̃t] *m./f.*	der/die Jugendliche	Je suis abonné à un magazine pour **ados**.
exactement [ɛɡzaktəmɑ̃] *adv.*	genau	🇬🇧 exactly
le petit copain / la petite copine [ləpətikɔpɛ̃/lapətitkɔpin]	der/die feste/r Freund/in	Izia a un nouveau **petit copain**.
car [kaʀ]	denn	= parce que
faire partie de qc [fɛʀpaʀtidə]	zu etw. gehören, Teil sein von etw.	Samuel **fait partie de** mon équipe.
le public [ləpyblik]	das Publikum, *hier:* die Zuschauer	🇬🇧 public
le sentiment [ləsɑ̃timɑ̃]	das Gefühl	→ sentir
reprendre qc [ʀəpʀɑ̃dʀ]	etw. übernehmen *wird wie* prendre *konjugiert* ▶ Verbes, p. 178	**J'ai repris** ce sac de mon frère.
exprimer qc [ɛkspʀime]	etw. ausdrücken, etw. äußern	🇬🇧 to express
grâce à [ɡʀɑsa]	dank	J'ai réussi mon brevet **grâce à** mes amis, qui m'ont aidé.
chaque [ʃak] *m./f. adj.*	jeder/jede/jedes	**Chaque** homme est différent.
interdire (à qn) de [ɛ̃tɛʀdiʀdə] + *inf.*	(jdm) verbieten, etw. zu tun *wird wie* dire *konjugiert* ▶ Verbes, p. 178	Je t'**interdis** de sortir à cette heure!
interdire qc à qn [ɛ̃tɛʀdiʀ]	jdm etw. verbieten	↔ permettre qc à qn

UNITÉ 4 | COIN LECTURE 3

Allez! [ale]	Los!	**Allez**, dépêche-toi!
faire son qc [fɛʁsɔ̃] *fam.*	sich verhalten wie etw./jd	Ma petite sœur **fait sa** reine!
conservateur/conservatrice [kɔ̃sɛʁvatœʁ/kɔ̃sɛʁvatʁis] *adj.*	konservativ	❗ conserva**teur** – konservat**iv**
changer de qc [ʃɑ̃ʒədə]	etw. ändern, etw. wechseln	❗ nous chang**e**ons 🇬🇧 to change
annoncer qc [anɔ̃se]	etw. ankündigen, etw. mitteilen	❗ nous annon**ç**ons 🇬🇧 to announce
(ê)**sortir avec qn** [sɔʁtiʁavɛk]	*hier:* mit jdm zusammen sein *in einer Beziehung*	Je voudrais **sortir avec** Philippe, mais il a déjà une petite copine.
faire un effort / faire des efforts [fɛʁɛ̃efɔʁ/fɛʁdezefɔʁ]	sich bemühen, sich anstrengen	Allez, **fais des efforts**, essaie encore une fois!
avoir du mal à [avwaʁdymala] + *inf.*	sich (mit etw.) schwertun	J'**ai du mal à** faire du sport.
(ê)**s'en aller** [sɑ̃nale]	weggehen, fortgehen	Je suis venue te dire que je **m'en vais**!
la série policière [laseʁipɔlisjɛʁ]	die Krimiserie	Le dimanche, je regarde **une série policière**.
l'expérience [lɛkspeʁjɑ̃s] *f.*	die Erfahrung	🇬🇧 experience
professionnel/professionnelle [pʁɔfɛsjɔnɛl] *adj.*	Berufs-, beruflich, professionell	↔ amateur/amatrice
l'avocat / l'avocate [lavɔka/lavɔkat] *m./f.*	der Anwalt / die Anwältin	🏛 advocatus
le stage [ləstaʒ]	das Praktikum	Enzo veut faire **un stage** à la télé.
compter pour qn [kɔ̃tepuʁ]	jdm etw. bedeuten	Tu **comptes pour** moi!
exagéré/exagérée [ɛgzaʒeʁe] *adj.*	übertrieben	→ exagérer
l'intello de service [lɛ̃tɛlodəsɛʁvis] *m./f. fam.*	der/die Streber/in vom Dienst	Ils disent que Luc est **l'intello de service**.
carrément [kaʁemɑ̃] *adv. fam.*	total, direkt, geradeheraus	Je lui ai **carrément** dit mon avis.
la peau [lapo]	die Haut	Au soleil, fais attention à **ta peau**!

Coin lecture 3

Der Wortschatz der Coin lecture ist fakultativ.

sonner [sɔne]	klingeln	Le portable **sonne**.
réveiller qn [ʁeveje]	jdn wecken	Mon père **a réveillé** mon chat.
la police [lapɔlis]	die Polizei	→ le policier / la policière
(ê)**se bousculer** [səbuskyle]	sich drängeln, sich schubsen	Arrêtez de **vous bousculer**!
l'erreur [lɛʁœʁ] *f.*	der Irrtum, der Fehler	🇬🇧 error

battre (qc) [batʀ]	(etw.) schlagen	Il faut **battre** de la crème pour le gâteau.
traiter qn (de qc) [tʀɛte]	jdn (wie etw.) behandeln	Ne me **traite** pas d'enfant!
être au courant de qc [ɛtʀokuʀɑ̃də]	über etw. Bescheid wissen, auf dem Laufenden sein	= savoir qc
muet/muette [mɥɛ/mɥɛt] *adj.*	stumm	Pourquoi est-ce que tu es resté **muet**?
le passage [ləpasaʒ]	die Passage, der Durchgang	Pour traverser, prenez **le passage**, ici.
couper la parole à qn [kupelapaʀɔla]	jdm das Wort abschneiden	Parfois, tu me **coupes la parole**.
tendre qc à qn [tɑ̃dʀ]	jdm etw. hinhalten	Léa **tend** le téléphone à sa mère.
⁽ᵉ⁾**s'habiller** [sabije]	sich anziehen	**Habille-toi**! On est en retard!
transpirer [tʀɑ̃spiʀe]	schwitzen	Il fait trop chaud, je **transpire**.
soudain [sudɛ̃]	plötzlich	= tout à coup

Module 4

les lacs de l'Eau d'Heure [lelakdəlodœʀ] *m. pl. Seen in Wallonien* ▶ Photo
le Crocodile Rouge [ləkʀɔkɔdilʀuʒ] *Erlebnispark in Wallonien*
la Wallonie [lawalɔni] *Wallonien Region Belgiens* ▶ Carte de Belgique

la voile [lavwal]	Segeln *Sportart*	Marion fait de **la voile**.
le camping [ləkɑ̃piŋ]	das Zelten, *hier:* der Zeltplatz, der Campingplatz	Il est où, **le camping**?
faire du camping [fɛʀdykɑ̃piŋ]	zelten	Je n'aime pas **faire du camping**. Je préfère dormir dans mon lit.
le bouchon [ləbuʃɔ̃]	der Stau, *auch:* der Flaschenverschluss	À la rentrée, il y a **des bouchons** partout.
le voyage [ləvwajaʒ]	die Reise	Cet été, on a fait **un voyage** génial!
le temps de chien [lətɑ̃dəʃjɛ̃] *fam.*	das Sauwetter, das Schmuddelwetter	Ah, non, regarde! **Quel temps de chien**!
le parc d'attraction [ləpaʀkdatʀaksjɔ̃]	der Freizeitpark	Ce week-end, on va au **parc d'attraction**!
les moules frites [lemulfʀit] *f. pl.*	Miesmuscheln mit Pommes frites	C'est mon père qui prépare les meilleures **moules frites**.
la gaufre [lagofʀ]	die Waffel	Tu préfères **les gaufres** chaudes ou froides?
la carte postale [lakaʀtpɔstal]	die Postkarte	Écris **une carte postale** à mamie!
ultra [yltʀa]	ultra, extrem	J'ai **ultra** faim!
bronzé/bronzée [bʀɔ̃ze] *adj.*	sonnengebräunt	En été, Alexis était **bronzé**.

Unité 5

le **Parlement européen** [ləparləmɑ̃øʀɔpeɛ̃] das Europäische Parlament
l'**Atomium** [latɔmjɔm] das Atomium
la **fête du 15 août** [lafɛtdykɛ̃zut] Volksfest am 15. August in Lüttich
Namur [namyʀ] Stadt in Belgien ▶ Carte de Belgique
Hergé [ɛʀʒe] belgischer Comiczeichner (1907–1983)
Louvain-la-Neuve [luvɛ̃lanœv] Stadt in Belgien ▶ Carte de Belgique
Bruges [bʀyʒ] Stadt in Belgien ▶ Carte de Belgique ▶ Photo
Mons [mɔ̃s] Stadt in Belgien ▶ Carte de Belgique

le **visage** [ləvizaʒ]	das Gesicht	Ce garçon a un joli **visage**, je trouve.
le **pont** [ləpɔ̃]	die Brücke	pons
la **citadelle** [lasitadɛl]	die Zitadelle	Il y a **une citadelle** à Carcassonne.
belge [bɛlʒ] m./f. adj.	belgisch	«Lucky Luke» est une bédé **belge**.
Hörtext ▶ **conseiller qc à qn / conseiller à qn de** [kɔ̃seje] + inf.	jdm etw. raten / jdm raten etw. zu tun	→ le conseil
noter (qc) [nɔte]	(etw.) aufschreiben, (etw.) notieren	**Notez** les exercices, s'il vous plaît!
C'est noté. [sɛnɔte]	Das ist notiert.	→ noter
attirer qn [atiʀe]	jdn anziehen, jdn anlocken	Paris **attire** beaucoup de monde.
beaucoup de monde [bokudəmɔ̃d]	viele Leute	Il y a **beaucoup de monde** sur la place de la Bastille.
moderne [mɔdɛʀn] m./f. adj.	modern	On habite dans une maison **moderne**.
l'architecture [laʀʃitɛktyʀ] f.	die Architektur	Elsa s'intéresse beaucoup à **l'architecture**.
impressionner qn [ɛ̃pʀesjɔne]	jdn beeindrucken	Éddie m'**impressionne**. Il sait tout!
prendre une décision [pʀɑ̃dʀyndesizjɔ̃]	eine Entscheidung treffen, einen Entschluss fassen	🇬🇧 take a decision
la **décision** [ladesizjɔ̃]	die Entscheidung, der Entschluss	→ décider de + inf. 🇬🇧 decision
avoir lieu [avwaʀljø]	stattfinden	Quand est-ce que ta fête **aura lieu**?
la **marionnette** [lamaʀjɔnɛt]	die Marionette	Tu aimes le théâtre de **marionnettes**? ◀

Unité 5 | Volet 1

Gaston Lagaffe [gastɔ̃lagaf] *belgischer Comic(held)*
André Franquin [ɑ̃dʁefʁɑ̃kɛ̃] *belgischer Comiczeichner (1924–1997)*
la Grand-Place [lagʁɑ̃plas] *zentraler Platz in Brüssel* ▶ Photo
Milou [milu] *Struppi aus „Tim und Struppi"*
le capitaine Haddock [ləkapitɛnadɔk] *Kapitän Haddock aus „Tim und Struppi"*
L'affaire Tournesol [lafɛʁtuʁnəsɔl] *Der Fall Bienlein „Tim und Struppi"-Band*
le Manneken Pis [ləmanɛkɛnpis] *Brunnenfigur in Brüssel*
François Schuiten [fʁɑ̃swaʃɥitɛn] *belgischer Comiczeichner*
Benoît Peeters [bənwapetɛʁs] *französischer Comicautor*
Les Cités obscures [lesiteɔbskyʁ] *Comicreihe, dt. „Die geheimnisvollen Städte"*
Broussaille [bʁusaj] *belgischer Comiccharakter und gleichnamige Reihe*
Catherine [katʁin] *Comiccharakter, Freundin von Broussaille*
Frank Pé [fʁɑ̃kpe] *belgischer Comiczeichner*
les frères Dalton [lefʁɛʁdaltɔn] *die Gebrüder Dalton, Banditen aus Lucky Luke*
Lucky Luke [lykilyk] *Comiccharakter und gleichnamige Reihe*
Morris [mɔʁis] *belgischer Comiczeichner (1923–2001)*
Astérix et Obélix [astɛʁikseobeliks] *Charaktere der erfolgreichsten französischen Comicreihe*
Albert Uderzo [albɛʁydɛʁzo] *Co-Autor und Zeichner von „Asterix"*
René Goscinny [ʁənegɔsini] *französischer Autor von „Asterix" und „Der kleine Nick" (1926–1977)*
la place de la Bourse [laplasdəlabuʁs] *Börsenplatz in Brüssel*
Victor Horta [viktɔʁɔʁta] *belgischer Jugendstilarchitekt (1861–1947)*
le 9ᵉ art [lənœvjɛmaʁ] *steht für Comics als „9. Kunst"* ▶ Photo

l'audioguide [lodjogid] *m.*	der Audioguide	Je prends toujours **un audioguide**.
l'album de BD [lalbɔmdəbede] *m.*	der Comicband	J'ai une collection d'**albums de BD** préférés.
y [i]	dort, dorthin	– Tu vas au foot? – Oui, j'**y** vais.
On y va! [ɔ̃niva]	Los geht's!	Allez, **on y va**!
le héros / **l'héroïne** *f.* [ləeʁo/leʁɔin]	der/die Held/in	🇬🇧 hero
Hörtext ▶ **le dessinateur / la dessinatrice** [lədesinatœʁ/ladesinatʁis]	der/die Zeichner/in	Qui est **ton dessinateur** préféré?
le dessin [lədesɛ̃]	die Zeichnung, das Zeichnen	→ dessiner, le dessinateur / la dessinatrice
le bâtiment [ləbɑtimɑ̃]	das Gebäude	Tu habites dans **quel bâtiment**?
construit/construite [kɔ̃stʁɥi/kɔ̃stʁɥit] *adj.*	erbaut	→ construire
représenter qc/qn [ʁəpʁezɑ̃te]	etw./jdn darstellen, etw./jdn verkörpern	🇬🇧 represent

UNITÉ 5

le/la reporter [lə/laRəpɔRtɛR] *m./f.*	der/die Reporter/in	Ma mère est **reporter** de sport.
fuir qc [fɥiR]	fliehen vor etw. ▶ Verbes, p. 178	**J'ai fui** la pluie.
⁽ê⁾s'enfuir [sɑ̃fɥiR]	fliehen, flüchten *wird wie* fuir *konjugiert* ▶ Verbes, p. 178	Un homme **s'est enfui**. ❗ nous nous enfu**y**ons
l'image [limaʒ] *f.*	das Bild	Quelle belle **image**!
le monument [ləmɔnymɑ̃]	das Bauwerk, das Denkmal, *hier:* die Statue	🇬🇧 monument
nu/nue [ny] *adj.*	nackt	Jean-Roger se baigne **nu**.
habillé/habillée [abije] *adj.*	angezogen	↔ nu/nue
la rue piétonne [laRypjetɔn]	die Fußgängerzone	En ville, il y a **des rues piétonnes**.
l'impression [lɛ̃pResjɔ̃] *f.*	der Eindruck	→ impressionner qn, impressionnant/e 🇬🇧 impression
en [ɑ̃]	von dort *ersetzt Ortsangaben mit* de	– Tu vas au supermarché? – Ah non, j'**en** reviens.
le premier plan [ləpRəmjeplɑ̃]	der Vordergrund	Au **premier plan**, on voit des gens.
l'arrière-plan [laRjɛRplɑ̃] *m.*	der Hintergrund	À **l'arrière-plan**, on voit une forêt.
au bout de qc [obudə]	am Ende von etw.	La sortie se trouve **au bout du** couloir.
le portrait [ləpɔRtRɛ]	das Porträt	Voilà **le portrait** de ma famille.
le détail [lədetaj]	das Detail, die Einzelheit	Je ne comprends pas tous **les détails**.
surréaliste [syRRealist] *m./f. adj.*	surrealistisch	↔ réaliste
le ciel [ləsjɛl]	der Himmel	🏛 caelum
le cow-boy [ləkobɔj]	der Cowboy	Lucky Luke est **un cow-boy** célèbre.
romain/romaine [Rɔmɛ̃/Rɔmɛn] *adj.*	römisch	→ les Romains 🇬🇧 Roman
nombreux/nombreuse [nɔ̃bRø/nɔ̃bRøz] *adj.*	zahlreich	→ le nombre 🇬🇧 numerous
c'est pour ça que [sɛpuRsakə]	deswegen, deshalb	Elle est malade, **c'est pour ça qu'**elle ne veut pas venir.
l'architecte [laRʃitɛkt] *m./f.*	der/die Architekt/in	→ l'architecture
la vignette [laviɲɛt]	die Vignette	**Cette vignette** me plaît beaucoup.
ouvert/ouverte [uvɛR/uvɛRt] *adj.*	offen	→ ouvrir ↔ fermé/fermée
fermé/fermée [fɛRme] *adj.*	geschlossen	Le dimanche, l'école est **fermée**.
la figurine [lafigyRin]	die Figur *Gegenstand*	Voilà **la figurine** de Lucky Luke.
la visite [lavizit]	die Besichtigung, *auch:* der Besuch	→ visiter qc

Unité 5 | Volet 2

Hermann [ɛʁman] belgischer Comiczeichner, eigtl. Hermann Huppen
Jean Van Hamme [ʒɑ̃vanam] belgischer Drehbuch-, Abenteuerroman- und Comicautor
Philippe Geluck [filipɡəlyk] belgischer Künstler und Comiczeichner
le pistolet [ləpistɔlɛ] hier: belgisches Sonntagsbrötchen ▶ Photo
E411 et Falzar [əkatʁsɑ̃ɔ̃zefalzaʁ] belgische Comicautoren

la critique [lakʁitik]	die Kritik	Le film a eu des mauvaises **critiques**.
désert/déserte [dezɛʁ/dezɛʁt] adj.	verlassen, einsam	↔ animé/animée 🇬🇧 deserted
emporter qc [ɑ̃pɔʁte]	etw. mitnehmen	Quand il part en vacances, Léo **emporte** une caméra.
la fantasy [lafɑ̃tezi]	Fantasy	Mon frère adore les livres de **fantasy**.
sinon [sinɔ̃]	sonst	On doit acheter du beurre, **sinon**, on ne peut pas faire de gâteau.
la manifestation [lamanifɛstasjɔ̃]	die Demonstration, auch: das Ereignis	Tu viens à **la manifestation**?
le futur [ləfytyʁ]	die Zukunft	🇬🇧 future
le documentaire [lədɔkymɑ̃tɛʁ]	der Dokumentarfilm, die Dokumentation	Sur Arte, il y a **des documentaires** intéressants.
dont [dɔ̃]	von dem, von der, dessen, deren Relativpronomen	C'est un mot **dont** je ne connais pas le sens.
l'action [laksjɔ̃] f.	die Handlung	Je n'aime pas **l'action** du film.
voyager [vwajaʒe]	reisen	→ le voyage
l'auteur / l'auteure [lotœʁ]	der/die Autor/in	🇬🇧 author
la guerre atomique [laɡɛʁatɔmik]	der Atomkrieg	Le monde a peur d'**une guerre atomique**.
la société [lasɔsjete]	die Gesellschaft	🏛 societas 🇬🇧 society
actuel/actuelle [aktyɛl] adj.	aktuell, derzeitig	Quel est ton numéro **actuel**?
adopter qn [adɔpte]	jdn adoptieren	Mon beau-père m'**a adopté**.
le sens [ləsɑ̃s]	der Sinn, auch: die Richtung	🇬🇧 sense
l'humour [lymuʁ] m.	der Humor	🇬🇧 humour
intelligent/intelligente [ɛ̃teliʒɑ̃/ɛ̃teliʒɑ̃t] adj.	intelligent	Ton cousin est **intelligent**.
idiot/idiote [idjo/idjɔt] adj. fam.	blöd	→ l'idiot/l'idiote = bête
le tome [lətɔm]	der Band	J'ai tous **les tomes** de cette BD.
le titre [lətitʁ]	der Titel, auch: der Musiktitel	Regardez **le titre** du texte.
la catastrophe [lakatastʁɔf]	die Katastrophe	C'est **la catastrophe**!
oser [oze] + inf.	sich trauen, etw. zu tun	Je n'**ose** pas sortir seul le soir.

UNITÉ 5

féminin/féminine [feminɛ̃/feminin] *adj.*	weiblich, feminin	↔ masculin/masculine
les Flamands [leflamɑ̃]	die Flamen *Bevölkerungsgruppe des niederländischsprachigen Teils Belgiens* ▶ Carte de Belgique	**Les Flamands** vivent au nord de la Belgique.
les Wallons [lewalɔ̃]	die Wallonen *Bevölkerungsgruppe des französischsprachigen Teils Belgiens* ▶ Carte de Belgique	**Les Wallons** vivent au sud de la Belgique.
l'arme [laʀm] *f.*	die Waffe	🇮🇹 arma 🇬🇧 arms
le petit pain [ləpətipɛ̃]	das Brötchen	Le samedi, on mange **des petits pains**.
être accro à qc [ɛtʀakʀoa] *fam.*	nach etw. süchtig sein, von etw. abhängig sein	Isabelle est **accro au** chocolat.
bavard/bavarde [bavaʀ/bavaʀd] *adj.*	geschwätzig	Yasmine et Clara sont **bavardes**.
réussi/réussie [ʀeysi] *adj.*	gelungen	→ réussir
publier qc [pyblije]	etw. veröffentlichen	🇬🇧 publish
psychiatrique [psikjatʀik] *m./f. adj.*	psychiatrisch	Mon père travaille dans un hôpital **psychiatrique**.
soigner qn/qc [swaɲe]	jdn/etw. pflegen	Ludovic aime **soigner** les gens.

Unité 5 | Volet 3

le Tour de France [lətuʀdəfʀɑ̃s] *berühmtes jährliches Radrennen durch Frankreich* ▶ Photo
Jacques Anquetil [ʒakɑ̃ketil] *französischer Profi-Radrennfahrer (1934–1987)*
le Caire [ləkɛʀ] *Kairo Hauptstadt von Ägypten*
les frères Dardenne [lefʀɛʀdaʀdɛn] *Jean-Pierre und Luc, belgische Filmregisseure*
la Palme d'or [lapalmdɔʀ] *die Goldene Palme französischer Filmpreis, wird in Cannes verliehen*
le Festival de Cannes [ləfɛstivaldəkan] *Internationale Filmfestspiele von Cannes*
le prix d'interprétation féminine [ləpʀidɛ̃tɛʀpʀetasjɔ̃feminin] *Auszeichnung in Cannes für die beste Schauspielerin*
Lessines [lɛsin] *belgische Stadt* ▶ Carte de Belgique
l'école des Beaux-Arts de Bruxelles [lekɔldebozaʀdəbʀysɛl] *f. Kunsthochschule in Brüssel*
Georgette Berger [ʒɔʀʒɛtbɛʀʒe] *Modell und Ehefrau von René Magritte (1901–1986)*

la personnalité [lapɛʀsɔnalite]	die Persönlichkeit	→ la personne, le personnage, personnaliser 🇬🇧 personality
la montagne [lamɔ̃taɲ]	der Berg, das Gebirge	🇬🇧 mountain
arrêter qc [aʀete]	etw. beenden, aufhören (mit etw.)	Elle **a arrêté** sa carrière de sportive.
le résumé [ləʀezyme]	die Zusammenfassung, die Inhaltsangabe, das Resümee	Faites **un résumé** de la légende.
le coureur / la coureuse [ləkuʀœʀ/lakuʀøz]	der/die (Radrenn-)Fahrer/in, der/die Läufer/in	→ courir

244 deux-cent-quarante-quatre

la tête [latɛt]	der Kopf, *auch:* das Gesicht	J'ai mal à **la tête**.
le muscle [ləmyskl]	der Muskel	Je m'entraîne pour avoir **des muscles**.
le cœur [ləkœʀ]	das Herz	🪙 cor
l'envie [lɑ̃vi] *f.*	die Lust, das Verlangen, *auch:* der Neid	Tu connais **l'envie** de sucre après le repas?
courageux/courageuse [kuʀaʒø/kuʀaʒøz] *adj.*	mutig	→ encourager qn, le courage 🇬🇧 courageous
engagé/engagée [ɑ̃gaʒe] *adj.*	engagiert	M. Lunet est un principal très **engagé**.
la religieuse [laʀəliʒjøz]	die Nonne, die Ordensschwester	Mère Teresa était **une religieuse** célèbre.
la religion [laʀəliʒjɔ̃]	die Religion	En France, il n'y a pas de cours de **religion** à l'école.
l'exclusion [lɛksklyzjɔ̃] *f.*	die Ausgrenzung	🇬🇧 exclusion
la pauvreté [lapovʀəte]	die Armut	→ pauvre 🇬🇧 poverty
la philosophie [lafilɔzɔfi]	die Philosophie	Sophie s'intéresse à **la philosophie**.
penser à [pɑ̃sea] + *inf.*	daran denken, etw. zu tun	Tu **as pensé à** faire les courses?
réaliser qc [ʀealize]	etw. verwirklichen	→ réaliste, le réalisateur / la réalisatrice 🇬🇧 realize
la vie quotidienne [lavikɔtidjɛn]	der Alltag	Dans **la vie quotidienne**, je ne porte pas de costume.
l'opération [lɔpeʀasjɔ̃] *f.*	die Operation	Comment s'est passé **l'opération**?
l'orange [lɔʀɑ̃ʒ] *f.*	die Orange, die Apfelsine	**Les oranges** sentent très bon.
la vitamine [lavitamin]	das Vitamin	Un citron a beaucoup de **vitamine** C.
la solidarité [lasɔlidaʀite]	die Solidarität	Il y a beaucoup de **solidarité** entre les élèves.
obtenir qc [ɔptəniʀ]	etw. bekommen, etw. erhalten *wird wie* venir *konjugiert* ▶ Verbes, p.178	🪙 obtinere
dénoncer qn/qc [denɔ̃se]	jdn/etw. anprangern, jdn/etw. denunzieren, jdn/etw. verraten, jdn/etw. anzeigen	❗ nous dénonçons 🪙 denuntiare 🇬🇧 denounce
la violence [lavjɔlɑ̃s]	die Gewalt	🇬🇧 violence
le racisme [ləʀasism]	der Rassismus	**Le racisme** est un problème toujours actuel.
ceci n'est pas [səsinɛpa]	dies ist nicht/kein	**Ceci n'est pas** une BD, c'est un manga!
peindre (qc) [pɛ̃dʀ]	(etw.) malen, (etw.) anstreichen ▶ Verbes, p.178	Mon copain m'**a peint** un tableau.
le/la peintre [ləpɛ̃tʀ/lapɛ̃tʀ] *m./f.*	der/die Maler/in	→ peindre, peint/e 🇬🇧 painter

le tableau / ❗ **les tableaux** [lətablo/letablo]	das Gemälde	Au musée, on peut regarder plein de **tableaux**.
épouser qn [epuze]	jdn heiraten	Cédric veut **épouser** Marion.
faire la connaissance de qn [fɛʀlakɔnɛsɑ̃sdə]	jdn kennenlernen	Hier, j'**ai fait la connaissance** de Marguerite.
l'artiste [laʀtist] *m./f.*	der/die Künstler/in	→ l'art 🇬🇧 artist
les nazis [lenazi] *m. pl.*	die Nazis	**Les nazis** étaient des racistes allemands.
c'est pourquoi [sɛpuʀkwa]	deshalb, deswegen	Il est fatigué. **C'est pourquoi** il dort.

Coin lecture 4

Der Wortschatz der Coin lecture ist fakultativ.

le journal [ləʒuʀnal]	*hier:* das Tagebuch, *auch:* die Zeitung	Le soir, j'écris **mon journal**.
remplacer qc [ʀɑ̃plase]	etw. ersetzen, etw. austauschen	Tu **as remplacé** ton vieux vélo!
l'humain [lymɛ̃] *m.*	der Mensch	🇬🇧 human
obligatoire [ɔbligatwaʀ] *m./f. adj.*	obligatorisch	C'est **obligatoire** ou non?
⁽ê⁾**se décider** [sədeside]	sich entscheiden	→ prendre une décision
le meuble [ləmœbl]	das Möbelstück	Mon père a acheté des nouveaux **meubles**.
la gloire [laglwaʀ]	der Ruhm	🏛 gloria 🇬🇧 glory
le parcours [ləpaʀkuʀ]	*hier:* der Werdegang, die Laufbahn	Quel est **votre parcours**?
vide [vid] *m./f. adj.*	leer	La bouteille est **vide**.
paniquer [panike] *fam.*	in Panik geraten	Avant l'examen, j'**ai paniqué**.

Module 5

Tiken Jah Fakoly [tikɛnʒafakoli] *ivorischer Reggaemusiker*
▶ Civilisation, p.198

la mélodie [lamelɔdi]	die Melodie	**Cette mélodie** est jolie.
les paroles [lepaʀɔl] *f. pl.*	der Liedtext	Je ne comprends pas **les paroles**.
inconnu/inconnue [ɛ̃kɔny] *adj.*	unbekannt	→ connaître qn/qc ↔ connu/connue
la présentation [lapʀezɑ̃tasjɔ̃]	die Präsentation	→ présenter qn/qc 🇬🇧 presentation
passer qc [pɑse]	etw. vorspielen *Lied*	Je te **passe** ma chanson préférée.
le message [ləmɛsaʒ]	die Botschaft, die Aussage	🇬🇧 message
pour finir [puʀfiniʀ]	zum Schluss	**Pour finir**, je vous montre un film.
donner son avis (sur qc) [dɔnesɔ̃avi]	seine Meinung (zu etw.) äußern	Après la présentation, tout le monde peut **donner son avis**.

deux-cent-quarante-six

l'attention [latɑ̃sjɔ̃] *f.*	die Aufmerksamkeit	Merci de **votre attention**!
c'est à … [sɛta]	… ist dran.	– **C'est à** qui? – **C'est à** Marion.
télécharger qc [teleʃaʁʒe]	etw. herunterladen	❗ nous télécharg**e**ons
le reggae [ləʁege]	der Reggae	Oscar n'aime pas **le reggae**.
avoir la patate [avwaʁlapatat] *fam.*	gut drauf sein	Ce chanteur **a la patate**!
à propos [apʁɔpo]	übrigens, apropos	– C'est bientôt les vacances! – **À propos**, vous partez loin?
le/la sans-papiers [lə/lasɑ̃papje] *m./f.*	der/die illegale Einwanderer/Einwanderin	La vie d'**un sans-papiers** n'est pas facile.

Unité 6

l'avenir [lavniʁ] *m.*	die Zukunft	↔ le passé = le futur
la liberté [libɛʁte]	die Freiheit	→ libre 🇬🇧 liberty
gagner de l'argent [gaɲedəlaʁʒɑ̃]	Geld verdienen	Mara voudrait **gagner de l'argent**.
dépenser qc [depɑ̃se]	etw. ausgeben	Tu **dépenses** combien par mois?
sept jours sur sept [sɛtʒuʁsyʁsɛt]	sieben Tage die Woche	C'est ouvert **sept jours sur sept**!
l'étranger [letʁɑ̃ʒe] *m.*	das Ausland, die Fremde	Mon oncle vit à **l'étranger**.
le talent [lətalɑ̃]	das Talent	Elle chante trop bien. **Quel talent**!
avoir du talent [avwaʁdytalɑ̃]	Talent haben, talentiert sein	Tu **as** vraiment **du talent**!
avoir confiance en soi [avwaʁkɔ̃fjɑ̃sɑ̃swa]	Selbstvertrauen haben	Tu **as confiance en toi**!
l'équitation [lekitasjɔ̃] *f.*	das Reiten *Sportart*	= faire du cheval
le rêve [ləʁɛv]	der Traum	↔ la réalité

Unité 6 | Volet 1

le bac, le baccalauréat [ləbak/ləbakalɔʁea]	das Abi, das Abitur	Je vais passer **mon bac** à dix-huit ans.
n'en savoir rien [nɑ̃savwaʁjɛ̃]	keine Ahnung haben (von etw.)	– Qu'est-ce que tu voudrais faire plus tard? – Je **n'en sais rien**.
à ta place [ataplas]	an deiner Stelle	Moi, **à ta place**, je serais content!
faire du baby-sitting [fɛʁdybabisitiŋ]	babysitten	Tu as déjà **fait du baby-sitting** pour gagner de l'argent?
le CV (= curriculum vitae) [ləseve]	der Lebenslauf	Pour une candidature, il te faut **un CV**.
l'argent de poche [laʁʒɑ̃dəpɔʃ] *m.*	das Taschengeld	🇬🇧 pocket money
le traducteur / la traductrice [lətʁadyktœʁ/latʁadyktʁis]	der/die Übersetzer/in	**Un traducteur** doit être doué pour les langues.

UNITÉ 6

croire qn/qc [kʀwaʀ]	jdm/etw. glauben ▶ Verbes, p. 178	→ incroyable
le métier [ləmetje]	der Beruf	**Son métier** est professeur.

> ❗ **Merke:**
> Im Französischen verwendet man bei Berufsbezeichnungen **keinen** Artikel.
> Je suis **professeur**.
> Elsa travaille comme **employée** à la gare.
> Lennox rêve de devenir **cuisinier**.

scientifique [sjɑ̃tifik] m./f. adj.	wissenschaftlich	→ la science 🇬🇧 scientific
je te verrais bien ... [ʒətəveʀɛbjɛ̃]	ich kann mir dich gut als ... vorstellen	**Je te verrais bien** prof au collège!
l'ouvrier / l'ouvrière [luvʀije/luvʀijɛʀ] m./f.	der/die Arbeiter/in	Les **ouvriers** fatigués font une pause.
le domaine [lədɔmɛn]	das Gebiet, der Bereich	Lou veut travailler dans **le domaine** de l'informatique.
l'énergie [lenɛʀʒi] f.	die Energie	Je n'ai plus d'**énergie**!
l'orientation [lɔʀjɑ̃tasjɔ̃] f.	die Orientierung	Thibault n'a pas d'**orientation**!
le conseiller / la conseillère d'orientation [ləkɔ̃sɛje/lakɔ̃sɛjɛʀdɔʀjɑ̃tasjɔ̃]	der/die Berufsberater/in ▶ Civilisation, p. 198	Si tu ne sais pas quel métier choisir, va chez **un conseiller d'orientation**.
rêver de [ʀeve də] + inf.	träumen, etw. zu tun	→ le rêve
l'hôtel [lotɛl] m.	das Hotel	C'est **un hôtel** de cinq étoiles!
il faut y croire [ilfoikʀwaʀ]	man muss daran glauben	Allez, du courage, **il faut y croire**!
l'entretien [lɑ̃tʀətjɛ̃] m.	das Gespräch	= la conversation
(ê)se stresser [səstʀese]	sich stressen	→ le stress, stressé/stressée
doué/douée [dwe] adj.	begabt	Léo est bon partout. Il est très **doué**.
être doué/douée pour qc [ɛtʀdwepuʀ]	begabt sein für etw.	Madeleine **est douée pour** la photo.
photographier qn/qc [fɔtɔgʀafje]	jdn/etw. fotografieren	→ la photo = prendre des photos
le salaire [ləsalɛʀ]	das Gehalt	🇬🇧 salary
le salaire fixe [ləsalɛʀfiks]	das Festgehalt	Plus tard, je voudrais **un salaire fixe**.
baisser les bras [besəlebʀa]	aufgeben *wörtlich:* die Arme senken	– J'ai un problème. – Il ne faut pas **baisser les bras**!
si ça te dit [sisatədi]	wenn du Lust hast	– On rentre ensemble? – Oui, **si ça te dit**.
l'organisation [lɔʀganizasjɔ̃] f.	die Organisation	«Médecins du monde» est **une organisation** internationale.
le réfugié / la réfugiée [ləʀefyʒje/laʀefyʒje]	der Flüchtling	🇬🇧 refugee

UNITÉ 6

quelqu'un de bien [kɛlkœ̃dəbjɛ̃]	ein guter Mensch, *wörtl:* jemand Gutes	J'ai rencontré **quelqu'un de bien**.
je vais y réfléchir [ʒəvɛiʀefleʃiʀ]	ich werde darüber nachdenken	C'est un bon conseil, **je vais y réfléchir**.
le médecin [ləmedsɛ̃]	der Arzt, die Ärztin *im Französischen ist „médecin" immer männlich*	Je suis malade, je vais chez **le médecin**.
atteindre qc [atɛ̃dʀ]	etw. erreichen *wird wie* peindre *konjugiert* ▶ Verbes, p. 178	Il **a atteint** son but, il est chanteur professionnel!

Unité 6 | Volet 2

Illkirch [ilkiʀʃ] *Stadt im Elsass*

le point fort [ləpwɛ̃fɔʀ]	die Stärke	– Quel est **ton point fort**? – L'attaque.
l'atelier [latəlje] *m.*	der Workshop, das Atelier	Tu participes à **l'atelier** de danse?
l'intelligence [lɛ̃teliʒɑ̃s] *f.*	die Intelligenz	Je dois faire un test d'**intelligence**.
la réponse [laʀepɔ̃s]	die Antwort	→ répondre (à qn/qc) ↔ la question
l'humoriste [lymɔʀist] *m./f.*	der/die Humorist/in, der/die Comedian	Dany Boon est **un humoriste** français.
soi-même [swamɛm]	(sich) selbst	Au camping, je fais mes repas **moi-même**.

je	– Au camping, je fais mes repas **moi-même**.
tu	– Au camping, tu fais tes repas **toi-même**.
il	– Au camping, il fait ses repas **lui-même**.
elle	– Au camping, elle fait ses repas **elle-même**.
on	– Au camping, on fait ses repas **soi-même**.
nous	– Au camping, nous faisons nos repas **nous-mêmes**.
vous	– Au camping, vous faites vos repas **vous-mêmes**.
ils	– Au camping, ils font leurs repas **eux-mêmes**.
elles	– Au camping, elles font leurs repas **elles-mêmes**.

la recherche [laʀəʃɛʀʃ]	die Forschung, die Suche	→ chercher qn/qc 🇬🇧 research
le travail en équipe [lətʀavajɑ̃nekip]	die Teamarbeit	Tu aimes **le travail en équipe**?
l'infirmier / **l'infirmière** [lɛ̃fiʀmje/lɛ̃fiʀmjɛʀ] *m./f.*	der/die Krankenpfleger/in	→ l'infirmerie
l'organisateur / **l'organisatrice** [lɔʀganizatœʀ/lɔʀganizatʀis] *m./f.*	der/die Organisator/in	Le festival a été un grand succès, **les organisateurs** sont contents.
la rencontre [laʀɑ̃kɔ̃tʀ]	das Treffen	→ rencontrer qn
l'information [lɛ̃fɔʀmasjɔ̃] *f.*	die Information	Sur mon portable, je reçois trop d'**informations**.

deux-cent-quarante-neuf 249

UNITÉ 6

l'économie [lekɔnɔmi] f.	die Wirtschaft, die BWL (= Betriebswirtschaftslehre)	🇬🇧 economy
le concepteur / la conceptrice de jeux vidéo [ləkɔ̃sɛptœʁ/ lakɔ̃sɛptʁisdəʒøvideo]	Game Conceptioner *Entwickler/in von Videospielen*	**Conceptrice de jeux vidéo**, c'est le métier de rêve de Siri!
le son [ləsɔ̃]	der Ton, der Klang	→ sonner
le zoo [ləzo]	der Zoo	Dimanche, nous irons au **zoo**.
l'agriculture [lagʁikyltyʁ] f.	die Landwirtschaft	🇬🇧 agriculture 🏛 agricultura
décrire qn/qc [dekʁiʁ]	jdn/etw. beschreiben *wird wie écrire konjugiert* ▶ Verbes, p.178	Est-ce que tu peux **décrire** ta chambre?
former qc [fɔʁme]	formen, bilden	**Formez** des groupes!
la formation [lafɔʁmasjɔ̃]	die Ausbildung	Vous avez **quelle formation**?
le lion [ləljɔ̃]	der Löwe	**Les lions** sont très forts.
indépendant/indépendante [ɛ̃depɑ̃dɑ̃/ɛ̃depɑ̃dɑ̃t] adj.	unabhängig	🇬🇧 independent
curieux/curieuse [kyʁjø/kyʁjøz] adj.	neugierig, merkwürdig	🇬🇧 curious
▶ Hörtext **Assieds-toi!** [asjetwa]	Setz dich!	**Assieds-toi**, j'arrive.
Asseyez-vous! [asejevu]	Setzen Sie sich!	**Asseyez-vous!** Je peux vous offrir un café?
grave [gʁav] m./f. adj.	ernst, schlimm, schwer	→ l'accent grave 🏛 gravis
technique [tɛknik] m./f. adj.	technisch	Ingénieur est un métier **technique**.
artistique [aʁtistik] m./f. adj.	künstlerisch	→ l'artiste, les arts 🇬🇧 artistic
le designer industriel/ la designeuse industrielle [lədizajnœʁɛ̃dystʁijɛl/ ladizajnøzɛ̃dystʁijɛl]	der/die Produktdesigner/in, der/die Industriedesigner/in	Ma mère travaille comme **designeuse industrielle**.
l'emballage [lɑ̃balaʒ] m.	die Verpackung	Ce produit a trop d'**emballages**.
je vois [ʒəvwa]	ich verstehe	Ah oui, **je vois** ce que tu veux dire!
avoir l'air [avwaʁlɛʁ] + adj.	aussehen	Il **a l'air** fatigué.
le client / la cliente [ləklijɑ̃/laklijɑ̃t]	der Kunde/die Kundin, der/die Klient/in	Vous avez beaucoup de **clients**.
Tiens! [tjɛ̃]	Hier!, Nimm!	**Tiens**, s'il te plaît.
Tenez! [təne]	Hier!, Nehmen Sie!	Voilà mon numéro, **tenez**!
Je t'en prie. [ʒətɑ̃pʁi]	(aber) gern, gern geschehen, bitte (schön) *Wenn man jdn duzt.*	– Merci, Sarah! – **Je t'en prie!**
Je vous en prie. [ʒəvuzɑ̃pʁi]	(aber) gern, gern geschehen, bitte (schön) *Wenn man jdn siezt.*	– Merci beaucoup! – **Je vous en prie**, Monsieur!

Unité 6 | Volet 3

les Vosges [levoʒ] *f. pl.* die Vogesen *Gebirge im Elsass* ▶ Photo
l'Alsace [lalzas] *f.* das Elsass *Region im Osten Frankreichs*
▶ Civilisation, p.198

la candidature [lakɑ̃didatyʀ]	die Bewerbung	Fatih a envoyé **sa candidature** à plusieurs entreprises.
poser sa candidature [pozesakɑ̃didatyʀ]	sich bewerben	Tu peux m'aider à **poser ma candidature**?
le candidat / la candidate [ləkɑ̃dida/lakɑ̃didat]	der/die Kandidat/in, der/die Bewerber/in	Je pense que **ce candidat** va gagner le million.
le tuyau / ❗ **les tuyaux** [lətɥijo/letɥijo]	*hier:* der Geheimtipp	La prof m'a donné **des tuyaux** pour bien réviser.
la lettre de motivation [laletʀdəmɔtivasjɔ̃]	das Bewerbungsschreiben	🇬🇧 motivation letter
l'employeur / l'employeuse [lɑ̃plwajœʀ/lɑ̃plwajøz] *m./f.*	der/die Arbeitgeber/in	→ l'employé/l'employée 🇬🇧 employer
l'entretien d'embauche [lɑ̃tʀətjɛ̃dɑ̃boʃ] *m.*	das Vorstellungsgespräch	→ l'entretien
l'avenue [lavəny] *f.*	die Allee	J'habite **avenue** de Colmar.
les coordonnées [lekɔɔʀdɔne] *f. pl.*	die Koordinaten, die Kontaktdaten	Tiens, je te donne **mes coordonnées**.
l'Européen / l'Européenne [løʀɔpeɛ̃/løʀɔpeɛn] *m./f.*	der/die Europäer/in	**Les Européens** parlent des langues différentes.
l'objet [lɔbʒɛ] *m.*	der Betreff	Quel est **l'objet** du mail?
la demande [ladəmɑ̃d]	die Anfrage, die Bitte	Nora prépare **sa demande** de stage.
en classe de troisième [ɑ̃klasdətʀwazjɛm]	in der neunten Klasse	**En classe de troisième**, il faut faire un stage.
actuellement [aktɥɛlmɑ̃] *adv.*	zurzeit, gegenwärtig	= en ce moment
particulièrement [paʀtikyljɛʀmɑ̃] *adv.*	besonders	🇬🇧 particularly = surtout, spécialement
la réception [laʀesɛpsjɔ̃]	die Rezeption, der Empfang	Où est **la réception**?
en rajouter [ɑ̃ʀaʒute]	dick auftragen	Quand il raconte des histoires, il **en rajoute** toujours.
venir de [vəniʀdə] + *inf.*	gerade etw. getan haben	Fahrida **vient de** partir.
être en train de [ɛtʀɑ̃tʀɛ̃də] + *inf.*	dabei sein, etw. zu tun	Je **suis en train de** ranger la cuisine.
le service [ləsɛʀvis]	der Service, die Bedienung	→ servir qn/qc
les vendanges [levɑ̃dɑ̃ʒ] *f. pl.*	die Weinlese	Tu as déjà participé aux **vendanges**?
lequel/laquelle/lesquels/lesquelles [ləkɛl/lakɛl/lekɛl/lekɛl]	welcher/welche/welches *Relativpronomen*	Anna, c'est la copine avec **laquelle** je joue dans un groupe.

deux-cent-cinquante-et-un

UNITÉ 6

enrichissant/enrichissante [ɑ̃ʀiʃisɑ̃/ɑ̃ʀiʃisɑ̃t] *adj.*	bereichernd	→ riche
les connaissances [lekɔnɛsɑ̃s] *f. pl.*	die Kenntnisse, das Wissen	→ connaître (qn/qc)
la langue étrangère [lalɑ̃getʀɑ̃ʒɛʀ]	die Fremdsprache	→ l'étranger
l'examen [lɛgzamɛ̃] *m.*	die Prüfung, *auch:* die ärztliche Untersuchung	🇬🇧 exam
le niveau / ❗ **les niveaux** [lənivo/lenivo]	das Niveau	Quel est **ton niveau** en anglais?
l'espagnol [lɛspaɲɔl] *m.*	Spanisch	Bertrand adore le cours d'**espagnol**.
motivé/motivée [mɔtive] *adj.*	motiviert	Sophie est vraiment **motivée** pour ce stage.
Dans l'attente de votre réponse, je vous prie de bien vouloir recevoir, Madame, Monsieur, mes salutations respectueuses.	Mit freundlichen Grüßen *Französische Grußformel, die am Ende eines offiziellen Briefes verwendet wird*	🇬🇧 Yours sincerely
signer qc [siɲe]	etw. unterschreiben	🇬🇧 to sign
la pièce jointe / p.j. / P.J. [lapjɛsʒwɛ̃t]	der Anhang	Je t'envoie les photos **en pièce jointe**.
le document [lədɔkymɑ̃]	das Dokument, die Unterlagen	Je vais t'envoyer **le document** par mail.
la photo d'identité [lafotodidɑ̃tite]	das Passfoto	Je n'aime pas **les photos d'identité**.
sourire [suʀiʀ]	lächeln *wird wie rire konjugiert* ▶ Verbes, p. 178	**Souriez** pour la photo, s'il vous plaît!
ça fait + *adj.* [safɛ]	das wirkt + *Adjektiv*	Je décore la table. **Ça fait** plus joli.
l'alsacien [lalzasjɛ̃] *m.*	Elsässisch *Sprache*	Tu parles **alsacien**?
l'aide [lɛd] *f.*	die Hilfe, *hier:* die Hilfskraft	→ aider qn
Hörtext ▶ **à l'appareil** [alapaʀɛj]	am Apparat	Bonjour, c'est Morgane Laurier à **l'appareil**.
le dossier [lədosje]	die Unterlagen, die Akte	Pourriez-vous m'envoyer **le dossier**?
le patron / la patronne [ləpatʀɔ̃/lapatʀɔn]	der Chef / die Chefin	Je vous présente **la patronne**, Mme Petit.
demander à parler à qn [dəmɑ̃deapaʀlea]	nach jdm fragen	Quand vous passez au bureau, **demandez à parler** au patron.
l'instant [lɛ̃stɑ̃] *m.*	der Augenblick	= le moment
Je vous le/la passe. [ʒəvulə/lapas]	Ich stelle Sie zu ihm/ihr durch.	– Je voudrais parler à Mme Leblanc. – D'accord, **je vous la passe**.
avoir la chance de [avwaʀlaʃɑ̃sdə] + *inf.*	das Glück / die Möglichkeit haben, etw. zu tun	Elle **a la chance de** partir à l'étranger.
être capable de [ɛtʀkapabldə] + *inf.*	fähig sein, etw. zu tun; etw. tun können	Aminata est trop forte, elle **est capable de** tout faire!
flexible [flɛksibl] *m./f. adj.*	flexibel	🇬🇧 flexible

Module 6

avec des si et des mais [avɛkdesiedemɛ]	hätte, wäre, könnte; wenn das Wörtchen „wenn" nicht wäre	**Avec des si et des mais**, on mettrait Paris en bouteille.
croiser qn [kʀwaze]	jdm begegnen, jdn treffen	= rencontrer qn
doux/douce [du/dus] *adj.*	*hier:* süß, *auch:* sanft	C'est très **doux**!
ressentir qc [ʀəsɑ̃tiʀ]	etw. empfinden *wird wie sentir konjugiert* ▶ Verbes, p. 178	Qu'est-ce que tu **ressens** pour moi?
au fond de qn/qc [ofɔ̃də]	tief im Innern von jdm / tief in etw.	**Au fond de** moi, je suis très timide.
le siège [ləsjɛʒ]	der Sitz	Il y a combien de **sièges** dans le bus?
la voix / ❗ **les voix** [lavwa/levwa]	die Stimme	🇬🇧 voice
la tempête [latɑ̃pɛt]	das Unwetter, der Sturm	🏛 tempestas 🇬🇧 tempest
la bouée [labwe]	der Rettungsring	Il y a **des bouées** sur le bateau.
face à qc/qn [fasa]	etw./jdm gegenüber	**Face à** mon frère, je suis gentil.
le projecteur [ləpʀɔʒɛktœʀ]	der Scheinwerfer	Sur scène, il y a **des projecteurs**.
le compliment [ləkɔ̃plimɑ̃]	das Kompliment	N'exagère pas avec **tes compliments**!
le jet de fleurs [ləʒɛdəflœʀ]	der Blumenregen	Sur scène, il y a **des jets de fleurs**.
rouillé/rouillée [ʀuje] *adj.*	eingerostet	Mon vélo est **rouillé**.
coincé/coincée [kwɛ̃se] *adj.*	*hier:* steckengeblieben	Le chat est **coincé** dans l'armoire.
la routine [laʀutin]	die Routine	Le matin, tout le monde a **des routines**.
(ê)arriver à qn [aʀive a]	jdm passieren	Cela t'**arrive** de chanter sous la douche?
l'usine [lyzin] *f.*	die Fabrik	Mme Leblanc travaille dans **une usine**.
affalé/affalée [afale] *adj.*	niedergesunken	Mon père est **affalé** sur sa chaise.
le canapé [ləkanape]	das Sofa, die Couch	Il y a un grand **canapé** dans le salon.
engueuler qn [ɑ̃gœle] *fam.*	jdn anschnauzen	Parfois, j'**engueule** mon frère.
la lune [lalyn]	der Mond	🏛 luna
tenir qn/qc [təniʀ]	jdn/etw. festhalten, etw. halten *wird wie venir konjugiert* ▶ Verbes, p. 178	→ tiens, tenez
tenir compagnie à qn [təniʀkɔ̃paɲia]	jdm Gesellschaft leisten	→ la compagnie
déprimer [depʀime]	deprimiert sein	Océane **déprime**, elle est malheureuse.
tellement [tɛlmɑ̃] *adv.*	so, dermaßen	J'ai **tellement** faim!
le type [lətip] *fam.*	der Typ, der Kerl	Qui est **ce type** là-bas?

l'allée [lale] *f.*	die Allee	J'habite près d'**une allée**.
entier/entière [ɑ̃tje/ɑ̃tjɛʀ] *adj.*	ganz	Il a mangé le paquet **entier**.
la bière [labjɛʀ]	das Bier	Je n'aime pas **la bière**.
rouler [ʀule]	fahren, rollen	Jean **roule** en voiture, Yves à vélo.
le bout [ləbu]	*hier:* das Stück, *auch:* das Ende	= le morceau
le verre [ləvɛʀ]	das Glas	**Un verre** d'eau, s'il vous plaît.
le pneu [ləpnø]	der Reifen	Zut! **Le pneu** de mon vélo est crevé!
crever [kʀəve]	platzen, reißen	**!** il crève
la merveille [lamɛʀvɛj]	das Wunder	Tu connais les sept **merveilles** du monde?

LISTE ALPHABÉTIQUE FRANÇAIS-ALLEMAND

Die Angabe hinter dem Pfeil verweist auf die *Unité* und das *Volet* bzw. auf das *Module*, in der/dem die Vokabel eingeführt wird. → 3/1 heißt *Unité 3, Volet 1*; → M4 steht für *Module 4*. → 2/A verweist auf die Auftaktseite von *Unité 2*.

A

à in, im, nach; **à … kilomètres** … Kilometer entfernt → Vorkurs;
à base de auf Basis von → 2/1
à cause de wegen
à côté (de) nebenan, neben
à droite (de) rechts (von)
à gauche (de) links (von)
À la bonne heure! Recht so!, Bravo!
à la fois *adv.* gleichzeitig, auf einmal → 1/3
à la maison zu Hause, daheim
à la mode in Mode
à la page (20) auf Seite (20)
à l'heure pünktlich
À plus! *fam.* Bis später!
à propos übrigens, apropos → M5
À quelle heure? Um wie viel Uhr?
À table! Essen!, Zu Tisch! → M2
à tour de rôle *adv.* abwechselnd → 3/2
l' **absence** *f.* die Abwesenheit → 4/2
absolument *adv.* ganz, unbedingt → 3/2
l' **accent** *m.* der Akzent → 1/2
accompagner qn jdn begleiten
l' **accordéon** *m.* das Akkordeon
être accro à qc *fam.* nach etw. süchtig sein, von etw. abhängig sein → 5/2
acheter qc à qn jdm etw. kaufen *Konjugation S. 178*
l' **acteur** / l'**actrice** *m./f.* der/die Schauspieler/in → Vorkurs
l' **action** *f.* die Aktion, die Tat, die Handlung → 5/2;
le **film d'action** der Actionfilm
actuel/actuelle *adj.* aktuell, derzeitig → 5/2
actuellement *adv.* zurzeit, gegenwärtig → 6/3
admirer qn/qc jdn/etw. bewundern → 3/1
l' **ado** *fam.* / l'**adolescent** / l'**adolescente** *m./f.* der/die Jugendliche → 4/3
ado / adolescent *m.* / **adolescente** *f. adj.* jugendlich → 3/1
adopter qn jdn adoptieren → 5/2

adorer qn/qc jdn/etw. (sehr) lieben; **adorer** + *inf.* es sehr lieben etw. zu tun
l' **adresse** *f.* die Adresse
les **affaires** *f. pl.* die Sachen, die Angelegenheiten → 4/1
affalé/affalée *adj.* niedergesunken → M6
l' **affiche** *f.* das Plakat → 1/3
africain/africaine *adj.* afrikanisch → Vorkurs
l' **âge** *m.* das Alter
agréable *m./f. adj.* angenehm → 2/1
agressif/agressive aggressiv, grell → 3/3
l' **agriculture** *f.* die Landwirtschaft → 6/2
ah ach, ach so
l' **aide** *f.* die Hilfe, die Hilfskraft → 6/3
aider (qn) à + *inf.* (jdm) helfen etw. zu tun → 3/1; **aider qn** jdm helfen
ailleurs woanders → M1
aimer qn/qc jdn/etw. mögen, jdn/etw. lieben; **aimer** + *inf.* es mögen/lieben, etw. zu tun; **aimer bien qn/qc** jdn/etw. gern mögen;
aimer l'action unternehmungslustig sein
en plein air im Freien → 1/1
ajouter qc etw. hinzufügen
l' **albinos** der Albino → Vorkurs
l' **album** *m.* das Album, das Fotoalbum → Vorkurs; l'**album de BD** *m.* der Comicband → 5/1
l' **Algérie** *f.* Algerien → 1/3
l' **Algonquin** / l'**Algonquine** *m./f.* der/die Algonkin → 3/1
l' **allée** *f.* die Allee → M6
l' **Allemagne** *f.* Deutschland
l' **allemand** *m.* Deutsch, die deutsche Sprache
aller gehen *Konjugation S. 178*;
Ça va? Wie geht's? / Geht's (dir) gut?; **aller chercher qn/qc** jdn/etw. abholen, jdn/etw. holen → 2/1;
Ça me va bien. Das steht/passt mir gut.; **Ça va.** Es geht mir gut.;
s'en aller weggehen, fortgehen → 4/3

l' **allergie** *f.* die Allergie
Allez! Los! → 4/3
Allô! Hallo!, Ja, bitte?
allumer qc etw. anzünden, etw. einschalten
alors also; **alors que** obwohl, wohingegen → 4/2
l' **alsacien** *m.* Elsässisch → 6/3
l' **ambiance** *f.* die Stimmung, die Atmosphäre → 1/1
américain/américaine *adj.* amerikanisch → 3/1
l' **ami**/l'**amie** *m./f.* der/die Freund/in
l' **amitié** *f.* die Freundschaft
l' **amour** *m.* die Liebe
amoureux/amoureuse *adj.* verliebt → 1/3
s'amuser sich amüsieren, Spaß haben → 2/2
l' **an** *m.* das Jahr
ancien/ancienne *adj.* ehemalig, alt → 1/1
l' **anglais** *m.* Englisch, die englische Sprache
l' **Angleterre** *f.* England → Vorkurs
l' **animal** / les **animaux** *m.* das (Haus-)Tier
l' **anim** *fam.* / l'**animateur** / l'**animatrice** *m./f.* der/die Animateur/in
animé/animée *adj.* belebt
l' **année** *f.* das Jahr; **Bonne année!** Frohes neues Jahr!
l' **anniversaire** *m.* der Geburtstag; **Joyeux anniversaire!** Herzlichen Glückwunsch zum Geburtstag!
annoncer qc etw. ankündigen, etw. mitteilen *wie* avancer, *Konjugation S. 178* → 4/3
l' **anorak** *m.* der Anorak
l' **Antiquité** *f.* die Antike → 1/1
août August
à l'appareil am Apparat → 6/3
l' **appartement** *m.* die Wohnung
appeler qn jdn (an-)rufen *Konjugation S. 178*
Bon appétit! Guten Appetit! → M2
applaudir (qn) applaudieren *wie* finir, *Konjugation S. 178* → 3/3

LISTE ALPHABÉTIQUE FRANÇAIS-ALLEMAND

apporter qc (à qn) jdm etw. mitbringen
apprendre à qn à + *inf.* jdm beibringen etw. zu tun → 4/1; **apprendre qc** etw. lernen *wie prendre*, Konjugation S. 178
après danach, nach, hinter
l' **après-midi** *m./f.* der Nachmittag, am Nachmittag
l' **aquarium** *m.* das Aquarium
l' **arabe** *m.* Arabisch, die arabische Sprache
l' **arbitre** *m./f.* der/die Schiedsrichter/in → 3/3
l' **architecte** *m./f.* der/die Architekt/in → 5/1
l' **architecture** *f.* die Architektur → 5/A
les **arènes** *f. pl.* die Arena → M1
l' **argent** *m.* das Geld, das Silber → 4/2; **gagner de l'argent** Geld verdienen → 6/A; l' **argent de poche** *m.* das Taschengeld → 6/1
l' **argument** *m.* das Argument
l' **arme** *f.* die Waffe → 5/2
l' **armoire** *f.* der Schrank
l' **arrêt** *m.* die Haltestelle, der Halt → 4/2
arrêter de + *inf.* aufhören etw. zu tun → 4/1; **arrêter qc** etw. beenden, aufhören (mit etw.) → 5/3
l' **arrière-plan** *m.* der Hintergrund → 5/1
l' **arrivée** *f.* die Ankunft → 3/1
arriver ankommen; **arriver à** + *inf.* etw. zu tun erreichen, etw. zu tun schaffen → 1/3; **arriver à qn** jdm passieren → M6
l' **arrondissement** *m.* das Arrondissement
l' **art** *m.* die Kunst; les **arts plastiques** *m. pl.* Kunst, künstlerisches Gestalten
l' **article** *m.* der Artikel, der Zeitungsartikel
l' **artisan** / l' **artisane** *m./f.* der/die Kunsthandwerker/in, der/die Handwerker/in → M1
l' **artiste** *m./f.* der/die Künstler/in → 5/3
artistique *m./f. adj.* künstlerisch → 6/2
l' **ascenseur** *m.* der Aufzug
passer l'aspirateur staubsaugen
Asseyez-vous! Setzen Sie sich! → 6/2

assez ziemlich; **assez de** genug; **J'en ai assez!** Ich hab genug!, Mir reicht's! → 4/2
Assieds-toi! Setz dich! → 6/2
l' **assiette** *f.* der Teller → 1/2
l' **association** *f.* die Organisation, der Verein
l' **astronaute** *m./f.* der/die Astronaut/in → Vorkurs
l' **atelier** *m.* der Workshop, das Atelier → 6/2
l' **attaque** *f.* der Angriff, die Angriffsspieler, die Attacke → 3/3
atteindre qc etw. erreichen *wie prendre*, Konjugation S. 178 → 6/1
attendre qn/qc auf jdn/etw. warten Konjugation S. 178
l' **attention** *f.* die Aufmerksamkeit → M5; **faire attention** aufpassen → 3/2
Attention! Achtung!
attirer qn jdn anziehen, jdn anlocken → 5/A
au lieu de statt, anstelle von → 2/1
au moins mindestens
Au revoir! Auf Wiedersehen!
Au secours! Zu Hilfe!
l' **auberge de jeunesse** *f.* die Jugendherberge
au-dessus de qn/qc über jdm/etw. → 1/1
l' **audioguide** *m.* der Audioguide → 5/1
aujourd'hui *adv.* heute
aussi auch; **aussi ... que** (genau) so ... wie → 1/1
autant de *adv.* so viel → 3/1
l' **auteur** / l' **auteure** der/die Autor/in → 5/2
autochtone *m./f. adj.* einheimisch, eingeboren → 3/1
l' **automne** *m.* der Herbst → 3/1
autonome *m./f. adj.* selbstständig → 2/2
autour de um ... herum
autre *m./f. adj.* anderer/andere/anderes
l' **autre** *m./f.* der/die Andere
autrefois früher → M1
avancer vor-/weitergehen Konjugation S. 178
avant vor, davor; **avant de** + *inf.* bevor → 3/2
l' **avantage** *m.* der Vorteil → 2/3

avec mit
avec des si et des mais hätte, wäre, könnte; wenn das Wörtchen „wenn" nicht wäre → M6
l' **avenir** *m.* die Zukunft → 6/A
l' **aventure** *f.* das Abenteuer
l' **avenue** *f.* die Allee → 6/3
l' **avion** *m.* das Flugzeug
l' **avis** *m.* die Meinung → 1/1; **à mon avis** meiner Meinung nach; **donner son avis (sur qc)** seine Meinung (zu etw.) äußern → M5
l' **avocat** / l' **avocate** *m./f.* der Anwalt / die Anwältin → 4/3
avoir haben; **avoir ... ans** ... Jahre alt sein; **avoir besoin de qn/qc/** + *inf.* jdn/etw. brauchen, etw. tun müssen → 4/1; **avoir de la chance** Glück haben → 1/2; **avoir du mal à** + *inf.* sich (mit etw.) schwertun → 4/3; **avoir du talent** Talent haben, talentiert sein → 6/A; **avoir envie de qc** / +*inf.* Lust auf etw. haben, Lust haben etw. zu tun → 2/1; **avoir faim** Hunger haben; **avoir la patate** *fam.* gut drauf sein → M5; **avoir le droit de** + *inf.* das Recht haben, etw. zu tun, etw. dürfen → 2/1; **avoir mal (à qc)** Schmerzen haben (an etw.) → 2/1; **avoir raison** recht haben → M3; **avoir soif** Durst haben
avoir l'air + *adj.* aussehen → 6/2
avoir lieu stattfinden → 5/A
avril April

B

faire du baby-sitting babysitten → 6/1
le **bac**, le **baccalauréat** das Abi, das Abitur → 6/1
le **badge** der Button
la **baguette** das Baguette
se baigner baden → 1/2
baisser les bras aufgeben *wörtlich:* die Arme senken → 6/1
la **balade** der Spaziergang, die Spazierfahrt
la **baleine** der Wal → 3/A
le **ballon** der Ball → 3/3
bas/basse *adj.* niedrig
à base de auf Basis von → 2/1
la **basilique** die Basilika → 1/A
le **basket** Basketball, das Basketballspielen

LISTE ALPHABÉTIQUE FRANÇAIS-ALLEMAND

les **baskets** *f. pl.* die Turnschuhe
le **bateau** / les **bateaux** das Schiff, das Boot
le **bâtiment** das Gebäude → 5/1
Je n'ai plus de batterie. Mein Akku ist leer.
bavard/bavarde *adj.* geschwätzig → 5/2
beau/bel *m.* / **belle** *f.* **beaux** *m. pl.* / **belles** *f. pl. adj.* schön
la **belle-mère** die Stiefmutter, die Schwiegermutter → 4/A
le **beau-père** der Stiefvater, der Schwiegervater → 4/A
beaucoup *adv.* sehr, viel; **beaucoup de** viel, viele; **beaucoup de monde** viele Leute → 5/A
la **bédé / B.D. (bande déssinée) / BD** / les **B.D.** der Comic
belge *m./f. adj.* belgisch → 5/A; le **Belge** / la **Belge** der Belgier, die Belgierin → 5/A
la **Belgique** Belgien → Vorkurs
ben *fam.* naja, äh → 2/1
bête *m./f. adj.* dumm, blöd
la **bêtise** die Dummheit, der Unsinn → 1/2
beurk *fam.* bäh → 2/1
le **beurre** die Butter
la **bibliothèque** die Bibliothek, die Bücherei
bien *adv.* gut; **bien porter son nom** seinen Namen verdienen → 2/3; **faire du bien (à qn)** (jdm) gut tun → 3/2
bien sûr aber sicher, natürlich
bientôt bald
Bienvenue! *f.* Willkommen!
la **bière** das Bier → M6
les **bijoux** *m. pl.* der Schmuck → 4/1
bilingue *m./f. adj.* zweisprachig, bilingual → 3/A
le **billet** der Geldschein → 3/A, das Ticket, die Eintrittskarte, der Fahrschein
bio *fam.* / **biologique** *m./f. adj.* Bio-, biologisch
le **bisou** das Küsschen
bizarre *m./f. adj.* merkwürdig
la **blague** der Scherz, der Witz
blanc/blanche *adj.* weiß
le **blé noir** der Buchweizen
le **bleu** das Blau, die blaue Farbe; **bleu/bleue** *adj.* blau
le **blog** der Blog

bof *fam.* Na ja. / Es geht so.
boire qc etw. trinken *Konjugation S. 178*
le **bois** das Holz, der Wald → 3/2
la **boisson** das Getränk
bon/bonne *adj.* gut
le **bon** der Gutschein; **Bon appétit!** Guten Appetit! → M2; **Bonne année!** Frohes neues Jahr!; **Bonne chance!** Viel Glück! → 4/1; **Bonne idée!** Gute Idee!; le **bon plan** der Geheimtipp → 1/1
le **bonbon** das Bonbon → 3/A
Bonjour! Guten Tag!, Guten Morgen!, Grüß Gott!; **Bonjour de ... + Ort** Viele Grüße aus ...
au bord de am Ufer von
la **bouchée** der Bissen → 2/1
le **bouchon** der Stau, der Flaschenverschluss → M4
la **boue** der Schlamm → 2/2
la **bouée** der Rettungsring → M6
bouger sich bewegen *wie* manger, *Konjugation S. 178* → 3/2
la **bougie** die Kerze
la **bouillabaisse** die Bouillabaisse → 1/2
la **boulangerie** die Bäckerei
les **boules** *f. pl.* Boule, das Boulespiel → M1
le **bout** das Stück, das Ende → M6; **au bout de qc** am Ende von etw. → 5/1
la **bouteille** die Flasche
la **boutique** der Laden → M1
le **boxeur** / la **boxeuse** der/die Boxer/in → 1/2
branché/branchée *adj. fam.* angesagt → 1/1
baisser les bras aufgeben *wörtlich:* die Arme senken → 6/1
la **Bretagne** die Bretagne
le **breton** die bretonische Sprache; **breton/bretonne** *adj.* bretonisch
le **brevet** das Abschlusszeugnis → 2/2
bronzé/bronzée *adj.* sonnengebräunt → M4
le **bruit** der Lärm, das Geräusch
le **buffet** das Buffet → 2/1
le **bureau** / les **bureaux** der Schreibtisch, das Büro
le **bus** der Bus
le **but** das Tor, das Ziel → 3/3; le **gardien** / la **gardienne de but** der/die Torwart/in, der/die Torhüter/in → 3/3

C

ça craint *fam* das ist nicht in Ordnung, das geht gar nicht → 4/2; **cela**, *fam.* **ça** das → 2/1
Ça dépend. Es kommt darauf an.
ça fait + *adj.* das wirkt → 6/3
Ça m'a plu. / Ça ne m'a pas plu. Das hat mir (nicht) gefallen.
Ça marche. *fam.* Geht klar., Das klappt!
Ça me plaît. / Ça ne me plaît pas. Das gefällt mir. / Das gefällt mir nicht.
Ça s'écrit comment? Wie schreibt man das?
Ça va? Wie geht's? / Geht's (dir) gut?; **Ça va.** Es geht mir gut.
le **cacao** der Kakao
la **cache** das Versteck, der Cache
le **cadeau** / les **cadeaux** das Geschenk
le **café** der Kaffee, das Café
le **cahier** das Heft; le **cahier de texte** das Hausaufgabenheft → 4/2
calme *m./f. adj.* ruhig
calmer qn jdn beruhigen
la **caméra** die Kamera → 4/2
le **camping** das Zelten, der Zeltplatz, der Campingplatz → M4
le **Canada** Kanada → Vorkurs
canadien/canadienne *adj.* kanadisch → 3/A
le **Canadien** / la **Canadienne** der/die Kanadier/in → 3/1
le **canapé** das Sofa, die Couch → M6
le **candidat** / la **candidate** der/die Kandidat/in, der/die Bewerber/in → 6/3
la **candidature** die Bewerbung → 6/3
le **canoë-kayak** das Kajak, das Kajakfahren
la **cantine** die Kantine, der Speisesaal
la **capitale** die Hauptstadt
car denn → 4/3
la **carafe (d'eau)** die Karaffe (Wasser)
le **caramel** der Karamell
le **carnaval** der Karneval, der Fasching
la **carotte** die Karotte, die Möhre
le **carrefour** die Kreuzung
carrément *adv. fam.* total, direkt, geradeheraus → 4/3
la **carrière** die Karriere, die Laufbahn → Vorkurs

deux-cent-cinquante-sept **257**

la **carte** die Karte → 4/2; la **carte postale** die Postkarte → M4
le **carton** der Karton → 2/3; le **carton (jaune/rouge)** die (gelbe/rote) Karte → 3/3
en tout cas adv. jedenfalls, zumindest → 3/2
le **casque** der Helm, der Kopfhörer → 3/3
cassé/cassée adj. zerbrochen, kaputt
le **casting** das Casting
la **catastrophe** die Katastrophe → 5/2
catastrophique katastrophal → 4/2
la **cathédrale** der Dom, die Kathedrale
le **cauchemar** der Albtraum
le **CDI** die Schulbibliothek
ce/cet/cette/ces dieser/diese/dieses
ce n'est pas la peine de + inf. es ist nicht nötig, etw. zu tun
Ce n'est pas ton rôle! Das ist nicht deine Aufgabe! → 4/1
ce qui me plaît was mir gefällt → 1/3
ceci n'est pas dies ist nicht/kein → 5/3
cela, fam. **ça** das → 2/1
célèbre m./f. adj. berühmt
le **centre** das Zentrum; le **centre commercial** das Einkaufszentrum → 1/A; le **centre culturel** das Kulturzentrum → 1/1
le **centre-ville** das Stadtzentrum
les **céréales** f. pl. das Getreide das Müsli → M2
certain/certaine adj. manche/r, bestimmte/r → 4/2
c'est das ist; **c'est à ... ... ist dran.** → M5; **C'est bête!** fam. Das ist blöd! Das ist schade!; **c'est ça?** nicht wahr?; **C'est la meilleure!** fam. Das ist wirklich der Gipfel!, Jetzt schlägt's aber 13! → 4/2; **c'est l'heure** es ist Zeit; **C'est moi.** Das bin ich. / Ich bin's.; **C'est mon tour!** Ich bin dran! → 3/2; **C'est nul!** fam. Das ist doof!; **C'est qui?** Wer ist das?
c'est pour ça que deswegen, deshalb → 5/1
c'est pourquoi deshalb, deswegen → 5/3

c'est-à-dire das heißt
c'était das war, es war
chacun/chacune jeder/jede → 4/3
la **chaise** der Stuhl
la **chambre** das Schlafzimmer
le **champ** das Feld → M1
le **champion** / la **championne** der Champion, der/die Meister/in → Vorkurs
la **chance** das Glück, die Chance → 1/2; **avoir de la chance** Glück haben → 1/2; **avoir la chance de** + inf. das Glück / die Möglichkeit haben, etw. zu tun → 6/3; **Bonne chance!** Viel Glück! → 4/1
changer (sich) (ver)ändern, Geld wechseln → 1/3; **changer à** + station umsteigen wie manger, Konjugation S. 178; **changer de qc** etw. ändern, etw. wechseln → 4/3
la **chanson** das Lied
chanter qc etw. singen
le **chanteur** / la **chanteuse** der/die Sänger/in → Vorkurs
le **chapeau** / les **chapeaux** der Hut
chaque m./f. adj. jeder/jede/jedes → 4/3
le **char à voile** das Strandsegeln
la **charcuterie** die Wurstwaren die Metzgerei → M2
la **chasse au trésor** die Schatzsuche
le **chat** die Katze, der Kater
le **chat** der Chat
le **château** / les **châteaux** das Schloss
chatter avec qn mit jdm chatten
avoir froid/chaud jdm kalt/warm sein → 3/1; **chaud/chaude** adj. warm, heiß → 2/1; **faire chaud** warm sein → 3/1
la **chaussette** die Socke
la **chaussure** der Schuh
le/la **chef** der/die Chef/in
le **chemin** der Weg → 3/2
la **chemise** das Hemd
cher/chère adj. lieber/liebe, teuer
chercher qn/qc jdn/etw. suchen; **aller chercher qn/qc** jdn/etw. abholen, jdn/etw. holen → 2/1; **chercher midi à 14 heures** kompliziert sein
le **cheval** / les **chevaux** das Pferd
le **cheveu** / les **cheveux** das Haar
la **chèvre** die Ziege → M2
le **chèvre** der Ziegenkäse → M2

chez bei; **chez moi** bei mir, zu mir; **chez nous** bei uns
le **chien** der Hund
le **chiffre** die Zahl
les **chips** f. pl. die Kartoffelchips
le **chocolat** Schokolade
choisir qn/qc jdn/etw. aussuchen, jdn/etw. auswählen wie finir, Konjugation S. 178
être au chômage arbeitslos sein → 3/1
la **chose** Sache
le **chou frisé** der Grünkohl → 2/2
le **ciel** der Himmel → 5/1
le **ciné** fam. / le **cinéma** das Kino
le **cirque** der Zirkus
la **citadelle** die Zitadelle → 5/A
la **cité** die Wohnsiedlung → 1/2
le **citron** die Zitrone
la **civilisation** die Zivilisation, die Kultur → 1/A
la **classe** die Klasse, der Unterricht; **en classe de troisième** in der neunten Klasse → 6/3
le **classeur** der Ordner → 2/3
classique m./f. adj. klassisch → 2/2
la **clé** der Schlüssel
le **cliché** das Klischee → 1/1
le **client** / la **cliente** der Kunde/die Kundin, der/die Klient/in → 6/2
le **climat** das Klima → 3/1
le **club** der Verein, der Klub
le **coca** die Cola
le **cœur** das Herz → 5/3
le **coffre** der Kofferraum → 2/1
le **coin** die Ecke → M1; le **coin secret** der Geheimort → M1
coincé/coincée adj. steckengeblieben → M6
la **collection** die Modekollektion, die Sammlung
le **collège** Schultyp
le **collégien** / la **collégienne** der/die (Mittelstufen-)Schüler/in
coller qc etw. (an-)kleben
la **colo** fam. / la **colonie (de vacances)** das Feriencamp, die Themenfreizeit
coloniser qn/qc jdn/etw. kolonisieren → 3/1
le **combat** der Kampf → M1
combien wie viel; **Combien de ...?** Wie viel(e) ...?
la **comédie** die Komödie → 1/3
comme wie, als, da → 2/1

comme ça so (etwas) einfach so
commencer qc etw. beginnen *wie* avancer, *Konjugation S. 178*;
commencer à + *inf.* beginnen etw. zu tun → 2/2; **commencer par qc** mit etw. beginnen → 1/3
comment wie; **Comment est-ce qu'on dit ...?** Wie sagt man ...?; **Ils/Elles s'appellent comment?** Wie heißen sie?
le **commentaire** der Kommentar
commercial/commerciale *m./f.* / **commerciaux** *m. pl.* / **commerciales** *f. pl. adj.* kaufmännisch, Verkaufs-, Handels-, kommerziell → 1/A
le **centre commercial** das Einkaufszentrum → 1/A
la **compagnie** die Gesellschaft → 2/1; **tenir compagnie à qn** jdm Gesellschaft leisten → M6
comparer qc/qn (à qc/qn) etw./jdn (mit etw./jdn) vergleichen → 1/3
complet/complète *adj.* vollständig, komplett, ausverkauft → 3/3
le **compliment** das Kompliment → M6
compliqué/compliquée *adj.* kompliziert
comprendre qn/qc jdn/etw. verstehen *wie* prendre, *Konjugation S. 178*
compter zählen; **compter pour qn** jdm etw. bedeuten → 4/3
le **concepteur** / la **conceptrice de jeux vidéo** Game Conceptioner → 6/2
le **concert** das Konzert
le **concours** der Wettbewerb
conduire qc etw. fahren, lenken *Konjugation S. 178* → 3/2; **conduire le premier** / la **première** als Erster/Erste lenken → 3/2
la **confiance** das Vertrauen → 4/A; **avoir confiance en soi** Selbstvertrauen haben → 6/A; **faire confiance à qn** jdm vertrauen → 4/A
la **confiture** die Marmelade, die Konfitüre → 2/3
le **conflit** der Konflikt → 4/A
confondre qn/qc jdn/etw. verwechseln *wie* attendre, *Konjugation S. 178* → 2/1

faire connaissance avec qn/qc mit jdm/etw. Bekanntschaft machen → 3/1; **faire la connaissance de qn** jdn kennenlernen → 5/3
les **connaissances** *f. pl.* die Kenntnisse, das Wissen → 6/3
connaître qn/qc jdn/etw. kennen *Konjugation S. 178*
le **conseil** der Rat
conseiller qc à qn / conseiller à qn de + *inf.* jdm etw. raten / jdm raten etw. zu tun → 5/A
le **conseiller** / la **conseillère d'orientation** der/die Berufsberater/in → 6/1
conservateur/conservatrice konservativ → 4/3
construire qc etw. bauen, konstruieren *wie* conduire, *Konjugation S. 178* → 3/2
construit/construite *adj.* erbaut → 5/1
content/contente *adj.* zufrieden, glücklich → 2/2; **être content/contente de** + *inf.* erfreut sein über etw. → 3/1
le **continent** der Kontinent → 3/1
continuer weitergehen, etw. fortführen; **continuer à/de** + *inf.* weiterhin etw. tun → 3/2
contre gegen → 1/2
le **contrôle** die Kontrolle, die Überprüfung, der Test → 4/2
cool *adj. inv. fam.* cool
les **coordonnées** *f. pl.* die Koordinaten, die Kontaktdaten → 6/3
le **copain** / la **copine** der/die Freund/in
copier qc etw. abschreiben, etw. kopieren → 4/2
la **coque de portable** die Handyhülle
le/la **corres** *fam.* / le **correspondant** / la **correspondante** der/die Brieffreund/in, Austauschpartner/in
correspondre à qn/qc jdm/etw. entsprechen *wie* attendre, *Konjugation S. 178*
la **corrida** der Stierkampf → M1
corriger qc etw. korrigieren, etw. berichtigen *wie* manger, *Konjugation S. 178* → 2/2
la **corvée** die lästige Pflicht
le **costume** das Kostüm, die Verkleidung

la **côte** die Küste
le **côté** die Seite → 2/A
se coucher sich hinlegen, schlafen gehen → 1/2
la **couleur** die Farbe
le **couloir** der Flur
du coup daraufhin, deshalb → 2/1
la **coupe de cheveux** der Haarschnitt
couper qc etw. schneiden
le **couple** das Paar → 1/3
la **cour** der Schulhof, der Hof
le **courage** der Mut → 4/3
courageux/courageuse *adj.* mutig → 5/3
couramment *adv.* fließend → 2/2
le **coureur** / la **coureuse** der/die (Radrenn-)Fahrer/in, der/die Läufer/in → 5/3
courir rennen *Konjugation S. 178* → 3/2
le **cours** der Unterricht, die Unterrichtsstunde; **en cours de français** im Französischunterricht **faire les courses** einkaufen → 2/2
court/courte *adj.* kurz
le **cousin** / la **cousine** der/die Cousin/e
coûter qc kosten
le **cow-boy** der Cowboy → 5/1
le/la **CPE** der/die Schulbetreuer/in
ça craint *fam* das ist nicht in Ordnung, das geht gar nicht → 4/2; **craindre qn/qc** jdn/etw. fürchten *Konjugation S. 178* → 4/2
le **crâneur** / la **crâneuse** der/die Angeber/in
le **créateur** / la **créatrice** der/die Schöpfer/in, der/die Hersteller/in
créatif/créative *adj.* kreativ
créer qc etw. erschaffen, etw. gründen → Vorkurs
la **crème** die Creme, die Sahne
crémeux/crémeuse *adj.* cremig → 2/3
la **crêpe** die Crêpe
crever platzen, reißen *wie* acheter, *Konjugation S. 178* → M6
crier schreien
la **critique** die Kritik → 5/2
croire qn/qc jdm/etw. glauben *Konjugation S. 178* → 6/1; **il faut y croire** man muss daran glauben → 6/1; **je crois que** ich glaube, dass → 2/1

LISTE ALPHABÉTIQUE FRANÇAIS-ALLEMAND

croiser qn jdm begegnen, jdn treffen → M6
le **croissant** das Croissant → M2
la **crosse** der Hockeyschläger, *auch:* die Sportart Lacrosse → 3/3
la **cuisine** die Küche
le **cuisinier** / la **cuisinière** der Koch / die Köchin
la **culture** die Kultur, die Bildung
culturel/culturelle *adj.* kulturell → 1/1
le **centre culturel** das Kulturzentrum → 1/1
curieux/curieuse *adj.* neugierig, merkwürdig → 6/2
le **CV (= curriculum vitae)** der Lebenslauf → 6/1
le **cylindre** der Zylinder → 2/3

D

d'abord zuerst
d'accord einverstanden
d'ailleurs übrigens → 2/2
dangereux/dangereuse *adj.* gefährlich → 1/2
dans in; Dans l'attente de votre réponse, je vous prie de recevoir, Madame, Monsieur, mes salutations respectueuses. Mit freundlichen Grüßen → 6/3
la **danse** der Tanz, das Tanzen
danser tanzen
dater (de qc) datieren, aus/von etw. stammen → 1/1
de aus, von
de mon côté (ich) meinerseits → 3/3
de plus en plus immer mehr, mehr und mehr → 1/2
se débrouiller zurechtkommen → 2/2
le **début** der Anfang, der Beginn → 1/3; **au début (de qc)** am Anfang (von etw.), zunächst, zu Beginn → 1/3
décembre Dezember
décevoir qn jdn enttäuschen *wie* recevoir, *Konjugation S. 178* → 4/2
décider de + *inf.* beschließen etw. zu tun → 4/2
la **décision** die Entscheidung, der Entschluss → 5/A; **prendre une décision** eine Entscheidung treffen, einen Entschluss fassen → 5/A
décorer qc etw. dekorieren, (aus-)schmücken

la **découverte** die Entdeckung
découvrir qn/qc jdn/etw. entdecken *wie* ouvrir, *Konjugation S. 178*
décrire qn/qc jdn/etw. beschreiben *Konjugation S. 178* → 6/2
la **défense** die Abwehr(spieler) → 3/3
dégoûtant/dégoûtante *adj.* widerlich, ekelhaft, abscheulich → 2/2
le **degré** der/das Grad → 3/1; **faire (20/moins 15) degrés** (20/minus 15) Grad sein → 3/1
dégueulasse *m./f. adj. fam.* widerlich, ekelhaft, fies → 4/2
dehors *adv.* draußen → 3/1
déjà *adv.* schon, bereits
le **déjeuner** das Mittagessen
délicieux/délicieuse *adj.* köstlich → 2/2
demain *adv.* morgen
la **demande** die Anfrage, die Bitte → 6/3
demander à parler à qn nach jdm fragen → 6/3; **demander qc à qn** jdn nach etw. fragen
demi/demie *adj.* halb
la **demi-sœur** die Halbschwester → 4/A
le **demi-frère** der Halbbruder → 4/A
dénoncer qn/qc jdn/etw. anprangern, jdn/etw. denunzieren *wie* avancer, *Konjugation S. 178* → 5/3
le **départ** die Abfahrt, der Start
se dépêcher sich beeilen *Konjugation S. 178* → 1/2
dépenser qc etw. ausgeben → 6/A
déprimer deprimiert sein → M6
depuis seit, seitdem, von; **depuis que** seit, seitdem → 4/2
déranger qn/qc jdn stören *wie* manger, *Konjugation S. 178* → M1
dernier/dernière *adj.* letzter/letzte/letztes
derrière hinter
descendre aussteigen, hinuntergehen *wie* attendre, *Konjugation S. 178*; **descendre les poubelles** den Müll rausbringen → 4/1
désert/déserte *adj.* verlassen, einsam → 5/2
design *adj. inv.* Designer-

le **designer industriel** / la **designeuse industrielle** der/die Produktdesigner/in, der/die Industriedesigner/in → 6/2
le **dessert** die Nachspeise, das Dessert
le **dessin** die Zeichnung, das Zeichnen → 5/1
le **dessinateur** / la **dessinatrice** der/die Zeichner/in → 5/1
dessiner qc etw. zeichnen
le **détail** das Detail, die Einzelheit → 5/1
détester qc/qn/+ *inf.* etw./jdn hassen
deux tiers zwei Drittel → 3/1
devant vor
se développer sich entwickeln → 1/2
devenir werden *wie* venir, *Konjugation S. 178* → 1/2
deviner qc etw. erraten, erahnen
devoir müssen *Konjugation S. 178*
les **devoirs** *m. pl.* die Hausaufgaben
le **dialogue** der Dialog
différemment *adv.* anders, unterschiedlich → 2/2
la **différence** der Unterschied → 2/1
différent/différente *adj.* verschieden, unterschiedlich → M1; C'était très différent. Das/Es war ganz anders. → M1
difficile *m./f. adj.* schwer, schwierig
dimanche Sonntag, am Sonntag
dire qc à qn jdm etw. sagen *Konjugation S. 178*; **dis donc** *fam.* sag mal, sag bloß → 4/1
direct/directe *adj.* direkt, ohne Umsteigen
(en) direction (de) + *Ort* (in) Richtung + *Ort*
discuter de qc reden, über etw. diskutieren
la **dispute** der Streit
se disputer sich streiten → 4/A
la **diversité** die Vielfalt → 1/3
le **document** das Dokument, die Unterlagen → 6/3
le **documentaire** der Dokumentarfilm, die Dokumentation → 5/2
le/la **documentaliste** der/die Dokumentalist/in, der/die Bilbliothekar/in
le **dollar** der Dollar → 3/A

LISTE ALPHABÉTIQUE FRANÇAIS-ALLEMAND

le **domaine** das Gebiet, der Bereich → 6/1
dommage schade
donc also, folglich
donner envie de + *inf.* Lust machen, etw. zu tun → 2/2; **donner qc à qn** jdm etw. geben; **donner son avis (sur qc)** seine Meinung (zu etw.) äußern → M5
dont von dem, von der, dessen, deren → 5/2
dormir schlafen *Konjugation S. 178*
le **dos** der Rücken
le **dossier** die Unterlagen, die Akte → 6/3
d'où woher
double *m./f. adj.* doppelt, zweifach → Vorkurs
la **douche** die Dusche; **prendre une/sa douche** duschen → 1/2
doué/douée *adj.* begabt → 6/1; **être doué/douée pour qc** begabt sein für etw. → 6/1
doux/douce *adj.* süß, sanft → M6
le **drame** das Drama → 1/3
le **drapeau** die Fahne, die Flagge → 3/3
le **droit** das Recht, Jura → Vorkurs
drôle *m./f. adj.* lustig, spaßig
drôlement *adv.* ziemlich, ganz schön → 2/2
le **drone** die Drohne
du coup daraufhin, deshalb → 2/1
dur/dure *adj.* hart, schwer → 2/1
la **durée** die Dauer → 2/2
durer dauern, andauern

E

l' **eau** / les **eaux** *f.* das Wasser
l' **échange** *m.* der Austausch, der Tausch → 2/A
échanger qc contre qc etw. gegen etw. tauschen *wie manger*, *Konjugation S. 178*
les **échecs** *m. pl.* das Schachspiel
l' **école** *f.* die Schule
écolo *fam.* / **écologique** *m./f. adj.* umweltbewusst, ökologisch
l' **écolo** *m./f. fam.* / l'**écologiste** *m./f.* der Ökofreak, der/die Umweltschützer/in
l' **économie** *f.* die Wirtschaft, die BWL (= Betriebswirtschaftslehre) → 6/2
écouter qn/qc etw. anhören, jdm zuhören, auf jdn hören

l' **écran** *m.* der Bildschirm → 4/2
écrire qc à qn jdm etw. schreiben *Konjugation S. 178*
l' **éducateur** / l'**éducatrice** *m./f.* der Sozialpädagoge / die Sozialpädagogin, der/die Erzieher/in → 1/2
faire un effort / faire des efforts sich bemühen, sich anstrengen → 4/3
l' **église** *f.* die Kirche → 2/2
l' **élève** *m./f.* der/die Schüler/in
l' **emballage** *m.* die Verpackung → 6/2
embrasser qn jdn küssen; **Je t'embrasse.** Liebe Grüße; **s'embrasser** sich küssen → M1
l' **émission** *f.* die (Fernseh-)Sendung → 2/3
l' **emploi du temps** *m.* der Stundenplan
l' **employé** / l'**employée** *m./f.* der/die Angestellte
l' **employeur** / l'**employeuse** *m./f.* der/die Arbeitgeber/in → 6/3
emporter qc etw. mitnehmen → 5/2
en in, nach, davon → M2, von dort → 5/1; **(en) 3D** (in) 3-D; **en (salle de) permanence** im Aufenthaltsraum; **en** + *taille/couleur* in + *Größe/Farbe*; **en avance** (zu) früh dran/da; **en ce moment** zurzeit, im Moment; **en face de qn/qc** gegenüber von jdm/etw. → 1/1; **en fait** eigentlich, im Grunde genommen; **en forme** in Form; **en forme de** in Form von → 2/3; **en français** auf Französisch; **en général** normalerweise, im Allgemeinen → 1/2; **en ligne** in der Leitung → 4/1, online; **en papier** aus Papier; **en plein air** im Freien → 1/1; **en plus** außerdem; **en retard** zu spät, mit Verspätung; **en tout cas** *adv.* jedenfalls, zumindest → 3/2
en rajouter dick auftragen → 6/3
encore *adv.* noch, schon wieder
encourager qn jdn ermutigen, jdn anfeuern *wie manger*, *Konjugation S. 178* → 3/3
l' **endroit** *m.* der Ort, die Stelle; l'**endroit idéal** *m.* der ideale Ort; l'**endroit préféré** *m.* der Lieblingsort
l' **énergie** *f.* die Energie → 6/1

énervé/énervée *adj.* gereizt, genervt → 4/2
énerver qn jdn ärgern; **s'énerver** sich aufregen → 1/2
l' **enfant** *m./f.* das Kind
enfin endlich, schließlich
s'enfuir fliehen, flüchten *wie fuir*, *Konjugation S. 178* → 5/1
engagé/engagée *adj.* engagiert → 5/3
s'engager sich engagieren *wie manger*, *Konjugation S. 178* → 3/1
engueuler qn *fam.* jdn anschnauzen → M6
l' **énigme** *f.* das Rätsel
enlever qc etw. entfernen, etw. ausziehen, *wie acheter*, *Konjugation S. 178* → 2/3
s'ennuyer sich langweilen *wie payer*, *Konjugation S. 178* → 1/2
ennuyeux/ennuyeuse *adj.* langweilig
énorme *m./f. adj.* riesig → Vorkurs
énormément *adv.* sehr viel, gewaltig → 2/2
l' **enquête** *f.* die Umfrage, die Untersuchung → 4/3
enregistrer qc etw. aufnehmen, speichern
enrichissant/enrichissante *adj.* bereichernd → 6/3
ensemble zusammen
ensuite dann
entendre qn/qc jdn/etw. hören *wie attendre*, *Konjugation S. 178*; **s'entendre (bien)** sich (gut) verstehen *wie attendre*, *Konjugation S. 178* → 2/2
entier/entière *adj.* ganz → M6
l' **entraînement** *m.* das Training
s'entraîner trainieren → 3/3
entre zwischen
l' **entrée** *f.* der Eingang, die Vorspeise
l' **entreprise** *f.* das Unternehmen → 2/3
entrer hineingehen, betreten; **entrer en guerre avec qn** gegen jdn in den Krieg ziehen → 3/1
l' **entretien** *m.* das Gespräch → 6/1; l'**entretien d'embauche** *m.* das Vorstellungsgespräch → 6/3
l' **envie** *f.* die Lust, das Verlangen, der Neid → 5/3; **donner envie de** + *inf.* Lust machen, etw. zu tun → 2/2

deux-cent-soixante-et-un **261**

LISTE ALPHABÉTIQUE FRANÇAIS-ALLEMAND

environ ungefähr, in etwa
envoyer qc à qn jdm etw. schicken *wie* payer, *Konjugation S. 178*
les **épinards** *m. pl.* der Spinat
l' **épisode** *m.* die Episode, die Folge → 1/3
l' **époque** *f.* die Zeit, die Epoche → M1
épouser qn jdn heiraten → 5/3
l' **EPS** *f.* der Sportunterricht
l' **équipe** *f.* die Mannschaft, das Team
l' **équitation** *f.* (das) Reiten → 6/A
l' **érable** *m.* der Ahorn → M2; le **sirop d'érable** der Ahornsirup → M2
l' **escalier** *m.* die Treppe → 1/1
l' **Espagne** *f.* Spanien → Vorkurs
l' **espagnol** *m.* Spanisch → 6/3
espérer qc hoffen *wie* répéter, *Konjugation S. 178* → 1/2
espionner qn/qc jdn/etw. ausspionieren, jdm nachspionieren → 4/2
essayer qc etw. versuchen, etw. (an)probieren *wie* payer, *Konjugation S. 178* → 3/2
l' **est** *m.* der Osten → 1/A
est-ce que *Fragepartikel*
et und; **Et toi?** Und dir?, Und du?
et puis außerdem
l' **étagère** *f.* das Regal
les **États-Unis (d'Amérique)** *m. pl.* die Vereinigten Staaten (von Amerika) → Vorkurs
l' **été** *m.* der Sommer
éthique *m./f. adj.* ethisch
l' **étoile** *f.* der Stern → Vorkurs
étonné/étonnée *adj.* erstaunt → 2/1
l' **étranger** *m.* das Ausland, die Fremde → 6/A
être sein *Konjugation S. 178*; **être abonné/e à qc** etw. abonniert haben; **être accro à qc** *fam.* nach etw. süchtig sein, von etw. abhängig sein → 5/2; **être capable de + inf.** fähig sein, etw. zu tun; etw. tun können → 6/3; **être contre qn/qc** gegen jdn/etw. sein, dagegen sein; **être en train de + inf.** dabei sein, etw. zu tun → 6/3; **être fan de qn/qc** ein Fan von jdm/etw. sein; **être né/née** geboren sein → Vorkurs; **être originaire de** ursprünglich aus … kommen/stammen → 1/3; **être pour qn/qc** für jdn/etw. sein, dafür sein

les **études** *f. pl.* das Studium → Vorkurs; **faire des études** studieren → 3/1
étudier qc etw. untersuchen, studieren
euh äh
l' **euro** *m.* der Euro
l' **Europe** *f.* Europa → Vorkurs
l' **Européen** / l'**Européenne** *m./f.* der/die Europäer/in → 6/3
l' **évènement** *m.* das Ereignis, die Veranstaltung → 3/3
évidemment *adv.* natürlich, selbstverständlich → 3/2
exactement *adv.* genau → 4/3
exagéré/exagérée *adj.* übertrieben → 4/3
exagérer übertreiben *wie* répéter, *Konjugation S. 178*
l' **examen** *m.* die Prüfung, die ärztliche Untersuchung → 6/3
l' **exclusion** *f.* die Ausgrenzung → 5/3
par exemple / p. ex. zum Beispiel / z. B.
l' **exercice** *m.* die Übung
exister existieren → 2/2
l' **expérience** *f.* die Erfahrung → 4/3
expliquer qc à qn jdm etw. erklären
l' **expo** *fam.* / l'**exposition** *f.* die Ausstellung
exprimer qc etw. ausdrücken, etw. äußern → 4/3

F

en face de qn/qc gegenüber von jdm/etw. → 1/1; **face à qc/qn** etw./jdm gegenüber → M6
facile *m./f. adj.* leicht, einfach
la **façon** die Art, die Weise → 2/1
la **faim** der Hunger → M2; **mourir de faim** verhungern *Konjugation S. 178* → M2
faire qc etw. machen, etw. tun *Konjugation S. 178*; **faire (20/moins 15) degrés** (20/minus 15) Grad sein → 3/1; **faire attention** aufpassen → 3/2; **faire beau** schön sein *Wetter*; **faire chaud** warm sein → 3/1; **faire connaissance avec qn/qc** mit jdm/etw. Bekanntschaft machen → 3/1; **faire des études** studieren → 3/1; **faire du baby-sitting** babysitten → 6/1; **faire du bien (à qn)** (jdm) gut tun → 3/2; **faire du cheval** reiten; **faire du/de la/de l'/des** etw. als Hobby ausüben; **faire froid** kalt sein; **faire la connaissance de qn** jdn kennenlernen → 5/3; **faire la cuisine** kochen → 4/1; **faire la fête** feiern; **faire la poussière** Staub wischen; **faire les courses** einkaufen → 2/2; **faire pareil (que)** etw. genauso machen (wie) → 2/2; **faire partie de qc** zu etw. gehören, Teil sein von etw. → 4/3; **faire pipi** *fam.* pinkeln → 3/2; **faire son qc** *fam.* sich verhalten wie etw./jd → 4/3; **faire un effort / faire des efforts** sich bemühen, sich anstrengen → 4/3; **faire un prix à qn** jdm ein Angebot machen; **faire une randonnée** wandern → 1/1; **faire une surprise à qn** jdn überraschen → 4/1
faire du camping zelten → M4
en fait eigentlich, im Grunde genommen
la **famille** die Familie; la **famille recomposée** die Patchworkfamilie → 4/A
la **famille d'accueil** die Gastfamilie → 2/1
le/la **fan** der Fan
fantastique *m./f. adj.* fantastisch, großartig → 3/3
la **fantasy** Fantasy → 5/2
la **farine** das Mehl
fatigué/fatiguée *adj.* müde → 1/2
la **faute** der Fehler, das Foul → 3/3
le **faux ami** *wörtl.:* falscher Freund → 2/1
féminin/féminine *adj.* weiblich, feminin → 5/2
la **femme** die Frau, die Ehefrau
la **fenêtre** das Fenster
fermé/fermée *adj.* geschlossen → 5/1
fermer qc etw. schließen, etw. zumachen
le **festival** das Festival
la **fête** die Feier; **ma fête préférée** mein Lieblingsfest; la **fête nationale** der Nationalfeiertag
fêter qc etw. feiern
le **feu** / les **feux** das Feuer, die Ampel; le **feu d'artifice** das Feuerwerk
la **feuille** das Blatt → 2/3

LISTE ALPHABÉTIQUE FRANÇAIS-ALLEMAND

le **feutre (à tissu)** der (Textil-)Filzstift
février Februar
fier/fière (de qn/qc) adj. stolz (auf jdn/etw.) → 3/3
la **figurine** die Figur → 5/1
la **fille** das Mädchen, die Tochter
le **film** der Film; le **film d'action** der Actionfilm
le **fils** der Sohn
la **fin** das Ende; **fin/fine** adj. fein, dünn → 2/3
finalement adv. schließlich, letztlich → 2/2
finir qc etw. beenden, enden *Konjugation S. 178*
fixer qc etw. fixieren, etw. festmachen → 4/1
le **flamand** Flämisch, die flämische Sprache
les **Flamands** die Flamen → 5/2
le **fleuve** der Fluss, der Strom → 3/1
flexible m./f. adj. flexibel → 6/3
la **flûte** die Flöte
à la fois adv. gleichzeitig, auf einmal → 1/3; **des fois** adv. manchmal, ab und zu → 4/1
la **fois** / les **fois** das Mal
au fond de qn/qc tief im Innern von jdm, tief in etw. → M6
fonder qc etw. gründen → 3/1
fondu/fondue adj. geschmolzen → M2
la **fontaine** der Springbrunnen
le **foot(ball)** Fußball, das Fußballspielen
le **footballeur** / la **footballeuse** der/die Fußballspieler/in
la **forêt** der Wald
la **formation** die Ausbildung → 6/2
la **forme** die Form → 2/3; **en forme de** in Form von → 2/3
former qc formen, bilden → 6/2
fort adv. laut; **fort/forte** adj. stark
la **forteresse** die Festung → M1
fou/folle adj. verrückt
le **foulard** der Schal, das Kopftuch
le **four** der Backofen; le **four à micro-ondes** die Mikrowelle
fragile m./f. adj. schwach, zerbrechlich → Vorkurs
la **fraise** die Erdbeere
le **français** Französisch, die französische Sprache
la **France** Frankreich

franco-allemand/franco-allemande adj. deutsch-französisch
francophone m./f. adj. französischsprachig → M2
frapper qn/à qc jdn schlagen, an etw. klopfen → 2/1
le **frein** die Bremse → 2/2
le **frère** der Bruder; le **demi-frère** der Halbbruder → 4/A
les **frères et sœurs** m. pl. die Geschwister
le **frigo** fam. der Kühlschrank → 2/3
les **frites** f. pl. die Pommes frites; les **moules frites** f. pl. Miesmuscheln mit Pommes frites → M4
avoir froid/chaud jdm kalt/warm sein → 3/1; **faire froid** kalt sein
le **fromage** der Käse → 2/1; le **fromage blanc** der Quark → 2/1
le **fruit** die Frucht, das Obst
fuir qc fliehen vor etw. *Konjugation S. 178* → 5/1
furieux/furieuse adj. wütend → 4/2
le **futur** die Zukunft → 5/2

G

gagner (qc) (etw.) gewinnen → Vorkurs; **gagner de l'argent** Geld verdienen → 6/A
la **galette** die Galette
le **gangster** der Gangster → 1/3
le **garçon** der Junge, der Bub
garder qn/qc etw. behalten, auf jdn aufpassen
le **gardien** / la **gardienne** der Wachmann, die Wachfrau; le **gardien** / la **gardienne de but** der/die Torwart/in, der/die Torhüter/in → 3/3
la **gare** der Bahnhof
le **gâteau** / les **gâteaux** der Kuchen; le **gâteau au chocolat** der Schokoladenkuchen
la **gaufre** die Waffel → M4
en général normalerweise, im Allgemeinen → 1/2
génial/géniale/géniaux m. pl. adj. toll, genial
les **gens** m. pl. die Leute
gentil/gentille adj. nett, freundlich, lieb → 2/1
gentiment adv. freundlich, netterweise → 2/2
le **géocaching** das Geocaching

le **gîte** die Unterkunft, das Gästehaus → 3/2
la **glace** das Eis → M2
le **gladiateur** der Gladiator → M1
glisser (aus-)rutschen, gleiten → 2/1
la **gorge** der Hals → 3/3
gourmand/gourmande adj. naschhaft
goûter qc etw. probieren, etw. kosten
grâce à dank → 4/3
le **gramme** das Gramm
grand/grande adj. groß
grandir wachsen *wie* finir, *Konjugation S. 178* → Vorkurs
la **grand-mère** die Großmutter
le **grand-père** der Großvater
les **grands-parents** m. pl. die Großeltern
le **gratin** das Gratin, der Auflauf → M2; le **gratin dauphinois** das Kartoffelgratin → M2
gratuit/gratuite adj. gratis, kostenlos, umsonst → 1/1
grave m./f. adj. ernst, schlimm, schwer → 6/2
gris/grise adj. grau
gros/grosse adj. dick, groß → 2/1
le **groupe** die Gruppe, die Band
la **guerre** der Krieg → 3/1; **entrer en guerre avec qn** gegen jdn in den Krieg ziehen → 3/1; la **guerre atomique** der Atomkrieg → 5/2
le **guide** der/die Reiseführer/in → 2/2
la **guitare** die Gitarre
le **gymnase** die Turnhalle

H

habillé/habillée adj. angezogen → 5/1
l' **habitant** / l'**habitante** m./f. der/die Bewohner/in, der/die Einwohner/in
habiter wohnen
l' **habitude** f. die Gewohnheit; **d'habitude** normalerweise
la **halle de spectacle** die (Event-)Halle
le **hamac** die Hängematte
la **personne handicapée** der Mensch mit Behinderung → Vorkurs
haut/haute adj. hoch

deux-cent-soixante-trois **263**

LISTE ALPHABÉTIQUE FRANÇAIS-ALLEMAND

le **héros** / l'**héroïne** f. der/die Held/in → 5/1
hétérosexuel/hétérosexuelle adj. heterosexuell → 1/3
l' **heure** f. die Stunde, die Uhr; **À la bonne heure!** Recht so!, Bravo!; **à l'heure** pünktlich; **À quelle heure?** Um wie viel Uhr?; **c'est l'heure** es ist Zeit; **Il est quelle heure?** Wie viel Uhr ist es? / Wie spät ist es?
heureusement adv. glücklicherweise → 2/2
heureux/heureuse adj. glücklich
hier adv. gestern
le **hip-hop** der Hip-Hop
l' **histoire** f. die Geschichte; l'**histoire-géo(graphie)** f. Geschichte und Erdkunde
l' **hiver** m. der Winter → 3/1
le **hobby** das Hobby
le **hockey sur glace** Eishockey → 3/1
l' **homme** / les **hommes** m. der Mann, der Mensch
homosexuel/homosexuelle adj. homosexuell → 1/3
honnête m./f. adj. ehrlich, aufrichtig → 1/3
l' **hôpital** /les **hôpitaux** m. das Krankenhaus → 2/1
l' **horaire** m. der Zeitplan, der Fahrplan
l' **horloge** f. die (Wand-)Uhr, die Turmuhr
l' **horreur** f. der Horror, das Grauen
le **hot-dog** der Hotdog
l' **hôtel** m. das Hotel → 6/1
l' **huître** f. die Auster
l' **humoriste** m./f. der/die Humorist/in, der/die Comedian → 6/2
l' **humour** m. der Humor → 5/2
le **husky** der Husky → 3/2
l' **hymne national** m. die Nationalhymne → 3/3

I

ici adv. hier
idéal/idéale adj. ideal → 2/3
l' **idée** f. die Idee; **Je n'ai pas d'idée.** Ich habe keine Idee.
s'identifier à qn/qc sich identifizieren mit jdm/etw. → 1/3
idiot/idiote adj. fam. blöd → 5/2
l' **idiot** / l'**idiote** m./f. der/die Idiot/in
l' **idole** f. das Idol

il faudrait + inf. wir müssten/sollten, man müsste/sollte → 2/2
il faut qc man braucht / wir brauchen etw.; **il faut** + inf. man muss / wir müssen; **Il faut mettre le paquet!** fam. Wir müssen alles geben!; **il faut que** + subj. es ist nötig, etw. zu tun → M3; **il ne faut pas** + inf. wir dürfen/sollten nicht, man darf/sollte nicht
Il faut que j'y aille. Ich muss los. → M3
Il pleut. Es regnet.
il s'agit de es handelt sich um, handeln → 2/3
il y a es gibt; **il y a** vor zeitlich
l' **île** f. die Insel
l' **image** f. das Bild → 5/1
imaginer qc sich etw. vorstellen
immense m./f. adj. riesig → M1
l' **immeuble** m. das (Wohn-)Haus, das Gebäude
l' **impatience** f. die Ungeduld → 3/2
important/importante adj. wichtig → 2/1
l' **impression** f. der Eindruck → 5/1
impressionnant/impressionnante adj. beeindruckend → 3/3
impressionner qn jdn beeindrucken → 5/A
l' **imprimante** f. der Drucker
inconnu/inconnue adj. unbekannt → M5
l' **inconvénient** m. der Nachteil → 2/3
incroyable m./f. adj. unglaublich → 3/2
indépendant/indépedante unabhängig → 6/2
indien/indienne adj. indisch, indianisch → Vorkurs
l' **infirmerie** f. die Krankenstation
l' **infirmier** / l'**infirmière** m./f. der/die Krankenpfleger/in → 6/2
l' **information** f. die Information → 6/2
l' **informatique** f. die Informatik
l' **ingénieur** / l'**ingénieure** m./f. der/die Ingenieur/in
l' **ingrédient** m. die Zutat
s'inquiéter sich Sorgen machen wie répéter, Konjugation S. 178 → 1/2
s'installer sich niederlassen → 1/2
l' **instant** m. der Augenblick → 6/3

l' **instrument** m. das Instrument
l' **intelligence** f. die Intelligenz → 6/2
intelligent/intelligente adj. intelligent → 5/2
l' **intello de service** fam. m./f. der/die Streber/in vom Dienst → 4/3
interdire (à qn) de + inf. (jdm) verbieten, etw. zu tun wie dire, Konjugation S. 178 → 4/3;
interdire qc à qn jdm etw. verbieten → 4/3
intéressant/intéressante adj. interessant
intéresser qn jdn interessieren; **s'intéresser à qn/qc** sich für jdn/etw. interessieren → 3/1
l' **intérieur** m. das Innere → 1/1
international/internationale/internationaux m. pl. adj. international → 3/1
Internet m. das Internet; **surfer sur Internet** im Internet surfen
l' **interro** fam. / l'**interrogation** f. der Test
interroger qn jdn abfragen → 4/2
l' **interview** f. das Interview
interviewer qn jdn interviewen
inventer qc etw. erfinden → 2/3
inviter qn à qc jdn zu etw. einladen

J

J'adore! Ich liebe es!
J'ai fini! Ich bin fertig!
J'ai oublié mes devoirs. Ich habe meine Hausaufgaben vergessen.
j'aimerais + inf. ich würde gerne
la **jambe** das Bein → 2/1
janvier Januar
le **jardin** der Garten
jaune m./f. adj. gelb
je crois que ich glaube, dass → 2/1
Je ne sais pas. Ich weiß es nicht.
Je peux aller aux toilettes? Kann ich bitte zur Toilette gehen?; **Je peux fermer la fenêtre?** Kann ich das Fenster schließen?
je te verrais bien ... ich kann mir dich gut als ... vorstellen → 6/1
Je t'en prie. (aber) gern, gern geschehen, bitte (schön) → 6/2
je vois ich verstehe → 6/2
je voudrais qc/+ inf. ich möchte gern, ich hätte gern;

LISTE ALPHABÉTIQUE FRANÇAIS-ALLEMAND

Je voudrais qu'on me fiche la paix! *fam.* Ich möchte, dass man mich in Ruhe lässt!
Je vous en prie. (aber) gern, gern geschehen, bitte (schön) → 6/2
Je vous le/la passe. Ich stelle Sie zu ihm/ihr durch. → 6/3
le **jean** die Jeans
J'en ai assez! Ich hab genug!, Mir reicht's! → 4/2
J'en ai marre! *fam.* Mir reicht's! → 4/1
le **jet de fleurs** der Blumenregen → M6
le **jeu** / les **jeux** das Spiel; le **jeu vidéo** / les **jeux vidéo** das Videospiel
jeudi Donnerstag, am Donnerstag
jeune *m./f. adj.* jung
le/la **jeune** der/die Jugendliche
la **jeunesse** die Jugend, junge Leute → M1
joli/jolie *adj.* hübsch
jouer avec qn mit jdm spielen; **jouer au/à la/à l'/aux** etw. spielen *Spiel/Sport*; **jouer du/de la/de l'/des** etw. spielen *Instrument*
le **joueur** / la **joueuse** der/die Spieler/in → 3/3
le **jour** der Tag; **C'est quel jour?** An welchem Tag ist das?; **sept jours sur sept** sieben Tage die Woche → 6/A; **un jour** eines Tages → 1/3; le **jour férié** der Feiertag
le/la **journaliste** der/die Journalist/in
la **journée** der Tag
juillet Juli
juin Juni
la **jupe** der Rock
le **jus** der Saft; le **jus d'orange** der Orangensaft
jusqu'à *örtlich* + *zeitlich* bis
juste *adv.* nur gerade noch → 3/3
justement *adv.* genau, ausgerechnet → 4/3

K

le **kebab** der Kebab, der Döner
le **kilo** das Kilo
le **kilomètre** der Kilometer

L

là da, hier
là-bas dort, dorthin
le **lac** der See
laisser qn/qc à qn jdn/etw. lassen, jdm/etw. überlassen → 2/2
le **lait** die Milch
la **lampe** die Lampe
la **langue** die Sprache, die Zunge; la **langue et culture régionales** *f.* die Regionalsprache und Kultur; la **langue étrangère** die Fremdsprache → 6/3
le **lave-vaisselle** die Spülmaschine → 4/1
la **lecture** die Lektüre, das Lesen → 2/2
la **légende** die Legende
les **légumes** *m. pl.* das Gemüse
le **lendemain** der nächste Tag, am nächsten Tag → M3
lequel/laquelle/lesquels/lesquelles welcher/welche/welches → 4/3, → 6/3
la **lettre** der Buchstabe, der Brief; la **lettre de motivation** das Bewerbungsschreiben → 6/3
se lever aufstehen *wie* acheter, *Konjugation S. 178* → 1/2
la **levure** das Backpulver
la **liberté** die Freiheit → 6/A
la **librairie** die Buchhandlung
libre *m./f. adj.* frei
au lieu de statt, anstelle von → 2/1
la **ligne** die (U-Bahn-)Linie; **en ligne** in der Leitung → 4/1; **mettre qc en ligne** etw. online stellen → 1/2
la **limonade** die Limonade → 3/3
le **linge** die Wäsche → 4/1
le **lion** der Löwe → 6/2
lire qc etw. lesen *Konjugation S. 178*
la **liste** die Liste → 4/2
le **lit** das Bett
le **litre** der Liter
le **livre** das Buch
loin weit (weg); **loin de** weit entfernt von
long/longue *adj.* lang
longtemps *adv.* lange
le **look** der Look, das Outfit
le **loyer** die Miete
la **lumière** das Licht → M1
lundi Montag, am Montag
la **lune** der Mond → M6
les **lunettes** *f. pl.* die Brille; les **lunettes de protection** *f. pl.* die Schutzbrille
lutter (pour/contre qc) (für/gegen etw.) kämpfen → Vorkurs
le **luxe** der Luxus
le **lycée** die gymnasiale Oberstufe → 2/2

M

la **machine** die Maschine, das Gerät
Madame Frau
le **magasin** das Geschäft, der Laden; le **magasin de souvenirs** der Souvenirladen
le **magazine** das Magazin, die Zeitschrift
magique *m./f. adj.* magisch → 3/1
magnifique *m./f. adj.* wunderschön → 1/1
mai Mai
le **mail** die Mail
le **maillot** das Trikot → 3/3
la **main** die Hand → 3/3
maintenant jetzt
mais aber
la **maison** das Haus
mal *adv.* schlecht → 1/3; **avoir du mal à** + *inf.* sich (mit etw.) schwertun → 4/3; **avoir mal (à qc)** Schmerzen haben (an etw.) → 2/1
malade *m./f. adj.* krank
le **malentendu** das Missverständnis → 2/1
malgré trotz → 3/2
malheureusement *adv.* leider, unglücklicherweise → 2/2
malheureux/malheureuse *adj.* unglücklich → 2/1
le **Mali** Mali → Vorkurs
malvoyant/malvoyante *adj.* sehbeeinträchtigt → Vorkurs
maman *f.* Mama
la **mamie** die Oma
le **manga** das Manga
manger qc etw. essen *Konjugation S. 178*
la **manière** die Art → 2/2; **de manière** + *adj.* auf ... Art und Weise → 2/2
la **manifestation** die Demonstration, das Ereignis → 5/2
manquer (à qn) (jdm) fehlen → 2/3; **manquer qc** etw. verpassen → 3/3
le **marché** der Markt
marcher funktionieren, gehen
mardi Dienstag, am Dienstag
la **marée basse** die Ebbe, das Niedrigwasser
la **marée haute** die Flut, das Hochwasser
le **mari** der Ehemann, der Mann → 4/3

deux-cent-soixante-cinq **265**

LISTE ALPHABÉTIQUE FRANÇAIS-ALLEMAND

la **marionnette** die Marionette → 5/A
la **marque** die Marke
marquer (un but) (ein Tor) schießen, einen Treffer erzielen → 3/3
marron *adj. inv.* braun
mars März
marseillais/marseillaise *adj.* Marseiller + *Nomen*, aus Marseille → 1/1
le **Marseillais** / la **Marseillaise** der/die Marseiller/in → 1/1
le **match** das Spiel
les **maths** *fam.* / les **mathématiques** *f. pl.* Mathe/Mathematik
la **matière** das Schulfach
le **matin** der Morgen, morgens, der Vormittag
mauvais/mauvaise *adj.* schlecht, falsch
le **médecin** der Arzt, die Ärztin → 6/1
la **Méditerranée** das Mittelmeer → 1/A
meilleur/meilleure *adj.* besser → 1/1; **C'est la meilleure!** *fam.* Das ist wirklich der Gipfel!, Jetzt schlägt's aber 13! → 4/2; **le meilleur** / **la meilleure** *adj.* der/die/das beste → 1/1
mélanger qc etw. verrühren, etw. mischen *wie* manger, *Konjugation S. 178*
la **mélodie** die Melodie → M5
le **membre** das Mitglied
même *adv.* sogar
le/la **même** *m./f. adj.* der-/die-/dasselbe, der/die/das gleiche → 2/2; **(ne) ... même pas** nicht einmal → 4/2; **soi-même** (sich) selbst → 6/2
même si auch wenn, selbst wenn → 3/1
le **ménage** der Haushalt → 4/1; l'**homme de ménage** / la **femme de ménage** der Putzmann / die Putzfrau → 4/1
le **menu** das Menü, die Speisekarte
la **mer** das Meer, die See
merci danke
mercredi Mittwoch, am Mittwoch
la **mère** die Mutter; la **belle-mère** die Stiefmutter, die Schwiegermutter → 4/A

la **merveille** das Wunder → M6
le **message** die Botschaft, die Aussage → M5, die Nachricht
le **métier** der Beruf → 6/1
le **mètre** der Meter → Vorkurs
le **métro** die U-Bahn, die Metro
mettre qc stellen, legen, etw. (hinzu-)tun, etw. anziehen *Konjugation S. 178*; **mettre le couvert** den Tisch decken → 4/1; **mettre qc** etw. geben → 4/2; **mettre qc en ligne** etw. online stellen → 1/2
midi zwölf Uhr mittags, Mittag; **à midi** mittags, um 12 Uhr
le **miel** der Honig → M2
au milieu (de qc) in der Mitte (von etw.), mitten in → 2/3
le/la **milliardaire** *m./f.* der/die Milliardär/in → M1
un million de eine Million → 3/1
minuit Mitternacht
la **minute** die Minute
le **miroir** der Spiegel → 1/1
la **mixité** die Mischung → 1/3
la **mode** die Mode
le **modèle** das Vorbild, das Modell → 3/1
moderne *m./f. adj.* modern → 5/A
moi ich; **moi, je m'appelle** ich heiße
moins weniger, minus; **moins ... que** weniger ... als → 1/1; **moins le quart** Viertel vor
le **mois** der Monat
la **moitié** die Hälfte → 2/3
le **moment** der Moment, der Augenblick; **en ce moment** zurzeit, im Moment
le **monde** die Welt; **beaucoup de monde** viele Leute → 5/A
le **monsieur** der Herr, Mann; **Monsieur** Herr
la **montagne** der Berg, das Gebirge → 5/3
monter steigen, ansteigen → 3/2; **monter sur qc** auf etw. hinaufsteigen
la **montre** die Armbanduhr
montrer qc à qn jdm etw. zeigen
le **monument** das Bauwerk, das Denkmal, die Statue → 5/1
se moquer de qn/qc sich über jdn/etw. lustig machen → 3/2
le **morceau** / les **morceaux** das Stück

le **mot** das Wort; **mot à mot** wortwörtlich → 2/3
le **motif** das Motiv
motivé/motivée *adj.* motiviert → 6/3
la **motoneige** der Motorschlitten, das Schneemobil → 3/2
le **moule** die Backform
les **moules frites** *f. pl.* Miesmuscheln mit Pommes frites → M4
mourir sterben *Konjugation S. 178* → M2; **mourir de faim** verhungern *Konjugation S. 178* → M2
le **Moyen-Âge** das Mittelalter → M1
la **moyenne** der Durchschnitt
le **mur** die Mauer, die Wand → 3/A
le **muscle** der Muskel → 5/3
le **musée** das Museum
le **musicien** / la **musicienne** der/die Musiker/in → Vorkurs
la **musique** die Musik

N

national/nationale/nationaux *m. pl. adj.* national, National- → 3/1
la **nationalité** die Staatsangehörigkeit → Vorkurs
la **nature** die Natur
le **navigateur** / la **navigatrice** der/die Seefahrer/in → 3/1
les **nazis** *m. pl.* die Nazis → 5/3
ne ... personne niemand → 4/3;
ne pas seulement ..., mais aussi nicht nur ..., sondern auch → 2/1
être né/née geboren sein → Vorkurs
ne ... jamais nie
ne ... pas nicht; **ne ... même pas** nicht einmal; **ne ... pas de** kein/keine/keinen; **ne ... pas trop** nicht so sehr, nicht so gern
ne ... plus nicht mehr; **ne ... plus de** kein ... mehr
ne ... rien nichts
la **neige** der Schnee → 3/2
nettoyer qc etw. reinigen, sauber machen *wie* payer, *Konjugation S. 178* → 4/1
N'importe quoi! *fam.* Was für ein Quatsch! → 4/2
le **niveau** / les **niveaux** das Niveau → 6/3
Noël Weihnachten
noir/noire *adj.* schwarz

le **nom** der Name, der Nachname;
bien porter son nom seinen
Namen verdienen → 2/3
le **nombre** die Anzahl, die Zahl
→ 3/1
nombreux/nombreuse *adj.*
zahlreich → 5/1
non nein; **non plus** *adv.* auch
nicht → 2/1; **non?** *fam.* nicht
wahr?, oder?
le **nord** der Norden → 1/A
normal/normale/normaux *m. pl.*
adj. normal → 2/1
normalement *adv.* normalerweise
→ 2/2
la **note** die Note
C'est noté. Das ist notiert. → 5/A;
noter (qc) (etw.) aufschreiben,
(etw.) notieren → 5/A
notre unser/unsere
la **nourriture** die Nahrung → 3/1
nouveau / nouvel *m.* / **nouvelle**
f. adj. neu
le **Nouvel An** das Neujahr
la **nouvelle** die Neuigkeit
novembre November
nu/nue *adj.* nackt → 5/1
la **nuit** die Nacht, nachts
nul/nulle *adj.* miserabel, doof
le **numéro** die Nummer

O

l' **objet** *m.* der Betreff → 6/3,
das Objekt, der Gegenstand
observer qn/qc
jdn/etw. beobachten
obtenir qc etw. bekommen, etw.
erhalten *Konjugation S. 178* → 5/3
s'occuper de qn/qc sich um jdn/
etw. kümmern → 1/2
l' **océan** *m.* der Ozean → Vorkurs
octobre Oktober
l' **œil** / les **yeux** *m.* das Auge
l' **œuf** / les **œufs** *m.* das Ei
l' **œuvre d'art** *f.* das Kunstwerk
l' **office de tourisme** *m.*
die Touristeninformation
offrir qc bieten *wie* ouvrir,
Konjugation S. 178 → 1/1;
offrir qc à qn jdm etw. schenken,
jdm etw. anbieten *wie* ouvrir,
Konjugation S. 178
l' **oiseau** / les **oiseaux** *m.* der Vogel
On peut travailler en groupe?
Können wir in Gruppen arbeiten?
On peut toujours espérer!
Die Hoffnung stirbt zuletzt! → M3
on pourrait + *inf.* wir könnten,
man könnte
on voudrait wir möchten gern,
wir hätten gern → M3
On y va! Los geht's! → 5/1
l' **oncle** *m.* der Onkel
l' **opération** *f.* die Operation → 5/3
l' **option** *f.* die Wahlmöglichkeit,
das Wahlfach
orange *m./f. adj.* orange
l' **orange** *f.* die Orange, die Apfelsine
→ 5/3
l' **ordinateur** *m.* der Computer
l' **ordre** *m.* die Reihenfolge,
die Ordnung, der Befehl
l' **organisateur** / l'**organisatrice** *m./f.*
der/die Organisator/in → 6/2
l' **organisation** *f.* die Organisation
→ 6/1
organiser qc etw. organisieren,
etw. strukturieren
l' **Orient** *m.* der Orient → 1/1
l' **orientation** *f.* die Orientierung
→ 6/1
être originaire de ursprünglich
aus ... kommen/stammen → 1/3
original/originale/originaux *m.*
pl. adj. originell
l' **origine** *f.* die Herkunft, die Abstammung, der Ursprung → 3/1
l' **orignal** / les **orignaux** der Elch
→ 3/2
oser + *inf.* sich trauen, etw. zu tun
→ 5/2
ou oder
où wo, wohin
ouais *fam.* ja, juhu → 4/1
oublier qc etw. vergessen
l' **ouest** *m.* der Westen → 1/A
Ouf! Puh!
oui ja
l' **ours** / les **ours** *m.* der Bär → 3/2
ouvert/ouverte *adj.* offen → 5/1
l' **ouvrier** / l'**ouvrière** *m./f.* der/die
Arbeiter/in → 6/1
ouvrir qc etw. öffnen
Konjugation S. 178
ovale *m./f. adj.* oval → 3/3

P

P.-S. P.S.
le **pain** das Brot
le **palet** der Puck → 3/3
le **panneau**/ les **panneaux**
das Schild → 3/A
le **pantalon** die Hose
papa *m.* Papa
le **pape** der Papst → M1
le **papi** der Opa
le **papier** das Papier, das Dokument
→ 2/3
Pâques Ostern
le **paquet** die Packung, das Paket;
Il faut mettre le paquet! *fam.*
Wir müssen alles geben!
par durch, pro; **par personne**
pro Person
par contre jedoch, allerdings
par exemple / p. ex.
zum Beispiel / z. B.
paralympique *m./f. adj.*
paralympisch → Vorkurs
le **parapente** Paragliding
le **parc** der Park
le **parc d'attraction** der Freizeitpark
→ M4
parce que weil
le **parcours** der Parcours, die Strecke
pardon Verzeihung,
Entschuldigung
faire pareil (que) etw. genauso
machen (wie) → 2/2;
pareil/pareille *adj.* gleich → 2/2
les **parents** *m. pl.* die Eltern
parfois *adv.* manchmal → 1/2
le **parfum** das Parfüm, der Duft
→ 4/1
le **Parisien** / la **Parisienne**
der/die Pariser/in
le **parking** der Parkplatz
parler sprechen; **parler à qn** mit
jdm sprechen → 1/3; **parler de qc/
qn** über etw./jdn sprechen → 1/2
les **paroles** *f. pl.* der Liedtext → M5
partager qc etw. teilen,
etw. aufteilen *wie* manger,
Konjugation S. 178 → 2/2
participer à qc an etw. teilnehmen,
sich an etw. beteiligen,
an etw. mitwirken → 2/A
particulièrement *adv.* besonders
→ 6/3
faire partie de qc zu etw. gehören,
Teil sein von etw. → 4/3
partir wegfahren, losgehen
wie dormir, *Konjugation S. 178*
partout überall
(ne ...) pas du tout gar nicht → 2/2

pas mal nicht schlecht
passer verbringen, vorbeigehen, laufen, kommen Film → 2/3; **Je vous le/la passe.** Ich stelle Sie zu ihm/ihr durch. → 6/3; **passer chercher qn/qc** jdn/etw. abholen; **passer l'aspirateur** staubsaugen; **passer par qc** durch etw. gehen, durch etw. fahren → 4/2; **passer qc** etw. vorspielen → M5; **passer qc à qn** jdm etw. reichen → M2; **se passer** spielen, geschehen, passieren, sich ereignen → 1/3; **se passer bien/mal** gut/schlecht laufen → 3/2
la **passion** die Leidenschaft
la **pâte** der Teig
le **patron** / la **patronne** der Chef / die Chefin → 6/3
la **pause** die Pause
pauvre *m./f. adj.* arm → 1/3
le/la **pauvre** der/die Arme → 1/3
la **pauvreté** die Armut → 5/3
payant/payante *adj.* kostenpflichtig
payer qc etw. bezahlen *Konjugation S. 178*
le **pays** das Land
le **paysage** die Landschaft
la **peau** die Haut → 4/3
la **pêche** (das) Angeln, (das) Fischen → 3/1
le **pêcheur** / la **pêcheuse** der/die Fischer/in → 1/2
peindre (qc) (etw.) malen *Konjugation S. 178* → 5/3
ce n'est pas la peine de + *inf.* es ist nicht nötig, etw. zu tun
peint/peinte *adj.* bemalt → 3/A
le/la **peintre** *m./f.* der/die Maler/in → 5/3
la **pelouse** der Rasen → 2/1
pendant während, für; **pendant que** während, solange → 4/2
penser à + *inf.* daran denken, etw. zu tun → 5/3; **penser à qn/qc** an jdn/etw. denken; **quand je pense que…** wenn ich daran denke, dass… → 2/1
les **percussions** *f. pl.* das Trommeln, die Percussion
perdre (qc/qn) (etw./jdn) verlieren *wie* attendre, *Konjugation S. 178* → 1/1

le **père** der Vater; le **beau-père** der Stiefvater, der Schwiegervater → 4/A
perfectionner qc etw. perfektionieren → Vorkurs
la **période** die Periode, der Zeitabschnitt, die Spielzeit → 3/3
permettre (à qn) de + *inf.* jdm erlauben, etw. zu tun; (jdn) berechtigen, etw. zu tun; (jdm) ermöglichen, etw. zu tun *wie* mettre, *Konjugation S. 178* → 3/3
le **personnage** die Figur → 1/3
personnaliser qc etw. individuell gestalten
la **personnalité** die Persönlichkeit → 5/3
la **personne** die Person; **ne … personne** niemand → 4/3
perso *fam.* / **personnel** / **personnelle** *adj.* persönlich
petit/petite *adj.* klein
le **petit copain** / la **petite copine** der/die feste/r Freund/in → 4/3
le **petit pain** das Brötchen → 5/2
le **petit-déjeuner** das Frühstück
peu de (nur) wenig
les **peuples premiers** *m. pl.* die Urbevölkerung → 3/1
la **peur** die Angst
peut-être vielleicht
le **phare** der Leuchtturm
la **philosophie** die Philosophie → 5/3
la **photo** das Foto, die Fotografie, das Bild; la **photo d'identité** das Passfoto → 6/3
photographier qn/qc jdn/etw. fotografieren → 6/1
la **phrase** der Satz
la **physique-chimie** Physik und Chemie
le **piano** das Klavier
la **pièce** das Stück, das Teil, die Münze, das Zimmer; la **pièce de théâtre** das Theaterstück
la **pièce jointe / PJ** der Anhang → 6/3
le **pied** der Fuß
faire pipi *fam.* pinkeln → 3/2
le **pique-nique** das Picknick
la **piscine** das Schwimmbad
la **place** der Platz; **à ta place** an deiner Stelle → 6/1; **prendre de la place** Platz einnehmen → 2/3

la **plage** der Strand
se plaindre de qc sich über etw. beklagen *wie* rejoindre, *Konjugation S. 178* → 2/1
le **plan** der (Stadt-)Plan, das Vorhaben → 1/1; le **bon plan** der Geheimtipp → 1/1
la **planète** der Planet → Vorkurs
le **planning** der Terminkalender, der Terminplan → 4/1
le **plastique** das Plastik, der Kunststoff → 2/3
le **plat** das (Haupt-)Gericht, die Platte
la **playlist** die Playlist
plein de *adv.* viel, viele
pleurer weinen → 1/3
pleuvoir regnen *Konjugation S. 178.* → 2/1
la **pluie** der Regen
plus … que mehr … als → 1/1
plusieurs *adj. pl.* mehrere → Vorkurs
plutôt *adv.* eher, lieber
le **pneu** der Reifen → M6
l' **argent de poche** *m.* das Taschengeld → 6/1
le **point de départ** der Ausgangspunkt
le **point fort** die Stärke → 6/2
le **poisson** der Fisch
le **policier** / la **policière** der/die Polizist/in → 1/3
la **politique** die Politik
la **pomme** der Apfel
la **pomme de terre** die Kartoffel, der Erdapfel
le **pont** die Brücke → 5/A
la **population** die Bevölkerung, die Einwohner → 3/1
le **port** der Hafen
le **portable** das Handy
la **porte** die Tür, das Tor
porter qc etw. tragen
le **portrait** das Porträt → 5/1
poser qc etw. (hin-)stellen, etw. (hin-)legen; **poser des questions** Fragen stellen; **poser sa candidature** sich bewerben → 6/3
possible *m./f. adj.* möglich → 3/3
le **poster** das Poster; **poster qc** etw. ins Netz stellen, etw. posten
le **pot** der Becher, der Topf → 2/3
la **poubelle** der Mülleimer → 4/1; **descendre les poubelles** den Müll rausbringen → 4/1

pour für, wegen, um ... zu + *Inf.*;
pour moi für mich; **pour toi** für dich
pour cent Prozent → 1/1
pour finir zum Schluss → M5
Pourquoi? Warum?
pourtant trotzdem, dennoch
pouvoir + *inf.* etw. tun können *Konjugation, S. 178*
pratique *m./f. adj.* praktisch
préféré/préférée *adj.* Lieblings-
préférer qn/qc jdn/etw. bevorzugen, lieber mögen *wie* répéter, *Konjugation S. 178*; **préférer** + *inf.* bevorzugen etw. zu tun
le **premier plan** der Vordergrund → 5/1
prendre qc etw. nehmen *Konjugation S. 178*; **prendre de la place** Platz einnehmen → 2/3; **prendre des photos** Fotos machen; **prendre des risques** Risiken eingehen → 1/3; **prendre son temps** sich Zeit lassen; **prendre un verre** *fam.* etw. trinken gehen → 1/1; **prendre une décision** eine Entscheidung treffen, einen Entschluss fassen → 5/A; **prendre une/sa douche** duschen → 1/2
préparer qc etw. vorbereiten, etw. zubereiten
près *adv.* nahe; **près de** bei, in der Nähe von
la **présentation** die Präsentation → M5
présenter qn/qc à qn jdm jdn/etw. vorstellen
presque *adv.* fast → M1
prêt/prête *adj.* fertig
prévenir qn jdn verständigen, jdn benachrichtigen *wie* venir, *Konjugation S. 178*
principal/principale/principaux *m. pl. adj.* Haupt- → M1
le **printemps** der Frühling → 3/1
la **prison** das Gefängnis, die Strafbank → 3/3
le **prix** / les **prix** der Preis
le **problème** das Problem
prochain/prochaine *adj.* nächster/nächste/nächstes
le **produit** das Produkt → 1/2
le/la **prof** *fam.* / le **professeur** / la **professeure** der/die Lehrer/in

professionnel/professionnelle *adj.* Berufs-, beruflich, professionell → 4/3
le **profil** das Profil
le **programme** das Programm
programmer qc etw. programmieren
le **progrès** der Fortschritt → 4/2
le **projecteur** der Scheinwerfer → M6
le **projet** das Projekt, das Vorhaben → 1/2
se promener spazieren gehen *wie* acheter, *Konjugation S. 178* → 1/2
promettre qc / (à qn) de + *inf.* (jdm) etw. (zu tun) versprechen *wie* mettre, *Konjugation S. 178* → 4/2
prononcer qc etw. aussprechen *wie* avancer, *Konjugation S. 178*
proposer qc (à qn) / (à qn) de + *inf.* (jdm) etw. (zu tun) vorschlagen, (jdm) etw. anbieten → 2/2
protéger qn/qc jdn/etw. bewahren, jdn/etw. schützen *Konjugation S. 178*
la **province** die Provinz → 3/2
psychiatrique *m./f. adj.* psychiatrisch → 5/2
le **public** das Publikum, die Zuschauer → 4/3
la **publicité** die Werbung, die Anzeige, der Werbespot → 2/A
publier qc etw. veröffentlichen → 5/2
puis dann
puisque da → 2/1
le **pull** *fam.* / le **pull-over** der Pulli, der Pullover

Q

le **quai** der Bahnsteig, der Kai
quand *Fragewort* wann, wenn, immer wenn, als; **quand je pense que...** wenn ich daran denke, dass... → 2/1
quand même trotzdem, dennoch
le **quart** das Viertel → 3/1, die Viertelstunde; **et quart** Viertel nach
le **quartier** das Viertel
la **quatrième** die achte Klasse
que dass, den, die, das *Relativpronomen*, wie, als → 2/2; **que** *Fragewort* was

le **Québec** Quebec → Vorkurs
québécois/québécoise *adj.* aus Quebec → 1/3
quel/quelle/quels/quelles welcher/welche/welches; **Quelle est ta fête préférée?** Welches ist dein Lieblingsfest?
quelque chose etwas
quelques *adj. pl.* einige, ein paar → 2/3
quelqu'un jemand
quelqu'un de bien ein guter Mensch, *wörtl:* jemand Gutes → 6/1
Qu'est-ce que ...? Was ...?; **Qu'est-ce que ça veut dire?** Was bedeutet das?; **Qu'est-ce que c'est?** Was ist das?; **Qu'est-ce qu'il y a?** Was gibt es?, Was ist los?; **Qu'est-ce qu'on peut faire?** Was kann man tun/unternehmen? **Qu'est-ce qui ...?** Was ...? → 3/1
la **question** die Frage; **poser des questions** Fragen stellen
qui *Fragewort* wer; **qui** der, die, das *Relativpronomen*; **Qui est-ce que ...?** Wen ...? → 3/1; **Qui est-ce qui ...?** Wer ...? → 3/1
quitter qn/qc jdn/etw. verlassen → 3/1
quoi was
quotidien/quotidienne *adj.* täglich, alltäglich → 2/3

R

le **racisme** der Rassismus → 5/3
raciste *m./f. adj.* rassistisch → 1/3
raconter qc à qn jdm etw. erzählen
raconter des histoires schwindeln, Märchen erzählen → 4/2
la **raie** der Rochen
avoir raison recht haben → M3
râler *fam.* meckern, motzen → 3/2
le **rallye** die Rallye
la **randonnée** die Wanderung → 1/1; **faire une randonnée** wandern → 1/1
ranger qc etw. aufräumen, etw. einordnen, etw. ein-/ausräumen *wie* manger, *Konjugation S. 178*
le **rap** der Rap
rapide *m./f. adj.* schnell → 2/1
rapidement *adv.* → 2/2

le **rappeur** / la **rappeuse** der/die Rapper/in
rarement *adv.* selten → 2/3
rater qn/qc jdn/etw. verpassen
réagir reagieren *wie* finir, *Konjugation S. 178* → 2/2
le **réalisateur** / la **réalisatrice** der/die Regisseur/in → 1/3
réaliser qc etw. verwirklichen → 5/3
réaliste *m./f. adj.* realistisch → 1/3
la **réception** die Rezeption, der Empfang → 6/3
la **recette** das (Koch-)Rezept
recevoir qn/qc jdn/etw. empfangen, etw. erhalten *Konjugation S. 178* → 4/2
la **recherche** die Forschung, die Suche → 6/2
reconnaître qn/qc jdn/etw. wiedererkennen *wie* connaître, *Konjugation S. 178* → 2/2
la **récré** *fam.* / la **récréation** die Pause
recyclé/recyclée *adj.* recycelt
recycler qc etw. recyceln, etw. wiederverwerten
le **recycleur** / la **recycleuse** der/die Recycler/in
je vais y réfléchir ich werde darüber nachdenken → 6/1; **réfléchir à** qc über etw. nachdenken *wie* finir, *Konjugation S. 178*
le **refrain** der Refrain
le **réfugié** / la **réfugiée** der Flüchtling → 6/1
regarder qn/qc jdn/etw. ansehen
le **reggae** der Reggae → M5
la **région** die Gegend, die Region
régional/régionale/régionaux *m. pl. adj.* regional
régler qc etw. regeln, etw. klären *wie* répéter, *Konjugation S. 178* → 4/1
rejoindre qn jdn treffen, jdn einholen *Konjugation S. 178* → 2/1
la **religieuse** die Nonne, die Ordensschwester → 5/3
la **religion** die Religion → 5/3
le **rempart** die Stadtmauer
la **rencontre** das Treffen → 6/2
rencontrer qn jdm begegnen, sich mit jdm treffen
le **rendez-vous** die Verabredung, der Termin, der Treffpunkt

rendre qc à qn jdm etw. zurückgeben *wie* attendre, *Konjugation S. 178*
la **rentrée** der Schuljahresbeginn
rentrer nach Hause fahren/gehen
le **repas** das Essen, die Mahlzeit
répéter qc etw. wiederholen, etw. nachsprechen *Konjugation S. 178*
répondre à qn/qc jdm antworten, etw. beantworten *wie* attendre, *Konjugation S. 178*
la **réponse** die Antwort → 6/2
le/la **reporter** *m./f.* der/die Reporter/in → 5/1
se reposer sich ausruhen → 1/2
reprendre qc etw. übernehmen *wie* prendre, *Konjugation S. 178* → 4/3
représenter qc/qn etw./jdn darstellen, etw./jdn verkörpern → 5/1
le **RER** die Pariser S-Bahn
le **réseau social** / les **réseaux sociaux** das soziale Netzwerk
ressembler à qn/qc jdm/etw. ähneln → 2/3
ressentir qc empfinden *wie* sentir, *Konjugation S. 178* → M6
le **restaurant** das Restaurant, das Lokal
le **reste** der Rest → M2
rester bleiben
le **résultat** das Ergebnis
le **résumé** die Zusammenfassung, die Inhaltsangabe, das Resümee → 5/3
le **retard** die Verspätung
le **retour** die Rückkehr
retourner à zurückkehren zu/nach; **retourner** qc etw. umdrehen, etw. kopfüber stellen → 2/3
retrouver qn jdn treffen
réussi/réussie *adj.* gelungen → 5/2
réussir à + *inf.* etw. schaffen zu tun, etw. gelingen zu tun → 3/2; **réussir** qc es/etw. schaffen *wie* finir, *Konjugation S. 178*
le **rêve** der Traum → 6/A
revenir zurückkommen *wie* venir, *Konjugation S. 178*
rêver (de qn/qc**)** (von jdm/etw.) träumen → 4/3; **rêver de** + *inf.* träumen, etw. zu tun → 6/1
réviser qc etw. wiederholen, etw. lernen

riche *m./f. adj.* reich → 1/3
le/la **riche** der/die Reiche → 1/3
rien nichts
rigoler (bien) lachen, Spaß haben/machen
rire lachen *Konjugation S. 178* → 1/3
rival/rivale/rivaux *m. pl. adj.* rivalisierend, gegnerisch → 3/3
la **rivière** der Fluss → 3/2
le **riz** der Reis
la **robe** das Kleid
le **robot** der Roboter
le **rocher** der Felsen
le **roi** / la **reine** der/die König/in
le **rôle** die Rolle
romain/romaine *adj.* römisch → 5/1
les **Romains** *m. pl.* die Römer → M1
le **roman** der Roman; le **roman policier** der Kriminalroman
romantique *m./f. adj.* romantisch → 1/3
rose *m./f. adj.* rosa
rouge *m./f. adj.* rot
rouillé/rouillée *adj.* eingerostet → M6
rouler fahren, rollen → M6
la **route** die Landstraße, die Straße → 1/A
la **routine** die Routine → M6
la **rubrique** die Rubrik
la **rue** die Straße
la **rue piétonne** die Fußgängerzone → 5/1
le **rugby** das Rugby → 3/3
le **Rwanda** Ruanda → Vorkurs
le **rythme** der Rhythmus, das Tempo → 3/2

S

le **sac** die Tasche
le **sac à dos** der Rucksack
la **saison** die Jahreszeit, die Staffel → 1/3
la **salade** der Salat
le **salaire** das Gehalt → 6/1; le **salaire fixe** das Festgehalt → 6/1
salé/salée *adj.* salzig, gesalzen
la **salle** der (Unterrichts-)Raum
la **salle de bains** das Badezimmer
la **salle des profs** das Lehrerzimmer → 4/2
le **salon** das Wohnzimmer

LISTE ALPHABÉTIQUE FRANÇAIS-ALLEMAND

Salut! *fam.* Hallo!, Tschüss!, Servus!
samedi Samstag, am Samstag
le **sandwich** das Sandwich
sans ohne, ohne etw. zu tun → 2/3
le/la **sans-papiers** *m./f.* der/die illegale/r Einwanderer/ Einwanderin → M5
le **sapin de Noël** der Weihnachtsbaum
s'appeler heißen *Konjugation S. 178* → 1/2
la **sauce** die Soße → 3/2
la **saucisse** die Wurst
sauf außer → 2/1
sauter springen → 1/3
savoir qc etw. wissen *Konjugation S. 178*; **n'en savoir rien** keine Ahnung haben (von etw.) → 6/1
le **scénario** das Drehbuch → 1/3
la **scène** die Szene, die Bühne
la **science** die Wissenschaft
la **science-fiction** die Science-Fiction
scientifique *m./f. adj.* wissenschaftlich → 6/1
le **score** der Spielstand, der Punktestand → 3/3
le **scotch** das Klebeband
le **secret** das Geheimnis; le **coin secret** der Geheimort → M1
le **séjour** der Aufenthalt
le **sel** das Salz
selon gemäß, (je) nach, laut → 3/1
la **semaine** die Woche
le **sens** der Sinn, die Richtung → 5/2
le **sentier** der Weg, der Fußweg → M1
le **sentiment** das Gefühl → 4/3
sentir qc etw. fühlen, etw. schmecken *wie dormir, Konjugation S. 178*; **se sentir** sich fühlen *Konjugation S. 178* → 1/2
séparé/séparée *adj.* getrennt → 4/2
sept jours sur sept sieben Tage die Woche → 6/A
septembre September
la **série** die Serie; la **série policière** die Krimiserie → 4/3
sérieusement *adv.* ernsthaft → 2/2
sérieux/sérieuse *adj.* ernst, ernsthaft

le **serveur** / la **serveuse** der/die Kellner/in → 1/2
le **service** der Service, die Bedienung → 6/3
servir à + *inf.* von Nutzen sein, zu etw. dienen → M1; **servir de qc** als etw. dienen *wie dormir, Konjugation S. 178* → M1
seul/seule *adj.* allein, einzig
seulement *adv.* erst → 1/2, nur; **ne pas seulement ..., mais aussi** nicht nur ..., sondern auch → 2/1
sévère *m./f. adj.* streng
le **shampoing** das Shampoo → 4/1
le **shopping** der Einkaufsbummel
si doch, ob, wenn, falls; **si je te le dis** *fam.* wenn ich es dir doch sage → 4/2
si ça te dit wenn du Lust hast → 6/1
le **siècle** das Jahrhundert → M1
le **siège** der Sitz → M6
signer qc etw. unterschreiben → 6/3
s'il te plaît bitte *du*; **s'il te plaît, confirme** um Antwort wird gebeten
s'il vous plaît bitte *Sie*
sinon sonst → 5/2
le **sirop d'érable** der Ahornsirup → M2
le **site (web)** die Webseite
la **situation** die Situation
le **skatepark** der Skatepark
le **sketch** der Sketch
le **slogan** der Slogan → 3/3
la **société** die Gesellschaft → 5/2
la **sœur** die Schwester; la **demi-sœur** die Halbschwester → 4/A
soi-même (sich) selbst → 6/2
soigner qn/qc jdn/etw. pflegen → 5/2
le **soir** Abend, abends
la **soirée** der Abend
le **soja** das Soja → M2
le **soleil** die Sonne
la **solidarité** die Solidarität → 5/3
la **solution** die Lösung
le **son** der Ton, der Klang → 6/2
la **sorte** die Art → 2/1; **une sorte de** eine Art (von) → 2/1
la **sortie** der Ausgang, der Ausritt

sortir avec qn mit jdm zusammen sein → 4/3; **sortir de qc** ausgehen, hinausgehen *wie dormir, Konjugation S. 178*; **sortir de table** (vom Tisch) aufstehen → M2; **sortir le chien** den Hund ausführen → 4/1; **sortir qc (de qc)** etw. (aus etw.) herausholen, etw. hervorholen → 4/1
souhaiter qc à qn jdm etw. wünschen
la **soupe** die Suppe → 3/2
sourire lächeln *wie rire, Konjugation S. 178* → 6/3
sous unter
souterrain/souterraine *adj.* unterirdisch → 3/1
le **souvenir** das Souvenir, die Erinnerung
souvent *adv.* oft
les **spaghettis** *m. pl.* die Spaghetti → 4/1
spécial/spéciale/spéciaux *m. pl. adj.* besonders, speziell
la **spécialité** die Spezialität
le **spectacle** die Vorstellung, die Show
le **sport** der Sport
sportif/sportive *adj.* sportlich
le **sportif** / la **sportive** der/die Sportler/in → Vorkurs
le **stade** das Stadion → 1/A
le **stage** das Praktikum → 4/3
la **star** der Star
la **station** die Station, die Haltestelle
le **steak** das Steak → M2
le **stress** der Stress
stressé/stressée *adj.* gestresst → 1/1
se stresser sich stressen → 6/1
le **style** der Stil
le **stylo** der Stift, der Kugelschreiber
le **succès** der Erfolg → Vorkurs
le **sucre** der Zucker; le **sucre glace** der Puderzucker
sucré/sucrée *adj.* süß, gezuckert
le **sud** der Süden → 1/A
la **Suisse** die Schweiz → Vorkurs
le/la **Suisse** *m./f.* der Schweizer / die Schweizerin → 2/3
suivant/suivante *adj.* folgender/folgende/folgendes
suivre qn/qc jdm/etw folgen, jdn/etw. verfolgen *Konjugation S. 178* → 1/3

LISTE ALPHABÉTIQUE FRANÇAIS-ALLEMAND

super *adj. inv. fam.* super, toll
le **supermarché** der Supermarkt → 2/3
sur über, auf; **sur Internet** im/ins Internet; **sur la plage** am Strand
sûr/sûre *adj.* sicher
le **surf** Surfen
surfer sur Internet im Internet surfen
la **surprise** die Überraschung → 2/1; **faire une surprise à qn** jdn überraschen → 4/1
surréaliste *m./f. adj.* surrealistisch → 5/1
surtout *adv.* vor allem → 1/3
la **surveillance** die Überwachung → 4/2
le **surveillant** / la **surveillante** die Aufsichtsperson
surveiller qn/qc jdn/etw. überwachen, jdn/etw. beaufsichtigen → 4/2
le **suspense** die Spannung → 1/3
les **SVT** *f. pl.* Biologie *Schulfach*
le **sweat-shirt** das Sweatshirt
le **symbole** das Symbol, das Zeichen → 1/1
sympa *fam.*/ **sympathique** *m./f. adj.* nett, sympathisch
le **système** das System → 2/2

T

la **table** der Tisch
le **tableau** / les **tableaux** das Gemälde → 5/3, die (Schul-)Tafel
la **tablette** das Tablet
la **tâche ménagère** die Aufgabe im Haushalt → 4/A
la **taille** die Größe
le **talent** das Talent → 6/A; **avoir du talent** Talent haben, talentiert sein → 6/A
la **tante** die Tante
tard *adv.* spät
la **tartine** das Butterbrot, das belegte Brot, die Brotscheibe → M2
technique *m./f. adj.* technisch → 6/2
la **technique** die Technik
la **techno(logie)** Technik *Schulfach*
le **tee-shirt** das T-Shirt
la **télé** / la **télévision** der Fernseher
télécharger qc etw. herunterladen *wie* manger, *Konjugation S. 178* → M5

la **télécommande** die Fernbedienung
le **téléphone** das Telefon
téléphoner à qn mit jdm telefonieren, jdn anrufen
tellement *adv.* so, dermaßen → M6
la **tempête** das Unwetter, der Sturm → M6
le **temps** die Zeit, das Wetter; **prendre son temps** sich Zeit lassen; **tout le temps** die ganze Zeit, ständig
le **temps de chien** *fam.* das Sauwetter, das Schmuddelwetter → M4
le **temps libre** die Freizeit → M1
tenir qn/qc jdn festhalten, etw. halten *wie* venir, *Konjugation S. 178* → M6; **Tenez!** Hier!, Nehmen Sie! → 6/2; **tenir compagnie à qn** jdm Gesellschaft leisten → M6; **Tiens!** Hier!, Nimm! → 6/2
le **tennis** Tennis, das Tennisspielen
la **tente** das Zelt
terminer (par) qc (mit) etw. enden, etw. beenden → 1/2
la **terrasse** die Terrasse → 1/1
terrible *m./f. adj.* furchtbar → 3/2
le **test** der Test
tester qc etw. testen, etw. ausprobieren
la **tête** der Kopf, das Gesicht → 5/3
le **texte** der Text
le **texto** die SMS → 4/2
le **thé** der Tee → M2
le **théâtre** das Theater; la **pièce de théâtre** das Theaterstück
le **thème** das Thema
le **tiers** das Drittel → 3/1; **deux tiers** zwei Drittel → 3/1
timide *m./f. adj.* schüchtern → 4/3
le **titre** der Titel, der Musiktitel → 5/2
les **toilettes** *f. pl.* die Toilette
tomber fallen, hinfallen → 2/1
tomber amoureux/-euse sich verlieben → 1/3
le **tome** der Band → 5/2
tôt *adv.* früh → Vorkurs
touchant/touchante *adj.* rührend, ergreifend → 1/3
toujours *adv.* immer
la **tour** der Turm

le **tour** die Tour, die Rundfahrt; **C'est mon tour!** Ich bin dran! → 3/2
le/la **touriste** der/die Tourist/in
touristique *m./f. adj.* touristisch → 1/1
tourner drehen, abbiegen
le **tournoi** das Turnier
tous/toutes *adj. pl.* alle, jeder/jede/jedes → 3/2
tout alles → 3/2; **(ne ...) pas du tout** gar nicht → 2/2; **tout le / toute la / tous les / toutes les** ganzer/ganze/ganzes, alle → 1/2; **tout le temps** die ganze Zeit, ständig
tout à coup plötzlich
tout de suite *adv.* sofort → 2/1
tout droit geradeaus
tout le monde alle
la **tradition** die Tradition
traditionnel/traditionnelle traditionell → 1/1
le **traducteur** / la **traductrice** der/die Übersetzer/in → 6/1
le **train** der Zug
le **traîneau** der Schlitten → 3/2
le **tram** die Straßenbahn
la **tranche** die Scheibe → M2
tranquille *m./f. adj.* ruhig, Ruhe haben, in Ruhe gelassen werden → 4/1
transformer qn/qc en qc jdn/etw. verwandeln in etw.
le **travail** die Arbeit
le **travail en équipe** die Teamarbeit → 6/2
travailler arbeiten, lernen
traverser qc etw. überqueren
très *adv.* sehr
le **trésor** der Schatz
le **trimestre** das Trimester → 4/2
triste *m./f. adj.* traurig → 1/3
la **troisième** die neunte Klasse → 2/2; **en classe de troisième** in der neunten Klasse → 6/3
se tromper de qc sich täuschen, sich irren → 2/3
trop *adv.* zu viel, zu (sehr)
le **trou** das Loch → 2/3
se trouver sich befinden → M1; **trouver qc** etw. finden
le **truc** das Ding, die Sache; le **truc de fou** *fam.* die verrückte Sache, das Wahnsinnsding

LISTE ALPHABÉTIQUE FRANÇAIS-ALLEMAND

Tu as des frères et sœurs?
Hast du Geschwister?
Tu as quel âge? Wie alt bist du?
Tu es d'où? Woher kommst du?
Tu habites où? Wo wohnst du?
Tu t'appelles comment?
Wie heißt du?
le **tuto** *fam.* / le **tutoriel**
das Erklärvideo
le **tuyau** / les **tuyaux**
der Geheimtipp → 6/3
le **type** *fam.* der Typ, der Kerl → M6
typique *m./f. adj.* typisch → 2/2

U

ultra ultra, extrem → M4
un jour eines Tages → 1/3
un peu ein bisschen
un tas de eine Menge,
ein Haufen
une tonne de (extrem) viele
l' **université** *f.* die Universität
l' **usine** *f.* die Fabrik → M6
utiliser qc etw. benutzen

V

les **vacances** *f. pl.* die Ferien
la **vague** die Welle, die La-Ola-Welle
→ 3/3
la **valise** der Koffer → 2/1
la **vallée** das Tal → 3/2
le **vasistas** das (kleine) Klappfenster
→ 2/3
le **végétalien** / la **végétalienne**
der/die Veganer/in → M2
végétarien/végétarienne *adj.*
vegetarisch
le **végétarien** / la **végétarienne** *m./f.*
der/die Vegetarier/in
le **vélo** das Fahrrad
les **vendanges** *f. pl.* die Weinlese
→ 6/3

le **vendeur** / la **vendeuse**
der/die Verkäufer/in
vendre qc à qn jdm etw. verkaufen
wie attendre, *Konjugation S. 178*
vendredi Freitag, am Freitag
venir kommen *Konjugation S. 178;*
venir chercher qn
jdn abholen kommen; **venir de +**
inf. gerade etw. getan haben
→ 6/3; **venir de + pays/ville**
kommen aus *Konjugation S. 178*
→ Vorkurs
venir voir qn jdn besuchen → 2/2
le **vent** der Wind
la **vérité** die Wahrheit → 4/2
le **vernis à ongles** der Nagellack
le **verre** das Glas → M6; **prendre un**
verre *fam.* etw. trinken gehen
→ 1/1
vers gegen
la **version** die Version, die Fassung
vert/verte *adj.* grün
la **veste** die Jacke
les **vêtements** *m. pl.* die Kleider
la **viande** das Fleisch → 2/2
la **vidéo** das Video
la **vie** das Leben
la **vie quotidienne** der Alltag → 5/3
vieux/vieil *m./* **vieille** *f. adj.* alt
le **vieux** / la **vieille** der/die Alte
la **vignette** die Vignette → 5/1
le **village** das Dorf
la **ville** die Stadt; la **vieille ville**
die Altstadt → 1/1; la **ville jumelée**
die Partnerstadt → 2/A
la **violence** die Gewalt → 5/3
le **visage** das Gesicht → 5/A
la **visite** die Besichtigung,
der Besuch → 5/1
visiter qc etw. besichtigen
la **vitamine** das Vitamin → 5/3
vite *adv.* schnell

la **vitrine** das Schaufenster,
die Vitrine
vivre (qc) leben, erleben
Konjugation S. 178 → 1/2
le **vocabulaire** das Vokabular,
der Wortschatz
voici das ist/sind, hier ist/sind
voilà hier ist/sind
la **voile** Segeln → M4
voir qn/qc jdn/etw. sehen
Konjugation, S. 178
le **voisin** / la **voisine**
der/die Nachbar/in
la **voiture** der Wagen, das Auto
la **voix** / les **voix** die Stimme → M6
vouloir qc etw. wollen
Konjugation, S. 178
vouloir que + *subj.* wollen, dass
→ M3
le **voyage** die Reise → M4
voyager reisen *wie* manger
Konjugation S. 178 → 5/2
vrai/vraie *adj.* richtig, wahr
vraiment *adv.* wirklich
le **VTT** das Mountainbike
la **vue** die Aussicht

W

le **week-end** das Wochenende,
am Wochenende
le **wolof** Wolof

Y

y dort, dorthin → 5/1
le **yaourt** der Joghurt → 2/3

Z

le **zoo** der Zoo → 6/2
Zut! *fam.* Mist!

LISTE ALPHABÉTIQUE ALLEMAND-FRANÇAIS

Die Angabe hinter dem Pfeil verweist auf die *Unité* und das *Volet* bzw. auf das *Module*, in der/dem die Vokabel eingeführt wird. → 3/1 heißt *Unité 3, Volet 1*; → M4 steht für *Module 4*. → 2/A verweist auf die Auftaktseite von *Unité 2*.

A

ab und zu des fois *adv.* → 4/1
abbiegen tourner
Abend, abends le soir; **Abend** la soirée
Abenteuer l'aventure *f.*
aber mais; **aber sicher** bien sûr
Abfahrt le départ
abfragen interroger qn → 4/2
abhängig sein (von etw.) être accro à qc *fam.* → 5/2
abholen (jdn/etw.) passer chercher qn/qc, aller chercher qn/qc → 2/1; **abholen kommen (jdn)** venir chercher qn
Abi le bac, le baccalauréat → 6/1
Abitur le bac, le baccalauréat → 6/1
abonniert haben (etw.) être abonné/e à qc
Abschlusszeugnis le brevet → 2/2
abschreiben (etw.) copier qc → 4/2
Abstammung l'origine *f.* → 3/1
abwechselnd à tour de rôle *adv.* → 3/2
Abwehr(spieler) la défense → 3/3
Abwesenheit l'absence *f.* → 4/2
ach ah
Achtung! Attention!
Action le film d'action
adoptieren (jdn) adopter qn → 5/2
Adresse l'adresse *f.*
afrikanisch africain/africaine *adj.* → Vorkurs
agressiv agressif/agressive → 3/3
äh euh, ben *fam.* → 2/1
ähneln (jdm/etw.) ressembler à qn/qc → 2/3
Ahnung n'en savoir rien → 6/1
Ahorn l'érable *m.* → M2; **Ahornsirup** le sirop d'érable → M2
Akkordeon l'accordéon *m.*
Mein Akku ist leer. Je n'ai plus de batterie.
Akte le dossier → 6/3
Aktion l'action *f.*
aktuell actuel/actuelle *adj.* → 5/2
Akzent l'accent *m.* → 1/2
Albino l'albinos → Vorkurs
Albtraum le cauchemar
Album l'album *m.* → Vorkurs
Algerien l'Algérie *f.* → 1/3

Algonkin l'Algonquin / l'Algonquine *m./f.* → 3/1
alle tous/toutes *adj. pl.* → 3/2, tout le monde, tout le / toute la / tous les / toutes les → 1/2
Allee l'allée *f.* → M6, l'avenue *f.* → 6/3
allein seul/seule *adj.*
allerdings par contre
Allergie l'allergie *f.*
alles tout → 3/2
im Allgemeinen en général → 1/2
Alltag la vie quotidienne → 5/3
alltäglich quotidien/quotidienne *adj.* → 2/3
als comme, que → 2/2
also alors, donc
alt vieux/vieil *m.*/vieille *f. adj.*, ancien/ancienne *adj.* → 1/1
Alte/r le vieux / la vieille
Alter l'âge *m.*
Altstadt la vieille ville → 1/1
am Montag lundi
am Nachmittag l'après-midi *m./f.*
am Wochenende le week-end
amerikanisch américain/américaine *adj.* → 3/1
Ampel le feu / les feux
sich unterhalten s'amuser → 2/2
anbieten (jdm etw.) offrir qc à qn, proposer qc (à qn) / (à qn) de + *inf.* → 2/2
andauern durer
Andere l'autre *m./f.*
anderer/andere/anderes autre *m./f. adj.*
(ver)ändern (sich) changer → 1/3;
ändern (etw.) changer de qc → 4/3
anders différemment *adv.* → 2/2;
Das/Es war ganz anders. C'était très différent. → M1
Anfang le début → 1/3; **am Anfang** au début (de qc) → 1/3
anfeuern (jdn) encourager qn → 3/3
Anfrage la demande → 6/3
Angeber le crâneur / la crâneuse
ein Angebot machen faire un prix à qn
Angelegenheiten les affaires *f. pl.* → 4/1
Angeln la pêche → 3/1
angenehm agréable *m./f. adj.* → 2/1
angesagt branché/branchée *adj. fam.* → 1/1

Angestellte/r l'employé / l'employée *m./f.*
angezogen habillé/habillée *adj.* → 5/1
Angriff l'attaque *f.* → 3/3
Angriffsspieler l'attaque *f.* → 3/3
Angst la peur
Anhang la pièce jointe / PJ → 6/3
anhören (jdn/etw.) écouter qn/qc
Animateur/in l'anim *fam.* / l'animateur / l'animatrice *m./f.*
ankommen arriver
ankündigen (etw.) annoncer qc → 4/3
Ankunft l'arrivée *f.* → 3/1
anlocken (jdn) attirer qn → 5/A
Anorak l'anorak *m.*
anprangern (jdn/etw.) dénoncer qn/qc → 5/3
(an)probieren (etw.) essayer qc → 3/2
anrufen (jdn) téléphoner à qn, appeler qn
anschnauzen (jdn) engueuler qn *fam.* → M6
ansehen (jdn/etw.) regarder qn/qc
ansteigen monter → 3/2
anstelle von au lieu de → 2/1
anstrengen (sich) faire un effort / faire des efforts → 4/3
Antike l'Antiquité *f.* → 1/1
Antwort la réponse → 6/2
antworten (jdm) répondre à qn/qc
Anwalt l'avocat / l'avocate *m./f.* → 4/3
Anzahl le nombre → 3/1
Anzeige la publicité → 2/A
anziehen (jdn) attirer qn → 5/A;
anziehen (etw.) mettre qc
anzünden allumer qc
Apfel la pomme
Apfelsine l'orange *f.* → 5/3
am Apparat à l'appareil → 6/3
applaudieren (jdm) applaudir (qn) → 3/3
April avril
apropos à propos → M5
Aquarium l'aquarium *m.*
Arabisch l'arabe *m.*
Arbeit le travail
arbeiten travailler
Arbeiter/in l'ouvrier / l'ouvrière *m./f.* → 6/1

274 deux-cent-soixante-quatorze

LISTE ALPHABÉTIQUE ALLEMAND-FRANÇAIS

Arbeitgeber/in
l'employeur / l'employeuse *m./f.* → 6/3
arbeitslos sein être au chômage → 3/1
Architekt/in l'architecte *m./f.* → 5/1
Architektur l'architecture *f.* → 5/A
Arena les arènes *f. pl.* → M1
ärgern (jdn) énerver qn
Argument l'argument *m.*
arm pauvre *m./f. adj.* → 1/3
Armbanduhr la montre
Arme le/la pauvre → 1/3
Armut la pauvreté → 5/3
Arrondissement l'arrondissement *m.*
Art la façon → 2/1, la manière → 2/2, la sorte → 2/1; **auf... Art und Weise** de manière + *adj.* → 2/2; **eine Art von** une sorte de → 2/1
Artikel l'article *m.*
Arzt/Ärztin le médecin → 6/1
Astronaut l'astronaute *m./f.* → Vorkurs
Atelier l'atelier *m.* → 6/2
Atmosphäre l'ambiance *f.* → 1/1
Atomkrieg la guerre atomique → 5/2
auch aussi; **auch nicht** non plus *adv.* → 2/1
auch wenn même si → 3/1
Audioguide l'audioguide *m.* → 5/1
auf sur; **auf Basis von** à base de → 2/1; **auf Französich** en français; **auf Seite (20)** à la page (20); **Art de manière + *adj.*** → 2/2; **auf einmal** à la fois *adv.* → 1/3
Auf Wiedersehen! Au revoir!
Aufenthalt le séjour
im Aufenthaltsraum en (salle de) permanence
Aufgabe im Haushalt la tâche ménagère → 4/A
aufgeben baisser les bras → 6/1
aufhören arrêter de + *inf.* → 4/1;
aufhören (mit etw.) arrêter qc → 5/3
Auflauf le gratin → M2
Aufmerksamkeit l'attention *f.* → M5
aufnehmen (etw.) enregistrer qc
aufpassen faire attention → 3/2;
aufpassen (auf jdn) garder qn/qc
aufräumen (etw.) ranger qc
sich aufregen s'énerver → 1/2
aufrichtig honnête *m./f. adj.* → 1/3
aufschlagen (etw.) ouvrir qc
aufschreiben (etw.) noter (qc) → 5/A
Aufsichtsperson le surveillant / la surveillante
aufstehen se lever → 1/2, sortir de table → M2

aufteilen (etw.) partager qc → 2/2
auftragen en rajouter → 6/3
aufwachsen grandir → Vorkurs
Aufzug l'ascenseur *m.*
Auge l'œil / les yeux *m.*
Augenblick l'instant *m.* → 6/3, le moment
August août
aus de; **aus Papier** en papier
Ausbildung la formation → 6/2
ausdrücken (etw.) exprimer qc → 4/3
Ausgang la sortie
Ausgangspunkt le point de départ
ausgeben (etw.) dépenser qc → 6/A
ausgerechnet justement *adv.* → 4/3
Ausgrenzung l'exclusion *f.* → 5/3
Ausland l'étranger *m.* → 6/A
ausprobieren (etw.) tester qc
sich ausruhen se reposer → 1/2
ausrutschen glisser → 2/1
Aussage le message → M5
aussehen avoir l'air + *adj.* → 6/2
außer sauf → 2/1
außerdem et puis, en plus
äußern (etw.) exprimer qc → 4/3
Aussicht la vue
ausspionieren (jdn/etw.) espionner qn/qc → 4/2
aussprechen (etw.) prononcer qc
aussteigen descendre
Ausstellung l'expo *fam.* / l'exposition *f.*
aussuchen (jdn/etw.) choisir qn/qc
Austausch l'échange *m.* → 2/A
austauschen (etw.) échanger qc contre qc
Austauschpartner/in le/la corres *fam.* / le correspondant / la correspondante
Auster l'huître *f.*
ausüben (etw. als Hobby) faire du/de la/de l'/des
ausverkauft complet/complète *adj.* → 3/3
auswählen (jdn/etw.) choisir qn/qc
ausziehen (etw.) enlever qc → 2/3
Auto la voiture
Autor/in l'auteur / l'auteure → 5/2

B

babysittten faire du baby-sitting → 6/1
Bäckerei la boulangerie
Backform le moule
Backofen le four
Backpulver la levure
baden se baigner → 1/2
Badezimmer la salle de bains

Baguette la baguette
bäh beurk *fam.* → 2/1
Bahnhof la gare
Bahnsteig le quai
bald bientôt
Ball le ballon → 3/3
Band le tome → 5/2, le groupe
Bär l'ours / les ours *m.* → 3/2
Basilika la basilique → 1/A
Basis à base de → 2/1
Basketball le basket
bauen (etw.) construire qc → 3/2
Bauwerk le monument → 5/1
beantworten (etw.) répondre à qn/qc
beaufsichtigen (jdn/etw.) surveiller qn/qc → 4/2
Becher le pot → 2/3
bedeuten (jdm etw.) compter pour qn → 4/3
Bedienung le service → 6/3
sich beeilen se dépêcher → 1/2
beeindrucken (jdn) impressionner qn → 5/A
beeindruckend impressionnant/ impressionnante *adj.* → 3/3
beenden terminer (par) qc → 1/2;
beenden (etw.) arrêter qc → 5/3, finir qc
Befehl l'ordre *m.*
sich befinden se trouver → M1
begabt doué/douée *adj.* → 6/1;
begabt sein für etw. être doué/douée pour qc → 6/1
begegnen (jdm) croiser qn → M6, rencontrer qn
Beginn le début → 1/3
beginnen (etw. zu tun) commencer à + *inf.* → 2/2;
beginnen (etw.) commencer qc;
beginnen (mit etw.) commencer par qc → 1/3
begleiten (jdn) accompagner qn
behalten (etw.) garder qn/qc
bei chez, près de; **bei mir** chez moi; **bei uns** chez nous
beibringen (jdm etw. zu tun) apprendre à qn à + *inf.* → 4/1
Bein la jambe → 2/1
zum Beispiel / z.B. par exemple / p. ex.
Bekanntschaft machen (mit jdm/etw.) faire connaissance avec qn/qc → 3/1
beklagen (sich über etw.) se plaindre de qc → 2/1
bekommen (etw.) obtenir qc → 5/3
belebt animé/animée *adj.*

LISTE ALPHABÉTIQUE ALLEMAND-FRANÇAIS

Belgien la Belgique → Vorkurs
Belgier/Belgierin le Belge / la Belge → 5/A
belgisch belge *m./f. adj.* → 5/A
bemalt peint/peinte *adj.* → 3/A
bemühen (sich) faire un effort / faire des efforts → 4/3
benachrichtigen (jdn) prévenir qn
benutzen (etw.) utiliser qc
beobachten (jdn/etw.) observer qn/qc
berechtigen etw. zu tun (jdn) permettre (à qn) de + *inf.* → 3/3
Bereich le domaine → 6/1
bereichernd enrichissant/enrichissante *adj.* → 6/3
bereits déjà *adv.*
Berg la montagne → 5/3
berichtigen (etw.) corriger qc → 2/2
Beruf le métier → 6/1
Berufs-, beruflich professionnel/professionnelle *adj.* → 4/3
Berufsberater/in le conseiller / la conseillère d'orientation → 6/1
beruhigen (jdn) calmer qn
berühmt célèbre *m./f. adj.*
beschließen etw. zu tun décider de + *inf.* → 4/2
beschreiben (jdn/etw.) décrire qn/qc → 6/2
besichtigen (etw.) visiter qc
Besichtigung la visite → 5/1
besonders particulièrement *adv.* → 6/3, spécial/spéciale/spéciaux *m. pl. adj.*
besser meilleur/meilleure *adj.* → 1/1;
der/die/das beste le meilleur / la meilleure *adj.* → 1/1
bestimmter certain/certaine *adj.* → 4/2
Besuch la visite → 5/1
besuchen (jdn) venir voir qn → 2/2
sich beteiligen an etw. participer à qc → 2/A
Betreff l'objet *m.* → 6/3
betreten entrer
Bett le lit
Bevölkerung la population → 3/1
bevor avant de + *inf.* → 3/2
bevorzugen (jdn/etw.) préférer qn/qc;
bevorzugen etw. zu tun préférer + *inf.*
bewahren (jdn/etw.) protéger qn/qc
sich bewegen bouger → 3/2
Bewerber/in le candidat / la candidate → 6/3
Bewerbung la candidature → 6/3
Bewerbungsschreiben la lettre de motivation → 6/3

bewundern (jdn/etw.) admirer qn/qc → 3/1
bezahlen (etw.) payer qc
Bibliothek la bibliothèque
Bier la bière → M6
bieten (etw.) offrir qc → 1/1
Bild la photo, l'image *f.* → 5/1
bilden former qc → 6/2
Bildschirm l'écran *m.* → 4/2
Bildung la culture
bilingual bilingue *m./f. adj.* → 3/A
Bio-, biologisch bio *fam.* / biologique *m./f. adj.*
Biologie les SVT *f. pl.*
bis jusqu'à *örtlich + zeitlich*; **Bis später!** À plus! *fam.*
Bissen la bouchée → 2/1
bitte s'il te plaît
Bitte la demande → 6/3
bitte s'il vous plaît; **(aber) gern** Je vous en prie. → 6/2; **bitte (schön)** Je t'en prie. → 6/2
Blatt la feuille → 2/3
Blau le bleu
blau bleu/bleue *adj.*
bleiben rester
blöd bête *m./f. adj.*, idiot/idiote *adj. fam.* → 5/2; **Das ist blöd!** C'est bête! *fam.*
Blog le blog
Blumenregen le jet de fleurs → M6
Bonbon le bonbon → 3/A
Boot le bateau / les bateaux
Botschaft le message → M5
Bouillabaisse la bouillabaisse → 1/2
Boule les boules *f. pl.* → M1
Boxer le boxeur / la boxeuse → 1/2
brauchen (jdn/etw.) avoir besoin de qn/qc/ + *inf.* → 4/1
braun marron *adj. inv.*
Bravo! À la bonne heure!
Bremse le frein → 2/2
Bretagne la Bretagne
Bretonisch le breton
bretonisch breton/bretonne *adj.*
Brief la lettre
Brieffreund/in le/la corres *fam.* / le correspondant / la correspondante
Brille les lunettes *f. pl.*
Brot le pain
Brötchen le petit pain → 5/2
Brotscheibe la tartine → M2
Brücke le pont → 5/A
Bub le garçon
Buch le livre
Bücherei la bibliothèque

Buchhandlung la librairie
Buchstabe la lettre
Buchweizen le blé noir
Buffet le buffet → 2/1
Bühne la scène
Büro le bureau / les bureaux
Bus le bus
Butter le beurre
Butterbrot la tartine → M2
Button le badge
BWL l'économie *f.* → 6/2

C

Cache la cache
Café le café
Casting le casting
Champion le champion / la championne → Vorkurs
Chance la chance → 1/2
Chat le chat
chatten (mit jdm) chatter avec qn
Chef/in le/la chef
Chef le patron / la patronne → 6/3
Cola le coca
Comedian l'humoriste *m./f.* → 6/2
Comic la bédé / B.D. (bande déssinée) / BD / les B.D.
Comicband l'album de BD *m.* → 5/1
Computer l'ordinateur *m.*
cool cool *adj. inv. fam.*
Couch le canapé → M6
Cousin/e le cousin / la cousine
Cowboy le cow-boy → 5/1
Creme la crème
cremig crémeux/crémeuse *adj.* → 2/3
Crêpe la crêpe
Croissant le croissant → M2

D

da là, puisque → 2/1; **da** *kausal* comme → 2/1
dafür sein être pour qn/qc
dagegen sein être contre qn/qc
daheim à la maison
danach après
dank grâce à → 4/3
danke merci
dann ensuite, puis
daraufhin du coup → 2/1
darstellen (etw./jdn) représenter qc/qn → 5/1
das cela, *fam.* ça → 2/1
Das gefällt mir (nicht). Ça me plaît. / Ça ne me plaît pas.
das geht gar nicht ça craint *fam* → 4/2

Das hat mir (nicht) gefallen.
Ça m'a plu. / Ça ne m'a pas plu.
das heißt c'est-à-dire
das ist c'est; **das sind** ce sont
Das ist nicht deine Aufgabe!
Ce n'est pas ton rôle! → 4/1
das ist nicht in Ordnung ça craint *fam*
→ 4/2
Das ist wirklich der Gipfel!
C'est la meilleure! *fam.* → 4/2
Das klappt! Ça marche. *fam.*
Das steht/passt mir gut.
Ça me va bien.
das war c'était
das wirkt + *Adjektiv* ça fait + *adj.* → 6/3
dass que
datieren dater (de qc) → 1/1
Dauer la durée → 2/2
dauern durer
davon en → M2
dekorieren (etw.) décorer qc
Demonstration la manifestation → 5/2
den, die, das *Relativpronomen* que
denken (an jdn/etw.) penser à qn/qc;
denken (daran, etw. zu tun)
penser à + *inf.* → 5/3
Denkmal le monument → 5/1
denn car → 4/3
dennoch pourtant, quand même
denunzieren (jdn/etw.)
dénoncer qn/qc → 5/3
deprimiert sein déprimer → M6
der, die, das *Relativpronomen* qui
der-/die-/dasselbe le/la même *m./f. adj.*
→ 2/2
dermaßen tellement *adv.* → M6
derzeitig actuel/actuelle *adj.* → 5/2
deshalb du coup → 2/1, c'est pourquoi
→ 5/3, c'est pour ça que → 5/1
Designer- design *adj. inv*
dessen dont → 5/2
Dessert le dessert
deswegen c'est pourquoi → 5/3,
c'est pour ça que → 5/1
Detail le détail → 5/1
Deutsch l'allemand *m.*
deutsch-französisch franco-allemand/
franco-allemande *adj.*
Deutschland l'Allemagne *f.*
Dezember décembre
Dialog le dialogue
dick gros/grosse *adj.* → 2/1;
dick auftragen en rajouter → 6/3
Die Hoffnung stirbt zuletzt!
On peut toujours espérer! → M3

dienen (als etw.) servir de qc → M1;
dienen (zu etw.) servir à + *inf.* → M1
Dienstag mardi
dies ist nicht/kein ceci n'est pas → 5/3
dieser/diese/dieses ce/cet/cette/ces
Ding le truc
direkt direct/directe *adj.*,
carrément *adv. fam.* → 4/3
diskutieren (über etw.) discuter de qc
doch si
Dokument le document → 6/3,
le papier → 2/3
Dokumentalist/in le/la documentaliste
Dokumentarfilm le documentaire →
5/2
Dokumentation le documentaire →
5/2
Dollar le dollar → 3/A
Dom la cathédrale
Döner le kebab
Donnerstag jeudi
doof nul/nulle *adj.*; **Das ist doof!**
C'est nul! *fam.*
doppelt double *m./f. adj.* → Vorkurs
Dorf le village
dort là-bas; **dort, dorthin** y → 5/1;
von dort en → 5/1
Drama le drame → 1/3
draußen dehors *adv.* → 3/1
Drehbuch le scénario → 1/3
drehen tourner
Drittel le tiers → 3/1
Drohne le drone
Drucker l'imprimante *f.*
Duft le parfum → 4/1
dumm bête *m./f. adj.*
Dummheit la bêtise → 1/2
dünn fin/fine *adj.* → 2/3
durch par
Durchschnitt la moyenne
dürfen (etw.) avoir le droit de + *inf.*
→ 2/1
Durst haben avoir soif
Dusche la douche
duschen prendre une/sa douche → 1/2

E

Ebbe la marée basse
Ecke le coin → M1
ehemalig ancien/ancienne *adj.* → 1/1
Ehemann le mari → 4/3
eher plutôt *adv.*
ehrlich honnête *m./f. adj.* → 1/3
Ei l'œuf / les œufs *m.*
eigentlich en fait

ein bisschen un peu
Eindruck l'impression *f.* → 5/1
eines Tages un jour → 1/3
Eingang l'entrée *f.*
eingeboren autochtone *m./f. adj.* → 3/1
eingerostet rouillé/rouillée *adj.* → M6
einheimisch autochtone *m./f. adj.*
→ 3/1
einholen (jdn) rejoindre qn → 2/1
einige quelques *adj. pl.* → 2/3
einkaufen faire les courses → 2/2
Einkaufsbummel le shopping
Einkaufszentrum le centre commercial
→ 1/A
einladen (jdn zu etw.) inviter qn à qc
einnehmen prendre de la place → 2/3
einordnen (etw.) ranger qc
einsam désert/déserte *adj.* → 5/2
Eintrittskarte le billet
einverstanden d'accord
Einwohner la population → 3/1; **Einwohner/in** l'habitant / l'habitante *m./f.*
Einzelheit le détail → 5/1
einzig seul/seule *adj.*
Eis la glace → M2
Eishockey le hockey sur glace → 3/1
ekelhaft dégoûtant/dégoûtante *adj.*
→ 2/2, dégueulasse *m./f. adj. fam.* → 4/2
Elch l'orignal / les orignaux → 3/2
Elsässisch l'alsacien *m.* → 6/3
Eltern les parents *m. pl.*
Empfang la réception → 6/3
empfangen (jdn/etw.) recevoir qn/qc
→ 4/2
empfinden (etw.) ressentir qc → M6
Ende la fin, le bout → M6; **am Ende von
etw.** au bout de qc → 5/1
enden finir qc; **enden (mit etw.)**
terminer (par) qc → 1/2
endlich enfin
Energie l'énergie *f.* → 6/1
sich engagieren s'engager → 3/1
engagiert engagé/engagée *adj.* → 5/3
England l'Angleterre *f.* → Vorkurs
Englisch l'anglais *m.*
entdecken (jdn/etw.) découvrir qn/qc
Entdeckung la découverte
entfernen (etw.) enlever qc → 2/3
entfernt à ... kilomètres → Vorkurs
Entscheidung la décision → 5/A;
eine Entscheidung treffen
prendre une décision → 5/A
Entschluss la décision → 5/A; **einen
Entschluss fassen** prendre une décision
→ 5/A

LISTE ALPHABÉTIQUE ALLEMAND-FRANÇAIS

entsprechen (jdm/etw.) correspondre à qn/qc
enttäuschen (jdn) décevoir qn → 4/2
sich entwickeln se développer → 1/2
Episode l'épisode *m.* → 1/3
Epoche l'époque *f.* → M1
erahnen (etw.) deviner qc
erbaut construit/construite *adj.* → 5/1
Erdbeere la fraise
Erdkunde l'histoire-géo(graphie) *f.*
Ereignis l'évènement *m.* → 3/3
Erfahrung l'expérience *f.* → 4/3
erfinden (etw.) inventer qc → 2/3
Erfolg le succès → Vorkurs
erfreut sein über etw. être content/contente de + *inf.* → 3/1
Ergebnis le résultat
ergreifend touchant/touchante *adj.* → 1/3
erhalten (etw.) obtenir qc → 5/3, recevoir qn/qc → 4/2
Erinnerung le souvenir
erklären (jdm etw.) expliquer qc à qn
Erklärvideo le tuto *fam.* / le tutoriel
erlauben etw. zu tun (jdm) permettre (à qn) de + *inf.* → 3/3
erleben (etw.) vivre (qc) → 1/2
ermutigen (jdn) encourager qn → 3/3
ernst grave *m./f. adj.* → 6/2, sérieux/sérieuse *adj.*
ernsthaft sérieux/sérieuse *adj.*, sérieusement *adv.* → 2/2
erraten (etw.) deviner qc
erreichen (etw. zu tun) arriver à + *inf.* → 1/3; **erreichen (etw.)** atteindre qc → 6/1
erschaffen (etw.) créer qc → Vorkurs
erst seulement *adv.* → 1/2
erstaunt étonné/étonnée *adj.* → 2/1
erzählen (jdm etw.) raconter qc à qn
Erzieher l'éducateur / l'éducatrice *m./f.* → 1/2
es gibt il y a
es handelt sich um il s'agit de → 2/3
es ist nicht nötig, etw. zu tun ce n'est pas la peine de + *inf.*
es ist Zeit c'est l'heure
Es kommt darauf an. Ça dépend.
Es regnet. Il pleut.
es war c'était
Essen le repas
essen (etw.) manger qc
Essen!, Zu Tisch! À table! → M2
ethisch éthique *m./f. adj.*
etwas quelque chose

Euro l'euro *m.*
Europa l'Europe *f.* → Vorkurs
Europäer/in l'Européen / l'Européenne *m./f.* → 6/3
existieren exister → 2/2
extrem ultra → M4

F

Fabrik l'usine *f.* → M6
fähig sein (etw. zu tun) être capable de + *inf.* → 6/3
Fahne le drapeau → 3/3
fahren rouler → M6; **fahren (etw.)** conduire qc → 3/2; **fahren (durch etw.)** passer par qc → 4/2
Fahrer/in le coureur / la coureuse → 5/3
Fahrplan l'horaire *m.*
Fahrrad le vélo
fallen tomber → 2/1
falsch mauvais/mauvaise *adj.*
falscher Freund le faux ami → 2/1
Familie la famille
Fan le/la fan; **ein Fan von jdm/etw. sein** être fan de qn/qc
fantastisch fantastique *m./f. adj.* → 3/3
Fantasy la fantasy → 5/2
Farbe la couleur
Fasching le carnaval
Fassung la version
fast presque *adv.* → M1
Februar février
fehlen (jdm) manquer (à qn) → 2/3
Fehler la faute → 3/3
Feier la fête
feiern faire la fête; **feiern (etw.)** fêter qc
Feiertag le jour férié
fein fin/fine *adj.* → 2/3
Feld le champ → M1
Felsen le rocher
feminin féminin/féminine *adj.* → 5/2
Fenster la fenêtre
Ferien les vacances *f. pl.*
Feriencamp la colo *fam.* / la colonie (de vacances)
Fernbedienung la télécommande
Fernseher la télé / la télévision
(Fernseh-)Sendung l'émission *f.* → 2/3
fertig prêt/prête *adj.*
fest le petit copain / la petite copine → 4/3
Festgehalt le salaire fixe → 6/1
festhalten (jdn/etw.) tenir qn/qc → M6
Festival le festival
Festung la forteresse → M1

Feuer le feu / les feux
Feuerwerk le feu d'artifice
Figur la figurine → 5/1, le personnage → 1/3
Film le film; **Actionfilm** le film d'action
Filzstift le feutre (à tissu)
finden (etw.) trouver qc
Fisch le poisson
Fischen la pêche → 3/1
Fischer le pêcheur / la pêcheuse → 1/2
fixieren fixer qc → 4/1
Flagge le drapeau → 3/3
Flamen les Flamands → 5/2
Flämisch le flamand
Flasche la bouteille
Fleisch la viande → 2/2
flexibel flexible *m./f. adj.* → 6/3
fliehen s'enfuir → 5/1; **fliehen (vor etw.)** fuir qc → 5/1
fließend couramment *adv.* → 2/2
Flöte la flûte
flüchten s'enfuir → 5/1
Flüchtling le réfugié / la réfugiée → 6/1
Flugzeug l'avion *m.*
Flur le couloir
Fluss le fleuve → 3/1, la rivière → 3/2
Flut la marée haute
Folge l'épisode *m.* → 1/3
folgen (jdm/etw.) suivre qn/qc → 1/3
folgende/r, folgendes suivant/suivante *adj.*
folglich donc
Form la forme → 2/3; **in Form von** en forme de → 2/3
formen former qc → 6/2
Forschung la recherche → 6/2
fortgehen s'en aller → 4/3
Fortschritt le progrès → 4/2
Foto la photo; **Fotos machen** prendre des photos
Fotoalbum l'album *m.* → Vorkurs
fotografieren prendre des photos; **fotografieren (jdn/etw.)** photographier qn/qc → 6/1
Foul la faute → 3/3
Frage la question; **Fragen stellen** poser des questions
fragen (jdn nach etw.) demander qc à qn; **fragen (nach jdm)** demander à parler à qn → 6/3
Frankreich la France
Französisch le français; **im Französischunterricht** en cours de français
französischsprachig francophone *m./f. adj.* → M2

LISTE ALPHABÉTIQUE ALLEMAND-FRANÇAIS

Frau la femme, Madame
frei libre *m./f. adj.*
Freiheit la liberté → 6/A
Freitag vendredi
Freizeit le temps libre → M1
Freizeitpark le parc d'attraction → M4
Fremde l'étranger *m.* → 6/A
Fremdsprache la langue étrangère → 6/3
feste/r Freund/Freundin le petit copain / la petite copine → 4/3;
Freund/in l'ami/l'amie *m./f.*, le copain / la copine
freundlich gentiment *adv.* → 2/2, gentil/gentille *adj.* → 2/1
Freundschaft l'amitié *f.*
Frohes neues Jahr! Bonne année!
Frucht le fruit
früh tôt *adv.* → Vorkurs; **früh dran** en avance
früher autrefois → M1
Frühling le printemps → 3/1
Frühstück le petit-déjeuner
fühlen (etw.) sentir qc; **sich fühlen** se sentir → 1/2
funktionieren marcher
für pour; **für dich** pour toi; **für jdn/etw. sein** être pour qn/qc; **für mich** pour moi
furchtbar terrible *m./f. adj.* → 3/2
fürchten (jdn/etw.) craindre qn/qc → 4/2
Fuß le pied
Fußball le foot(ball)
Fußballspieler/in le footballeur / la footballeuse
Fußgängerzone la rue piétonne → 5/1

G

Galette la galette
Game Conceptioner le concepteur / la conceptrice de jeux vidéo → 6/2
Gangster le gangster → 1/3
ganz absolument *adv.* → 3/2, entier/entière *adj.* → M6; **ganzer/ganze/ganzes** tout le / toute la / tous les / toutes les → 1/2
ganz schön drôlement *adv.* → 2/2
gar nicht (ne ...) pas du tout → 2/2
Garten le jardin
Gästehaus le gîte → 3/2
Gastfamilie la famille d'accueil → 2/1
Gebäude le bâtiment → 5/1, l'immeuble *m.*
geben (etw.) mettre qc → 4/2; **geben (jdm etw.)** donner qc à qn

Gebiet le domaine → 6/1
Gebirge la montagne → 5/3
geboren sein être né/née → Vorkurs
Geburtstag l'anniversaire *m.*; **Herzlichen Glückwunsch zum Geburtstag!** Joyeux anniversaire!
gefährlich dangereux/dangereuse *adj.* → 1/2
gefallen ce qui me plaît → 1/3
Gefängnis la prison → 3/3
Gefühl le sentiment → 4/3
gegen contre → 1/2; **gegen** *zeitlich* vers; **gegen jdn/etw. sein** être contre qn/qc
Gegend la région
Gegenstand l'objet *m.*
gegenüber (etw./jdm) face à qc/qn → M6; **gegenüber (von jdm/etw.)** en face de qn/qc → 1/1
gegenwärtig actuellement *adv.* → 6/3
gegnerisch rival/rivale/rivaux *m. pl. adj.* → 3/3
Gehalt le salaire → 6/1
Geheimnis le secret
Geheimort le coin secret → M1
Geheimtipp le bon plan → 1/1, le tuyau / les tuyaux → 6/3
gehen aller, marcher; **Es geht mir gut.** Ça va.; **gehen (durch etw.)** passer par qc → 4/2; **Geht klar.** Ça marche. *fam.*; **Geht's (dir) gut?** Ça va?
gelb jaune *m./f. adj.*
Geld l'argent *m.* → 4/2; **Geld verdienen** gagner de l'argent → 6/A
Geldschein le billet → 3/A
gelingen (etw. zu tun) réussir à + *inf.* → 3/2
gelungen réussi/réussie *adj.* → 5/2
Gemälde le tableau / les tableaux → 5/3
gemäß selon → 3/1
Gemüse les légumes *m. pl.*
genau exactement *adv.*, justement *adv.* → 4/3
genauso machen (etw. wie) faire pareil (que) → 2/2
genervt énervé/énervée *adj.* → 4/2
genial génial/géniale/géniaux *m. pl. adj.*
genug assez de
Geocaching le géocaching
gerade etwas tun être en train de + *inf.* → 6/3; **gerade etw. getan haben** venir de + *inf.* → 6/3
gerade noch juste *adv.* → 3/3
geradeaus tout droit
Gerät la machine
Geräusch le bruit

gereizt énervé/énervée *adj.* → 4/2
(Haupt-)Gericht le plat
bitte (schön) Je vous en prie. → 6/2;
gern geschehen Je t'en prie. → 6/2
gesalzen salé/salée *adj.*
Geschäft le magasin
geschehen se passer → 1/3
Geschenk le cadeau / les cadeaux
Geschichte l'histoire *f.*, l'histoire-géo(graphie) *f.*
geschlossen fermé/fermée *adj.* → 5/1
geschmolzen fondu/fondue *adj.* → M2
geschwätzig bavard/bavarde *adj.* → 5/2
Geschwister les frères et sœurs *m. pl.*; **Hast du Geschwister?** Tu as des frères et sœurs?; **Ich habe keine Geschwister.** Je n'ai pas de frères et sœurs.
Gesellschaft la compagnie → 2/1, la société → 5/2; **Gesellschaft leisten (jdm)** tenir compagnie à qn → M6
Gesicht le visage → 5/A
Gespräch l'entretien *m.* → 6/1
gestern hier *adv.*
gestresst stressé/stressée *adj.* → 1/1
Getränk la boisson
Getreide les céréales *f. pl.* → M2
getrennt séparé/séparée *adj.* → 4/2
Gewalt la violence → 5/3
gewaltig énormément *adv.* → 2/2
gewinnen (etw.) gagner (qc) → Vorkurs
Gewohnheit l'habitude *f.*
gezuckert sucré/sucrée *adj.*
Gitarre la guitare
Gladiator le gladiateur → M1
Glas le verre → M6
glauben (jdm/etw.) croire qn/qc → 6/1; **man muss daran glauben** il faut y croire → 6/1
gleich pareil/pareille *adj.* → 2/2
gleiche (der/die/das) le/la même *m./f. adj.* → 2/2
gleichzeitig à la fois *adv.* → 1/3
gleiten glisser → 2/1
Glück la chance → 1/2; **Glück haben** avoir de la chance → 1/2; **Glück haben, etw. zu tun** avoir la chance de + *inf.* → 6/3
glücklich heureux/heureuse *adj.*, content/contente *adj.* → 2/2
glücklicherweise heureusement *adv.* → 2/2
Grad le degré → 3/1; **(20/minus 15) Grad sein** faire (20/moins 15) degrés → 3/1
Gramm le gramme

LISTE ALPHABÉTIQUE ALLEMAND-FRANÇAIS

Gratin le gratin → M2
gratis gratuit/gratuite *adj.* → 1/1
grau gris/grise *adj.*
Grauen l'horreur *f.*
grell agressif/agressive → 3/3
groß grand/grande *adj.*, gros/grosse *adj.* → 2/1
großartig fantastique *m./f. adj.* → 3/3
Größe la taille
Großeltern les grands-parents *m. pl.*
Großmutter la grand-mère
Großvater le grand-père
grün vert/verte *adj.*
gründen (etw.) créer qc → Vorkurs, fonder qc → 3/1
Grünkohl le chou frisé → 2/2
Gruppe le groupe
Grüß Gott! Bonjour!
gut bien *adv.*, bon/bonne *adj.*
gut drauf sein avoir la patate *fam.* → M5
gut tun (jdm) faire du bien (à qn) → 3/2
Gute Idee! Bonne idée!
Guten Appetit! Bon appétit! → M2
Guten Tag! Bonjour!
guter Mensch quelqu'un de bien → 6/1
Gutschein le bon
gymnasiale Oberstufe le lycée → 2/2

H

Haar le cheveu / les cheveux
Haarschnitt la coupe de cheveux
haben (etw.) avoir
Hafen le port
halb demi/demie *adj.*
Halbbruder le demi-frère → 4/A
Halbschwester la demi-sœur → 4/A
Hälfte la moitié → 2/3
(Event-)Halle la halle de spectacle
Hallo! Salut! *fam.*, Allô!
Hals la gorge → 3/3
Halt l'arrêt *m.* → 4/2
halten (etw.) tenir qn/qc → M6
Haltestelle l'arrêt *m.* → 4/2, la station
Hand la main → 3/3
handeln il s'agit de → 2/3
Handlung l'action *f.* → 5/2
Handwerker/in l'artisan / l'artisane *m./f.* → M1
Handy le portable; **Handyhülle** la coque de portable
Hängematte le hamac
hart dur/dure *adj.* → 2/1

hassen (etw./jdn), es hassen, etw. zu tun détester qc/qn/+ *inf.*
hätte, wäre, könnte avec des si et des mais → M6
ein Haufen un tas de
Haupt- principal/principale/principaux *m. pl. adj.* → M1
Hauptstadt la capitale
Haus la maison
Hausaufgaben les devoirs *m. pl.*
Hausaufgabenheft le cahier de texte → 4/2
Haushalt le ménage → 4/1
Haut la peau → 4/3
Heft le cahier
heiraten (jdn) épouser qn → 5/3
heiß chaud/chaude *adj.* → 2/1
heißen s'appeler → 1/2
Held le héros / l'héroïne *f.* → 5/1
helfen (jdm etw. zu tun) aider (qn) à + *inf.* → 3/1; **helfen (jdm)** aider qn
Helm le casque → 3/3
Hemd la chemise
herausholen (etw. aus etw.) sortir qc (de qc) → 4/1
herauskommen sortir de qc
Herbst l'automne *m.* → 3/1
Herkunft l'origine *f.* → 3/1
Herr Monsieur, le monsieur
Hersteller/in le créateur / la créatrice
herunterladen (etw.) télécharger qc → M5
hervorholen (etw.) sortir qc (de qc) → 4/1
Herz le cœur → 5/3
heterosexuell hétérosexuel/hétérosexuelle *adj.* → 1/3
heute aujourd'hui *adv.*
hier ist/sind voilà; **hier** là, ici *adv.*; **hier ist/sind** voici; **Hier!** Tiens!, Tenez! → 6/2
Hilfe l'aide *f.* → 6/3
Himmel le ciel → 5/1
hinaufsteigen (auf etw.) monter sur qc
hinausgehen (aus etw.) sortir de qc
hineingehen entrer
hinfallen tomber → 2/1
(hin-)legen (etw.) poser qc; **sich hinlegen** se coucher → 1/2
(hin-)stellen (etw.) poser qc
hinter derrière
Hintergrund l'arrière-plan *m.* → 5/1
hinuntergehen descendre
hinzufügen (etw.) ajouter qc

Hip-Hop le hip-hop
Hobby le hobby
hoch haut/haute *adj.*
Hochwasser la marée haute
Hockeyschläger la crosse → 3/3
Hof la cour
hoffen (etw.) espérer qc → 1/2
holen (jdn/etw.) aller chercher qn/qc → 2/1
Holz le bois → 3/2
homosexuell homosexuel/homosexuelle *adj.* → 1/3
Honig le miel → M2
hören (jdn/etw.) entendre qn/qc
Horror l'horreur *f.*
Hose le pantalon
Hotdog le hot-dog
Hotel l'hôtel *m.* → 6/1
hübsch joli/jolie *adj.*
Humor l'humour *m.* → 5/2
Humorist l'humoriste *m./f.* → 6/2
Hund le chien; **den Hund ausführen** sortir le chien → 4/1
Hunger la faim → M2; **Hunger haben** avoir faim
Husky le husky → 3/2
Hut le chapeau / les chapeaux

I

ich moi; **Das bin ich. / Ich bin's.** C'est moi.; **ich heiße** moi, je m'appelle; **Ich muss los.** Il faut que j'y aille. → M3
Ich bin dran! C'est mon tour! → 3/2
Ich bin fertig! J'ai fini!
Ich glaube, dass je crois que → 2/1
ich hab genug J'en ai assez! → 4/2
Ich habe meine Hausaufgaben vergessen. J'ai oublié mes devoirs.
ich kann mir dich gut als ... vorstellen je te verrais bien ... → 6/1
Ich liebe es! J'adore!
Ich möchte, dass man mich in Ruhe lässt! Je voudrais qu'on me fiche la paix! *fam.*
ich möchte gern je voudrais qc/+ *inf.*
Ich stelle Sie zu ihm/ihr durch. Je vous le/la passe. → 6/3
ich verstehe je vois → 6/2
Ich verstehe (etw.) nicht. Je ne comprends pas (qc).
Ich weiß es nicht. Je ne sais pas.
ich würde gerne + Inf. j'aimerais + *inf.*
ideal idéal/idéale *adj.* → 2/3
idealer Ort l'endroit idéal *m.*

Idee l'idée *f.*; **Ich habe keine Idee.** Je n'ai pas d'idée.
sich identifizieren (mit jdm/etw.) s'identifier à qn/qc → 1/3
Idiot/in l'idiot / l'idiote *m./f.*
Idol l'idole *f.*
illegale/r Einwanderer/Einwanderin le/la sans-papiers *m./f.* → M5
im Freien en plein air → 1/1
immer toujours *adv.*
immer mehr de plus en plus → 1/2
in dans, à, en, en + *taille/couleur*; **(in) 3-D** (en) 3D; **in der Nähe von** près de; **in Form** en forme; **in Mode** à la mode
in etwa environ
indianisch indien/indienne *adj.* → Vorkurs
indisch indien/indienne *adj.* → Vorkurs
individuell gestalten (etw.) personnaliser qc
Industriedesigner le designer industriel / la designeuse industrielle → 6/2
Informatik l'informatique *f.*
Information l'information *f.* → 6/2
Ingenieur/in l'ingénieur / l'ingénieure *m./f.*
Inhaltsangabe le résumé → 5/3
Innere l'intérieur *m.* → 1/1
tief im Innern von jdm au fond de qn/qc → M6
Insel l'île *f.*
Instrument l'instrument *m.*
intelligent intelligent/intelligente *adj.* → 5/2
Intelligenz l'intelligence *f.* → 6/2
interessant intéressant/intéressante *adj.*
interessieren (jdn) intéresser qn; **sich interessieren (für jdn/etw.)** s'intéresser à qn/qc → 3/1
international international/internationale/internationaux *m. pl. adj.* → 3/1
Internet Internet *m.*; **im Internet** sur Internet; **im Internet surfen** surfer sur Internet
Interview l'interview *f.*
interviewen (jdn) interviewer qn
sich irren se tromper de qc → 2/3
... ist dran. c'est à ... → M5

J

ja ouais *fam.* → 4/1, oui
Ja, bitte? Allô!
Jacke la veste
Jahr l'an *m.*, l'année *f.*; **... Jahre alt sein** avoir ... ans
Jahreszeit la saison → 1/3
Jahrhundert le siècle → M1
Januar janvier
Jeans le jean
jedenfalls en tout cas *adv.* → 3/2
jeder/jede/jedes tous/toutes *adj. pl.* → 3/2; **jeder, jede, jedes** chaque *m./f. adj.* → 4/3; **jeder/jede** chacun/chacune → 4/3
jedoch par contre
jemand quelqu'un
jetzt maintenant
Jetzt schlägt's aber 13! C'est la meilleure! *fam.* → 4/2
Joghurt le yaourt → 2/3
Journalist/in le/la journaliste
Jugend la jeunesse → M1
Jugendherberge l'auberge de jeunesse *f.*
jugendlich ado / adolescent *m.* / adolescente *f. adj.* → 3/1
Jugendliche/r l'ado *fam.* / l'adolescent / l'adolescente *m./f.* → 4/3, le/la jeune
juhu ouais *fam.* → 4/1
Juli juillet
jung jeune *m./f. adj.*
Junge le garçon
junge Leute la jeunesse → M1
Juni juin
Jura le droit → Vorkurs

K

Kaffee le café
Kai le quai
Kajak le canoë-kayak
Kakao le cacao
kalt sein faire froid; **kalt sein (jdm)** avoir froid/chaud → 3/1
Kamera la caméra → 4/2
Kampf le combat → M1
kämpfen (für/gegen etw.) lutter (pour/contre qc) → Vorkurs
Kanada le Canada → Vorkurs
Kanadier/in le Canadien / la Canadienne → 3/1
kanadisch canadien/canadienne *adj.* → 3/A
Kandidat/in le candidat / la candidate → 6/3
Kann ich das Fenster schließen? Je peux fermer la fenêtre?; **Kann ich bitte zur Toilette gehen?** Je peux aller aux toilettes?
Kantine la cantine
Karaffe la carafe (d'eau)
Karamell le caramel
Karneval le carnaval
Karotte la carotte
Karriere la carrière → Vorkurs
Karte la carte → 4/2; **Karte (gelbe/rote)** le carton (jaune/rouge) → 3/3
Kartoffel la pomme de terre
Kartoffelchips les chips *f. pl.*
Kartoffelgratin le gratin dauphinois → M2
Karton le carton → 2/3
Käse le fromage → 2/1
katastrophal catastrophique → 4/2
Katastrophe la catastrophe → 5/2
Kater le chat
Kathedrale la cathédrale
Katze le chat
kaufen (jdm etw.) acheter qc à qn
kaufmännisch commercial/commerciale *m./f.* / commerciaux *m. pl.* / commerciales *f. pl. adj.* → 1/A
Kebab le kebab
kein/e/n ne ... pas de; **kein ... mehr** ne ... plus de
keine Ahnung haben (von etw.) n'en savoir rien → 6/1
Kellner/in le serveur / la serveuse → 1/2
kennen (jdn/etw.) connaître qn/qc
kennenlernen (jdn) faire la connaissance de qn → 5/3
Kenntnisse les connaissances *f. pl.* → 6/3
Kerl le type *fam.* → M6
Kerze la bougie
Kilo le kilo
Kilometer le kilomètre
Kind l'enfant *m./f.*
Kino le ciné *fam.* / le cinéma
Kirche l'église *f.* → 2/2
Klang le son → 6/2
Klappfenster le vasistas → 2/3
klären (etw.) régler qc → 4/1
Klasse la classe; **achte Klasse** la quatrième; **in der neunten Klasse** en classe de troisième → 6/3
klassisch classique *m./f. adj.* → 2/2
Klavier le piano
Klebeband le scotch
kleben (etw.) coller qc
Kleid la robe

LISTE ALPHABÉTIQUE ALLEMAND-FRANÇAIS

Kleider les vêtements *m. pl.*
klein petit/petite *adj.*
Klima le climat → 3/1
Klischee le cliché → 1/1
klopfen (an etw.) frapper qn/à qc → 2/1
Klub le club
Koch le cuisinier / la cuisinière
kochen faire la cuisine → 4/1
Koffer la valise → 2/1
Kofferraum le coffre → 2/1
Kollektion la collection
kolonisieren (jdn/etw.) coloniser qn/qc → 3/1
kommen venir; **kommen (aus)** venir de + pays/ville → Vorkurs; **kommen** *Film, Lied* passer → 2/3; **ursprünglich aus … kommen/stammen** être originaire de → 1/3
Kommentar le commentaire
Komödie la comédie → 1/3
Kompliment le compliment → M6
kompliziert compliqué/compliquée *adj.*; **Dinge kompliziert machen** chercher midi à 14 heures
Konfitüre la confiture → 2/3
Konflikt le conflit → 4/A
König/in le roi / la reine
können (etw. tun) pouvoir + *inf.*, être capable de + *inf.* → 6/3; **Können Sie das wiederholen?** Vous pouvez répéter?; **Können wir Gruppenarbeit machen?** On peut travailler en groupe?; **wir könnten** on pourrait + *inf.*
konservativ conservateur/conservatrice → 4/3
konstruieren (etw.) construire qc → 3/2
Kontaktdaten les coordonnées *f. pl.* → 6/3
Kontinent le continent → 3/1
Kontrolle le contrôle → 4/2
Konzert le concert
Koordinaten les coordonnées *f. pl.* → 6/3
Kopf la tête → 5/3
Kopftuch le foulard
kopfüber stellen (etw.) retourner qc → 2/3
kopieren (etw.) copier qc → 4/2
korrigieren (etw.) corriger qc → 2/2
kosten (etw.) coûter qc, goûter qc
kostenlos gratuit/gratuite *adj.* → 1/1
kostenpflichtig payant/payante *adj.*
köstlich délicieux/délicieuse *adj.* → 2/2
Kostüm le costume
krank malade *m./f. adj.*

Krankenhaus l'hôpital / les hôpitaux *m.* → 2/1
Krankenpfleger/in l'infirmier / l'infirmière *m./f.* → 6/2
Krankenstation l'infirmerie *f.*
kreativ créatif/créative *adj.*
Kreuzung le carrefour
Krieg la guerre → 3/1; **in den Krieg ziehen (gegen jdn)** entrer en guerre avec qn → 3/1
Kriminalroman le roman policier
Krimiserie la série policière → 4/3
Kritik la critique → 5/2
Küche la cuisine
Kuchen le gâteau / les gâteaux
Kugelschreiber le stylo
Kühlschrank le frigo *fam.* → 2/3
Kultur la culture, la civilisation → 1/A
kulturell culturel/culturelle *adj.* → 1/1
Kulturzentrum le centre culturel → 1/1
sich kümmern (um jdn/etw.) s'occuper de qn/qc → 1/2
Kunde/Kundin le client / la cliente → 6/2
Kunst l'art *m.*, les arts plastiques *m. pl.*
Kunsthandwerker/in l'artisan / l'artisane *m./f.* → M1
Künstler/in l'artiste *m./f.* → 5/3
künstlerisch artistique *m./f. adj.* → 6/2
Kunststoff le plastique → 2/3
Kunstwerk l'œuvre d'art *f.*
kurz court/courte *adj.*
Küsschen le bisou
küssen (jdn) embrasser qn; **sich küssen** s'embrasser → M1
Küste la côte

L

lächeln sourire → 6/3
lachen rigoler (bien), rire → 1/3
Laden le magasin, la boutique → M1
Lampe la lampe
Land le pays
Landschaft le paysage
Landstraße la route → 1/A
Landwirtschaft l'agriculture *f.* → 6/2
lang long/longue *adj.*
lange longtemps *adv.*
sich langweilen s'ennuyer → 1/2
langweilig ennuyeux/ennuyeuse *adj.*
Lärm le bruit
lassen (jdn/etw.) laisser qn/qc à qn → 2/2
Laufbahn la carrière → Vorkurs
laufen courir → 3/2; **gut/schlecht laufen** se passer bien/mal → 3/2; **laufen** *Film, Lied* passer → 2/3
Läufer/in le coureur / la coureuse → 5/3
laut fort *adv.*
Leben la vie
leben vivre (qc) → 1/2
Lebenslauf le CV (= curriculum vitae) → 6/1
Legende la légende
Lehrer/in le/la prof *fam.* / le professeur / la professeure
Lehrerzimmer la salle des profs → 4/2
leicht facile *m./f. adj.*
Leidenschaft la passion
leider malheureusement *adv.* → 2/2
in der Leitung en ligne → 4/1
Lektüre la lecture → 2/2
lenken conduire le premier / la première → 3/2; **lenken (etw.)** conduire qc → 3/2
lernen (etw.) apprendre qc; **lernen** travailler; **lernen (etw.)** réviser qc
lesen lire qc
letzter/letzte/letztes dernier/dernière *adj.*
letztlich finalement *adv.* → 2/2
Leuchtturm le phare
Leute les gens *m. pl.*, beaucoup de monde → 5/A
Licht la lumière → M1
Liebe l'amour *m.*
liebe Grüße Je t'embrasse.
lieben (jdn/etw.) aimer qn/qc; **es lieben, etw. zu tun** aimer + *inf.*; **es sehr lieben etw. zu tun** adorer + *inf.*; **lieben (jdn/etw. sehr)** adorer qn/qc
lieber plutôt *adv.*
lieber mögen (jdn/etw.) préférer qn/qc
lieber/liebe cher/chère *adj.*
Lieblings- préféré/préférée *adj.*; **Lieblingsort** l'endroit préféré *m.*; **mein Lieblingsfest** ma fête préférée
Lied la chanson
Liedtext les paroles *f. pl.* → M5
Limonade la limonade → 3/3
Linie la ligne
links (von) à gauche (de)
Liste la liste → 4/2
Liter le litre
Loch le trou → 2/3
Lokal le restaurant
Look le look
Los! Allez! → 4/3
Los geht's! On y va! → 5/1

losgehen partir
Lösung la solution
Löwe le lion → 6/2
Lust l'envie *f.* → 5/3; **Lust haben etw. zu tun** avoir envie de qc / +*inf.* → 2/1;
Lust machen (etw. zu tun) donner envie de + *inf.* → 2/2
lustig drôle *m./f. adj.*; **sich lustig machen (über jdn/etw.)** se moquer de qn/qc → 3/2
Luxus le luxe

M

machen (etw.) faire qc
Mädchen la fille
Magazin le magazine
magisch magique *m./f. adj.* → 3/1
Mahlzeit le repas
Mai mai
Mail le mail
Mal la fois / les fois
malen (etw.) peindre (qc) → 5/3
Maler/in le/la peintre *m./f.* → 5/3
Mali le Mali → Vorkurs
Mama maman *f.*
man braucht etw. il faut qc; **man darf/ sollte nicht** il ne faut pas + *inf.*;
man könnte on pourrait + *inf.*;
man müsste/sollte il faudrait + *inf.* → 2/2
mancher certain/certaine *adj.* → 4/2
manchmal des fois *adv.* → 4/1, parfois *adv.* → 1/2
Manga le manga
Mann le mari → 4/3, l'homme / les hommes *m.*
Mannschaft l'équipe *f.*
Märchen erzählen raconter des histoires → 4/2
Marionette la marionnette → 5/A
Marke la marque
Markt le marché
Marmelade la confiture → 2/3
Marseiller le Marseillais / la Marseillaise, marseillais/marseillaise *adj.* → 1/1
März mars
Maschine la machine
Mathe les maths *fam.* / les mathématiques *f. pl.*
Mauer le mur → 3/A
meckern râler *fam.* → 3/2
Meer la mer
Mehl la farine
mehr ... als plus ... que → 1/1
mehr und mehr de plus en plus → 1/2

mehrere plusieurs *adj. pl.* → Vorkurs
meinerseits de mon côté → 3/3
Meinung l'avis *m.* → 1/1;
meiner Meinung nach à mon avis;
seine Meinung (zu etw.) äußern donner son avis (sur qc) → M5
Meister/in le champion / la championne → Vorkurs
Melodie la mélodie → M5
eine Menge un tas de
Mensch l'homme / les hommes *m.*
Mensch mit Behinderung la personne handicapée → Vorkurs
Menü le menu
merkwürdig bizarre *m./f. adj.*, curieux/curieuse *adj.* → 6/2
Meter le mètre → Vorkurs
Metro le métro
Miesmuscheln les moules frites *f. pl.* → M4
Miete le loyer
Mikrowelle le four à micro-ondes
Milch le lait
Milliardär/in le/la milliardaire *m./f.* → M1
Million un million de → 3/1
mindestens au moins
minus moins
Minute la minute
mir reicht's J'en ai assez! → 4/2
Mir reicht's! J'en ai marre! *fam.* → 4/1
mischen (etw.) mélanger qc
Mischung la mixité → 1/3
miserabel nul/nulle *adj.*
Missverständnis le malentendu → 2/1
Mist! Zut! *fam.*
mit avec
Mit freundlichen Grüßen Dans l'attente de votre réponse, je vous prie de recevoir, Madame, Monsieur, mes salutations respectueuses. → 6/3
mitbringen (jdm etw.) apporter qc (à qn)
Mitglied le membre
mitnehmen (etw.) emporter qc → 5/2
Mittag midi; **mittags, um 12 Uhr** à midi
Mittagessen le déjeuner
in der Mitte (von etw.) au milieu (de qc) → 2/3
mitteilen (etw.) annoncer qc → 4/3
Mittelalter le Moyen-Âge → M1
Mittelmeer la Méditerranée → 1/A
mitten in au milieu (de qc) → 2/3
Mitternacht minuit

Mittwoch mercredi
Mode la mode
Modell le modèle → 3/1
modern moderne *m./f. adj.* → 5/A
mögen (jdn/etw.) aimer qn/qc;
es mögen, etw. zu tun aimer + *inf.*;
mögen (jdn/etw. gern) aimer bien qn/qc
möglich possible *m./f. adj.* → 3/3
Möglichkeit haben, etw. zu tun avoir la chance de + *inf.* → 6/3
Möhre la carotte
Moment le moment; **im Moment** en ce moment
Monat le mois
Mond la lune → M6
Montag lundi
morgen demain *adv.*
Morgen, morgens le matin
Motiv le motif
motiviert motivé/motivée *adj.* → 6/3
Motorschlitten la motoneige → 3/2
motzen râler *fam.* → 3/2
Mountainbike le VTT
müde fatigué/fatiguée *adj.* → 1/2
den Müll rausbringen descendre les poubelles → 4/1
Mülleimer la poubelle → 4/1
Museum le musée
Musik la musique
Musiker/in le musicien / la musicienne → Vorkurs
Muskel le muscle → 5/3
Müsli les céréales *f. pl.* → M2
müssen devoir; **man muss / wir müssen** il faut + *inf.*; **wir müssten/ sollten** il faudrait + *inf.* → 2/2
Mut le courage → 4/3
mutig courageux/courageuse *adj.* → 5/3
Mutter la mère

N

na ja bof *fam.*
nach selon → 3/1, à, en, après
nach Hause gehen rentrer
Nachbar/in le voisin / la voisine
ich werde darüber nachdenken je vais y réfléchir → 6/1; **nachdenken (über etw.)** réfléchir à qc
Nachmittag l'après-midi *m./f.*
Nachname le nom
Nachricht le message
Nachspeise le dessert
nachspionieren (jdm) espionner qn/qc → 4/2

LISTE ALPHABÉTIQUE ALLEMAND-FRANÇAIS

nachsprechen (etw.) répéter qc
nächster/nächste/nächstes prochain/prochaine *adj.*
Nacht, nachts la nuit
Nachteil l'inconvénient *m.* → 2/3
nackt nu/nue *adj.* → 5/1
Nagellack le vernis à ongles
nahe près *adv.*
Nahrung la nourriture → 3/1
naja ben *fam.* → 2/1
Name le nom
seinen Namen verdienen bien porter son nom → 2/3
naschhaft gourmand/gourmande *adj.*
national national/nationale/nationaux *m. pl. adj.* → 3/1
National- national/nationale/nationaux *m. pl. adj.* → 3/1
Nationalfeiertag la fête nationale
Nationalhymne l'hymne national *m.* → 3/3
Natur la nature
natürlich bien sûr, évidemment *adv.* → 3/2
Nazis les nazis *m. pl.* → 5/3
neben à côté (de)
nehmen (etw.) prendre qc ; **Nehmen Sie!** Tenez! → 6/2
nein non
nett gentil/gentille *adj.*, sympa *fam.* / sympathique *m./f. adj.* gentiment *adv.* → 2/2
ins Netz stellen (etw.) poster qc
soziales Netzwerk le réseau social / les réseaux sociaux
neu nouveau / nouvel *m.* / nouvelle *f. adj.*
neugierig curieux/curieuse *adj.* → 6/2
Neuigkeit la nouvelle
Neujahr le Nouvel An
neunte Klasse la troisième → 2/2
nicht ne ... pas ; **auch nicht** non plus *adv.* → 2/1 ; **nicht einmal** (ne) ... même pas → 4/2, ne ... même pas ; **nicht mehr** ne ... plus ; **nicht nur, sondern auch** ne pas seulement ..., mais aussi → 2/1 ; **nicht schlecht** pas mal ; **nicht so (sehr/gern)** ne ... pas trop ; **nicht wahr?** c'est ça?, non? *fam.*
nichts ne ... rien, rien
nie ne ... jamais
niedergesunken affalé/affalée *adj.* → M6
sich niederlassen s'installer → 1/2
niedrig bas/basse *adj.*

Niedrigwasser la marée basse
niemand ne ... personne → 4/3
Nimm! Tiens! → 6/2
Niveau le niveau / les niveaux → 6/3
noch encore *adv.*
Nonne la religieuse → 5/3
Norden le nord → 1/A
normal normal/normale/normaux *m. pl. adj.* → 2/1
normalerweise d'habitude, en général → 1/2, normalement *adv.* → 2/2
Note la note
notieren (etw.) noter (qc) → 5/A ; **Das ist notiert.** C'est noté. → 5/A
nötig ce n'est pas la peine de + *inf.* ; **es ist nötig, etw. zu tun** il faut que + *subj.* → M3
November novembre
Nummer le numéro
nur juste *adv.* → 3/3, seulement *adv.*
von Nutzen sein servir à + *inf.* → M1

O

ob si
Objekt l'objet *m.*
Obst le fruit
obwohl alors que → 4/2
oder ou ; **oder?** non? *fam.*
offen ouvert/ouverte *adj.* → 5/1
öffnen (etw.) ouvrir qc
oft souvent *adv.*
ohne sans ; **ohne (etw. zu tun)** sans + *inf.* → 2/3
ökologisch écolo *fam.* / écologique *m./f. adj.*
Oktober octobre
Oma la mamie
Onkel l'oncle *m.*
online en ligne ; **online stellen** mettre qc en ligne → 1/2
Opa le papi
Operation l'opération *f.* → 5/3
orange orange *m./f. adj.*
Orange l'orange *f.* → 5/3
Orangensaft le jus d'orange
Ordensschwester la religieuse → 5/3
Ordner le classeur → 2/3
Organisation l'association *f.*, l'organisation *f.* → 6/1
Organisator/in l'organisateur / l'organisatrice *m./f.* → 6/2
organisieren (etw.) organiser qc
Orient l'Orient *m.* → 1/1
Orientierung l'orientation *f.* → 6/1

originell original/originale/originaux *m. pl. adj.*
Ort l'endroit *m.*
Osten l'est *m.* → 1/A
Ostern Pâques
Outfit le look
oval ovale *m./f. adj.* → 3/3
Ozean l'océan *m.* → Vorkurs

P

P.S. P.-S.
Paar le couple → 1/3
ein paar quelques *adj. pl.* → 2/3
Packung le paquet
Paket le paquet
Papa papa *m.*
Papier le papier → 2/3
Papst le pape → M1
Paragliding le parapente
paralympisch paralympique *m./f. adj.* → Vorkurs
Parcours le parcours
Parfüm le parfum → 4/1
Pariser/in le Parisien / la Parisienne
Park le parc
Parkplatz le parking
Partnerstadt la ville jumelée → 2/A
Passfoto la photo d'identité → 6/3
passieren (jdm) arriver à qn → M6
Patchworkfamilie la famille recomposée → 4/A
Pause la pause, la récré *fam.* / la récréation
Percussion les percussions *f. pl.*
perfektionieren (etw.) perfectionner qc → Vorkurs
Periode la période → 3/3
Person la personne
persönlich perso *fam.* / personnel / personnelle *adj.*
Persönlichkeit la personnalité → 5/3
Pferd le cheval / les chevaux
pflegen (jdn/etw.) soigner qn/qc → 5/2
lästige Pflicht la corvée
Philosphie la philosophie → 5/3
Physik la physique-chimie
Picknick le pique-nique
pinkeln faire pipi *fam.* → 3/2
Plakat l'affiche *f.* → 1/3
Plan le plan → 1/1
Planet la planète → Vorkurs
Plastik le plastique → 2/3
Platte le plat
Platz la place ; **Platz einnehmen** prendre de la place → 2/3

LISTE ALPHABÉTIQUE ALLEMAND-FRANÇAIS

platzen crever → M6
Playlist la playlist
plötzlich tout à coup
Politik la politique
Polizist le policier / la policière → 1/3
Pommes frites les frites *f. pl.*
Porträt le portrait → 5/1
posten (etw.) poster qc
Poster le poster
Postkarte la carte postale → M4
Praktikum le stage → 4/3
praktisch pratique *m./f. adj.*
Präsentation la présentation → M5
Preis le prix / les prix
pro par; **pro Person** par personne
probieren (etw.) goûter qc
Problem le problème
Produkt le produit → 1/2
Produktdesigner
le designer industriel /
la designeuse industrielle → 6/2
professionell
professionnel/professionnelle *adj.*
→ 4/3
Profil le profil
Programm le programme
programmieren (etw.) programmer qc
Projekt le projet → 1/2
Provinz la province → 3/2
Prozent pour cent → 1/1
Prüfung l'examen *m.* → 6/3
psychiatrisch psychiatrique *m./f. adj.*
→ 5/2
Publikum le public → 4/3
Puck le palet → 3/3
Puderzucker le sucre glace
Puh! Ouf!
Pullover le pull *fam.* / le pull-over
Punktestand le score → 3/3
pünktlich à l'heure
Putzmann/-frau l'homme de ménage /
la femme de ménage → 4/1

Q

Quark le fromage blanc → 2/1
Was für ein Quatsch!
N'importe quoi! *fam.* → 4/2
Quebec le Québec → Vorkurs;
aus Quebec québécois/québécoise *adj.*
→ 1/3

R

Rallye le rallye
Rap le rap
Rapper/in le rappeur / la rappeuse
Rasen la pelouse → 2/1
Rassismus le racisme → 5/3
rassistisch raciste *m./f. adj.* → 1/3
Rat le conseil
raten (jdm etw. / jdm etw. zu tun)
conseiller qc à qn /
conseiller à qn de + *inf.* → 5/A
Rätsel l'énigme *f.*
Raum la salle
reagieren réagir → 2/2
realistisch réaliste *m./f. adj.* → 1/3
Recht le droit → Vorkurs
recht haben avoir raison → M3
das Recht haben, etw. zu tun
avoir le droit de + *inf.* → 2/1
Recht so! À la bonne heure!
rechts (von) à droite (de)
recyceln (etw.) recycler qc
recycelt recyclé/recyclée *adj.*
Recycler/in le recycleur / la recycleuse
reden discuter de qc
Refrain le refrain
Regal l'étagère *f.*
regeln (etw.) régler qc → 4/1
Regen la pluie
Reggae le reggae → M5
Region la région
regional régional/régionale /
régionaux *m. pl. adj.*
Regisseur/in
le réalisateur / la réalisatrice → 1/3
regnen pleuvoir → 2/1
reich riche *m./f. adj.* → 1/3
Reiche le/la riche → 1/3
reichen (jdm etw.) passer qc à qn → M2
Reifen le pneu → M6
Reihenfolge l'ordre *m.*
reinigen (etw.) nettoyer qc → 4/1
Reis le riz
Reise le voyage → M4
Reiseführer/in le guide → 2/2
reisen voyager → 5/2
reißen crever → M6
Reiten l'équitation *f.* → 6/A
reiten faire du cheval
Religion la religion → 5/3
rennen courir → 3/2
Reporter/in le/la reporter *m./f.* → 5/1
Rest le reste → M2
Restaurant le restaurant
Rettungsring la bouée → M6

(Koch-)Rezept la recette
Rezeption la réception → 6/3
Rhythmus le rythme → 3/2
richtig vrai/vraie *adj.*
in Richtung + *Ort*
(en) direction (de) + *Ort*
riesig énorme *m./f. adj.* → Vorkurs,
immense *m./f. adj.* → M1
Risiken eingehen prendre des risques
→ 1/3
rivalisierend
rival/rivale/rivaux *m. pl. adj.* → 3/3
Roboter le robot
Rochen la raie
Rock la jupe
Rolle le rôle
rollen rouler → M6
Roman le roman
romantisch romantique *m./f. adj.* → 1/3
Römer les Romains *m. pl.* → M1
römisch romain/romaine *adj.* → 5/1
rosa rose *m./f. adj.*
rot rouge *m./f. adj.*
Routine la routine → M6
Ruanda le Rwanda → Vorkurs
Rubrik la rubrique
Rücken le dos
Rückkehr le retour
Rucksack le sac à dos
rufen (jdn) appeler qn
Rugby le rugby → 3/3
ruhig calme *m./f. adj.*,
tranquille *m./f. adj.* → 4/1
rührend touchant/touchante *adj.* → 1/3
Rundfahrt le tour

S

Sache le truc, la chose
Sachen les affaires *f. pl.* → 4/1
Saft le jus
sag bloß dis donc *fam.* → 4/1;
sagen (jdm etw.) dire qc à qn
Sahne la crème
Salat la salade
Salz le sel
salzig salé/salée *adj.*
Samstag samedi
Sandwich le sandwich
Sänger/in le chanteur / la chanteuse
→ Vorkurs
Satz la phrase
sauber machen (etw.) nettoyer qc → 4/1
Sauwetter le temps de chien *fam.* → M4
Schach les échecs *m. pl.*
schade dommage

deux-cent-quatre-vingt-cinq **285**

LISTE ALPHABÉTIQUE ALLEMAND-FRANÇAIS

schaffen (etw. zu tun) arriver à + *inf.*
→ 1/3; **schaffen (es/etw.)** réussir qc;
schaffen (etw. zu tun) réussir à + *inf.*
→ 3/2
Schal le foulard
Schatz le trésor; **Schatzsuche**
la chasse au trésor
Schaufenster la vitrine
Schauspieler/in l'acteur / l'actrice *m./f.*
→ Vorkurs
Scheibe la tranche → M2
Scheinwerfer le projecteur → M6
schenken (jdm etw.) offrir qc à qn
Scherz la blague
schicken (jdm etw.) envoyer qc à qn
Schiedsrichter/in l'arbitre *m./f.* → 3/3
Schiff le bateau / les bateaux
Schild le panneau / les panneaux → 3/A
schlafen dormir; **schlafen gehen**
se coucher → 1/2
Schlafzimmer la chambre
schlagen (jdn) frapper qn/à qc → 2/1
Schlamm la boue → 2/2
schlecht mal *adv.* → 1/3,
mauvais/mauvaise *adj.*
schließen (etw.) fermer qc
schließlich enfin, finalement *adv.* → 2/2
schlimm grave *m./f. adj.* → 6/2
Schlitten le traîneau → 3/2
Schloss le château / les châteaux
Schlüssel la clé
schmecken (etw.) sentir qc
Schmerzen haben (an etw.)
avoir mal (à qc) → 2/1
Schmuck les bijoux *m. pl.* → 4/1
(aus-)schmücken (etw.) décorer qc
Schmuddelwetter
le temps de chien *fam.* → M4
Schnee la neige → 3/2; **Schneemobil**
la motoneige → 3/2
schneiden (etw.) couper qc
schnell rapide *m./f. adj.* → 2/1,
rapidement *adv.* → 2/2, vite *adv.*
Schokolade le chocolat; **Schokoladenkuchen** le gâteau au chocolat
schon déjà *adv.*
schön beau/bel *m.* / belle *f.* beaux *m. pl.* /
belles *f. pl. adj.*; **schön sein** *Wetter*
faire beau
Schrank l'armoire *f.*
schreiben (jdm etw.) écrire qc à qn
Schreibtisch le bureau / les bureaux
schreien crier
schüchtern timide *m./f. adj.* → 4/3
Schuh la chaussure

Schulbetreuer/in le/la CPE
Schulbibliothek le CDI
Schule l'école *f.*
Schüler/in l'élève *m./f.*,
le collégien / la collégienne
Schulfach la matière
Schulhof la cour
Schulanfang la rentrée
Schutzbrille
les lunettes de protection *f. pl.*
schützen (jdn/etw.) protéger qn/qc
schwach fragile *m./f. adj.* → Vorkurs
schwarz noir/noire *adj.*
Schweiz la Suisse → Vorkurs
Schweizer le/la Suisse *m./f.* → 2/3
schwer dur/dure *adj.* → 2/1
sich schwertun (mit etw.)
avoir du mal à + *inf.* → 4/3
Schwester la sœur
Schwiegermutter la belle-mère → 4/A
Schwiegervater le beau-père → 4/A
schwierig difficile *m./f. adj.*
Schwimmbad la piscine
schwindeln raconter des histoires → 4/2
Science-Fiction la science-fiction
See le lac
Seefahrer/in
le navigateur / la navigatrice → 3/1
Segeln la voile → M4
sehbeeinträchtigt
malvoyant/malvoyante *adj.* → Vorkurs
sehen (jdn/etw.) voir qn/qc
sehr beaucoup *adv.*, très *adv.*; **sehr viel**
énormément *adv.* → 2/2
sein être; **dabei sein, etw. zu tun**
être en train de + *inf.* → 6/3
seitdem depuis que → 4/2; **seit, seitdem**
depuis
Seite le côté → 2/A
selbst soi-même → 6/2
selbst wenn même si → 3/1
selbstständig autonome *m./f. adj.* → 2/2
selbstverständlich évidemment *adv.*
→ 3/2
Selbstvertrauen haben
avoir confiance en soi → 6/A
selten rarement *adv.* → 2/3
September septembre
Serie la série
Service le service → 6/3
Setz dich! Assieds-toi! → 6/2
Setzen Sie sich! Asseyez-vous! → 6/2
Shampoo le shampoing → 4/1
Show le spectacle
sich bewerben poser sa candidature
→ 6/3

sich trauen (etw. zu tun) oser + *inf.*
→ 5/2
sicher sûr/sûre *adj.*
sieben Tage die Woche
sept jours sur sept → 6/A
Silber l'argent *m.* → 4/2
singen (etw.) chanter qc
Sinn le sens → 5/2
Situation la situation
Sitz le siège → M6
Skatepark le skatepark
Sketch le sketch
Slogan le slogan → 3/3
SMS le texto → 4/2
so tellement *adv.* → M6; **(einfach) so**
comme ça; **so ... wie** aussi ... que → 1/1;
so viel autant de *adv.* → 3/1
Socke la chaussette
Sofa le canapé → M6
sofort tout de suite *adv.* → 2/1
sogar même *adv.*
Sohn le fils
Soja le soja → M2
solange pendant que → 4/2
Solidarität la solidarité → 5/3
Sommer l'été *m.*; **im Sommer** en été
sondern ne pas seulement ...,
mais aussi → 2/1
Sonne le soleil
sonnengebräunt bronzé/bronzée *adj.*
→ M4
Sonntag dimanche
sonst sinon → 5/2
sich Sorgen machen s'inquiéter → 1/2
Soße la sauce → 3/2
Souvenir le souvenir; **Souvenirladen**
le magasin de souvenirs
Sozialpädagoge
l'éducateur / l'éducatrice *m./f.* → 1/2
Spaghetti les spaghettis *m. pl.* → 4/1
Spanien l'Espagne *f.* → Vorkurs
Spanisch l'espagnol *m.* → 6/3
Spannung le suspense → 1/3
Spaß haben rigoler (bien), s'amuser
→ 2/2
spaßig drôle *m./f. adj.*
spät tard *adv.*; **zu spät** en retard
spazieren gehen se promener → 1/2
Spaziergang la balade
speichern (etw.) enregistrer qc
Speisekarte le menu
Speisesaal la cantine
Spezialität la spécialité
speziell
spécial/spéciale/spéciaux *m. pl. adj.*

Spiegel le miroir → 1/1
Spiel le jeu / les jeux, le match
spielen (mit jdm) jouer avec qn;
spielen se passer → 1/3; **spielen (etw.)** *Instrument* jouer du/de la/de l'/des;
spielen (etw.) *Spiel/Sport* jouer au/à la/à l'/aux
Spieler/in le joueur / la joueuse → 3/3
Spielstand le score → 3/3
Spielzeit la période → 3/3
Spinat les épinards *m. pl.*
Sport le sport; **Sportunterricht** l'EPS *f.*
Sportler/in le sportif / la sportive → Vorkurs
sportlich sportif/sportive *adj.*
Sprache la langue; **Regionalsprache und Kultur** la langue et culture régionales *f.*
sprechen parler; **sprechen (mit jdm)** parler à qn → 1/3; **sprechen (über etw.)** parler de qc/qn → 1/2
Springbrunnen la fontaine
springen sauter → 1/3
Spülmaschine le lave-vaisselle → 4/1
Staatsangehörigkeit la nationalité → Vorkurs
Stadion le stade → 1/A
Stadt la ville
Stadtmauer le rempart
Stadtzentrum le centre-ville
Staffel la saison → 1/3
ständig tout le temps
Star la star
stark fort/forte *adj.*
Stärke le point fort → 6/2
Start le départ
Station la station
statt au lieu de → 2/1
stattfinden avoir lieu → 5/A
Stau le bouchon → M4
Staub wischen faire la poussière
staubsaugen passer l'aspirateur
Steak le steak → M2
steckengeblieben coincé/coincée *adj.* → M6
steigen monter → 3/2
Stelle l'endroit *m.*; **an deiner Stelle** à ta place → 6/1
stellen mettre qc
sterben mourir → M2
Stern l'étoile *f.* → Vorkurs
Stiefmutter la belle-mère → 4/A
Stiefvater le beau-père → 4/A
Stierkampf la corrida → M1

Stift le stylo; **Ich habe meinen Stift nicht dabei.** Je n'ai pas mon stylo.
Stil le style
Stimme la voix / les voix → M6
Stimmung l'ambiance *f.* → 1/1
stolz (auf jdn/etw.) fier/fière (de qn/qc) *adj.* → 3/3
stören (jdn/etw.) déranger qn/qc → M1
Strafbank la prison → 3/3
Strand la plage; **am Strand** sur la plage
Strandsegeln le char à voile
Straße la route → 1/A, la rue
Straßenbahn le tram
Streber l'intello de service *fam. m./f.* → 4/3
Strecke le parcours
Streit la dispute
sich streiten se disputer → 4/A
streng sévère *m./f. adj.*
Stress le stress
sich stressen se stresser → 6/1
Strom le fleuve → 3/1
strukturieren (etw.) organiser qc
Stück le morceau / les morceaux, le bout → M6, la pièce
studieren faire des études → 3/1;
studieren (etw.) étudier qc
Studium les études *f. pl.* → Vorkurs
Stuhl la chaise
Stunde l'heure *f.*
Stundenplan l'emploi du temps *m.*
Sturm la tempête → M6
Suche la recherche → 6/2
suchen (jdn/etw.) chercher qn/qc
süchtig sein (nach etw.) être accro à qc *fam.* → 5/2
Süden le sud → 1/A
super super *adj. inv. fam.*
Supermarkt le supermarché → 2/3
Suppe la soupe → 3/2
Surfen le surf
surrealistisch surréaliste *m./f. adj.* → 5/1
süß doux/douce *adj.* → M6, sucré/sucrée *adj.*
Sweatshirt le sweat-shirt
Symbol le symbole → 1/1
sympathisch sympa *fam.* / sympathique *m./f. adj.*
System le système → 2/2
Szene la scène

T

Tablet-Computer la tablette
Tafel le tableau / les tableaux
Tag le jour; **An welchem Tag ist das?** C'est quel jour?; **der nächste Tag** le lendemain → M3; **sieben Tage die Woche** sept jours sur sept → 6/A; **Tag** *in seinem Ablauf* la journée
täglich quotidien/quotidienne *adj.* → 2/3
Tal la vallée → 3/2
Talent le talent → 6/A; **Talent haben** avoir du talent → 6/A
talentiert sein avoir du talent → 6/A
Tante la tante
Tanz la danse
tanzen danser
Tasche le sac
Taschengeld l'argent de poche *m.* → 6/1
Tat l'action *f.*
Tausch l'échange *m.* → 2/A
tauschen (etw. gegen etw.) échanger qc contre qc
sich täuschen se tromper de qc → 2/3
Team l'équipe *f.*
Teamarbeit le travail en équipe → 6/2
Technik la technique, la techno(logie)
technisch technique *m./f. adj.* → 6/2
Tee le thé → M2
Teig la pâte
Teil sein von etw. faire partie de qc → 4/3
teilen (etw.) partager qc → 2/2
teilnehmen an etw. participer à qc → 2/A
Telefon le téléphone
telefonieren (mit jdm) téléphoner à qn
Teller l'assiette *f.* → 1/2
Tempo le rythme → 3/2
Tennis le tennis
Termin le rendez-vous
Terminkalender le planning → 4/1
Terminplan le planning → 4/1
Terrasse la terrasse → 1/1
Test le test, le contrôle → 4/2, l'interro *fam.* / l'interrogation *f.*
testen (etw.) tester qc
teuer cher/chère *adj.*
Text le texte
Theater le théâtre
Theaterstück la pièce de théâtre
Thema le thème
Themenfreizeit la colo *fam.* / la colonie (de vacances)
Ticket le billet

LISTE ALPHABÉTIQUE ALLEMAND-FRANÇAIS

tief in etw. au fond de qn/qc → M6
Tier l'animal / les animaux *m.*
Tisch la table; **den Tisch decken** mettre le couvert → 4/1
Titel le titre → 5/2
Toilette les toilettes *f. pl.*
toll super *adj. inv. fam.*, génial/géniale/géniaux *m. pl. adj.*
Ton le son → 6/2
Topf le pot → 2/3
Tor le but → 3/3, la porte; **(ein Tor) schießen** marquer (un but) → 3/3
Torhüter/in le gardien / la gardienne de but → 3/3
Torwart/in le gardien / la gardienne de but → 3/3
total carrément *adv. fam.* → 4/3
Tour le tour
Tourist/in le/la touriste; **Touristeninformation** l'office de tourisme *m.*
touristisch touristique *m./f. adj.* → 1/1
Tradition la tradition
traditionell traditionnel/traditionnelle → 1/1
tragen (etw.) porter qc
trainieren s'entraîner → 3/3
Training l'entraînement *m.*
Traum le rêve → 6/A
träumen (etw. zu tun) rêver de + *inf.* → 6/1; **träumen (von jdm/etw.)** rêver (de qn/qc) → 4/3
traurig triste *m./f. adj.* → 1/3
Treffen la rencontre → 6/2
treffen (jdn) croiser qn → M6; **treffen (sich mit jdm)** rencontrer qn; **treffen (jdn)** rejoindre qn → 2/1, retrouver qn
einen Treffer erzielen marquer (un but) → 3/3
Treppe l'escalier *m.* → 1/1
Trikot le maillot → 3/3
Trimester le trimestre → 4/2
trinken (etw.) boire qc; **trinken gehen (etw.)** prendre un verre *fam.* → 1/1
Trommeln les percussions *f. pl.*
trotz malgré → 3/2
trotzdem pourtant, quand même
Tschüss! Salut! *fam.*
T-Shirt le tee-shirt
tun (etw.) faire qc
tun müssen (etw.) avoir besoin de qn/qc/ + *inf.* → 4/1
Tür la porte
Turnhalle le gymnase
Turm la tour
Turnier le tournoi

Turnschuhe les baskets *f. pl.*
Typ le type *fam.* → M6
typisch typique *m./f. adj.* → 2/2

U

U-Bahn le métro
über au-dessus de qn/qc → 1/1, sur
überall partout
überlassen (jdm/etw.) laisser qn/qc à qn → 2/2
übernehmen (etw.) reprendre qc → 4/3
überqueren (etw.) traverser qc
überraschen (jdn) faire une surprise à qn → 4/1
Überraschung la surprise → 2/1
Übersetzer/in le traducteur / la traductrice → 6/1
übertreiben exagérer
übertrieben exagéré/exagérée *adj.* → 4/3
überwachen (jdn/etw.) surveiller qn/qc → 4/2
Überwachung la surveillance → 4/2
übrigens à propos → M5, d'ailleurs → 2/2
Übung l'exercice *m.*
am Ufer von au bord de
Um wie viel Uhr? À quelle heure?
ultra ultra → M4
um ... herum autour de
um ... zu pour + *inf.*
um Antwort wird gebeten s'il te plaît, confirme
umdrehen (etw.) retourner qc → 2/3
Umfrage l'enquête *f.* → 4/3
umsteigen changer à + *station*
umweltbewusst écolo *fam.* / écologique *m./f. adj.*
Umweltschützer/in l'écolo *m./f. fam.* / l'écologiste *m./f.*
unabhängig indépendant/indépendante → 6/2
unbedingt absolument *adv.* → 3/2
unbekannt inconnu/inconnue *adj.* → M5
und et; **Und du?** Et toi?
Und dir? Et toi?
Ungeduld l'impatience *f.* → 3/2
ungefähr environ
unglaublich incroyable *m./f. adj.* → 3/2
unglücklich malheureux/malheureuse *adj.* → 2/1
unglücklicherweise malheureusement *adv.* → 2/2
Universität l'université *f.*

unser/unsere notre
Unsinn la bêtise → 1/2
unter sous
unterirdisch souterrain/souterraine *adj.* → 3/1
Unterkunft le gîte → 3/2
Unterlagen le document, le dossier → 6/3
Unternehmen l'entreprise *f.* → 2/3
unternehmungslustig sein aimer l'action
Unterricht le cours, la classe
Unterrichtsstunde le cours
Unterschied la différence → 2/1
unterschiedlich différemment *adv.* → 2/2, différent/différente *adj.* → M1
unterschreiben (etw.) signer qc → 6/3
untersuchen (etw.) étudier qc
Untersuchung l'enquête *f.* → 4/3; **Untersuchung (ärztliche)** l'examen *m.* → 6/3
Unwetter la tempête → M6
Urbevölkerung les peuples premiers *m. pl.* → 3/1
ursprünglich aus ... kommen/stammen être originaire de → 1/3

V

Vater le père
Veganer le végétalien / la végétalienne → M2
Vegetarier/in le végétarien / la végétarienne *m./f.*
vegetarisch végétarien/végétarienne *adj.*
Verabredung le rendez-vous
Veranstaltung l'évènement *m.* → 3/3
verbieten (jdm etw.) interdire qc à qn → 4/3; **verbieten, etw. zu tun (jdn)** interdire (à qn) de + *inf.* → 4/3
verbringen passer
verdienen (Geld) gagner de l'argent → 6/A
Verein l'association *f.*, le club
Vereinigte Staaten (von Amerika) les États-Unis (d'Amérique) *m. pl.* → Vorkurs
verfolgen (jdn/etw.) suivre qn/qc → 1/3
vergessen (etw.) oublier qc
vergleichen (etw./jdn mit etw./jdn) comparer qc/qn (à qc/qn) → 1/3
sich verhalten wie (etw./jd) faire son qc *fam.* → 4/3
verhungern mourir de faim → M2
verkaufen (jdm etw.) vendre qc à qn

Verkäufer/in le vendeur / la vendeuse
Verkaufs- commercial / commerciale m./f. / commerciaux m. pl. / commerciales f. pl. adj. → 1/A
Verkleidung le costume
verkörpern (etw./jdn) représenter qc/qn → 5/1
verlassen désert/déserte adj. → 5/2
verlassen (jdn/etw.) quitter qn/qc → 3/1
sich verlieben tomber amoureux/-euse → 1/3
verliebt amoureux/amoureuse adj. → 1/3
verlieren (etw./jdn) perdre (qc/qn) → 1/1
veröffentlichen (etw.) publier qc → 5/2
Verpackung l'emballage m. → 6/2
verpassen (etw.) manquer qc → 3/3; **verpassen (jdn/etw.)** rater qn/qc
verrückt fou/folle adj.; **verrückte Sache** le truc de fou fam.
verrühren (etw.) mélanger qc
verschieden différent/différente adj. → M1
Version la version
Verspätung le retard; **mit Verspätung** en retard
versprechen (jdm etw.) promettre qc / (à qn) de + inf. → 4/2
verständigen (jdn) prévenir qn
Versteck la cache
sich (gut) verstehen s'entendre (bien) → 2/2; **verstehen (jdn/etw.)** comprendre qn/qc
versuchen (etw.) essayer qc → 3/2
Vertrauen la confiance → 4/A
vertrauen (jdm) faire confiance à qn → 4/A
verwandeln (jdn/etw. in etw.) transformer qn/qc en qc
verwechseln (jdn/etw.) confondre qn/qc → 2/1
verwirklichen (etw.) réaliser qc → 5/3
Verzeihung pardon
Video la vidéo
Videospiel le jeu vidéo / les jeux vidéo
viel beaucoup adv., autant de adv. → 3/1, beaucoup de; **(extrem) viele** une tonne de; **viel/viele** plein de adv.; **viele Leute** beaucoup de monde → 5/A
Viel Glück! Bonne chance! → 4/1
Viele Grüße aus ... Bonjour de ... + Ort
Vielfalt la diversité → 1/3
vielleicht peut-être

Viertel le quart → 3/1, le quartier; **Viertel nach** et quart; **Viertel vor** moins le quart
Viertelstunde le quart
Vignette la vignette → 5/1
Vitamin la vitamine → 5/3
Vitrine la vitrine
Vogel l'oiseau / les oiseaux m.
Vokabular le vocabulaire
vollständig complet/complète adj. → 3/3
von de; **von dem** dont → 5/2
vor devant; **vor** zeitlich avant, il y a
vor allem surtout adv. → 1/3
vorbeigehen passer
vorbereiten (etw.) préparer qc
Vorbild le modèle → 3/1
Vordergrund le premier plan → 5/1
vorgehen avancer
Vorhaben le plan → 1/1, le projet → 1/2
Vormittag le matin
vorschlagen (jdm etw. zu tun) proposer qc (à qn) / (à qn) de + inf. → 2/2
Vorspeise l'entrée f.
vorspielen (etw.) passer qc → M5
vorstellen (jdm jdn/etw.) présenter qn/qc à qn; **sich etw. vorstellen** imaginer qc
Vorstellung le spectacle
Vorstellungsgespräch l'entretien d'embauche m. → 6/3
Vorteil l'avantage m. → 2/3

W

Wachmann/-frau le gardien / la gardienne
wachsen grandir → Vorkurs
Waffe l'arme f. → 5/2
Waffel la gaufre → M4
Wagen la voiture
Wahlfach l'option f.
Wahnsinnsding le truc de fou fam.
wahr vrai/vraie adj.
während pendant, pendant que → 4/2
Wahrheit la vérité → 4/2
Wal la baleine → 3/A
Wald la forêt
Wand le mur → 3/A
wandern faire une randonnée → 1/1
Wanderung la randonnée → 1/1
Wanduhr l'horloge f.
wann quand Fragewort

warm chaud/chaude adj. → 2/1; **warm sein (jdm)** avoir froid/chaud → 3/1; **warm sein** faire chaud → 3/1
warten (auf jdn/etw.) attendre qn/qc
Warum? Pourquoi?
was que Fragewort; **Was...?** Qu'est-ce que ...?; **was** quoi, N'importe quoi! fam. → 4/2; **das, was mir gefällt** ce qui me plaît → 1/3; **was** wenn du nach dem Subjekt des Satzes fragst Qu'est-ce qui ...? → 3/1; **Was bedeutet das?** Qu'est-ce que ça veut dire?; **Was gibt es?** Qu'est-ce qu'il y a?; **Was ist das?** Qu'est-ce que c'est?; **Was kann man tun?** Qu'est-ce qu'on peut faire?
Wäsche le linge → 4/1
Wasser l'eau / les eaux f.
Webseite le site (web)
Geld wechseln changer → 1/3; **wechseln (etw.)** changer de qc → 4/3
Weg le chemin → 3/2, le sentier → M1
wegen à cause de
wegfahren partir
weggehen s'en aller → 4/3
weiblich féminin/féminine adj. → 5/2
Weihnachten Noël; **Weihnachtsbaum** le sapin de Noël
weil parce que
weinen pleurer → 1/3
Weinlese les vendanges f. pl. → 6/3
Weise la façon → 2/1
weiß blanc/blanche adj.
weit (weg) loin; **weit entfernt von** loin de
weitergehen continuer
weiterhin tun (etw.) continuer à/de + inf. → 3/2
welcher/welche/welches quel/quelle/quels/quelles, lequel/laquelle/lesquels/lesquelles → 4/3, → 6/3; **Welches ist dein Lieblingsfest?** Quelle est ta fête préférée?
Welle la vague → 3/3
Welt le monde
Wen ...? wenn du nach dem Objekt des Satzes fragst Qui est-ce que ...? → 3/1
(nur) wenig peu de
weniger moins; **weniger ... als** moins ... que → 1/1

LISTE ALPHABÉTIQUE ALLEMAND-FRANÇAIS

wenn das Wörtchen „wenn" nicht wäre avec des si et des mais → M6; **wenn** *Bedingung* si; **wenn ich daran denke, dass** quand je pense que... → 2/1; **wenn ich es dir doch sage** si je te le dis *fam.* → 4/2; **wenn, immer wenn** quand
Wer ...? *wenn du nach dem Subjekt des Satzes fragst* Qui est-ce qui ...? → 3/1
Wer? qui *Fragewort*
Werbung, Werbespot la publicité → 2/A
werden devenir → 1/2
Westen l'ouest *m.* → 1/A
Wettbewerb le concours
Wetter le temps
wichtig important/importante *adj.* → 2/1
widerlich dégoûtant/dégoûtante *adj.* → 2/2, dégueulasse *m./f. adj. fam.* → 4/2
wie aussi ... que → 1/1, comme;
wie *vergleichend* que → 2/2
Wie alt bist du? Tu as quel âge?
Wie geht's? Ça va?
Wie spät ist es? Il est quelle heure?
wie viel combien
Wie viel(e) ...? Combien de ...?
Wie? *Fragewort* comment; **Wie heißen sie?** Ils/Elles s'appellent comment?;
Wie heißt du? Tu t'appelles comment?;
Wie sagt man ...? Comment est-ce qu'on dit ...?; **Wie schreibt man das?** Ça s'écrit comment?
wiedererkennen (jdn/etw.) reconnaître qn/qc → 2/2
wiederholen (etw.) répéter qc, réviser qc
wiederverwerten (etw.) recycler qc
Willkommen! Bienvenue! *f.*
Wind le vent
Winter l'hiver *m.* → 3/1
wir dürfen/sollten nicht il ne faut pas + *inf.*
wir hätten gern on voudrait → M3
wir möchten gern on voudrait → M3
Wir müssen alles geben! Il faut mettre le paquet! *fam.*
wirklich vraiment *adv.*
Wirtschaft l'économie *f.* → 6/2
Wissen les connaissances *f. pl.* → 6/3
wissen (etw.) savoir qc
Wissenschaft la science

wissenschaftlich scientifique *m./f. adj.* → 6/1
Witz la blague
wo où; **Wo wohnst du?** Tu habites où?
woanders ailleurs → M1
Woche la semaine
Wochenende le week-end
woher d'où; **Woher kommst du?** Tu es d'où?
wohin où
wohingegen alors que → 4/2
wohnen habiter
Wohnhaus l'immeuble *m.*
Wohnsiedlung la cité → 1/2
Wohnung l'appartement *m.*
Wohnzimmer le salon
wollen (etw.) vouloir qc; **wenn du willst** si ça te dit → 6/1; **wollen, dass** vouloir que + *subj.* → M3
Wolof le wolof
Workshop l'atelier *m.* → 6/2
Wort le mot
Wortschatz le vocabulaire
wortwörtlich mot à mot → 2/3
Wunder la merveille → M6
wunderschön magnifique *m./f. adj.* → 1/1
wünschen (jdm etw.) souhaiter qc à qn
Wurst la saucisse
Wurstwaren la charcuterie → M2
wütend furieux/furieuse *adj.* → 4/2

Z

Zahl le nombre → 3/1, le chiffre
zählen compter
zahlreich nombreux/nombreuse *adj.* → 5/1
Zeichen le symbole → 1/1
zeichnen (etw.) dessiner qc
Zeichner/in le dessinateur / la dessinatrice → 5/1
Zeichnung le dessin → 5/1
zeigen (jdm etw.) montrer qc à qn
Zeit l'époque *f.* → M1, le temps;
sich Zeit lassen prendre son temps
Zeitplan l'horaire *m.*
Zeitschrift le magazine
Zeitungsartikel l'article *m.*
Zelt la tente
Zelten le camping → M4

zelten faire du camping → M4
Zentrum le centre
zerbrechlich fragile *m./f. adj.* → Vorkurs
zerbrochen cassé/cassée *adj.*
Ziege la chèvre → M2
Ziegenkäse le chèvre → M2
Ziel le but → 3/3
ziemlich assez, drôlement *adv.* → 2/2
Zimmer la pièce
Zirkus le cirque
Zitadelle la citadelle → 5/A
Zitrone le citron
Zivilisation la civilisation → 1/A
Zoo le zoo → 6/2
zu etw. gehören faire partie de qc → 4/3
zu Hause à la maison
Zu Hilfe! Au secours!
zu mir chez moi
zu / zu sehr / zu viel trop *adv.*
zubereiten (etw.) préparer qc
Zucker le sucre
zuerst d'abord
zufrieden content/contente *adj.* → 2/2
Zug le train
zugeben (etw.) reconnaître qn/qc → 2/2
zuhören (jdm/etw.) écouter qn/qc
Zukunft l'avenir *m.* → 6/A, le futur → 5/2
zum Beispiel / z.B. par exemple / p. ex.
zum Schluss pour finir → M5
zumachen (etw.) fermer qc
zumindest en tout cas *adv.* → 3/2
zunächst au début (de qc) → 1/3
Zunge la langue
zurechtkommen se débrouiller → 2/2
zurückgeben (jdm etw.) rendre qc à qn
zurückkehren zu/nach retourner à
zurückkommen revenir
zurzeit actuellement *adv.* → 6/3, en ce moment
zusammen ensemble; **mit jdm zusammen sein** sortir avec qn → 4/3
Zusammenfassung le résumé → 5/3
Zutat l'ingrédient *m.*
zwei Drittel deux tiers → 3/1
zweifach double *m./f. adj.* → Vorkurs
zweisprachig bilingue *m./f. adj.* → 3/A
zwischen entre
zwölf Uhr mittags midi
Zylinder le cylindre → 2/3

GLOSSAIRE – INDICATIONS POUR LES EXERCICES

A	Apprends (par cœur).	Lerne (auswendig).
	À toi! / À vous!	Du bist dran! / Ihr seid dran!
C	Choisis (une photo).	Wähle (ein Foto) aus.
	Classe (les mots dans un tableau).	Ordne (die Wörter in eine Tabelle ein).
	Compare (avec l'allemand).	Vergleiche (mit dem Deutschen).
	Complète (les phrases / le tableau).	Ergänze (die Sätze / die Tabelle).
	Corrige (le texte / les phrases).	Korrigiere (den Text / die Sätze).
D	Décris (le dessin / la photo).	Beschreibe (das Bild / das Foto).
	Discute (avec ton/ta partenaire).	Diskutiere (mit deinem/deiner Partner/in).
	Donne (des conseils / des arguments / ton avis).	Gib Ratschläge / Argumentiere / Äußere deine Meinung.
E	Échangez (les rôles / vos avis).	Tauscht (die Rollen / eure Meinungen) aus.
	Écoute (le dialogue encore une fois).	Höre zu. / Höre dir (den Dialog noch einmal) an.
	Écris (un texte).	Schreibe (einen Text).
	Explique.	Erkläre.
F	Fais (un associogramme / une liste).	Erstelle (ein Vokabelnetz / eine Liste).
	Fais (des hypothèses).	Stelle (Vermutungen) an.
	Fais une fiche (pour le verbe ...).	Lege eine Karteikarte (für das Verb ...) an.
	Faites (un dialogue).	Macht (einen Dialog).
	Forme (des phrases).	Bilde (Sätze).
I	Imagine.	Denke dir etwas aus.
J	Jouez (le dialogue / la scène).	Spielt (den Dialog / die Szene) vor.
	Justifie (ta réponse / ton choix).	Begründe (deine Antwort / deine Wahl).
L	Lis (le texte ci-dessus / ci-dessous).	Lies (den oben/unten stehenden Text).
M	Mettez vos résultats en commun.	Tragt eure Ergebnisse zusammen.
N	Nomme (des exemples).	Nenne (Beispiele).
	Note (les informations / les expressions).	Notiere (die Informationen / die Ausdrücke).
P	Pense à (faire l'accord).	Denke daran (anzugleichen).
	Posez-vous des questions (à tour de rôle).	Stellt euch (abwechselnd) Fragen.
	Prends des notes.	Mache Notizen.
	Prépare (un programme / un quiz).	Bereite (ein Programm / ein Quiz) vor.
	Présente (tes résultats).	Stelle (deine Ergebnisse) vor.
R	Raconte.	Erzähle.
	Regarde (la séquence / la photo).	Schau dir (die Filmsequenz / das Foto) an.
	Relis (le texte / l'article).	Lies (den Text / den Artikel) noch einmal.
	Répète.	Sprich nach. / Wiederhole.
	Réponds (brièvement aux questions).	Antworte. / Beantworte (kurz die Fragen).
	Résume (l'histoire).	Fasse (die Geschichte) zusammen.
	Retrouve (l'ordre des mots).	Finde (die Reihenfolge der Wörter) wieder.
S	Survole (le texte).	Überfliege (den Text).
T	Traduis.	Übersetze.
	Travaillez (à deux / en groupe).	Arbeitet (zu zweit / in der Gruppe).
	Trouve (le contraire / les réponses).	Finde (das Gegenteil / die Antworten).
U	Utilise (les expressions ...).	Verwende (die Ausdrücke ...).

LES MOTS POUR LE DIRE

Sich begrüßen und verabschieden

Bonjour! / Salut!	Guten Tag! / Hallo! / Tschüss!
Ça va?	Wie geht's?
Ça va. / Bien. / Bof. Et toi?	Es geht so. / Gut. / Na ja. Und dir?
Bonjour, Monsieur/Madame!	Guten Tag! *(zu Erwachsenen)*
Bienvenue à (Paris)!	Willkommen in (Paris)!
Au revoir! / À plus!	Auf Wiedersehen! / Bis später!
À demain!	Bis morgen!
Allô (Gabin), c'est (Thomas). *(am Telefon)*	Hallo (Gabin), hier ist (Thomas).

Sich vorstellen

Über den Namen, Sprachen und die Herkunft sprechen

Je m'appelle (Alice).	Ich heiße (Alice).
Moi, c'est (Lilou).	Ich heiße (Lilou).
Tu t'appelles comment?	Wie heißt du?
Je parle (français et un peu arabe).	Ich spreche (Französisch und ein bisschen Arabisch).
Tu es d'où? / Je suis de (Lyon).	Woher kommst du? / Ich bin aus (Lyon).
Je suis de (Pessac), c'est près de (Bordeaux).	Ich bin aus (Pessac), das ist in der Nähe von (Bordeaux).
Je viens d'(Allemagne).	Ich komme aus (Deutschland).

Über das Alter, den Wohnort und ein Haustier sprechen

Mon nom/adresse/âge, c'est …	Mein Name / Meine Adresse / Mein Alter ist …
Tu as quel âge? / J'ai (quatorze) ans.	Wie alt bist du? / Ich bin (vierzehn) Jahre alt.
Tu habites où?	Wo wohnst du?
J'habite à (Passy) (dans le seizième arrondissement).	Ich wohne in (Passy) (im sechzehnten Arrondissement).
J'habite rue (Goscinny).	Ich wohne in der Straße (Goscinny).
Tu as un animal? / J'ai (un chat).	Hast du ein Haustier? / Ich habe (eine Katze).
Je n'ai pas d'animal. / J'ai une allergie.	Ich habe kein Haustier. / Ich habe eine Allergie.

Über den Geburtstag und Feste reden

C'est quand, ton anniversaire?	Wann ist dein Geburtstag?
Mon anniversaire, c'est le (18 avril).	Mein Geburtstag ist am (18. April).
Je fête mon anniversaire (au club de surf).	Ich feiere meinen Geburtstag (im Surfklub).
Mes copains m'offrent (une montre).	Meine Freunde schenken mir (eine Uhr).
Vous préparez quels plats?	Welche Gerichte bereitet ihr vor?
Moi, j'apporte (une playlist).	Ich bringe (eine Playlist) mit.
Le (2 février), on fête (la Chandeleur).	Am (2. Februar) feiert man (Mariä Lichtmess).
Ma fête préférée, c'est (Noël).	(Weihnachten) ist mein Lieblingsfest.

Über Familie und das Familienleben sprechen

Seine Familie vorstellen

Tu as des frères et sœurs?	Hast du Geschwister?
Je n'ai pas de frères et sœurs.	Ich habe keine Geschwister.
J'ai une sœur et trois frères.	Ich habe eine Schwester und drei Brüder.
Mon père est (professeur) et ma mère est (ingénieure).	Mein Vater ist (Lehrer) und meine Mutter (Ingenieurin).
Mes parents sont séparés/ensemble.	Meine Eltern sind getrennt/zusammen.
Mon père habite à (Toulouse) avec sa copine.	Mein Vater lebt mit seiner Freundin in (Toulouse).
Mes cousins m'énervent.	Meine Cousins nerven mich.
Ma grand-mère habite chez nous.	Meine Oma wohnt bei uns.

LES MOTS POUR LE DIRE

Über Familie und ihre Bedeutung für dich sprechen

U4/V1 (Mon père / Ma mère) travaille parfois tard.
(Mein Vater / Meine Mutter) arbeitet manchmal bis spät.

U4/V3 (Mon père / Ma mère) est super sévère, (il/elle) nous interdit de faire plein de choses.
(Mein Vater / Meine Mutter) ist super streng, (er/sie) verbietet uns viele Dinge.

(Mon père) a fait des efforts pour me comprendre.
(Mein Vater) hat sich bemüht, mich zu verstehen.

Je ne m'entendais pas très bien avec (mon beau-père / ma belle-mère).
Ich habe mich nicht gut mit (meinem Stiefvater / meiner Stiefmutter) verstanden.

On avait du mal à être ensemble dans la même pièce.
Wir taten uns schwer im selben Raum zu sein.

C'est vraiment quelqu'un qui compte beaucoup pour moi.
Das ist wirklich jemand, der mir viel bedeutet.

Über Arbeiten im Haushalt sprechen

U4/V1 Chez (nous), tout le monde participe aux tâches ménagères.
Bei (uns) hilft jeder im Haushalt mit.

(Le père) fait les courses et la cuisine, (la mère) range l'appartement, (Mila) s'occupe du linge et (Maël) nettoie la salle de bains.
(Der Vater) kauft ein und kocht, (die Mutter) räumt die Wohnung auf, (Mila) kümmert sich um die Wäsche und (Maël) putzt das Badezimmer.

Pourquoi ce n'est jamais toi qui descends les poubelles?
Wieso bringst du nie den Müll raus?

Moi, je passe déjà l'aspirateur! Ce n'est pas drôle non plus!
Ich staubsauge schon! Das macht auch keinen Spaß!

C'est presque toujours moi qui (sors votre chien)!
Fast immer bin ich es, der/die (euren Hund ausführt)!

En général ce sont (les parents) qui s'occupent de tout.
Meistens sind es (die Eltern), die sich um alles kümmern.

Je ne fais rien à la maison parce que nous avons (une femme de ménage) qui vient (une) fois par semaine.
Ich mache nichts zu Hause, weil wir (eine Putzfrau) haben, die (ein) Mal die Woche kommt.

Quand je suis chez (mon père), on s'organise.
Wenn ich bei (meinem Vater) bin, organisieren wir uns.

Nous nous partageons les tâches ménagères!
Wir teilen uns die Tätigkeiten im Haushalt!

Par contre, je déteste (descendre les poubelles)!
Allerdings hasse ich es (den Müll runterzubringen)!

Heureusement, c'est (mon frère) qui s'en occupe.
Glücklicherweise kümmert sich (mein Bruder) darum.

Vous avez peut-être besoin de régler qui fait quoi à la maison.
Vielleicht müsst ihr klären, wer was zu Hause macht.

Über Serien und ihren Einfluss auf das Familienleben sprechen

U4/V3 Avec (mes sœurs), on adore la série *(En famille)*!
(Meine Schwestern) und ich lieben die Serie *(En famille)*!

On a chacun/chacune notre personnage préféré.
Jeder/Jede von uns hat seine/ihre Lieblingsfigur.

Souvent, à table, on parle des personnages.
Bei Tisch sprechen wir oft über die Figuren.

On a tous/toutes notre avis sur la question car pour nous (il/elle fait partie de la famille).
Wir haben alle unsere Meinung zum Thema, da (er/sie für uns ein Teil der Familie ist).

Une spécialité de cette série, c'est que (les personnages parlent parfois directement au public).
Eine Besonderheit dieser Serie ist, dass (die Figuren manchmal direkt mit den Zuschauern sprechen).

Alors on a repris cette technique quand on a des conflits.
Deshalb haben wir diese Technik übernommen, wenn wir Konflikte haben.

Souvent à la fin, on rigole tous/toutes ensemble!
Oft lachen wir alle am Ende!

Avec (mes parents), on regarde chaque épisode de la série *(Fais pas ci, fais pas ça!)* depuis des années.
Mit (meinen Eltern) gucken wir seit Jahren jede Folge der Serie *(Fais pas ci, fais pas ça!)*.

Elle nous aide à (nous dire des trucs qui ne sont pas faciles à dire dans la vie normale).
Sie hilft uns dabei (uns Dinge zu sagen, die im normalen Leben nicht einfach zu sagen sind).

Grâce à la série, j'ai réussi à (tout raconter à mes parents).
Dank der Serie habe ich es geschafft, (meinen Eltern alles zu erzählen).

Dans une famille, c'est un peu comme dans une série, chacun a son rôle.
In einer Familie ist es ein bisschen wie in einer Serie, jeder hat seine Rolle.

Les rôles sont parfois exagérés, mais d'une saison à l'autre, ils peuvent aussi changer.
Die Rollen sind manchmal übertrieben, aber von einer Staffel zur nächsten können sie sich ändern.

C'est une série pour (les ados).
Es ist eine Serie für (Jugendliche).

Moi, je m'identifiais à (Ève).
Ich habe mich mit (Ève) identifiziert.

Die *Mots pour le dire* zum Anhören ▶ www.cornelsen.de/webcodes: niseta

LES MOTS POUR LE DIRE

Über Hobbys sprechen / Sagen, was man (nicht) gern macht

Tu as des hobbys?	Hast du Hobbys?
J'aime (le sport) et j'adore (les films d'actions).	Ich mag (Sport) und ich liebe (Actionfilme).
J'aime bien (le shopping).	Ich mag gerne (shoppen).
J'aime aussi (aller à la piscine).	Ich (gehe) auch gerne (ins Schwimmbad).
Je n'aime pas trop (les musées).	Ich mag (Museen) nicht so sehr.
Je vais plutôt/souvent (au cinéma).	Ich gehe lieber/oft (ins Kino).
Quels sont tes/vos hobbys?	Was sind deine/eure Hobbys?
Ma passion / Mon hobby, c'est (le hip-hop).	(Hip-Hop) ist meine Leidenschaft / mein Hobby.
(Faire du surf), ça me plaît.	(Surfen) gefällt mir.
Je joue (au basket) dans un club / pendant les vacances.	Ich spiele (Basketball) in einem Verein / in den Ferien.
Le week-end, je joue (au foot).	Am Wochenende spiele ich (Fußball).
Est-ce que tu joues d'un instrument / au foot?	Spielst du ein Instrument/Fußball?
Je chante très bien mais je ne joue pas d'instrument.	Ich singe sehr gut, aber ich spiele kein Instrument.
Je joue (de la guitare) dans un groupe.	Ich spiele (Gitarre) in einer Band.

Einen Ort vorstellen

Sein Viertel / Seinen Wohnort vorstellen

Qu'est-ce qu'il y a à (Passy) / dans ton quartier?	Was gibt es in (Passy) / in deinem Viertel?
Il y a (des magasins / un théâtre / une piscine).	Es gibt (Läden / ein Theater / ein Schwimmbad).
Le quartier est calme/animé.	Das Viertel ist ruhig/lebendig.
Il y a (même) des jardins comme dans un village!	Es gibt (sogar) Gärten, wie in einem Dorf.
Les loyers sont (chers).	Die Mieten sind (hoch).
Notre appartement est (petit).	Unsere Wohnung ist (klein).
Il n'y a pas de (cafés).	Es gibt keine (Cafés).

Seinen Lieblingsort vorstellen

(La tour Eiffel), c'est l'endroit idéal pour (regarder Paris).	(Der Eiffelturm) ist der ideale Ort (um Paris anzuschauen).
Mon endroit préféré, c'est (notre jardin).	Mein Lieblingsort ist (unser Garten).
On voit / On peut voir (les îles, les oiseaux, …).	Man sieht / Man kann (die Inseln, Vögel, …) sehen.
La (vue sur la côte) / La balade est super jolie!	Der (Blick auf die Küste) / Spaziergang ist wunderschön.
J'adore (le paysage) et la vue sur (la mer).	Ich liebe (die Landschaft) und den Blick über (das Meer).

Sehenswürdigkeiten vorstellen

U1/V1 (Le port commercial) est le plus grand (port) de (France).	(Der Handelshafen) ist der größte (Hafen Frankreichs).
Notre conseil: Faites un tour (en bateau) et visitez (les îles du Frioul)!	Unser Rat: Macht eine (Boots-)Tour und besucht (die *îles du Frioul*)!
Les bateaux partent (du Vieux-Port) de (sept) heures jusqu'à (dix-neuf) heures.	Von (sieben) Uhr bis (neunzehn) Uhr fahren die Schiffe (vom *Vieux-Port*) ab.
(La basilique) est le symbole de (Marseille).	(Die Basilika) ist das Symbol von (Marseille).
(Elle) offre les plus belles vues sur (la mer)!	(Sie) bietet die schönste Aussicht über (das Meer)!
Les expositions montrent beaucoup d'œuvres d'art.	Die Ausstellungen zeigen viele Kunstwerke.
Découvrez (le magnifique paysage des calanques).	Entdeckt/Entdecken Sie (die wunderschönen Landschaften der *calanques*).
Entre (mai) et (août), il y a des concerts gratuits à (La Friche de la Belle de mai).	Zwischen (Mai) und (August) gibt es kostenlose Konzerte in (*La Friche de la Belle de mai*).
(Le cours …) date de (Louis XIV).	(Die …-Straße) stammt aus der Zeit von (Ludwig XIV.).
U5/V1 Prenez le temps d'admirer (l'architecture des bâtiments).	Nehmen Sie sich / Nehmt euch die Zeit (die Architektur der Gebäude) zu bewundern.
À votre gauche/droite, le monument du (Manneken Pis), au-dessus (d'une fontaine).	Zu Ihrer/eurer Linken/Rechten sehen Sie / seht ihr die Statue des (Manneken Pis) über (einem Brunnen).

LES MOTS POUR LE DIRE

Vous pouvez aller découvrir (les vêtements) au musée (du Manneken Pis)!	Sie können / Ihr könnt (die Sachen) im (Manneken Pis-) Museum entdecken!
C'est une rue piétonne très animée où se trouvent (plusieurs murs peints).	Das ist eine sehr belebte Fußgängerzone, in der sich (mehrere bemalte Wände) befinden.
Au bout de la rue se trouve (un portrait).	Am Ende der Straße befindet sich (ein Porträt).
Dans le bâtiment de l'architecte (Victor Horta), le musée raconte l'histoire du (9e art).	In dem Gebäude des Architekten (Victor Horta), erzählt das Museum die Geschichte (der 9. Kunst).
Prenez le temps de visiter cet endroit fantastique!	Nehmen Sie sich / Nehmt euch Zeit, diesen fantastischen Ort zu besichtigen!
Le musée est ouvert du (mardi au samedi).	Das Museum ist (von Dienstag bis Samstag) geöffnet.

Über geografische und geschichtliche Aspekte eines Landes sprechen

U3/V1

Il fait (moins quarante) degrés dehors!	Draußen sind (minus vierzig) Grad!
(Le village) est dans (l'ouest du Québec).	(Das Dorf) befindet sich (im Westen Quebecs).
Il y a (10) millions de (francophones au Canada) pour (36) millions de (Canadiens), c'est-à-dire (27) % de la population.	Von (36) Millionen (Kanadiern) sind (10) Millionen (französischsprachig), das heißt (27) % der Bevölkerung.
(Deux tiers) des (francophones) vivent au (Québec).	(Zwei Drittel) der (französischsprachigen Menschen) leben in (Quebec).
Au (16e) siècle, les (Français) ont colonisé cet endroit et ses habitants.	Im (16.) Jahrhundert haben die (Franzosen) diesen Ort und seine Bewohner kolonisiert.
(Deux) siècles plus tard, les (Anglais) sont entrés en guerre avec les (Français).	(Zwei) Jahrhunderte später zogen die (Engländer) gegen die (Franzosen) in den Krieg.
Les (Français) ont perdu, (le Canada) est devenu (anglais).	Die (Franzosen) haben verloren und Kanada wurde (englisch).
En (1535), (Jacques Cartier) a découvert (le village indien d'Hochelaga) où (il) a fondé la ville de (Montréal).	(1535) hat (Jacques Cartier) (das Indianerdorf Hochelaga) entdeckt, wo (er) die Stadt (Montreal) gründete.
Longtemps, (les peuples premiers) n'ont pas eu le droit de (parler leur langue et de vivre selon leurs traditions).	(Die Urbevölkerung) durfte lange nicht (ihre Sprache sprechen und nach ihren Traditionen leben).
Le nombre de personnes qui (sont au chômage) est de (43) %.	Die Anzahl der (arbeitslosen) Menschen liegt bei (43)%.

Einen Tagesablauf / Gewohnheiten beschreiben

U1/V3

Je me lève (tôt), vers (quatre) heures du matin.	Ich stehe (früh) auf, gegen (vier) Uhr morgens.
Moi, d'habitude, je me lève à (7 h 30).	Ich stehe normalerweise um (7:30) Uhr auf.
En général, je rentre vers (midi).	Normalerweise komme ich (mittags) nach Hause.
D'abord, (j'appelle ma femme).	Zunächst (rufe ich meine Frau an).
Je commence/termine par (le restaurant).	Ich beginne/ende mit (dem Restaurant).
Après, (je vais vendre mon poisson).	Danach (gehe ich meinen Fisch verkaufen).
Ensuite (je rentre et je prends une douche).	Anschließend (gehe ich nach Hause und dusche.)
Le soir, on va souvent (prendre un verre).	Abends gehen wir oft (etwas trinken).
Je me couche (tôt/tard).	Ich gehe (früh/spät) ins Bett.
Le (samedi), nous aimons bien (nous promener).	(Samstags) gehen wir gerne (spazieren).
Le week-end, je rencontre souvent (des gens).	Am Wochenende treffe ich oft (Leute).
L'(été), (avec les copains), nous nous baignons parfois.	Im (Sommer) baden wir manchmal (mit Freunden).

U2/V1

Le soir, on mangeait vers (19) heures.	Abends aßen wir gegen (19) Uhr.
Mon moment préféré, c'était (l'après-midi).	Mein Lieblingsmoment war (der Nachmittag).
En général, on rentrait à (15) heures et on mangeait.	Normalerweise kehrten wir um (15) Uhr nach Hause zurück und aßen.
On allait souvent (au bord d'un lac).	Wir fuhren oft (an ein Seeufer).

U2/V2

À (Oldenbourg), on prenait tout le temps (le vélo).	In (Oldenburg) sind wir ständig (Fahrrad gefahren).

LES MOTS POUR LE DIRE

Den Schulalltag beschreiben

Je commence à (9) heures.	Ich fange um (9) Uhr an.
Je finis à (17) heures.	Ich habe um (17) Uhr Schluss.
Le matin, on a (allemand/français).	Morgens haben wir (Deutsch/Französisch).
L'après-midi, on a deux heures (d'anglais.)	Nachmittags haben wir zwei Stunden (Englisch).
Ensuite, c'est (déjà) la récré.	Danach ist (schon) die Pause.
À midi, je (ne) mange (pas) à la cantine.	Mittags esse ich (nicht) in der Kantine.
Après la récré, on a cours de (SVT).	Nach der Pause haben wir (Biologie).
(Le mercredi) est une journée courte/longue.	(Der Mittwoch) ist ein kurzer/langer Tag.
J'ai des bonnes/mauvaises notes.	Ich habe gute/schlechte Noten.
J'ai (14/20) de moyenne.	Ich habe einen Durchschnitt von (14/20). (= *gut*)
(Le jeudi), c'est vraiment l'horreur!	(Der Donnerstag) ist wirklich der Horror!
Je trouve le cours (de SVT) (intéressant/ennuyeux).	Ich finde den (Bio-)Unterricht (interessant/langweilig).
(L'anglais), c'est / ce n'est pas ma matière préférée.	(Englisch) ist (nicht) mein Lieblingsfach.
Je suis bon(ne)/nul(le) (en maths).	Ich bin gut/schlecht (in Mathe).
(SVT) est une matière où on étudie (beaucoup).	(Biologie) ist ein Fach, für das man (viel) lernt.

Sich verabreden

Rendez-vous (demain) (au centre-ville), d'accord?	Treffpunkt (morgen) (im Stadtzentrum), einverstanden?
Tu nous retrouves (à la boulangerie).	Wir treffen uns (in der Bäckerei).
Tu veux aller avec moi à (la piscine)?	Willst du mit mir ins (Schwimmbad) gehen?
Je ne peux pas, je dois (faire mes devoirs).	Ich kann nicht, ich muss (Hausaufgaben machen).
Rendez-vous où et à quelle heure?	Wann und wo treffen wir uns?
Je veux partir à (trois) heures.	Ich möchte um (drei) Uhr aufbrechen.
Je peux passer (te) chercher.	Ich kann (dich) bei (dir) zu Hause abholen.
Quand est-ce qu'on va rentrer (du marché)?	Wann werden wir (vom Markt) zurückkommen?
Il faut (une heure) pour rentrer.	Wir brauchen (eine Stunde) um nach Hause zu gehen.
Ça marche.	Alles klar.

Vorschläge machen und diskutieren

Nach Vorschlägen fragen

Qu'est-ce qu'on va faire (l'après-midi)?	Was werden wir (am Nachmittag) machen?
Vous avez des idées?	Habt ihr Ideen?

Vorschläge machen

On pourrait (faire un gâteau).	Wir könnten (einen Kuchen backen).
On peut (passer chez toi).	Wir können (bei dir vorbeigehen).
Demande à (Marie), ses parents sont cool.	Frag (Marie), ihre Eltern sind cool.
Il faut peut-être que (tu discutes avec ta mère)?	Vielleicht musst (du mit deiner Mutter reden)?

Wünsche äußern / Eine Notwendigkeit ausdrücken

J'aimerais (faire une balade).	Ich würde gern (einen Spaziergang machen).
Je voudrais (faire une fête).	Ich möchte (eine Party feiern).
Je ne voudrais pas que (vous dérangiez les voisins).	Ich möchte nicht, dass (ihr die Nachbarn stört).
Mes parents (ne) veulent (pas) qu'(on fasse la fête).	Meine Eltern wollen (nicht), dass (wir die Party machen).
C'est d'accord, mais il faut que tu (descendes chez les voisins).	Einverstanden, aber du musst (zu den Nachbarn runtergehen).
Il ne faut pas que (vous fassiez trop de bruit).	Ihr dürft nicht (zu viel Lärm machen).
Je (ne) veux (pas) qu'(il/elle) vienne!	Ich möchte (nicht), dass (er/sie) kommt!
Mais je voudrais que (Romain soit là)!	Aber ich hätte gern, dass (Romain da ist)!

LES MOTS POUR LE DIRE

	On peut toujours espérer!	Die Hoffnung stirbt zuletzt!
	Bon, il faut que j'y aille.	Na gut, ich muss los.
	Je voudrais que ce moment ne finisse jamais!	Ich wünschte, dieser Augenblick ginge nie vorbei!

Ratschläge/Empfehlungen geben

U1/V3	Suivez mon conseil, regardez ce film!	Befolgt meinen Rat, schaut diesen Film an!
U6/V1	À ta place, je (ferais d'abord du baby-sitting).	An deiner Stelle würde ich (zuerst babysitten).
	Moi, je te verrais bien (ingénieur/e).	Ich kann mir dich gut als (Ingenieur/in) vorstellen.
	Tu pourrais (travailler dans le domaine de l'énergie).	Du könntest (im Energiebereich arbeiten).
	Je crois que toi, tu devrais (devenir conseiller d'orientation)!	Ich glaube, dass du (Berufsberater werden) solltest!
	Il faut y croire!	Man muss daran glauben!
	(Enzo), pour moi, tu es (un artiste)!	(Enzo), für mich bist du (ein Künstler)!
	Il ne faut pas baisser les bras!	Man darf nicht aufgeben!
	Si ça te dit, nous pourrions (aller le voir).	Wenn du Lust hast, könnten wir (ihn besuchen).
	Il faudrait (l'interviewer).	Man müsste (ihn interviewen).
	Je suis sûr/sûre que tu pourrais atteindre ton but!	Ich bin sicher, dass du dein Ziel erreichen könntest!
U6/V2	Ton truc, ce sont (les mots et les histoires).	Dein Ding sind (Wörter und Geschichten).
	Ton domaine, c'est (la recherche).	(Forschung) ist dein Gebiet.
	Ton point fort, ce sont (les nombres).	(Zahlen) sind deine Stärke.
	Tu es doué/e pour (la musique).	Du bist für (Musik) begabt.
	Ça a l'air (intéressant).	Das scheint (interessant) zu sein.
	Tiens, je te donne (une adresse Internet).	Hier, ich gebe dir (eine Internetadresse).
	Attention à (ton adresse mail): donne (une adresse sérieuse), ne mets pas (heros@blablamail.xy).	Achte auf (deine Mailadresse): gib (eine seriöse Adresse an), schreibe nicht (heros@blablamail.xy).
	Ne prends pas (une photo de vacances) mais (une photo d'identité).	Nimm kein (Urlaubsfoto), sondern (ein Passfoto).
	Et surtout pense à (envoyer plusieurs candidatures).	Und denke vor allem daran, (mehrere Bewerbungen zu verschicken).

Auf Vorschläge reagieren / Seine Meinung äußern

	C'est cool/super/sympa/nul/bête/trop.	Das ist cool/super/nett/blöd/doof/zu viel.
	J'adore!	Ich liebe es! / Ich find's super!
	Moi, je préfère (visiter un musée).	Ich möchte lieber (ein Museum besuchen).
	Tu es sûr/e?	Bist du sicher?
	Ce n'est pas mon truc.	Das ist nicht mein Ding.
	J'ai une autre idée.	Ich habe eine andere Idee.
	Je suis pour/contre.	Ich bin dafür/dagegen.
	(Je suis) d'accord. / Ça marche.	(Ich bin) einverstanden. / Ok.
	Je trouve ça intéressant / très réussi.	Ich finde das interessant / sehr gelungen.
	Ça dépend.	Das kommt darauf an.
	C'est vrai, mais je pense que c'est (trop cher).	Das stimmt, aber ich denke, dass das (zu teuer) ist.
	Bof, non, c'est trop (sérieux/ennuyeux ...).	Na ja, nein, das ist zu (ernst/langweilig ...).
	Pourquoi pas?	Warum nicht?
U1/V3	Ce qui me plaît (dans cette série, c'est la mixité)!	Was mir (an dieser Serie) gefällt, ist (die Mischung)!
	J'aime bien (l'histoire).	Ich mag (die Geschichte).
	J'ai beaucoup aimé (les premières saisons).	Ich mochte (die ersten Staffeln) gern.
	Par contre, je trouve que (le scénario n'est pas génial).	Allerdings finde ich (das Drehbuch nicht so toll).
	Je ne comprends pas ce que (vous aimez dans ce film)!	Ich verstehe nicht, was (ihr an diesem Film mögt).
	(L'histoire) ne m'intéresse pas!	(Die Geschichte) interessiert mich nicht!
	Je trouve ça (bête) et vraiment pas (romantique)!	Ich finde das (blöd) und wirklich nicht (romantisch)!
	Moi, comme (film), je préfère (un film d'action)!	Was (Filme) angeht, mag ich lieber (einen Actionfilm)!
M3	Je ne suis pas d'accord non plus.	Ich bin auch nicht einverstanden.

LES MOTS POUR LE DIRE

U4/V1	À mon avis, (ce sont eux qui doivent leur apprendre à ranger).	Meiner Meinung nach (müssen sie ihnen beibringen aufzuräumen).
M5	D'habitude, je n'aime pas trop (le reggae), mais là, j'ai bien aimé.	Normalerweise mag ich (Reggae) nicht besonders, aber da mochte ich es gern.
	Je n'aime pas du tout (la chanson), mais j'ai bien aimé (ta façon de la présenter).	Ich mag (das Lied) überhaupt nicht, aber ich mochte (deine Art, es vorzustellen).
U6/V2	Je préférerais travailler (en équipe).	Ich würde lieber (im Team) arbeiten.
	Je vais y réfléchir.	Ich werde darüber nachdenken.

Gefühle ausdrücken und etwas bewerten

U2/V1	Je suis étonné/e.	Ich bin erstaunt.
	C'est un peu dur!	Das ist ein bisschen schwer!
	Pour (eux), c'est (normal), mais pour moi, c'est (tôt).	Für (sie) ist es (normal) aber für mich ist es (früh).
	Quand je pense qu'en (France), je ne rentre jamais avant (18 heures)!	Wenn ich daran denke, dass ich in (Frankreich) nie vor (18 Uhr) nach Hause komme!
	Je suis malheureux/malheureuse parce que je ne peux plus (me baigner).	Ich bin unglücklich, weil ich nicht mehr (baden) kann.
	Je ne me plains pas de (mon séjour).	Ich beklage mich nicht (über meinen Aufenthalt).
U2/V2	Ça m'a donné envie de faire pareil.	Dadurch habe ich Lust bekommen, es genauso zu machen.
	(Pia et moi), nous sommes très différent(e)s.	(Pia und ich) sind sehr unterschiedlich.
	Il/Elle m'a gentiment laissé (sa chambre).	Er/Sie hat mir netterweise (sein/ihr Zimmer) überlassen.
	Je trouve / J'ai trouvé ça très (sympa)!	Ich finde/fand das sehr (nett)!
	C'est important pour moi d'(avoir des moments où je peux être seul/e).	Es ist sehr wichtig für mich (Momente zu haben, in denen ich allein sein kann).
	(Partager la vie d'une famille), ce n'est pas toujours facile.	(Das Leben einer Familie zu teilen) ist nicht immer leicht.
	Finalement nous nous sommes drôlement bien amusés!	Letztlich hatten wir ziemlich viel Spaß!

Probleme und Missverständnisse zur Sprache bringen und klären

U2/V1	En (allemand), il y a deux mots différents pour dire («heure») et je les confonds toujours!	Im (Deutschen) gibt es zwei unterschiedliche Wörter für („heure") und ich verwechsle sie immer!
	J'ai voulu dire («dans une heure») mais j'ai dit («ein Uhr») au lieu de («eine Stunde») et du coup (mon/ma corres) a compris («um ein Uhr») c'est-à-dire («à 13 heures»).	Ich wollte („dans une heure") sagen, aber ich habe („ein Uhr") statt („eine Stunde") gesagt und daraufhin hat (mein/e Austauschpartner/in) („um ein Uhr"), das heißt („13 Uhr"), verstanden.
	Ça fait une grosse différence, et (mon/ma corres) était étonné/e!	Das macht einen großen Unterschied und (mein/e Austauschpartner/in) war erstaunt!
U2/V2	J'ai compris le malentendu: («Koffer») en (allemand), ça ne veut pas dire («coffre») mais («valise»)!	Ich habe das Missverständnis verstanden: („Koffer") auf (Deutsch) heißt nicht („coffre") sondern („valise")!
	Il/Elle m'a expliqué que pour («le coffre»), les (Allemands) disent («Kofferraum»).	Er/Sie hat mir erklärt, dass die (Deutschen) („Kofferraum") für („le coffre"), sagen.
	Ce que je ne savais pas: En (Allemagne), (le gâteau au fromage est une spécialité sucrée)!	Was ich nicht wusste: In (Deutschland) (ist der Käsekuchen eine süße Spezialität)!
	Un cliché que j'ai dû corriger: En (France), on dit que (l'Allemagne) est le pays (des saucisses), mais (dans ma famille d'accueil, ils étaient végétariens)!	Ein Klischee, das ich korrigieren musste: In (Frankreich) sagt man, dass (Deutschland) das Land (der Wurst) ist, aber (in meiner Gastfamilie waren alle Vegetarier)!
	D'ailleurs, ils ne disent pas qu'ils («travaillent» pour l'école), ils disent qu'ils («apprennent»).	Übrigens sagen sie nicht, dass sie (für die Schule „arbeiten"), sie sagen, dass sie („lernen").

LES MOTS POUR LE DIRE

U3/V1 Parfois, les (Québécois) utilisent des mots d'origine (anglaise), par exemple quand ils disent («avoir du fun») pour («s'amuser»), mais parfois ils utilisent aussi des mots (français) comme («magasiner») là où (les Français) disent («faire du shopping»).

Manchmal benutzen die (Einwohner von Quebec) Wörter mit (englischem) Ursprung, z. B. wenn sie („avoir du fun") für („s'amuser") sagen, aber manchmal benutzen sie auch (französische) Wörter wie („magasiner"), wo (die Franzosen) („faire du shopping") sagen.

Ein Streitgespräch führen

M3 (Ta mère) a raison. — (Deine Mutter) hat Recht.
U4/V1 Arrête/Arrêtez de râler! — Hör/Hört auf zu meckern!
U4/V2 C'est quoi, cette histoire? — Was ist das für ein Märchen?
Tu sais que je n'aime pas ça! — Du weißt, dass ich das nicht mag!
Le (jeudi), je préfère que tu (restes à la maison)! — (Donnerstags) hätte ich es lieber, dass du (zu Hause bleibst)!

(Maman/Papa), écoute-moi s'il te plaît! — (Mama/Papa), hör mir bitte zu!
Mais, oui, si je te le dis! — Aber ja, wenn ich es dir doch sage!
Ne me raconte pas d'histoires! — Erzähl mir keine Märchen!
Non mais ça craint! Tu m'espionnes maintenant! — Das geht gar nicht! Du spionierst mir jetzt nach!
Oui, je t'espionne! Je t'espionne parce que tu ne me dis pas la vérité! — Ja, ich spioniere dir nach! Ich spioniere dir nach, weil du mir nicht die Wahrheit sagst!
Tu dis que (tu n'as pas de devoirs) alors que (tu en as plein)! — Du sagst, dass (du keine Hausaufgaben hast) obwohl (du total viele hast)!
Tu me promets des trucs que tu ne fais pas. — Du versprichst mir Dinge, die du nicht tust.
Tu me racontes des histoires juste pour (sortir)! — Du erzählst mir Märchen, nur um (auszugehen)!
Je ne peux plus te faire confiance! — Ich kann dir nicht mehr vertrauen!
Depuis que tu (vois Max), (tu ne travailles plus pour l'école). — Seitdem du (Max triffst), (lernst du nicht mehr für die Schule).
Ah vraiment, (Capucine), tu me déçois! — Wirklich, (Capucine), du enttäuschst mich!
Quoi! Mais qu'est-ce que tu racontes? — Was? Aber was erzählst du da?
Mais c'est dégueulasse! — Aber das ist widerlich!
Non, (Capucine), ce n'est pas (la prof) et ce n'est pas dégueulasse! — Nein (Capucine), es liegt nicht an (der Lehrerin) und das ist nicht widerlich!
(Les mauvaises notes), c'est normal quand on (ne travaille pas)! Et tu ne (travailles) vraiment pas assez! — (Schlechte Noten) sind normal, wenn man (nicht lernt)! Und du (lernst) wirklich nicht genug!
Mais ce n'est pas vrai! — Aber das ist nicht wahr!
(Tu dis) n'importe quoi! — Was für ein Quatsch!
En plus, tu (laisses tes livres dans le salon) et c'est moi qui dois (les ranger)! — Außerdem (lässt du deine Bücher im Wohnzimmer liegen) und ich muss (sie wegräumen)!
Tu trouves ça normal peut-être? — Findest du das vielleicht normal?
S'il te plaît occupe-toi de tes affaires! — Kümmere dich bitte um deine Angelegenheiten!
À cause de toi, (je suis même arrivée en retard à l'école)! — Wegen dir (bin ich sogar zu spät zur Schule gekommen)!

Ah ça, c'est la meilleure! — Also, das ist wirklich der Gipfel!
J'en ai assez! (J'en ai marre! *fam.*) — Ich habe genug! / Mir reicht's!
Ça ne peut plus continuer comme ça! — So kann das nicht weitergehen!
Je ne veux plus rien entendre! — Ich will nichts mehr hören!
Tu rentres tout de suite à la maison et quand je rentre, on discute! — Du gehst sofort nach Hause und wenn ich zu Hause bin, müssen wir mal ein ernstes Wörtchen miteinander sprechen!

LES MOTS POUR LE DIRE

Über die Zukunft / Berufswünsche sprechen

Über Berufswünsche sprechen

U6/V1 Je voudrais peut-être faire un truc avec (des enfants), mais je ne voudrais surtout pas être (prof).
Je rêve d'(avoir un restaurant à moi).

Ich möchte vielleicht etwas mit (Kindern) machen, aber ich möchte auf keinen Fall (Lehrer) sein.
Ich träume davon, (mein eigenes Restaurant zu haben).

U6/V2 Je voudrais faire comme (mon voisin).
J'ai pensé à devenir (médecin).
En fait, je (ne) veux surtout (pas) (travailler seul).

Ich möchte es so wie (mein Nachbar) machen.
Ich habe schon mal daran gedacht, (Arzt) zu werden.
Eigentlich möchte ich vor allem (nicht) (alleine arbeiten).

Über Schwierigkeiten der Berufsfindung sprechen

Moi, tout le monde me dit que je devrais devenir (traductrice), mais honnêtement, vous croyez vraiment que c'est un métier pour moi?
Choisir un métier me stresse.
J'ai quelques idées, mais rien ne me plaît vraiment.

J'aimerais bien faire un truc dans cette direction, mais mes parents ne seront jamais d'accord!
Je ne sais pas comment faire. En plus, je ne connais personne dans ce domaine.

Mir sagen alle, dass ich (Übersetzerin) werden sollte, aber ganz ehrlich, glaubt ihr wirklich, dass das ein Beruf für mich ist?
Die Berufswahl stresst mich.
Ich habe ein paar Ideen, aber nichts gefällt mir wirklich.

Ich würde gerne etwas in diese Richtung machen, aber meine Eltern werden nie einverstanden sein!
Ich weiß nicht, wie ich das machen soll. Außerdem kenne ich niemanden, der in diesem Bereich arbeitet.

Sich bewerben

Ein Bewerbungsschreiben und einen Lebenslauf verfassen

U6/V3 Objet: Demande de stage en entreprise en classe de (3ᵉ) du (2) au (6 mars 2020)
Madame, Monsieur,
Élève de (troisième) au collège (Foch) de (Strasbourg), je suis actuellement à la recherche d'un stage en entreprise et voudrais poser ma candidature dans votre (hôtel).

Je m'intéresse particulièrement (au travail à la réception), mais (le travail au restaurant) me plaît aussi.

Je viens de faire ma première expérience professionnelle dans le domaine (du service).
J'ai beaucoup aimé (le travail en équipe) et j'ai appris (à m'organiser).
C'était une expérience très enrichissante.
Je serais très heureux/-euse de pouvoir faire mon stage dans votre (hôtel).
J'espère que ma candidature vous intéresse et que je pourrais bientôt vous rencontrer.
Dans l'attente de votre réponse, je vous prie de bien vouloir recevoir, Madame, Monsieur, mes salutations respectueuses.
pièce jointe: CV

Betreff: Bewerbung um ein Unternehmenspraktikum in der (3ᵉ) vom (2.) bis (6. März 2020)
Sehr geehrte Damen und Herren,
Als Schüler/in der (*troisième*) im Collège (Foch) in (Straßburg), bin ich zurzeit auf der Suche nach einem Unternehmenspraktikum und würde mich gerne in Ihrem (Hotel) bewerben.

Ich interessiere mich besonders (für die Arbeit an der Rezeption), aber (die Arbeit im Restaurant) gefällt mir auch.
Ich habe gerade meine erste Berufserfahrung im Bereich (Service) gemacht.
Ich mochte (die Teamarbeit) sehr und habe gelernt, (mich zu organisieren).
Das war eine sehr bereichernde Erfahrung.
Ich wäre sehr glücklich darüber, mein Praktikum in Ihrem (Hotel) absolvieren zu dürfen.
Ich hoffe, dass Sie Interesse an meiner Bewerbung haben und dass ich Sie bald kennenlernen kann.
Mit freundlichen Grüßen

Anhang: Lebenslauf

LES MOTS POUR LE DIRE

Telefonisch auf eine Jobanzeige reagieren und Absprachen treffen

U6/V3

Bonjour Monsieur/Madame, (Victor Schneider) à l'appareil, je vous ai envoyé un dossier de candidature pour un stage en entreprise il y a (trois) semaines et je n'ai pas encore eu de réponse.	Guten Tag, (Victor Schneider) am Apparat. Ich habe Ihnen vor (drei) Wochen meine Bewerbungsunterlagen für ein Unternehmenspraktikum geschickt und habe noch keine Antwort erhalten.
Je voulais être sûr que vous l'avez bien reçu?	Ich wollte sicher sein, dass Sie sie erhalten haben.
Vous pouvez rappeler vers (11h30)?	Können Sie gegen (11:30 Uhr) zurückrufen?
Demandez à parler à (Madame Mœglin).	Fragen Sie nach (Madame Mœglin).
Je suis le candidat / la candidate pour le stage en entreprise. Est-ce que je pourrais parler à (Madame Mœglin), s'il vous plaît?	Ich bin der Bewerber / die Bewerberin für das Unternehmenspraktikum. Könnte ich bitte mit (Madame Mœglin) sprechen?
Oui, un instant s'il vous plaît, je vous le/la passe.	Ja, einen Moment bitte, ich stelle Sie durch.
Bonjour, qui est à l'appareil?	Guten Tag, wer ist am Apparat?
Pourquoi est-ce que vous vous intéressez particulièrement à (notre hôtel)?	Weshalb interessieren Sie sich besonders für (unser Hotel)?
Je parle (plusieurs) langues et je pense que ça pourrait être pratique.	Ich spreche (mehrere) Sprachen und denke, dass das praktisch sein könnte.
Et vous dites que vous avez déjà une expérience professionnelle?	Und Sie sagen, dass Sie bereits Berufserfahrung haben?
Je vois, vous êtes capable d'(organiser un repas).	Ich verstehe, Sie sind in der Lage, ein (Essen zu organisieren).
Écoutez, je vais y réfléchir.	Hören Sie, ich werde darüber nachdenken.
Est-ce que vous pourriez passer à l'hôtel la semaine prochaine?	Könnten Sie nächste Woche im Hotel vorbeikommen?
Je suis flexible.	Ich bin flexibel.
Alors passez (mercredi après-midi), disons vers (trois) heures.	Dann kommen Sie (Mittwochnachmittag) vorbei, sagen wir gegen (drei) Uhr.
J'aimerais faire votre connaissance.	Ich würde Sie gerne kennenlernen.

Über Uhrzeiten / das Datum sprechen

Il est quelle heure?	Wie spät ist es?
Il est (deux heures dix).	Es ist (zehn nach zwei).
(Vous arrivez) à quelle heure?	Um wie viel Uhr (kommt ihr / kommen Sie an)?
(Le train) est à l'heure.	(Der Zug) ist pünktlich.
J'arrive à (18 heures 51).	Ich komme um (18:51 Uhr) an.
Vous êtes en avance!	Sie sind (zu) früh!
Pardon (Monsieur/Madame), je suis en retard.	Entschuldigen Sie, ich bin (zu) spät.
Je n'ai pas de montre.	Ich habe keine Uhr.
Nous avons cours de (9) à (17) heures.	Wir haben von (9) bis (17) Uhr Unterricht.
On est quel jour, aujourd'hui?	Welchen Tag haben wir heute?
Aujourd'hui, nous sommes / on est (mardi) le (15 mars 2020).	Heute ist (Dienstag), der (15. März 2020).

Nach dem Weg fragen / Den Weg beschreiben

Pardon, où est (le Centquatre), s'il te plaît?	Entschuldigung, wo ist bitte (das *Centquatre*)?
Pour aller (au Centquatre), je fais comment?	Wie komme ich (zum *Centquatre*)?
Tu prends la (première) rue à droite / à gauche.	Du nimmst die (erste) Straße rechts/links.
Tu traverses (la rue Mathis).	Du überquerst (die *rue Mathis*).
Tu continues tout droit (jusqu'à la rue Curial).	Du gehst geradeaus (bis zur *rue Curial*).
Tu vas jusqu'au (carrefour).	Du gehst bis (zur Kreuzung).
Après le carrefour, c'est à droite ou à gauche?	Ist es nach der Kreuzung rechts oder links?

Die *Mots pour le dire* zum Anhören ▶ www.cornelsen.de/webcodes: niseta

LES MOTS POUR LE DIRE

Tu prends la ligne (cinq) direction (Bobigny) pour (deux) stations.	Du fährst (zwei) Stationen mit der Linie (fünf) in Richtung (Bobigny).
Tu prends (le bus). C'est direct.	Du nimmst (den Bus). Du musst nicht umsteigen.
Tu changes à (gare de l'Est).	Du steigst (am *gare de l'Est*) um.
Tu descends à (Crimée).	Du steigst an der Station (Crimée) aus.
Nous sommes rentré(e)s (à pied / à vélo).	Wir sind (zu Fuß / mit dem Fahrrad) zurückgefahren.
On est allé(e)s à (Saint-Malo) (en bus).	Wir sind mit (dem Bus) nach (Saint-Malo) gefahren.
On est parti(e)s en vacances (en voiture).	Wir sind (mit dem Auto) in den Urlaub gefahren.

Ein Einkaufsgespräch führen / Ein Kleidungsstück kaufen

(Le tee-shirt) coûte combien?	Wie viel kostet das T-Shirt?
Est-ce que vous pouvez me faire un prix?	Können Sie mir einen guten Preis machen?
Est-ce qu'on pourrait avoir (deux coques) pour (huit euros)?	Könnten wir (zwei Handyhüllen) für (acht Euro) haben?
Je pense que c'est (ma) taille.	Ich denke, dass das (meine) Größe ist.
(La robe) est trop (grande).	(Das Kleid) ist zu (groß).
J'achète un nouveau (jean).	Ich kaufe eine neue (Jeans).
Je cherche (des nouvelles chaussures), mes (baskets) sont vraiment trop (vieilles).	Ich suche (neue Schuhe), meine (Turnschuhe) sind wirklich zu (alt).
Le motif est sympa!	Das Motiv ist nett!
Tu mets ça avec (ta veste noire).	Du ziehst das mit (deiner schwarzen Jacke) an.
Le (tee-shirt) n'est pas cher, ils l'ont en (M)?	Das (T-Shirt) ist nicht teuer, haben sie es auch in (M)?
Je peux vous aider? Vous cherchez quelle taille?	Kann ich Ihnen helfen? Welche Größe suchen Sie?
Comment vous trouvez ce (sweat-shirt)?	Wie finden Sie dieses (Sweatshirt)?
Je fais du (XL).	Meine Größe ist (XL).
Vous voulez l'essayer?	Wollen Sie es anprobieren?

Gegenstände beschreiben

U2/V3

(Le petit Suisse) est une spécialité (française) qui se vend (dans des petits pots).	(Der *petit Suisse*) ist eine (französische) Spezialität, die in (kleinen Bechern) verkauft wird.
Il ressemble à (un yaourt), mais ce n'est pas (un yaourt).	Er sieht aus wie (ein Joghurt), ist aber kein (Joghurt).
Il manque rarement (dans les frigos des familles).	Er fehlt selten in (Familienkühlschränken).
Il se mange en général en (dessert).	Man isst ihn normalerweise als (Nachtisch).
On peut aussi l'utiliser pour (préparer des plats salés).	Man kann damit auch (herzhafte Gerichte zubereiten).
Attention, il ne faut pas se tromper!	Achtung, man darf sich nicht täuschen!
(Le petit Suisse) est en forme de (cylindre).	(Der *petit Suisse*) ist zylinderförmig.
Ces objets peuvent (même) servir à (décorer le sapin de Noël)!	Diese Gegenstände können (sogar) dazu dienen, (den Weihnachtsbaum zu schmücken)!
L'avantage (du classeur): (on peut ranger facilement une nouvelle feuille à différents endroits).	Der Vorteil (eines Ordners): (Man kann leicht ein neues Blatt an verschiedenen Orten einordnen.)
L'inconvénient: (il est gros et prend beaucoup de place)!	Der Nachteil: (Er ist groß und nimmt viel Platz weg)!
Il s'agit d'une sorte de (classeur) en (carton/plastique) où on peut (ranger des feuilles).	Es handelt sich um eine Art (Ordner) aus (Karton/Plastik), in den man (Blätter einordnen kann).
Il est très pratique: (la feuille) se met dans (le «Schnellhefter») sans (utiliser les trous).	Er ist sehr praktisch: (Das Blatt) wird in den („Schnellhefter") gelegt ohne (die Löcher zu benutzen).

Ein Rezept vorstellen / Über Essen sprechen

Ein Rezept vorstellen

On pourrait préparer (un gâteau au chocolat).	Wir könnten (einen Schokoladenkuchen) backen.
Il faut lire la recette.	Man muss das Rezept lesen.
Il faut un paquet de (beurre) et 50 g de (sucre).	Man braucht eine Packung (Butter) und 50 g (Zucker).

LES MOTS POUR LE DIRE

Il faut ajouter les autres ingrédients.	Man muss die anderen Zutaten hinzugeben.
On ajoute combien (d'œufs)?	Wie viele (Eier) geben wir hinzu?
Il faut couper (les fraises) en morceaux.	Man muss (die Erdbeeren) in Stücke schneiden.
Il faut mettre la pâte dans un moule.	Man muss den Teig in eine Kuchenform geben.
Maintenant on met (le gâteau) au four pendant (25) minutes.	Jetzt stellen wir (den Kuchen) für (25) Minuten in den Ofen.
Nous mélangeons (la farine) et (la levure).	Wir vermischen (das Mehl) und (das Backpulver).

Über Essen sprechen

J'ai faim. / J'ai soif.	Ich habe Hunger. / Ich habe Durst.
Vous pouvez prendre une entrée, un plat et un dessert.	Ihr könnt eine Vorspeise, ein Hauptgericht und einen Nachtisch nehmen.
Je prends (une salade) comme (entrée).	Ich nehme (einen Salat) als (Vorspeise).
Je mange beaucoup de (pain).	Ich esse viel (Brot).
J'aime / Je déteste (les épinards).	Ich liebe/hasse (Spinat).
(La galette), c'est (un gâteau)?	(Galette), ist das (ein Kuchen)?
(La galette), c'est comme (une crêpe salée.)	(Galette) ist wie eine (salzige Crêpe).
C'est une spécialité (bretonne/française).	Das ist eine (bretonische/französische) Spezialität.
On mange ça avec (une saucisse).	Das isst man mit (einer Wurst).
C'est sucré/salé.	Das ist süß/salzig.
Il faut goûter, c'est très bon.	Das muss man probieren, das ist sehr lecker.
Vous ne buvez rien (pendant les repas)?	Trinkt ihr nichts (während der Mahlzeiten)?
Il y a toujours une carafe d'eau sur la table.	Es steht immer eine Wasserkaraffe auf dem Tisch.
(Le mardi) à la cantine, il y a souvent (des frites).	(Dienstags) gibt es in der Kantine oft (Pommes frites).

Wünsche und Bitten am Tisch äußern

M2

Mmh, ça sent bon!	Mmh, das riecht gut!
Je meurs de faim!	Ich verhungere!
J'ai fait (une salade).	Ich habe (einen Salat) gemacht.
Tu en veux?	Willst du etwas davon?
Il y a de la viande (de chèvre) dans (la salade)?	Ist im (Salat) (Ziegen-) Fleisch?
On mange (le chèvre) avec (de la salade).	Man isst (den Ziegenkäse) mit Salat.
C'est très bon!	Das ist sehr lecker!
Je peux en avoir (deux) morceaux?	Darf ich (zwei) Stücke davon haben?
Bon appétit!	Guten Appetit!
C'est délicieux!	Das ist köstlich!
Vous mangez aussi (du fromage) en (Allemagne)?	Esst ihr in (Deutschland) auch (Käse)?
On en prend (le soir) et aussi au (petit-déjeuner).	Wir essen (ihn abends) und auch zum (Frühstück).
Et qu'est-ce qu'il y a après?	Und was gibt es danach?
J'ai préparé (des steaks et un gratin dauphinois).	Ich habe (Steaks und Kartoffelgratin) vorbereitet.
Il reste encore (du gratin). Qui en veut?	Es ist noch (Gratin) übrig. Wer möchte noch?
Oui, merci, j'en reprends encore un peu!	Ja, danke, ich nehme noch ein bisschen!
Non, merci, je n'ai plus faim!	Nein, danke, ich habe keinen Hunger mehr!
Est-ce que je peux sortir de table?	Kann ich vom Tisch aufstehen?
Non, on n'a pas fini.	Nein, wir sind nicht fertig.
Tu peux me passer (la carafe d'eau), s'il te plaît?	Kannst du mir bitte (die Wasserkaraffe) reichen?
On peut avoir (des petits Suisses)?	Können wir (*petits Suisses*) haben?
Il n'y en a plus! On va en racheter demain.	Es gibt keine mehr! Wir kaufen morgen welche nach.

Über die Biografie einer Person sprechen

Vorkurs

Il/Elle est (acteur/actrice/sportif/sportive/…).	Er/Sie ist (Schauspieler/in / Sportler/in …).
Il/Elle est né/e en (1995) à (Mayence).	Er/Sie ist (1995) in (Mainz) geboren.

	Il/Elle vient d'(Allemagne).	Er/Sie kommt aus (Deutschland).
	Sa mère vient de (Belgique) et son père vient du (Rwanda).	Seine/Ihre Mutter kommt aus (Belgien) und sein/ihr Vater kommt aus (Ruanda).
	Il/Elle a grandi en (France).	Er/Sie ist in (Frankreich) aufgewachsen.
	Très tôt, il/elle découvre sa passion pour (le théâtre).	Er/Sie entdeckt seine/ihre Leidenschaft für (das Theater) sehr früh.
	À (15) ans, (elle) joue dans son premier film.	Mit (15) Jahren spielt (sie) in (ihrem) ersten Film mit.
	Pendant ses études, il/elle a passé un an au (Québec).	Er/Sie hat während seines/ihres Studiums ein Jahr in Quebec verbracht.
	Il/Elle a commencé sa carrière en (Espagne).	Er/Sie hat seine/ihre Karriere in (Spanien) begonnen.
	Il/Elle lutte pour (les droits des personnes handicapées).	Er/Sie kämpft für (die Rechte von Menschen mit Behinderung).
	En (2009), sa chanson («Alors on danse») est numéro un en (France).	(2009) ist sein Lied „Alors on danse" Nummer 1 in (Frankreich).
	Quand son (deuxième) album sort en (2014), le succès est énorme.	Als sein/ihr (zweites) Album (2014) herauskommt, ist der Erfolg riesig.
U1/V3	(Samia) est originaire d'(Algérie).	(Samia) kommt ursprünglich aus (Algerien).
U5/V3	(Eddy Merckx) est né en (1945) d'un père (flamand) et d'une mère (wallonne).	(Eddy Merckx) ist (1945) als Sohn eines (flämischen) Vaters und einer (wallonischen) Mutter geboren.
	(Il) a d'abord (essayé d'autres sports) avant de (découvrir sa passion pour le vélo).	(Er) hat zunächst (andere Sportarten probiert), bevor (er seine Leidenschaft für den Radsport entdeckt hat).
	À (17) ans, (il) est devenu champion de (Belgique).	Mit (17) ist (er) (belgischer) Meister geworden.
	Le nombre de ses titres est impressionnant.	Die Anzahl seiner/ihrer Titel ist beeindruckend.
	Il/Elle a commencé (très tôt) à s'intéresser à (la religion).	Er/Sie hat sich (sehr früh) für (Religion) interessiert.
	Il/Elle a fait des études de (philosophie et de religion).	Er/Sie hat (Philosophie und Religion) studiert.
	Il/Elle avait pensé tôt à (s'engager contre la pauvreté), mais finalement c'est à l'âge de (63) ans, qu'il/elle a pu réaliser son projet.	Er/Sie hatte schon früh darüber nachgedacht sich (gegen Armut zu engagieren), aber er/sie hat letztlich mit (63) Jahren sein/ihr Projekt verwirklichen können.
	Il/Elle est mort/e en (2008) à l'âge de (99) ans.	Er/Sie ist (2008) im Alter von (99) Jahren gestorben.
	Il/Elle a obtenu (le rôle principal dans le film Rosetta).	Er/Sie hat (die Hauptrolle im Film Rosetta bekommen).
	Ensemble, ils ont gagné (la Palme d'or).	Zusammen haben sie (die Goldene Palme) gewonnen.
	(Elle) a gagné le prix (d'interprétation féminine).	(Sie) hat den Preis / die Auszeichnung (für die beste Schauspielerin) gewonnen.
	Il/Elle a épousé (Georgette Berger).	Er/Sie hat (Georgette Berger) geheiratet.
	Avant de devenir (peintre), il/elle avait fait des études (à l'école des Beaux-Arts de Bruxelles).	Bevor er/sie (Maler/in) wurde, hat er/sie (an der École des Beaux-Arts in Brüssel) studiert.

Über ein Sportereignis/Spiel berichten

U3/V3	C'est LE club de (Montréal)!	Das ist DER Verein von (Montreal)!
	(Les Canadiens) jouaient contre leur équipe rivale préférée, (les Bruins de Boston).	(Die Canadiens) haben gegen ihre Lieblingsgegner gespielt, (die Bruins de Boston).
	L'ambiance était vraiment (géniale).	Die Stimmung war wirklich (gigantisch).
	On entendait tout le temps le slogan qui sert à encourager les joueurs des (Canadiens).	Man hat die ganze Zeit die Anfeuerungsrufe für die Spieler der (Canadiens) gehört.
	Quand nous sommes entrés dans le stade, c'était impressionnant!	Als wir das Stadium betreten haben, war es beeindruckend!
	Il y a (21 000) places et hier soir, tout était complet!	Es gibt (21 000) Plätze und gestern Abend war alles ausverkauft!
	Tout à coup, on a entendu l'hymne national.	Plötzlich hat man die Nationalhymne gehört.
	Ensuite, le match a commencé.	Dann hat das Spiel begonnen.

LES MOTS POUR LE DIRE

L'équipe a pu marquer (le plus facilement du monde) un premier but à la (17ᵉ) minute!	Die Mannschaft konnte (ganz leicht) in der (17.) Minute ein erstes Tor schießen!
La défense (des *Canadiens*) a mal réagi et (les *Bruins*) ont réussi à marquer (deux) buts!	Die Verteidigung (der *Canadiens*) hat schlecht reagiert und (den *Bruins*) gelang es, (zwei) Tore zu schießen!
C'était l'horreur pour (les *Canadiens*) et leurs fans!	Das war der Horror für (die *Canadiens*) und ihre Fans!
Mais juste avant la fin de la période, l'arbitre a donné (2) minutes de prison à un joueur de (Boston).	Gerade noch vor dem Ende der Spielzeit hat der Schiedsrichter einem (Boston-)Spieler (2) Minuten Strafbank erteilt.
Ça a permis aux (*Canadiens*) de marquer!	Das hat es den (*Canadiens*) ermöglicht, einen Treffer zu erzielen!
Le score à la fin de la (deuxième) période était de (2) à (2)!	Der Spielstand nach der (zweiten) Spielzeit war (2) zu (2).
Quel suspense au début de la (troisième) période!	Was für eine Spannung zu Beginn der (dritten) Spielzeit!
Les deux équipes ont joué de manière plus (agressive).	Beide Mannschaften haben (aggressiver) gespielt.
Nous nous sommes tous levés pour faire une vague.	Wir sind alle aufgestanden, um eine La-Ola-Welle zu machen.
C'était un grand moment!	Das war ein großer Augenblick!
Ensuite, tout est allé très vite.	Danach ging alles sehr schnell.
Nous avons gagné (5) à (2)!	Wir haben (5) zu (2) gewonnen!

Über Filme und Fernsehserien sprechen

U1/V3

Le film / La série parle de (Marseille).	Der Film / Die Serie handelt von (Marseille).
C'est une comédie / LA série (marseillaise)!	Das ist eine Komödie / DIE (Marseiller) Serie!
On voit que (tous ces gens arrivent à vivre ensemble).	Man sieht, dass (all diese Leute es schaffen, zusammen zu leben).
Au début, (Jean-Paul est raciste).	Zu Beginn (ist Jean-Paul rassistisch).
Cette série donne une (bonne) idée de (la vie à Marseille).	Diese Serie gibt einen (guten) Einblick in (das Leben in Marseille).
Tout le monde peut s'identifier à un personnage!	Jeder kann sich mit einer Figur identifizieren!
Avec (ma famille), on suit la série depuis le début.	Mit (meiner Familie) verfolgen wir diese Serie seit Beginn.
J'ai vu tous les épisodes!	Ich habe alle Folgen gesehen!
Sur l'affiche, on voit (les deux acteurs qui rient).	Auf dem Plakat sieht man (beide Schauspieler, die lachen).
Voilà l'histoire: …	Das ist die Geschichte: …
La scène (devant la gare) est assez (drôle)!	Die Szene (vor dem Bahnhof) ist sehr (lustig)!
Ce que le réalisateur a surtout voulu montrer c'est (la vie à Marseille) et il a (très bien) réussi!	Der Regisseur wollte vor allem (das Leben in Marseille) zeigen und das ist ihm (sehr gut) gelungen!
(Kad Merad), c'est un super acteur!	(Kad Merad) ist ein super Schauspieler!
L'histoire n'est pas très (réaliste) mais il y a des scènes très (touchantes).	Die Geschichte ist nicht sehr (realistisch) aber es gibt sehr (rührende) Szenen.
C'est un drame qui raconte l'histoire de (jeunes des quartiers nord).	Es ist ein Drama, das die Geschichte von (Jugendlichen aus den Nordvierteln) erzählt.
(Le film) est à la fois (romantique) et plein de (suspense).	(Der Film) ist gleichzeitig (romantisch) und voller (Spannung).
Il y a (du suspense), mais il n'y a pas assez (d'action)!	Es gibt (Spannung), aber nicht genug (Action).

Vergleiche anstellen

U1/V1

(Le MuCEM) est beaucoup plus (original) que (les musées traditionnels).	(Das *MuCEM*) ist viel (origineller) als (traditionelle Museen).
(Le Panier) est le plus (vieux quartier) de (la ville).	(*Le Panier*) ist (das älteste Viertel) der (Stadt).

Die *Mots pour le dire* zum Anhören ▶ www.cornelsen.de/webcodes: niseta

LES MOTS POUR LE DIRE

	C'est la meilleure (balade)!	Das ist der beste (Spaziergang)!
	(Le stade) est plus grand que (le Parc des Princes).	(Das Stadium) ist größer als (der *Parc des Princes*).
	C'est moins (cher) mais ce n'est pas aussi (animé)!	Es ist (günstiger) aber nicht so (belebt)!
	Est-ce que (les Marseillais) sont (les Français) les moins (stressés)?	Sind (die Marseiller) die am wenigsten (gestressten) (Franzosen)?
	À (Marseille), le temps est meilleur que (dans les autres villes de France).	In (Marseille) ist das Wetter besser als (in den anderen Städten Frankreichs).
	En général, (les Marseillais) sont moins (stressés) que (les Parisiens).	Im Allgemeinen sind (die Marseiller) weniger (gestresst) als (die Pariser).
U2/V2	À l'école, les (Français) et les (Allemands) travaillent (différemment).	In der Schule arbeiten die (Franzosen) und die (Deutschen) unterschiedlich.
	Souvent, les (Allemands) travaillent de manière plus (autonome).	Oft arbeiten die (Deutschen) (selbstständiger).
U3/V3	Au début, l'équipe des (*Bruins*) a moins bien joué que l'équipe des (*Canadiens*).	Zu Beginn hat die Mannschaft der (*Bruins*) schlechter gespielt als die Mannschaft der (*Canadiens*).
	Malheureusement, (les *Bruins*) ont mieux joué.	Leider haben (die *Bruins*) besser gespielt.
	Je n'ai jamais crié aussi fort que hier soir!	Ich habe noch nie so laut geschrien wie gestern Abend!

Von früher / Eine Geschichte in der Vergangenheit erzählen

M1	À l'époque (des Romains), on regardait (des combats de gladiateurs).	Zur Zeit (der Römer) sah man sich (Gladiatorenkämpfe) an.
	Au (Moyen-Âge), (le Palais des papes) servait de (forteresse).	Im (Mittelalter) diente (der Papstpalast) als (Festung).
	Au (19ᵉ) siècle, il y avait (des forêts, des champs et la mer).	Im (19.) Jahrhundert gab es dort (Wälder, Felder und das Meer).
	Autrefois, (Saint-Tropez) était (un petit village).	Früher war (Saint-Tropez) (ein kleines Dorf).
	C'était comment (Saint-Tropez) quand vous aviez (15) ans?	Wie war (Saint-Tropez), als Sie (15) Jahre alt waren?
	Qu'est-ce que vous faisiez (pendant votre temps libre)?	Was haben Sie (in Ihrer Freizeit) gemacht?
	Vous préfériez le (Saint-Tropez) de votre jeunesse?	Mochten Sie das (Saint-Tropez) Ihrer Jugend lieber?
U2/V1	Un (samedi), il pleuvait et j'avais envie de (rester au lit).	An einem (Samstag) regnete es und ich hatte Lust, (im Bett zu bleiben).
	Tout à coup, (mon frère) a frappé à la porte.	Plötzlich hat (mein Bruder) an meiner Tür geklopft.
	J'ai passé (une semaine) dans une famille à (Berlin).	Ich habe (eine Woche) bei einer Familie in (Berlin) verbracht.
	Voilà l'histoire: C'était au début du mois de (juillet).	Das ist die Geschichte: Es war Anfang (Juli).
U2/V2	Un jour, (je suis arrivée quand les autres étaient déjà dans l'eau).	Eines Tages (kam ich an, als die anderen schon im Wasser waren).
	Une fois, on a fait (une «Wattwanderung» avec un guide).	Ein Mal haben wir (eine Wattwanderung mit einem/ einer Reiseführer/in) gemacht.
U3/V2	(Mireille) avait une bonne et une mauvaise nouvelle.	(Mireille) hatte eine gute und eine schlechte Nachricht.
	Ce n'était pas le moment de (tomber)!	In dem Moment sollte man besser nicht (hinfallen)!
	Cela (nous) a fait du bien!	Das hat (uns) gutgetan!

Wichtige Informationen eines Textes wiedergeben

U5/V2	(La BD) dont je voudrais vous parler s'appelle (*Dans les yeux de Camille*).	(Der Comic), von dem ich euch erzählen möchte, heißt (*Dans les yeux de Camille*).
	Le premier tome s'appelle (*Plus belge la vie!*).	Der erste Band heißt (*Plus belge la vie!*).
	Le titre est un jeu de mots sur (*Plus belle la vie*).	Der Titel ist ein Wortspiel von *Plus belle la vie*.
	Le style de (la BD) est (agréable et facile à lire).	Der Stil (des Comics) ist (angenehm und leicht zu lesen).
	Les auteurs sont (E411 et Falzar).	Die Autoren sind (E411 und Falzar).

LES MOTS POUR LE DIRE

Sich im Französischunterricht verständigen

(Lisa) n'est pas là aujourd'hui?	Ist (Lisa) heute nicht da?
J'ai oublié mes devoirs.	Ich habe meine Hausaufgaben vergessen.
Est-ce que je peux ouvrir la fenêtre?	Kann ich das Fenster öffnen?
(Monsieur/Madame), vous pouvez répéter, s'il vous plaît?	Können Sie das bitte wiederholen?
J'ai fini.	Ich bin fertig.
Pardon, (Monsieur/Madame), je peux aller aux toilettes?	Entschuldigen Sie, kann ich auf die Toilette gehen?
On peut travailler en groupe?	Können wir in Gruppen arbeiten?
Comment est-ce qu'on dit («Tablet») en français?	Wie sagt man („Tablet") auf Französisch?
On dit («la tablette»).	Man sagt („la tablette").
(«La chaise»), qu'est-ce que ça veut dire?	Was bedeutet („la chaise")?
Je ne sais pas. / Ça veut dire («der Stuhl»).	Ich weiß (es) nicht. / Das heißt („der Stuhl").
Je ne comprends pas la phrase numéro (trois).	Ich verstehe den Satz Nummer (drei) nicht.

Ein Lied präsentieren

M5

J'aimerais vous présenter ma chanson préférée.	Ich würde euch gerne mein Lieblingslied vorstellen.
Il s'agit de (*Africain à Paris*).	Es handelt sich um (*Africain à Paris*).
J'ai choisi cette chanson parce que j'aime bien (la mélodie et les paroles).	Ich habe dieses Lied ausgewählt, weil ich (die Melodie und den Liedtext) mag.
Voilà la liste des mots inconnus que je vais utiliser dans ma présentation.	Hier ist die Liste der unbekannten Wörter, die ich bei meiner Präsentation benutzen werde.
Au début de ma présentation, je vais vous dire quelques mots sur (le chanteur).	Zu Beginn meiner Präsentation werde ich euch etwas über (den Sänger) erzählen.
Ensuite, je vais vous passer la chanson.	Danach werde ich euch das Lied vorspielen.
Après, je vais vous dire pourquoi c'est ma chanson préférée et vous parler du message de la chanson.	Anschließend werde ich euch sagen, warum das mein Lieblingslied ist und euch etwas über die Botschaft des Liedes erzählen.
Pour finir, vous allez pouvoir donner votre avis.	Zum Schluss könnt ihr eure Meinung äußern.
Merci de votre attention.	Vielen Dank für eure Aufmerksamkeit.

Evaluieren

Loben

Ta présentation m'a plu parce que (tu as bien parlé et on a tout compris).	Dein Vortrag hat mir gefallen, weil (du gut gesprochen hast und man alles verstanden hat).
Je trouve que ta présentation était bien/intéressante.	Ich finde, dass dein Vortrag gut/interessant war.
À mon avis, tu as bien organisé tes idées.	Meiner Meinung nach hast du deine Ideen gut strukturiert.
On peut voir que tu as passé beaucoup de temps à préparer ta présentation.	Man merkt, dass du viel Zeit in die Vorbereitung deines Vortrags gesteckt hast.
J'ai surtout aimé la présentation de (la recette).	Mir hat vor allem die Vorstellung (des Rezeptes) gefallen.
Je trouve que tu as bien expliqué le vocabulaire.	Ich finde, dass du die Vokabeln gut erklärt hast.
Les photos sur l'affiche montrent bien (la région).	Die Fotos auf dem Poster zeigen gut (die Region).
Tu as bien décrit (ton endroit préféré).	Du hast (deinen Lieblingsort) gut beschrieben.

Kritik üben

Mais on ne t'entendait pas bien.	Aber wir konnten dich nicht gut hören.
Par contre, tu n'as pas bien appris (ton texte).	Allerdings hast du (deinen Text) nicht gut gelernt.
Tu as oublié d'expliquer les nouveaux mots.	Du hast vergessen, die neuen Wörter zu erklären.
Je n'ai pas bien compris.	Ich habe (es) nicht richtig verstanden.
Tu as parlé trop vite / trop lentement.	Du hast zu schnell / zu langsam gesprochen.

Die *Mots pour le dire* zum Anhören ▶ www.cornelsen.de/webcodes: niseta

Quellenverzeichnis

Bilder

Cover *li.* shutterstock/Paolo Querci; *re.* Image Source/Blend/Rick Becker-Leckrone – **S. 2** *o.* Stock.Adobe.com/Sergii Figurnyi; *u.* akg-images/Raga/Album/Prisma; – **S. 4** *o.* GlowImages/All Canada Photos/John E Marriott; *u.* shutterstock/Leszek Glasner – **S. 6** *o.* www.colourbox.de/Colourbox. com; *u.* Stock.Adobe.com/anekoho – **S. 8** *li. o.* xinhua/FOTOFINDER.COM; *re. o.* Stock.Adobe.com/Beboy; *li. u.* ddp images/Capital Pictures/FB; *re. u.* laif/Polaris/Piero Oliosi – **S. 9** *Im Uhrzeigersinn:* Stock.Adobe.com/sdecoret; mauritius Images/alamy stock photo/NASA Photo; shutterstock/Dmitry Trashchenko; action press/IOC/OIS/Al Tielemans/Via SilverH; shutterstock/S-F; mauritius images/alamy stock photo/Roberto Finizio – **S. 10** *o.* Stock.Adobe.com/Sergii Figurnyi; *Mi.* Roland Grunchec – Hélios Images; *u.* Stock.Adobe.com/photosjcc – **S. 11** *o. li.* imago stock&people/Westend61; *o. re.* Stock.Adobe.com/Studio M; *Mi. li.* Stock.Adobe.com/morane; *Mi. re.* Bildagentur Schapowalow/Jordan Banks; *re. u.* laif/hemi S. fr/Bertrand Gardel – **S. 12** *o.* Stock.Adobe.com/tan4ikk; *2. v. o.* Stock.Adobe.com/thauwald-pictures; *Mi.* Caro/Muhs/FOTOFINDER.COM; *2. v. u.* Stock.Adobe.com/Stan; *u.* Stock.Adobe.com/aterrom – **S. 13** *re. o.* laif/hemi S. fr/Camille Moirenc; *re. Mi.* action press/VISUAL; *Emoji* shutterstock/RomMashkaVector – **S. 14** *o.* Stock.Adobe.com/golubovy; *u.* Roland Grunchec – Hélios Images; *u. Mi.* Stock.Adobe.com/A.JORON; *u. re.* shutterstock/Marco Rubino © Macary-Zublena & Regembal-Costantini, Architectes/VG Bild-Kunst, Bonn 2018 – **S. 16** *o. li.* Stock.Adobe.com/Martin; *u. re.* Stock.Adobe.com/Hans Peter Denecke – **S. 17** *o. li.* Bridgeman Images; *o. Mi.* Stock.Adobe.com/helenedevun; *o. re.* shutterstock/NeydtStock; *u. li.* shutterstock/STUDIO M; *u. Mi.* Stock.Adobe.com/elophotos; *u. re.* Stock.Adobe.com/Jonathan Stutz – **S. 18** *Pauline* shutterstock/Olena Zaskochenko; *re. o.* mauritius images/Michel MEGRET/Authors Image; *Jean-Claude* www.colourbox.de/Colourbox.com; *re. Mi.* Stock.Adobe.com/HLPhoto; Stock.Adobe.com/Graphicroyalty; *Ben* Stock.Adobe.com/Antonioguillem; *Schall-Icon* Stock.Adobe.com/Graphicroyalty; *Sarah et Yacine* Stock.Adobe.com/Jeanette Dietl; *u. li.* Stock.Adobe.com/Christian ARTIN; *u. re.* shutterstock/eric laudonien – **S. 20** *Briefmarke* Création André Lavergne © La Poste, 2017 – **S. 21** *Zug-Icon* Stock.Adobe.com/gorbovoi81; *o. re.* Stock.Adobe.com/Jackin; *u. li.* Stock.Adobe.com/kalou1927; *u. re.* Stock.Adobe.com/Studio M; *u. re.* Stock.Adobe.com/Blue Moon – **S. 22** *o. li.* Telfrance Série – Rendez-Vous Production Série; *u. li.* Affiche réalisée par l'agence RYSK, photographie d'Eddy Brière, Coll. Fondation Jérôme Seydoux-Pathé ©2016 PATHE FILMS – LGM CINEMA – JANINE FILMS – TF1 FILMS PRODUCTION – **S. 23** *o.* action press/Collection Christophel – Jour2Fête; *u.* © 2007 EUROPACORP – ARP – **S. 24** shutterstock/RazoomGame – **S. 26** *Mi. li.* Stock.Adobe.com/elophotos; *Mi.* Stock.Adobe.com/AnastasiiaUsoltceva; *Mi. re.* Stock.Adobe.com/Studio M – **S. 28** shutterstock/mimagephotography – **S. 29** © 2015 MITICOQUAD/KISSFILMS/PATHÉ PRODUCTION/FRANCE3CINEMA/AGORA FILMS/14EME ART PRODUCTION/TEN FILMS, Création: Silenzio; Photos: Jean-Claude Lother – **S. 30** *li.* laif/REA/Ianni S. G.; *re. o.* laif/HAYTHAM-REA/Simon LAMBERT; *li. u.* laif/Sophie Henkelmann; *re. u.* bpk/Fred Kihn/adoc-photos – **S. 31** *re. o.* Reuters/Benoit Tessier; *li. u.* dpa Picture-Alliance/CITYPRESS24; *li. u.* action press/SIPA PRESS; *re. u.* ddp images/Reporters/Insight media; *Hintergrund* Stock.Adobe.com/nj_musik – **S. 32** *o. li.* OKAPIA KG/Jean-Francois Mutzig/BIOS; *o. 2. v. li.* Stock.Adobe.com/helenedevun; *o. 2. v. re.* Stock.Adobe.com/samott; *o. re.* Bridgeman Images/© F. Buffetrille//Leemage; *u. li.* action press/imagebroker.com; *u. 2. v. li.* akg-images/André Held; *u. 2. v. re.* interfoto e. k./Friedrich; *u. re.* Stock.Adobe.com/bunyos – **S. 33** *li. o.* interfoto e. k./Archiv Friedrich; *re. o.* interfoto e. k./Archiv Friedrich, *re. u.* www.colourbox.de/Monkey Business Images – **S. 34** OFAJ/DFJW, Paris/Berlin; *Mi.* Potsdam, Schloss Sanssouci, Blick auf Mittelrisalit der Gartenseite/Stiftung Preußische Schlösser und Gärten Berlin-Brandenburg/Leo Seidel; *u.* Bridgeman Images // Photo © Alain Le Garsmeur – **S. 35** *o.* Stan Hema; *u.* Stock.Adobe.com/Stephanie; *Mi.* F1online/Imagebroker RM/Michael Weber; *u.* Köhrmann, Anja. Fête De La Musique 2017. GrIStuF e.V., Greifswald, 2017 – **S. 36** *o. re.* imago stock&people/Lindenthaler; *Fahne ES* Stock.Adobe.com/Regormark; *Fahne GB* Stock.Adobe.com/ADESIGN; *Fahne FR* Stock.Adobe.com/Claudio Divizia; *Mi. li.* www.colourbox.de/Colourbox.com; *u. li.* www.colourbox.de/Eugen Wais – **S. 37** *li. o.* shutterstock/Spectral-Design; *Schall-Icon* Stock.Adobe.com/Graphicroyalty; *li. u.* shutterstock/bjorn999 – **S. 39** © OFAJ/DFJW, Paris/Berlin, 2018 – **S. 41** *o.* www.colourbox.de/Colourbox.com; *u.* www.colourbox.de/Colourbox.com – **S. 42** *re. o.* Stock.Adobe.com/denys_kuvaiev; *li. u.* Stock.Adobe.com/Rosalie P.; *re. u.* Stock.Adobe.com/fujipe – **S. 43** *o. li.* www.colourbox.de/Colourbox.com; *o. re.* shutterstock/Dar1930; *Emojis* Stock.Adobe.com/Ivan Kopylov – **S. 44** *Fahne FR* Stock.Adobe.com/Claudio Divizia; *Fahne GB* Stock.Adobe.com/ADESIGN – **S. 45** *li. o.* Stock.Adobe.com/Prostock-studio; *re. o.* Stock.Adobe.com/Prostock-studio; *u. re.* Stock.Adobe.com/Prostock-studio – **S. 47** *o.* imago stock&people/Leemage; *2. v. o.* Cornelsen/Yvonne Hildebrandt; *2. v. u.* Stock.Adobe.com/guysagne; *u.* imago stock&people/Fernando Baptista – **S. 48** *1* shutterstock/Volosovich Igor; *2* Stock.Adobe.com/Calzada; *3* shutterstock/REDPIXEL.PL; *4* stock.adobe.com/gavran333; *5* stock.adobe.com/Olivier DIRSON; *6* stock.adobe.com/Thierry Hoarau – **S. 49** *1* Stock.Adobe.com/LIGHTFIELD STUDIOS; *2* shutterstock/kurhan; *3* Stock.Adobe.com/pioneer111; *4* shutterstock/Olga Velichko; *5* Stock.Adobe.com/Richard Villalon; *6* Stock.Adobe.com/robin-clouet.fr – **S. 50** *Emoji* Stock.Adobe.com/Ivan Kopylov; ddp images/Guibbaud Christophe/ABACA – **S. 51** *Emoji* shutterstock/RomMashkaVector – **S. 52** *u. li.* www.colourbox.de/Colourbox.com; *u. Mi.* www.colourbox.de/© Leah-Anne Thompson, all rights reserved.; *u. re.* shutterstock/Piotr Zajc – **S. 55** *o.* imago stock&people/Winfried Rothermel; *1* akg-images; *2* akg-images/Raga/Album/Prisma; *3* bpk/Christian Jean/RMN-Grand Palais/Jean Schormans; *4* bpk/RMN-Grand Palais/Michel Urtado – **S. 56** Cornelsen/ClairiKine – **S. 57** Cornelsen/Sven Erik Billigmann & Daniel Meyer – **S. 58** Cornelsen/Isis Martins – **S. 60** *o.* Reuters/Shaun Best; *Mi.* GlowImages/All Canada Photos/John E Marriott; *re. u.* shutterstock/Vlad G – **S. 61** *li. o.* shutterstock/Lester Balajadia; *re. o.* laif/hemi S. fr/Philippe Renault/RENAULT Philippe; *li. u.* shutterstock/Marc Bruxelle; *re. Mi.* shutterstock/Martin Good; *re. u.* HUGHES Hervé/hemi S. fr/FOTOFINDER.COM – **S. 62** *li. o.* Stock.Adobe.com/sementsova321; *re. o.* GlowImages/All Canada Photos/Chris Cheadle; *li. u.* mauritius images/alamy stock photo/Megapress; *re. u.* laif/CHRISTOPHE MIGEON/Le Figaro Magazine/Migeon – **S. 63** *li. o.* Stock.Adobe.com/Parilov; *re. o.* laif/Aurora/Aurora Photos/Carl D. Walsh; *re. u.* Bridgeman Images – **S. 64** shutterstock/Songquan Deng – **S. 65** *re. o.* ALPO; *u.* shutterstock/mat277 – **S. 66** laif/hemi S. fr/Philippe Renault – **S. 67** shutterstock/Didkovska Ilona; *Emojis* shutterstock/RomMashkaVector – **S. 68** *li. o.* LOOK/Design Pics; *re. o.* shutterstock/Ilyanasa; *li. u.* mauritius images/alamy stock photo/All Canada Photos; *re. u.* StockFood/Erricson, Colin INC.; *Emojis* shutterstock/RomMashkaVector – **S. 69** *Fahne Quebec* shutterstock/PhotoRoman; *Fahne FR* Stock.Adobe.com/Claudio Divizia – **S. 70** shutterstock/DW labs Incorporated – **S. 71** *Fahne Quebec* shutterstock/PhotoRoman; *Fahne FR* Stock.Adobe.com/Claudio Divizia; *Emoji* shutterstock/RomMashkaVector – **S. 72** *re. o., li. Mi., re. u.* Club de hockey Canadien Inc.; *Emojis* shutterstock/RomMashkaVector – **S. 73** *1* shutterstock/FeellFree; *2* shutterstock/Billion Photos; *3* shutterstock/Piyathep; *4* shutterstock/PAKULA PIOTR; *5* shutterstock/Poprotskiy Alexey; *6* shutterstock/Olga Popova; *7* shutterstock/StarlingRU; *8* shutterstock/Alexey Wraith – **S. 75** *u. li.* shutterstock/Vlad G; *u. Mi.* shutterstock/Denis Pepin; *u. re.* shutterstock/sebastienlemyre – **S. 76** *oben: valise à roulettes* Stock.Adobe.com/alexlmx; *jean* Stock.Adobe.com/TR; *stylo à bille* shutterstock/Hong Vo; *fermeture Éclair* shutterstock/Nataliia Pyzhova; *lunettes de soleil* shutterstock/Stockforlife; *appareil photo* Stock.Adobe.com/narcisopa; *hand spinner* Stock.Adobe.com/Maksym Yemelyanov; *bikini* shutterstock/Galyasa; *cube de Rubik* shutterstock/Beeriozzy; *skate* shutterstock/HomeArt; *unten: 1–7* Shutterstock/PhotoRoman, *8* shutterstock/valeriya_sh – **S. 78** *re. o.* Stock.Adobe.com/W. Heiber Fotostudio; *li. u.* Stock.Adobe.com/exclusive-design – **S. 79** *u. li.* shutterstock/maxi_kore; *u. re.* Stock.Adobe.com/Igor Stepovik – **S. 80** Cornelsen/Isis Martins – **S. 81** Stock.Adobe.com/potstock – **S. 82** *o.* shutterstock/Jeanette Dietl; *Mi.* shutterstock/Leszek Glasner; *u.* shutterstock/DNF Style – **S. 83** *li. o.* Stock.Adobe.com/ribtoks; *re. o.* shutterstock/Monkey Business Images; *li. u.* Cornelsen/Iris Velinsky; *re. u.* shutterstock/Olga Marc – **S. 85** Extraits de l'album Elza, c'est quand tu veux Cupidon! par Didier Lévy et Catherine Meurisse © Sarbacane 2012 – **S. 87** *Emojis* kreizihorse – Stock.Adobe.com; *u. re.* shutterstock/Olga Marc – **S. 88** Stock.Adobe.com/josefkubes – **S. 89** *Schall-Icon* Stock.Adobe.com/Graphicroyalty; *re.* stock.adobe.com/olly – **S. 91** www.colourbox.de/hans prinsen – **S. 92** www.colourbox.com – **S. 93** *li.* CANAL+; *re. o.* bpk/Fred Kihn/adoc-photos – **S. 94** shutterstock/milicad – **S. 95** Cornelsen/Buzz Productions & Laurence Uzel/Pascal Denimal – **S. 97** Stock.Adobe.com/Rido – **S. 100** Stock.Adobe.com/Olivier Mourot – **S. 104** *o.* shutterstock/Gus Martinie; *Mi.* www.colourbox.de/Colourbox.com; *u.* F1online/Tips Images – **S. 105** *li. o.* imago stock&people/Reporters; *re. o.* © Nicolas Borel – Atelier Christian de Portzamparc; *li. Mi.* Stock.Adobe.com/Brad Pict; *re. Mi.* www.colourbox.de/© 2012 Dmitry Rukhlenko; *li. u.* Stock.Adobe.com/Brad Pict; *re. u.* shutterstock/Alex Tihonovs – **S. 106** *li. o.* dpa Picture-Alliance/maxppp; *li. Mi.* Stock.Adobe.com/Sergii Figurnyi; *li. u.* www.colourbox.de/© 2005 Ron Sumners; *u. Mi.* mauritius images/alamy stock photo/travelpix; *u. re.* action press/ISA HARSIN/SIPA – **S. 107** *re. o.* akg-images/viennaslide/Harald A. Jahn – cbbd/Daniel Fouss; *re. Mi.* mauritius images/Jacques Loic/Photononstop/Photononstop/ Jacques Loic; *li. u.* laif/Hemispheres Images/COLIN Matthieu/Hemis; *re. u.* Stock.Adobe.com/Leonid Andronov – **S. 109** © Fond. P. Delvaux S. Idesbald, Belgien/VG Bild-Kunst, Bonn 2018 – **S. 110** *u. li.* © Strip Art Features, 2018, www.safcomicS.com; *u. Mi.* Largo Winch – Diptyques 1 (tomes 1 & 2) © DUPUIS 2018, by Francq, Van Hamme ww.dupui S. com All rights reserved; *u. re.* Le Chat – Tome 1 de Philippe Geluck © Casterman Avec l'aimable autorisation de l'auteur et des Editions Casterman – **S. 111** Dans les yeux de Camille, Plus belge la vie, tome 1, E411/Falzar, Éditions Renaissance du Livre, 2013 – **S. 114** *o.* interfoto e. k./Brown; *Mi.* laif/VU/Denis Dailleux; *u.* action press/Sipa Press – **S. 115** bpk/Los Angeles County Museum of Art/Art Resource, NY; © VG Bild-Kunst, Bonn 2018 – **S. 117** ddp images/Reporters/Insight media – **S. 118** *alle* www.colourbox.de/Colourbox.com – **S. 119** *o. li.* laif/GAMMA-RAPHO/GAMMA/DEMARET RAPHAEL/PHOTO NEWS; *o. re.* Stock.Adobe.com/Sinuswelle – **S. 120** Stock.Adobe.com/CPN – **S. 121** shutterstock/Nina Esk – **S. 124** Cornelsen/Lara Nicolic – **S. 126** *o.* www.colourbox.de/Colourbox.com; *Mi.* www.colourbox.de/Monkey Business Images; *u.* Stock.Adobe.com/larauhryn – **S. 127** *li. o.* shutterstock/Olga Marc; *re. o.* shutterstock/muratart; *Mi.* Stock.Adobe.com/anekoho; *li. u.* Stock.Adobe.com/fotoru; *re. u.* shutterstock/nenetus – **S. 128** *o.* shutterstock/Iakov Filimonov; *u.* shutterstock/Monkey Business Images – **S. 129** shutterstock/Monkey Business Images – **S. 130** shutterstock/Monkey Business Images – **S. 131** shutterstock/SpeedKingz – **S. 132** *li. o.* shutterstock/Nadya Chetah; *re. o.* shutterstock/wavebreakmedia; *li. u.* shutterstock/Nazarenko LLC; *re. u.* Stock.Adobe.com/Budimir Jevtic – **S. 135** Cornelsen/Yvonne Hildebrandt – **S. 138** shutterstock/Olga Marc – **S. 139** www.colourbox.de/Colourbox.com – **S. 140** *Mi. re.* Stock.Adobe.com/Pétrouche; *u. re.* shutterstock/Rawpixel.com – **S. 141** shutterstock/Elena Elisseeva – **S. 142** Cornelsen/Lara Nikolic – **S. 143** shutterstock/Pressmaster – **S. 144** *li.* stock.adobe.com/Tyler Olson; *Mi.* stock.adobe.com/www.MarkUmbrella.com/Marko Novkov; *re.* stock.adobe.com/Alexander Rochau/ARochau – **S. 146** *li.* shutterstock/Monkey Business Images; *re.* Stock.Adobe.com/REDPIXEL – **S. 147** www.colourbox.de/Colourbox. com; *u. re.* www.colourbox.de/Andrey Armyagov – **S. 148** action press/SIPA PRESS – **S. 150** *Zug-Icon* Stock.Adobe.com/gorbovoi81; *Briefmarke* Création André Lavergne © La Poste, 2017 – **S. 151** www.colourbox.de/Colourbox.com – **S. 155** ddp images/Reporters/Insight media – **S. 156** www.colourbox.de/Colourbox.com – **S. 157** www.colourbox.de/© 2013 David Pereiras – **S. 158** *o.* Stock.Adobe.com/potstock; *u.* www.colourbox.de/hans prinsen – **S. 159** *u. li.* Stock.Adobe.com/rocketclips; *u. Mi.* Stock.Adobe.com/vectorfusionart; *u. re.* Stock.Adobe.com/alexbrylovhk – **S. 187** *Mi.* Cornelsen/Julia Goltz; *u. re.* Cornelsen/Barbara Jantzen – **S. 188** Cornelsen/Barbara Jantzen – **S. 192** Stock.Adobe.com/Sergii Figurnyi – **S. 194** Stock.Adobe.com/irisphoto1 – **S. 198** *o. li.* ddp images/ABACA/Berzane Nasser/abaca press; *o. re.* ddp images/Heinz Tschanz-Hofmann; *u. li.* Bridgeman Images – **S. 199** www.colourbox.de/© Adrian Hancu//All rights reserved – **S. 200** *o. li.* stock.adobe.com/albillottet; *u. re.* Bridgeman Images

Texte
S. 39 *Mi.* © OFAJ/DFJW, Paris/Berlin, 2018 – **S. 140** *u.* © OFAJ/DFJW, Paris/Berlin, 2018 – **S. 148** «Dommage» BMG Rights Management GmbH, Berlin/Ordonez, Olivio Laurentino/Ordonez, Florian Jose

À plus! 2 Nouvelle édition Méthode intensive

Lehrwerk für Französisch als 3. Fremdsprache

Im Auftrag des Verlages erarbeitet von
Lara Nikolic, Catherine Mann-Grabowski und Corinna Martin-Werner

und der Redaktion Französisch
Julia Goltz (Projektleitung), Fabienne Beck, Yvonne Hildebrandt, Marie-France Lavielle,
Iris Velinsky und Caroline Woiton

Besondere didaktische Beratung: Anke Rogge (Bad Godesberg), Dorothea Bachert (Marbach a. N.)

Beratende Mitwirkung: Otto Michael Blume (Hilden), Anne Delacroix (Magdeburg),
Annette Fritsch (Mittenaar), Gertraud Gregor (Darmstadt), Sabine Maria Hertel (Hamburg), Klaus Mengler (Buseck),
Michael Stenz (Strasbourg), Daniela Schönfelder (München), Verena Unmüßig (Heidelberg), Peter Winz (Wermelskirchen)

Illustrationen: Hélène Badault (S. 84, S. 122, S. 133, S. 135), Laurent Lalo
Karten: Lennart Fischer
Gesamtgestaltung und technische Umsetzung: werkstatt für gebrauchsgrafik, Berlin

Begleitmaterial zu À plus! 2 Nouvelle édition Méthode intensive:

Schülerbuch als E-Book	978-3-06-121893-5
Schülerbuch Lehrerfassung	978-3-06-121894-2
Carnet d'activités mit Audios online	978-3-06-121964-2
Carnet d'activités mit Audios und interaktiven Übungen online	978-3-06-121965-9
Grammatikheft mit Übungs-Checkseiten und Lösungen	978-3-06-122131-7
Lektüre (ersetzt die Unité 6)	978-3-06-122134-8
Vokabeltaschenbuch	978-3-06-122133-1
Klassenarbeits-/Schulaufgabentrainer mit Audios und Lösungen online	978-3-06-122132-4
Audio-CDs	978-3-06-122130-0
DVD	978-3-06-121910-9
Handreichungen für den Unterricht	978-3-06-122128-7
USB Stick mit Begleitmaterialien und Zugang zum E-Book offline und online	978-3-06-122137-9

www.cornelsen.de

Die Mediencodes enthalten zusätzliche Unterrichtsmaterialien, die der Verlag in eigener Verantwortung zur Verfügung stellt. Sie unterliegen nicht dem staatlichen Zulassungsverfahren.

Soweit in diesem Buch Personen fotografisch abgebildet sind und ihnen von der Redaktion fiktive Namen, Berufe, Dialoge und Ähnliches zugeordnet oder diese Personen in bestimmte Kontexte gesetzt werden, dienen diese Zuordnungen und Darstellungen ausschließlich der Veranschaulichung und dem besseren Verständnis des Inhalts.

1. Auflage, 1. Druck 2019

Alle Drucke dieser Auflage sind inhaltlich unverändert
und können im Unterricht nebeneinander verwendet werden.

© 2019 Cornelsen Verlag GmbH, Berlin

Das Werk und seine Teile sind urheberrechtlich geschützt. Jede Nutzung in anderen als den gesetzlich zugelassenen Fällen bedarf der vorherigen schriftlichen Einwilligung des Verlages.
Hinweis zu §§ 60a, 60b UrhG: Weder das Werk noch seine Teile dürfen ohne eine solche Einwilligung an Schulen oder in Unterrichts- und Lehrmedien (§ 60b Abs. 3 UrhG) vervielfältigt, insbesondere kopiert oder eingescannt, verbreitet oder in ein Netzwerk eingestellt oder sonst öffentlich zugänglich gemacht oder wiedergegeben werden. Dies gilt auch für Intranets von Schulen.

Druck: Firmengruppe APPL, aprinta Druck, Wemding

ISBN 978-3-06-121677-1

PEFC zertifiziert
Dieses Produkt stammt aus nachhaltig bewirtschafteten Wäldern und kontrollierten Quellen.
www.pefc.de